MANUAL DE HISTÓRIA DA IGREJA 1

Umberto Dell'Orto
Saverio Xeres (DIR.)

MANUAL DE HISTÓRIA DA IGREJA

1

A ANTIGUIDADE CRISTÃ

Das origens da Igreja à divergência entre Oriente e Ocidente (séculos I-V)

Organização de **Giuseppe Laiti** e **Cristina Simonelli**
Tradução de **Orlando Soares Moreira**

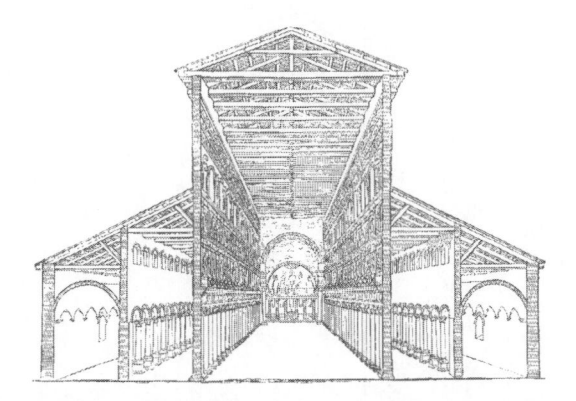

Edições Loyola

Título original:
Manuale di storia della chiesa – vol. I: L'Antichità cristiana. Dalle origini della Chiesa alla divaricazione tra Oriente ed Occidente – secoli I-V (Umberto Dell'Orto/Saverio Xeres – diretores)
© 2018 Editrice Morcelliana, Brescia – Italia
Via G. Rosa 71, 25121, Brescia (Italia)
ISBN 978-88-372-3165-1

Dados Internacionais de Catalogação na Publicação (CIP)
(Câmara Brasileira do Livro, SP, Brasil)

Manual de história da Igreja : a Antiguidade cristã : das origens da Igreja à divergência entre Oriente e Ocidente (séculos I-V) / organização Giuseppe Laiti, Cristina Simonelli, tradução Orlando Soares Moreira ; Umberto Dell'Orto ; Saverio Xeres (dir.). -- 1. ed. -- São Paulo : Edições Loyola, 2024.

Título original: Manuale di storia della chiesa - vol. I: L'Antichità cristiana. Dalle origini della Chiesa alla divaricazione tra Oriente ed Occidente (secoli I-V).
Bibliografia.
ISBN 978-65-5504-271-9

1. História eclesiástica - Idade Média 2. Igreja - História 3. Igreja - História - Idade Média I. Laiti, Giuseppe. II. Simonelli, Cristina. III. Dell'Orto, Umberto. IV. Xeres, Saverio.

23-152965 CDD-262.009

Índices para catálogo sistemático:
1. Igreja : História : Cristianismo   262.009

Aline Graziele Benitez - Bibliotecária - CRB-1/3129

Capa: Ronaldo Hideo Inoue
Representação da Antiga Basílica de São Pedro (c. sécs. IV-XVI d.C.), gravura de © Morphart. © Adobe Stock. Na contracapa, Jesus Cristo representado como Apolo, detalhe de mosaico (c. sécs. III-IV d.C.) do Mausoléu M da Necrópole Vaticana, sob a atual Basílica de São Pedro, Roma. © Wikimedia Commons.
Diagramação: Sowai Tam
Revisão técnica: Danilo Mondoni, SJ

Edições Loyola Jesuítas
Rua 1822 n° 341 – Ipiranga
04216-000 São Paulo, SP
T 55 11 3385 8500/8501, 2063 4275
editorial@loyola.com.br
vendas@loyola.com.br
www.loyola.com.br

Todos os direitos reservados. Nenhuma parte desta obra pode ser reproduzida ou transmitida por qualquer forma e/ou quaisquer meios (eletrônico ou mecânico, incluindo fotocópia e gravação) ou arquivada em qualquer sistema ou banco de dados sem permissão escrita da Editora.

ISBN 978-65-5504-271-9

© EDIÇÕES LOYOLA, São Paulo, Brasil, 2024

104799

Sumário

Prefácio	9
Introdução geral ao *Manual de história da Igreja*	15
1. Por que estudar a história da Igreja	16
2. Como escrever uma história da Igreja	19
3. Vantagens e limites do *Manual*	22
4. Do *Bihlmeyer-Tüchle* ao atual *Manual de história da Igreja*	26
Bibliografia	29
Teologia e história da Igreja	31
1. O desafio da época moderna	32
2. A história da Igreja é teologia?	39
3. O estudo da teologia e a história da Igreja	44
Bibliografia	46

I
A Antiguidade cristã

INTRODUÇÃO

A Antiguidade cristã: das origens da Igreja à divergência entre Oriente e Ocidente (séculos I-V)	51
Autores	57

CAPÍTULO PRIMEIRO

As origens cristãs	59
1. Pluralidade, novidade e movimentos das origens do cristianismo	59
Inserção 1 – Fontes para a história da Igreja dos primeiros séculos	64
Nota bibliográfica	66

2. A pluralidade nas origens cristãs 66
3. Os inícios da Igreja 70
   Inserção 2 – O "judeu-cristianismo" 76
   Nota bibliográfica 78
4. Os cristãos vistos de fora: a avaliação judaica e a gentílica 79
5. Os cristãos entre práticas de vida e autoconsciência 81
   Inserção 3 – O cânon das Escrituras 92
   Nota bibliográfica 94
Bibliografia 95

CAPÍTULO SEGUNDO
As Igrejas no espaço público: o período da apologia 99
6. Geografia da presença cristã 99
7. Confrontos e repressões 102
8. A apologia como "discurso em substituição" 108
   Inserção 1 – Helenismo e cristianismo 111
   Nota bibliográfica 114
9. Discussões e orientações internas às Igrejas 115
10. Um perfil de vida eclesial no epistolário de Dionísio de Corinto 125
    Inserção 2 – As mulheres na Igreja antiga 128
    Nota bibliográfica 131
11. Rumo a critérios e confins identitários 132
    Inserção 3 – Ortodoxia e heresia 140
    Nota bibliográfica 143
Bibliografia 143

CAPÍTULO TERCEIRO
A "grande Igreja": a Igreja no século III 147
12. A "grande Igreja" entre crise e transformação do Império 147
13. As perseguições 151
    Inserção 1 – As perseguições: documentos, fatos, interpretações 162
    Nota bibliográfica 165
14. As "fronteiras" da Igreja: debates a respeito da penitência e do batismo 166
15. As áreas teológicas: temas e figuras 171
16. Os desenvolvimentos das instituições 178
17. Duas figuras emblemáticas: Dionísio de Alexandria
    e Paulo de Samósata 185
    Inserção 2 – O protocatolicismo 193
    Nota bibliográfica 195
Bibliografia 196

CAPÍTULO QUARTO
O século IV: a Igreja no império cristão e além das fronteiras ... 199
   18. A mudança da relação entre Igreja e Império: os editos imperiais
       e a legislação, de Constantino a Teodósio ... 200
       Inserção 1 – A religião do imperador: Constantino e Juliano ... 214
       Nota bibliográfica ... 216
   19. Os sínodos imperiais e as relações entre as Igrejas
       e a autoridade imperial ... 216
       Inserção 2 – A sinagoga de Calínico ... 231
       Nota bibliográfica ... 234
   20. Costume, cultura e Evangelho ... 235
   21. A Igreja na Armênia, na Etiópia e no Império sassânida ... 251
   22. Wulfila, bispo dos godos ... 258
   23. Adrianópolis: O *limes* danubiano, entre *melting pot* e conflitos ... 266
       Inserção 3 – Historiografia cristã ... 272
       Nota bibliográfica ... 274
   Bibliografia ... 274

CAPÍTULO QUINTO
A vida interna das Igrejas no século IV ... 277
   24. A questão ariana: Ário, as razões arianas
       e a resposta de Alexandre ... 277
   25. Niceia, entre consenso e conflito ... 281
   26. Constantinopla I: cristianismo e helenismo ... 287
       Inserção 1 – Símbolos e cânones de Niceia e de Constantinopla ... 295
       Nota bibliográfica ... 300
   27. A Igreja africana e o desafio do donatismo ... 300
   28. Catecumenato e mistagogia ... 306
       Inserção 2 – Jerônimo e a "hebraica veritas" ... 312
       Nota bibliográfica ... 315
   29. O monaquismo: formas e modelos ... 315
       Inserção 3 – Joviniano: defesa do matrimônio e eclesiologia ... 328
       Nota bibliográfica ... 331
   Bibliografia ... 332

CAPÍTULO SEXTO
O século V: a Igreja na divergência entre Ocidente e Oriente ... 335
   30. Razões de um distanciamento: diferenças de espiritualidade,
       de estrutura eclesiástica, de interesse doutrinal ... 336

Inserção 1 – O episcopado de João Crisóstomo 339
Nota bibliográfica 342
31. Agostinho nos debates do seu tempo 343
32. Reações críticas ao agostinismo na Itália, na África, na Gália 354
Inserção 2 – Epitalâmio de Paulino e Terásia
e o emergir de um rito cristão do matrimônio 362
Nota bibliográfica 365
33. O problema cristológico entre Alexandria e Antioquia 366
34. Os Concílios de Éfeso e de Calcedônia 373
Inserção 3 – Calcedônia: início ou fim? 384
Nota bibliográfica 386
35. A múltipla herança de Calcedônia: as Igrejas não calcedonenses,
as tensões com o Ocidente 387
Inserção 4 – Os sínodos. Uma perspectiva sintética 392
Nota bibliográfica 396
36. Fronteiras cronológicas e geográficas: traçá-las e ultrapassá-las 397
Bibliografia 404

Índice de nomes antigos 407

Índice de nomes modernos 417

Prefácio

Por que um novo manual de história da Igreja? A pergunta que me faço — e que fazemos nós — diante de um novo manual de história da Igreja parecerá, talvez, óbvia ou somente acadêmica. Em si mesmo, o objetivo dos organizadores é, de fato, claro e certamente útil: oferecer aos professores e aos estudantes um instrumento renovado, embora inspirado em modelos seguros que foram por largo tempo utilizados. Todavia, a publicação de um novo texto desse gênero oferece a ocasião para algumas reflexões das quais se podem tirar algumas chaves de leitura metodológica com relação à obra que está sendo publicada, com relação às orientações que a disciplina da história da Igreja *amadurece* nesses anos e com relação aos leitores que o empreendimento editorial deste tipo poderá encontrar.

De um lado, com efeito, é fácil constatar o amplo progresso dos estudos de história eclesiástica, mesmo em relação a bons manuais considerados clássicos. Além disso, uma vasta difusão, até por meio da informática, de documentos e de informações requer pontos de referência atualizados e seguros, para dar espaço e linhas sólidas aos estudos, além de instrumentos de verificação, seja sobre os próprios dados, seja sobre os métodos e sobre as interpretações a serem dados aos documentos. Surge, então, a consequente necessidade de uma atualização que em algumas passagens poderá, talvez, parecer radical, até mesmo em relação a conhecimentos considerados básicos e, de certo modo, previstos, ou seja, não somente em relação ao dado mais óbvio dos sistemas bibliográficos. Também o exige uma abordagem cada vez mais marcadamente interdisciplinar das matérias chamadas histórico-filosóficas. Assim, um atualizado manual de história da Igreja deve levar em consideração, hoje, muitos instrumentos paralelos de história da arte ou de história dos estudos e das literaturas recentemente publicadas, e seria, analogamente, desejável que os manuais de história eclesiástica, em total relação com a própria matéria, sejam levados em consideração por quem se ocupa com matérias históricas, literárias e artísticas. A história da Igreja, se bem cotejada e interpretada, poderá oferecer às outras disciplinas afins leituras e perspectivas realmente ilustrativas, se levarmos em conta também a grande incidência das comunidades cristãs no caminho do Ocidente, bem como da própria história do mundo moderno. É desejável que haja a respeito uma abordagem renovada, a qual, ao evitar qualquer atitude conflitante, abra à possibilidade de confronto e de diálogo sobre interpretações até divergentes. Também esse processo de confronto pode ser validamente iniciado por bons e atualizados manuais.

Voltando às necessidades específicas de manuais atualizados, percebe-se, de outro ponto de vista, a necessidade de uma renovação no estilo e do léxico que não se reduza a uma operação formal, mas que se una firmemente à mudança das abordagens metodológicas. Novos percursos de estudo e, sobretudo, novos métodos e instrumentos exigem também atualizações lexicais que satisfaçam leitores cada vez mais exigentes e se ponham em pé de igualdade em relação a outras experiências análogas. Enfim, os progressos paralelos em todos os campos das disciplinas históricas exigem, inevitavelmente, nova reflexão e novas sínteses: primeira tarefa para um historiador que queira também meditar e propor um juízo objetivo e o mais possível fundamentado dos fatos, eventos e documentos. Com efeito, a preparação de um manual é o terreno mais fecundo para chegar a apresentar boas sínteses e propostas interpretativas novas e bem ponderadas. Dada, porém, a alta especialização a que chegam os instrumentos disponíveis e vistos os tempos e modos dos estudos atuais, o trabalho dificilmente poderá atingir esse tipo de objetivos, ainda que aturado, de um ou de poucos autores. Poder-se-á chegar lá com mais facilidade — até em relação aos prazos de edição e de aceitação — por meio de um trabalho em conjunto, bem distribuído e bem coordenado. Cremos, por isso, muito feliz a opção de subdividir a redação das diversas partes entre vários estudiosos, todos unidos, porém, pela ampla experiência didática nos nichos da formação eclesial e em instituições acadêmicas de diversos gêneros. Professores e pesquisadores capacitados, mas também pessoas que optaram por viver sua experiência de estudiosos e de formadores, principalmente dentro das realidades eclesiais: decerto, não por sentido de segregação, mas por espírito de serviço. Temos certeza de que essa experiência de colaboração terá servido para o amadurecimento pessoal de cada um dos redatores e que ela mesma servirá para fazer conhecer *ad extra* o bom profissionalismo e competência de quem se ocupa com esses temas *ad intra*, com generosa disponibilidade, entrelaçando, muitas vezes, com trabalho, a própria capacidade e a paixão pelos estudos com outras necessidades de empenho e de vida pessoal e pastoral, que, habitualmente, provocam o confronto com perspectivas e questionamentos que enriquecem o próprio percurso de estudo, de pesquisa e de ensino.

São essas, pois, as motivações de caráter científico, bem como do manual aqui proposto, que já poderão ser reconhecidas numa rápida vista d'olhos nos sumários e nas várias estruturações fundamentais. Além disso, como para todos os instrumentos desse tipo, o tempo e o emprego — e faço votos que ambos sejam altos — é que verificarão e aprofundarão as perspectivas e as metodologias propostas, as sínteses e os juízos de mérito apresentados.

*

Quero propor aqui outra motivação de índole mais estritamente teológica e pastoral que justifica a publicação de um manual atualizado de história da Igreja. De fato, desejo muito que esse novo instrumento de estudo não seja de proveito somente para um público de "profissionais", a breve ou médio prazo, como professores, pesquisadores, alunos, futuros agentes de pastoral ou docentes em geral, aqueles, enfim, que trabalham em especial nas instituições de formação eclesiais ou religiosas e também acadêmicas, ou pesquisadores que queiram utilizar algum quadro de síntese sobre o qual refletir para ulteriores aprofundamentos ou para nele encontrar alguma perspectiva particular de pesquisa ou documento recuperado. Um augúrio esse que já é desejável de per si e, se quisermos, primário numa realização editorial desse tipo.

Gostaria, porém, de refletir também — precisamente em chave teológica e, ao mesmo tempo, pastoral — sobre outro tipo de público, mais amplo e variado, ao qual um instrumento como este, renovado na linguagem e nas perspectivas, poderia, talvez, servir de referência. Penso, por exemplo, em todas as pessoas que se aproximam da Igreja por razões de simples curiosidade de estudante ou de interesse interior mais profundo, querendo conhecer em geral sua história. Nesse sentido, penso também no "povo de Deus" (uma descoberta básica do igualmente importante Concílio Vaticano II, como bem demonstra um especial capítulo do volume IV deste manual), nos que já vivem na Igreja de modo muito concreto nas nossas comunidades hoje tão diversas e variegadas; penso no povo de Deus em seu todo e nos indivíduos que a ele pertencem, ou seja, numa Igreja que deseja refletir sobre o próprio caminho histórico e nos seus membros que querem indagar o futuro da comunidade de que se sentem parte. Ou, ainda, penso nas pessoas que, a caminho para uma nova abordagem da própria vida interior, querem conhecer melhor a história — vicissitudes, fatos, personalidades — mediante a qual o Evangelho do Senhor morto e ressuscitado chegou até nós. Uma história feita de luzes e de sombras, de contradições e de esperanças, na medida humana; mas uma história na qual se manifesta continuamente a Misericórdia de Deus sobre o futuro humano.

Nesse sentido, a história faz-se elemento vital no caminho de fé: permite refletir sobre como a Palavra se fez carne na sucessão dos séculos e, ao mesmo tempo, sobre como homens e mulheres de outras épocas souberam acolhê-la e torná-la viva, apesar de todos seus limites, em condições específicas e, às vezes, muito diferentes das atuais, ora no drama, ora em maior serenidade. Uma história que explique e saiba fazer perceber uma comunidade a caminho para uma meta, que está para além da própria história, mas que tem no tempo uma condição fundamental própria e que no tempo responde ao chamado à santidade, às exigências e aos desafios concretos e às vicissitudes próprias de cada época.

Assim — parece-me —, um manual de história poderá também se tornar lugar de reflexão, desde que procure, com abordagem serena e sem ansiedades apologéticas, aderir à verdade e se mover em direção a ela; de fato, a verdade se manifesta e se defende quase por si mesma, mesmo na própria aparente fragilidade. Assim, num manual de história, como em qualquer estudo e reflexão que provenha também de dentro da Igreja, poderá se manifestar um gesto de grande caridade, ou seja, da "caridade da verdade", que é procurada seriamente e que é também dada aos outros.

Ter-se-á, assim, outra possibilidade para evitar que o povo de Deus cresça "sem história", todo projetado no seu presente, porque não poderá ser verdadeiramente um povo se não tiver se apropriado também do passado que lhe pertence ou se dele tiver apenas um conhecimento medíocre, mal articulado, desordenadamente reunido por meios de comunicação cada vez mais ricos e acessíveis, mas cada vez mais necessitados de discernimento e de capacidade de escolha e de verificação. Este manual apresenta-se como uma ajuda confiável para superar todos esses riscos.

Gostaria de acrescentar que um povo de Deus que não saiba refletir sobre o caminho da própria fé no tempo e que conheça pouco e mal a história da Igreja de que faz parte corre o risco de ficar privado de uma clara perspectiva do próprio futuro, porque já privado de conhecimento do próprio passado. Um povo sem passado é um povo sem futuro, fechado no hoje, como é, muitas vezes, a cultura em que estamos imersos. E há um risco ainda maior, se possível: o de quem percebe esse "vazio do passado" e o resolve simplesmente voltando-se para trás, mas com perspectiva não exata ou, talvez, viciada por alguma forma mal interpretada de ideologia. É o risco que correm as pessoas que se voltam para um passado cristalizado ou idealizado, reinventado, de fato, e não voltado para a verdade e que, portanto, se priva também ele do próprio necessário futuro. Também nesse caso os quatro volumes desta obra se predispõem a enfrentar o delicado empreendimento de coordenar bem o presente ao passado e ao futuro.

Faço votos, enfim, de que este novo manual tenha muitos leitores, não somente em sentido quantitativo, mas também qualitativo: alunos e docentes, estudantes e pesquisadores, que o tornem vivo em suas atividades cotidianas, mas também leitores à procura da verdade, como abertura a espaços de reflexão. Leitores crentes, leitores à procura, todos movidos pela paixão de entender uma das perspectivas mais fascinantes e surpreendentes da fé cristã, o encontro na história — seja ela grande ou pequena — do homem com o Deus que dele se faz próximo.

*

Não quero terminar estas minhas palavras sem deixar explícita uma agradável coincidência. De fato, estou apresentando um manual de história da Igreja enquanto me encontro na Biblioteca Apostólica Vaticana, na qual está reunida uma rica quantidade de documentos que, de modo mais estreito ou mais amplo, dizem respeito à história, seja ela a eclesial, seja a geral da humanidade em seu variegado desenvolvimento cultural. Reconheço que as fontes específicas para uma história da Igreja podem, evidentemente, ser encontradas, também e sobretudo, em outras instituições, no vizinho Arquivo Secreto Vaticano, por exemplo.

Mas a Biblioteca Vaticana, que tem suas origens no período humanístico, em meados do século XV, lembra um aspecto ainda mais importante, ou seja, a universalidade que é típica da pesquisa humanística e que ensina a refletir e a confrontar, a dialogar e a partilhar, desfrutando dos diferentes ramos do saber, valendo-se de documentação e de reflexões de diferentes proveniências, ampliando o olhar para a comunicação e a cultura e vida de todos os povos e nações. Pois bem, uma história da Igreja — sabemos disso e, em parte, o mencionei — não nasce e não pode se desenvolver de modo setorial, mas é chamada precisamente a reconhecer e a respeitar essa universalidade em seus múltiplos aspectos, porque uma adequada história da Igreja se põe em confronto e em colaboração com outras ciências, porque evita de se fechar numa contraposição polêmica ou ideológica, porque fala de uma Igreja que vive no mundo e que encontra povos e nações, encarnando-se em suas diferentes culturas.

Valorizo de coração este manual também por esse aspecto, reconhecendo nele a riqueza humanística que caracteriza toda pesquisa cultural e todo fruto de estudo digno de tal nome. Cabe ao leitor constatar também isso e, sobretudo, deixar-se envolver e animar pelo espírito de universalidade que é próprio da cultura e que — é bom que se explicite — é próprio da Igreja mesma e, portanto, da sua história.

Padre Cesare Pasini
(prefeito da Biblioteca Apostólica Vaticana)

Introdução geral ao
Manual de história da Igreja

Publicar um manual de história da Igreja significa oferecer uma concreta possibilidade de adentrar, de maneira confiável, um âmbito temático muitíssimo amplo, que constitui, ao mesmo tempo, uma disciplina curricular dos estudos teológicos — às vezes, também dos humanísticos no âmbito universitário — e uma dimensão fundamental da grande e complexa instituição e comunidade de homens e mulheres enriquecida por dois mil anos de vida e fundamentalmente caracterizada pela adesão crente à pessoa de Jesus Cristo, como é a Igreja.

A denominação utilizada no título do *Manual* é a de "história *da Igreja*"; ela não é escolhida prescindindo-se da consciência de que outros — pelo fato de que são muitíssimas as comunidades, bem como os movimentos e os indivíduos que, nos vinte séculos transcorridos desde a história humana de Cristo, nele se inspiraram — prefiram falar de "história *das Igrejas*" ou de "história *do cristianismo*". Antes, deseja-se atribuir ao termo "Igreja" uma perspectiva de síntese, incluindo aí a multiplicidade de grupos humanos e de configurações institucionais que entenderam se reconhecer como situações históricas da *ekklesía* que encontramos, desde os *Atos dos Apóstolos* (a partir de At 5,11), no seu significado originário de "con-vocação" para a salvação anunciada e realizada pelo Evangelho. Se isso pode dar origem a algum problema sob o ponto de vista teológico — ou seja, quanto à identidade própria da Igreja à luz da Revelação cristã —, é, todavia, plenamente aceitável numa perspectiva histórica, uma vez que se põem em cena na narrativa sujeitos históricos (indivíduos, grupos, comunidades, instituições) que entenderam se reconhecer como parte, às vezes até como únicos membros ou expressões legítimas — em paralelo ou em contraposição a outras — da única Igreja gerada por Cristo. No volume I do *Manual* encontrar-se-ão muitos testemunhos de tal multiplicidade de configurações, a ponto de aparecer totalmente normal, nos diversos contextos históricos aos quais faz referência o estudo dos primeiros séculos, utilizar o termo *Igrejas*. A seguir, na exposição — orientada, embora não exclusivamente, para a consciência da evolução histórica ocorrida no mundo ocidental —, prevalece, porém, de modo claro, o uso de *Igreja* no singular. Em todo caso, aceitar o termo *Igreja* no seu significado sintético não significa fechar, mas abrir à pluralidade de fenômenos históricos com os quais o leitor entrará em contato, percorrendo os quatro volumes do *Manual*, especialmente na terceira parte, como já ficará claro nesta apresentação geral.

1. Por que estudar a história da Igreja

Se nos perguntarmos que sentido terá conhecer as bimilenares vicissitudes da Igreja, na perspectiva ampla agora evocada, poderão ser identificadas múltiplas respostas.

Em primeiro lugar, como para qualquer realidade terrena, a começar pela própria pessoa humana, não é possível conhecer a identidade da Igreja sem indagar seus altos e baixos. Isso por causa da dimensão histórica constitutiva de todo sujeito "mundano": como tal, ele se põe e se desenvolve no espaço e no tempo, a ponto de se configurar somente de modo progressivo no próprio ser. Em outros termos, todo presente é fruto do passado; o que é hoje depende (embora de maneira habitualmente nada linear), em boa parte, do que foi antes. Isso vale também para a Igreja, a qual, precisamente, vive na história e na história nasce, cresce, atua, erra, corrige-se e terá também um fim nesta história, para encontrar pleno cumprimento no Reino dos céus, de que a Igreja entende ser preparação, na história, e, ao mesmo tempo, antecipação.

Além disso, como a Igreja, há dois milênios — embora com momentos e modalidades mutáveis, ao longo dos séculos e nas diferentes áreas geográficas —, tem uma presença constante e um papel fundamental na história da humanidade (no Oriente antigo e no Ocidente medieval, antes de tudo; depois, a partir da época moderna, em todos os cinco continentes), o conhecimento da sua história assume também um valor cultural geral. Ou seja, não é possível compreender a história da civilização humana sem levar em consideração a contribuição oferecida pela Igreja. Cada página do *Manual*, pode-se dizer, demonstra com clareza esse dado de fato.

Não se pode passar em silêncio, enfim, a própria característica que qualifica e unifica, como já lembrado, o variegado conjunto de sujeitos e de fenômenos históricos sinteticamente indicado pelo nome "Igreja", ou fé em Cristo vivida e expressa de forma pública e comunitária. Esse "conteúdo" primário, tal como foi vivido pelos diferentes sujeitos históricos que, de fato, se identificaram na Igreja de Cristo, nos mais variados modos, até mesmo contrários uns aos outros, remete, todavia, a uma bem específica consideração e exige um estudo particularmente atento. Isso significa que o próprio fenômeno analisado pela história da Igreja envolve perspectivas que transcendem a própria história: eis por que, no início deste livro, foi apresentado o ensaio de Angelo Maffeis, especificamente dedicado à relação entre história e teologia; remete-se a ele, para uma abordagem da questão apenas acenada aqui.

Conhecer a história da Igreja não é apenas necessário, pelos motivos agora lembrados; é também muito útil. Isso, obviamente, não no sentido de instrumentalizá-la, dobrando-a como demonstração de teorias preconcebidas. Nesse caso, com efeito, não se estudaria mais *a* história com aquela abertura desinteressada que é o caráter típico de toda atividade cultural, mas se faria uso — enquanto possível — *da* história, manipulando-a, então, ou seja, negando-lhe uma consistência autônoma própria. É precisamente na sua irredutível alteridade com relação a nosso modo atual de ver, porém, que o passado se torna instrutivo, permitindo-nos uma ampliação de horizontes mentais análoga ao estimulado pelo confronto com culturas diferentes daquela em que se vive. Por sua vez, o conhecimento não preconcebido do passado põe-nos em contato com mundos novos, com as culturas mais variadas: cada volume deste *Manual* oferece de modo abundante essa experiência, permitindo que caminhem juntos conhecimento do passado e abertura para novos horizontes humanos e culturais.

De página em página, o leitor poderá verificar pessoalmente que as longas e complexas vicissitudes históricas permitem descobrir uma formidável riqueza de climas espirituais, de perspectivas culturais, de experiências humanas... até de limites e de erros, às vezes desconcertantes e, todavia, muitíssimo valiosos para nos darmos conta de possíveis equívocos e distorções que podem se desenvolver em torno do sentido próprio da referência evangélica, que é patrimônio comum de todas as formas de cristianismo, mas que, todavia, pôde dar origem a intepretações até mesmo opostas ao próprio sentido originário. Um banho de realidades sempre utilíssimo para superar visões muito ideais e espiritualistas e, portanto, não respeitosas do caráter histórico essencial à Igreja, bem como a toda expressão humana. Uma sadia relativização, não no sentido de que tudo seja indiferente (isso seria um relativismo), mas para aprender a discernir o que é verdadeiramente essencial, sem absolutizar o que é transitório e secundário. Evitando, por exemplo, qualificar como elementos "tradicionais" alguns sistemas institucionais, culturais ou teológicos que remontam, na realidade, somente à época moderna no Ocidente, perante uma bem mais ampla e mais antiga Tradição eclesial. Uma das possibilidades oferecidas pelo *Manual* é precisamente a de favorecer a formação de uma sensibilidade correta com relação ao sentido próprio da Tradição entendida como elemento vital para a Igreja; e é uma exigência a que se refere abertamente o evento que há decênios constitui a orientação fundamental para a Igreja católica, ou seja, o Concílio Ecumênico Vaticano II.

Por esse motivo, é particularmente útil uma apresentação da história da Igreja, das origens aos nossos dias, ao mesmo tempo acessível e rigorosa, bem como, quanto possível, orgânica, como se propõe neste *Manual*, de modo a se ter um olhar amplo e realista sobre os dois milênios de cristianismo. É como olhar um panorama do alto: fica mais fácil perceber o que pertence apenas a uma época, ou a uma particular visão local; o que permanece além das diversas mudanças; o que é redescoberto e reproposto, de quando em quando, inspirando-se em experiências eclesiais anteriores. Desse modo, a partitura da ampla sinfonia histórica do cristianismo pode ser percebida na sua textura profunda, nos seus temas recorrentes, nos entrelaçamentos e nas variações, na mudança dos ritmos e das cores.

Assim, o conhecimento do passado liberta-nos dos preconceitos que estamos acostumados a projetar para trás, a partir do presente, e, vice-versa, dos condicionamentos que fazemos prolongar do passado sobre os dias de hoje. Mais ou menos como acontece quando uma pessoa ou uma situação antes conhecida somente por "ouvir dizer" passa a ser conhecida diretamente ou bem de perto. Não há nada como a ignorância, em todos os campos, para gerar rigidez e intolerância. Ao passo que um conhecimento cada vez mais amplo da vastidão e variedade de tudo o que aconteceu no passado ajuda a diluir visões rígidas e apressadas, como que reduzidas, coaguladas num espaço muito restrito. Um olhar sereno, sem obstáculos, aberto a ulteriores conhecimentos, capaz de se confrontar com outras posições sobre os fatos ocorridos na Igreja permite, por exemplo, reconhecer elementos originariamente comuns também em expressões e movimentos históricos que, depois, com o passar do tempo e a concretização de algumas contraposições, acabaram ficando muito distantes uns dos outros.

Essa visão mais tranquila — que somente a distância dada pelo tempo e a correspondente decantação das paixões permitem — é de grande utilidade para a continuação do diálogo e da recíproca compreensão entre a Igreja e a sociedade humana, entre as diversas confissões cristãs, entre o cristianismo e as religiões (pensemos, em particular, no judaísmo, cuja relação com o cristianismo pode muito bem ser encontrada em diversas partes do *Manual*). Não no sentido, como já lembrado, de instrumentalizar a história, escavando nela provas a favor de uma ou outra posição, mas, ao contrário, deixando que os acontecimentos, conhecidos pouco a pouco, corrijam e enriqueçam, lentamente, nosso modo de ver. Quem compôs este *Manual* julga, com tranquilidade de consciência, no final de todo o trabalho, ter oferecido um instrumento decididamente orientado nesse sentido.

2. Como escrever uma história da Igreja

Ainda que se trate de uma conquista relativamente recente — em paralelo com o nascimento da historiografia crítica geral, que chegou à maturação e a ampla partilha no mundo cultural europeu-ocidental apenas na segunda metade do século XIX —, a história da Igreja é considerada uma disciplina científica, uma vez que utiliza instrumentos e métodos específicos, com vistas à verificação das vicissitudes do passado referentes à Igreja, no sentido sintético atribuído a esse termo, como já enfatizado nas primeiras linhas desta introdução geral. Trata-se de operações muito complexas: basta apenas pensar na amplidão cronológica e geográfica da presença do cristianismo, desde suas origens até hoje, na quantidade sem fim dos testemunhos, na dificuldade da leitura e interpretação deles, na vasta e crescente obra historiográfica que em continuação é produzida.

É necessário, portanto, em primeiro lugar, reconhecer honestamente os *limites* da disciplina, a partir da impossibilidade de escrever um texto que possa ser entendido como *a* história da Igreja. A consciência dessa provisoriedade de qualquer pesquisa histórica amadureceu, no século XX, no âmbito crítico, até se qualificar como caráter típico da ciência e do rigor da historiografia, em sentido radicalmente diferente do que qualquer historiador, mas também qualquer pessoa de boa cultura, podia pensar no início ou ainda em meados do século XX. Vejamos, brevemente, alguns aspectos dessa nova consciência.

O passado não é mais pensado como um "mundo" existente para além de uma distância cronológica, a qual, uma vez superada, é possível chegar até ele, como numa espécie de fantástica navegação no tempo. Hoje, estamos conscientes de que o passado, no caso específico o da Igreja, pode ser conhecido somente *dentro* de um presente entendido e condicionado, por sua vez, em diferentes graus, a ser pouco a pouco esclarecido por tudo o que o precede. Toda pesquisa histórica, portanto, nasce de uma reflexão sobre o presente, sobre os modos e sobre as imagens com que aquele passado está ainda presente entre nós; ou seja, deve ser abordado a partir da consciência que dele já se possui e das perguntas que são postas por quem quer conhecer o passado.

Essa "decantação" da consciência ocorre mediante o confronto com outros pontos de vista, contemporâneos ou anteriores ao nosso, bem como, obviamente, com o ponto de vista oferecido pelos testemunhos contemporâneos aos fatos, os quais podem ser encontrados nos documentos de diversos tipos (literários, arqueológicos, artísticos e assim por diante, em muitos casos entrelaçados entre si). A partir da ideia atualmente aceita de determinado passado, deve ser realizada em primeiro lugar (a precedência é lógica, mais que cronológica) uma contínua verificação, antes de tudo em relação às diversas ideias que dele outros tiveram, antes e ao lado da nossa: é essa a indispensável *recessão historiográfica* que deve preparar e acompanhar qualquer pesquisa histórica. Em segundo lugar, dever-se-á proceder à análise dos vestígios que do passado chegaram até nosso presente, por via direta ou indireta: ou seja, a coleção e a utilização, controlada, por sua vez, por critérios específicos das fontes. Tudo isso, controlando os *questionamentos*, ou seja, *hipóteses de pesquisa e estudo* que estimulam ao conhecimento do passado, para fazer com que eles não se transformem em teses preconcebidas, mas permaneçam verdadeiramente tais. Quer dizer, questionamentos que abram progressivamente a uma compreensão cada vez mais atenta e adequada do que vai aos poucos emergindo do passado. As operações agora descritas garantem o único aspecto científico possível à reconstrução histórica, ou seja, a de manter em tensão o que a partir do presente se vê do passado e o que do passado se pode perceber no presente. Enfim, com base nos elementos reunidos e joeirados, representa-se, recontando-o, o evento objeto de estudo. Poderíamos, de certo modo, descrever o procedimento historiográfico como o de uma contínua re-com-preensão — no sentido de manter (*preensão*) junto (*com*) e continuamente (*re*) — de todo aquele complexo de elementos agora lembrados, inseparavelmente do presente e do passado. Ou seja, um procedimento sintético que tem como sua característica manter o mais possível copresentes os vários fatores que constituem a nossa consciência atual do passado: eis por que a sua forma literária própria é, precisamente, a da narração, ou, se quisermos, do "drama", com a consequência, para quem lê, de se sentir envolvido pelo texto, como deseja quem escreveu as páginas deste *Manual*.

Entende-se que tal itinerário não pode ser completado de uma vez por todas, mas deve ser mantido aberto a uma contínua retomada que possa progressivamente integrar ulteriores visões adquiridas e novos traços reemergidos do passado. O conhecimento da história é também ele essencialmente *histórico*: não pode caminhar de outro modo senão por contínuas e progressivas aproximações à definição mais clara de um passado para conhecer e compreender, do qual podemos nos valer para novos pontos de vista e para diversificadas leituras, bem como, naturalmente, para novas contribuições documentárias que, por sua vez, reemergiram após novos interesses historiográficos que vêm surgindo pouco a pouco.

O caso da Igreja constitui não um campo de pesquisa entre os muitos aos quais se pode aplicar o princípio metodológico da historiografia como reflexão da atual consciência do passado, mas um caso único e particularmente feliz. A Igreja, com efeito, concebe-se e declara-se caracterizada por uma identidade permanente no tempo, capaz, precisamente, de poder assumir de fato uma nova opinião sobre o *próprio* passado; de outro lado, ela se concebe e se declara até como relativa a um "Outro" (Jesus Cristo), considerado, todavia, presente no decorrer do tempo. A Igreja tem, portanto, uma referência precisa com a qual medir a evolução e o envolvimento da própria história, sem com isso decair num "sentido histórico" extrínseco ou abstrato. As já lembradas reflexões de Angelo Maffeis, presentes neste livro, oferecem ulteriores estímulos para nos embrenharmos neste último âmbito de considerações.

3. Vantagens e limites do *Manual*

É impensável encontrar na narrativa concretamente possível de um manual todas as complexas operações de pesquisa e de análise crítica acima lembradas (basta pensar na limitação de espaço imposta por uma leitura e por uma assimilação que queira ser realista, tanto para o indivíduo, como para quem quiser aprender ou ensinar no âmbito acadêmico a história da Igreja) a respeito dos dois mil anos de história, vividos por uma instituição e comunidade de homens e mulheres ampla e complexa como a da Igreja — ainda mais no sentido "inclusivo" que se quer atribuir a essa expressão, como acima lembrado. Todavia, na origem da redação dos textos por parte dos autores do *Manual* está clara uma série de pesquisas e de análises críticas, até pela prática pessoal da disciplina histórica em pesquisas específicas sobre episódios particulares, personagens ou temáticas do passado da Igreja. Essa experiência reflete-se e encontra-se expressa na síntese dos manuais, graças à clara manifestação de algumas linhas fundamentais que marcam todos os acontecimentos históricos da Igreja, ou em algumas de suas fases de certa amplitude, bem como na seleção dos assuntos.

Assim, por exemplo, desde o primeiro volume, procura-se jogar luz também sobre a vida interna da Igreja — ou seja, a prática concreta da vida cristã, as manifestações do culto e da vida comunitária —, bem como sobre o trabalhoso itinerário para a definição dos conteúdos essenciais da fé cristã e de uma expressão conceitual deles capaz de comunicá-los de maneira universalmente acessível, sem deixar de perder sua originalidade única e irrepetível. É o emergir de uma questão fundamental que atravessa toda a sequência da história narrada nestes quatro volumes, ou seja, o contínuo confronto entre o cristianismo e as diversas culturas que ele encontra, com o caminhar do tempo e o estender-se da sua difusão geográfica. Para a Idade Média, por exemplo, vai-se do confronto com as populações germânicas que entraram no âmbito da antiga Romanidade e nela se inseriram, graças à lenta mediação exercida pela Igreja e ao amadurecimento espiritual e doutrinal provocado pela inserção no vivo dinamismo da cultura municipal e universitária dos séculos XII e XIII, até as primeiras aberturas em direção ao distante Oriente. O confronto torna-se muito problemático na época moderna, quer pelo progressivo distanciamento do cristianismo por parte da sociedade ocidental, cuja principal dimensão tinha sido constituída por ele, quer pela formidável ampliação dos horizontes geográficos, quer pelas divisões entre as diversas confissões cristãs, as quais deram um tom predominantemente polêmico e apologético ao confronto cultural. O resultado dramático da época moderna representado pela Revolução Francesa e por suas consequências, nas quais o confronto parece deixar muito espaço ao embate e até à recíproca incomunicabilidade, não cancela, mas, ao contrário, faz reemergir a premente exigência "missionária" das origens, repropondo dificuldades e equívocos em parte semelhantes.

De modo complementar, pode-se notar, no nosso *Manual*, a atenção em não fechar a Igreja num âmbito geográfico e cultural restrito, com frequência característico de sínteses em manuais anteriores e de um persistente enfoque didático, ou seja, substancialmente a Europa. Decerto, ao considerar mais sábio não sair do bojo historiográfico partilhado pela maioria dos manuais, a atenção à evolução histórica no mundo ocidental foi predominante, mas de modo algum exclusiva. Com efeito, se o mundo ocidental foi, indubitavelmente, o âmbito geográfico e cultural no qual ocorreram desdobramentos que determinaram as principais expressões institucionais e espirituais do cristianismo (nesse cenário situam-se muitas seções da época medieval e moderna, de que se ocupam o segundo e o terceiro volume), não se pode, na verdade, esquecer que se tratou, todavia, de uma fase *que se seguiu* à das origens e da primeira e fundamental aquisição da identidade eclesial, seja para os conteúdos da fé, seja para a conformação da vida cristã, tudo isso ocorrido primária e predominantemente, embora não exclusivamente, no antigo Oriente. E não havia ainda desaparecido totalmente a cristandade medieval, quando ela começou a se abrir novamente para um Oriente ainda mais distante, com o qual, a fim de ser alcançado, foram criadas as premissas de novas vias para um Ocidente ampliado sobre horizontes ainda desconhecidos. Consequentemente, à consistente atenção, reservada ao Oriente no primeiro volume deste *Manual*, seguir-se-á, para além da narração relativa às descobertas geográficas e à difusão extraeuropeia do cristianismo na época moderna, uma constante e ampla consideração da situação mundial da Igreja na época contemporânea, num crescendo que culmina no último capítulo do volume IV, ou seja, a parte conclusiva de todo o *Manual*, onde se descrevem *As dimensões mundiais da Igreja no século XX*.

Se a necessária concisão e a perspectiva de síntese — mais que de aprofundamento analítico — de um manual deixam espaço até muito limitado a um dos principais instrumentos da reconstrução histórica acima lembrados, ou seja, a apresentação e a análise das fontes, é continuamente praticada e declarada pelos autores da presente obra a pesquisa historiográfica ampla e atualizada. Isso, em particular, mediante a redação de algumas "inserções" de aprofundamento sobre situações ou temáticas particulares, a fim de que o leitor seja devidamente advertido sobre a existência de novas perspectivas de leitura da vivência histórica da Igreja, embora o estado inicial, em geral, e hipotético dessas aberturas não permita ainda as assumir como elementos integrantes de uma síntese. Isso, mais que um limite, é um valor na apresentação dos manuais da história da Igreja. Eles constituem, com efeito, a decantação de uma enorme massa de dados e de episódios, bem como de suas múltiplas interpretações, mediante o filtro dos conhecimentos especiais e do longo hábito de estudo e de ensinamento de que dispõem os autores deste *Manual*. Uma síntese inevitavelmente parcial e provisória, como já se disse, e que, todavia, constitui uma valiosa possibilidade de abordar as bimilenares e complexas vicissitudes eclesiais, em vez de as reduzir a algumas afirmações sumárias, para não dizer ideológicas, ou dispersá-las numa quantidade de fatos e de questões sem nenhuma relação nem plano de conjunto.

Aprofundamentos a respeito de episódios e temáticas particulares não são de modo algum excluídos de uma exposição como a oferecida pelo nosso *Manual*. Eles não somente são exigidos como necessário complemento dessa visão geral da história da Igreja, como precisamente por ela é que se tornam possíveis, do mesmo modo como um excursionista pode identificar alguma exploração particular somente a partir de um mapa geográfico de todo o conjunto. Num contexto cultural que nos habituou, em todos os setores, a uma especialização até exagerada, acreditamos que não seja fora de propósito repropor o valor da síntese, embora estejamos conscientes dos seus limites, até mesmo na convicção de que estes últimos constituem um recurso, pelo menos como convite a ir além do que até agora atingido, mas podendo dispor de uma base sólida de partida.

Várias vezes utilizamos nestas primeiras páginas termos como "época antiga", "Idade Média", "época moderna" ou "época contemporânea"; são expressões convencionais, como sabemos, periodizações assumidas sem discutir criticamente suas motivações. É outro limite que caracteriza também, desde sua estrutura, este *Manual*, "classicamente" dividido em quatro volumes, em correspondência com as mais comuns divisões da matéria e com os quatro âmbitos cronológicos mais ou menos claramente definidos e universalmente aceitos. E é um exemplo do que foi afirmado acima, ou seja, antes de tudo, do condicionamento histórico que caracteriza a própria historiografia, inclusive a que se refere à Igreja. A divisão, ou periodização, em quatro diferentes épocas deriva, com efeito, de uma progressiva experiência histórica vivida pela consciência eclesial.

Em primeiro lugar, quando se começou a sentir como já "passada" uma condição de substancial co-incidência entre Igreja e sociedade, bem como entre Revelação cristã e conhecimentos humanos: é o "momento" (na realidade, uma extensa fase temporal) em que as pessoas se dão conta de que "agora" (em latim, *modo*), tudo estava diferente e se configurava, portanto, uma época "nova", ou seja, *mod-erna*. Daí nasciam, sempre num prolongado lapso de tempo, as avaliações sobre a situação imediatamente anterior, sentida, por sua vez, em contraposição com a origem idealizada constituída pelos primeiros tempos do cristianismo e pela cultura greco-romana em que a Igreja tinha vivido seus primeiros desenvolvimentos; entre o ideal cultural e eclesial da época *antiga* e a sua retomada moderna (até explicitamente indicada em expressões como "Re-nascimento" ou "Re-forma") parecia que se podia identificar o estorvo de uma "idade do meio", ou *idade média*. Um sucessivo amadurecimento, ainda mais traumático, houve, depois da Revolução Francesa, com a constatação da irreversível distância entre a Igreja e a sociedade que a fase moderna tinha escavado a partir da primeira constatação acima lembrada. A época moderna parecia agora, portanto, plenamente configurada como uma entidade autônoma — uma época, precisamente —, mesmo diante e como consequência da mudança da sensibilidade eclesial que, em reação a essa separação, voltava a avaliar como fato positivo a coincidência de Igreja, sociedade e cultura que a já desvalorizada "idade média" tinha realizado na forma de uma civilização cristã, a qual, agora, começa — e continua por longo tempo, até hoje, em parte — a aparecer como conteúdo próprio da missão da Igreja. Assim, vinha-se classificando, de modo indireto, uma nova era, genericamente chamada de "contemporânea"; ela, por sua vez, embora dando, há muito, múltiplos sinais de estranheza perante o sentimento atual, não parecia ter encontrado ainda uma "sucessão" respeitável. Eis, pois, as quatro fases que, no momento (e até quando não nos é dado saber), refletem em seu conjunto, de novo em forma sintética mas não extrínseca, os episódios históricos da Igreja.

Não é possível, por outro lado, contar uma história, seja qual for, sem organizá-la numa sucessão temporal, numa série de passagens entre um "antes" e um "depois"; é impossível, com efeito, que a mente humana perceba uma sucessão dinâmica, como é a história, de maneira imediata e unitária. Daí a necessária divisão em períodos, ou periodização, muito mais indispensável quando se quer dar uma visão de conjunto a um arco temporal tão amplo e a episódios tão múltiplos como os que entendemos como "história da Igreja".

4. Do Bihlmeyer-Tüchle ao atual Manual de história da Igreja

Com estas últimas observações, chegamos à apresentação das escolhas e dos critérios que presidiram a formação deste *Manual de história da Igreja*. Quando, em junho de 2010, no Centro de Convenções de Villa Cagnola, em Gazzada (Va), se realizou o encontro dos docentes da sede central, das seções paralelas, dos institutos afiliados e dos Institutos superiores de ciências religiosas da Faculdade teológica da Itália setentrional, de Milão, surgiu o projeto de escrever um manual que servisse, efetivamente, como instrumento didático: para os docentes, a fim de que pudessem encontrar no *Manual* quer os conteúdos das suas aulas, com a possibilidade de os adaptar, quer o quadro histórico de referência para o ensino deles; para os alunos, ajudados na aprendizagem e na assimilação da matéria, exposta de maneira séria, sintética, linear, clara, razoavelmente contida na quantidade. Tal instrumento, além disso, ajudaria a qualquer um que estivesse interessado em conhecer a Igreja em seu desenvolvimento histórico.

Umberto Dell'Orto e Saverio Xeres assumiram logo a direção do projeto, que viu, já durante o congresso de Gazzada, a formação de quatro grupos de trabalho, correspondentes às quatro épocas históricas (e aos relativos volumes) de que se falou há pouco: foram relatores, além de Dell'Orto e Xeres — respectivamente, para a época moderna e para a época contemporânea —, Cristina Simonelli, para o período antigo, e Renato Mambretti, para a Idade Média. Em questão de poucos meses, alguns dos participantes do congresso em Gazzada, ao lado dos quatro relatores, dispuseram-se a redigir partes do texto, em especial, Giuseppe Laiti para o período antigo, Ennio Apeciti e Silvio Ceccon para a Idade Média, Fabio Besostri e Cesare Silva para o período moderno, Angelo Manfredi e Maurilio Guasco para o contemporâneo. Julgou-se ser oportuna a intervenção de um teólogo, com aguda sensibilidade à dimensão histórica, a fim de introduzir o leitor em algumas questões de limite entre história da Igreja e teologia, seja para esboçar o papel que tem o conhecimento da história da Igreja para o estudo da teologia, seja para introduzir o debate relativo ao significado teológico da história da Igreja; assim, confiou-se a Angelo Maffeis a tarefa de redigir o ensaio que aparece neste volume I.

Contemporaneamente, pode-se dizer, este projeto, por meio de Giacomo Canobbio, foi ao encontro das expectativas da editora Morcelliana, de Bréscia, que, havia anos, procurava quem se encarregasse da redação de um manual que ressaltasse a função exercida na Itália, por decênios, a partir de 1955, pela *História da Igreja*, de Karl Bihlmeyer e Hermann Tüchle. Tanto os autores do projeto amadurecido em Gazzada, como o Editor estavam, porém, conscientes de que era preciso partir do manual de *Bihlmeyer-Tüchle*, mas para ir mais além; assim, durante os últimos meses de 2010 e a primeira metade do ano seguinte, foram identificadas as características que a nova obra deveria ter. Elas foram apresentadas esboçadas num encontro ocorrido em Bréscia com o Editor, em janeiro de 2011, depois, portanto, de terem sido discutidas numa série de confrontos entre os dois diretores, os organizadores e os autores; em particular, foi muito importante um encontro plenário em junho de 2011, na Faculdade teológica de Milão.

Antes de tudo, com relação à estrutura do *Bihlmeyer-Tüchle* (Antiguidade, até 692; Idade Média, 692-1294; época nova, 1294-1648; época moderna, de 1648 em diante), mudavam-se algumas denominações e os limites cronológicos de cada época. As migrações das populações bárbaras foram consideradas como referência para a passagem entre Antiguidade e Idade Média, retrodatando a passagem de um para outro período; o Cisma do Ocidente (1378-1417) foi considerado sintoma da crise em que entrara a sociedade idealmente unitária que foi a Idade Média ocidental; a Revolução Francesa foi tomada como início da época contemporânea. Os quatro grupos de trabalho, em poucos meses, estabeleceram o conteúdo de cada período e se consultaram sobre como ligar do melhor modo possível um período ao outro.

Sob o ponto de vista editorial, convencionou-se que seria dedicado a cada época um volume com cerca de 500 páginas, para que fosse efetivamente legível e assimilável; concluído o trabalho, a medida foi respeitada, com os primeiros três volumes homogêneos quanto à quantidade do material oferecido, ao passo que o quarto saiu mais volumoso que os demais; mas os assuntos tratados nele — raízes imediatas, bem como contexto em que se encontra a Igreja dos nossos dias — deveriam suscitar em quem lê um desejo ainda maior de conhecimento, ao qual corresponde um estudo mais amplo. Decidiu-se organizar os capítulos em números progressivamente crescentes, capítulo após capítulo, e subdividir cada número num só nível, fazendo as subdivisões com números arábicos (1.2.3. etc.), como ocorre com o *Bihlmeyer-Tüchle*; diferentemente deste último, que continua a numeração sucessiva de um volume a outro, a numeração no presente *Manual* recomeça no início de cada volume. O que conta é ter conservado o feliz enfoque do *Bihlmeyer-Tüchle*, que, graças a tal organização em números e subnúmeros, oferece toda uma série de remissões internas, o que acontece também neste novo *Manual de história da Igreja*, de modo a mostrar as ligações existentes entre muitas partes do tratado e ajudar a organicidade da exposição em cada volume e entre os diferentes volumes. Outra opção emprestada do *Bihlmeyer-Tüchle* é deixar nítidas em negrito algumas palavras que orientam a leitura, permitindo que se identifique imediatamente o assunto tratado. Tendo sempre como referência o *Bihlmeyer-Tüchle*, as páginas iniciais de cada volume são destinadas à apresentação clara e sintética dos seus conteúdos.

Além das escolhas que remetem ao velho manual de história da Igreja, há outras que são diferentes. Uma delas é a distinção entre a parte expositiva principal, nos diversos capítulos, e uma série de "inserções" que, como já se disse acima, tratam de assuntos que merecem particular aprofundamento e/ou requerem leituras interpretativas novas, oferecendo em diversos casos verdadeiras recensões historiográficas, com uma especial nota bibliográfica para cada inserção. As citações de trechos originariamente escritos em línguas antigas ou modernas estrangeiras foram quase sempre traduzidas para o português, com a possibilidade de referir na língua original algumas expressões (e com o cuidado de fazer entender seu efetivo significado), sobretudo os chamados termos técnicos. Não foram utilizadas notas de rodapé: as citações presentes na exposição citam entre parênteses o sobrenome do autor do texto citado, cuja apresentação por extenso se encontra na bibliografia posta no fim de cada capítulo; no caso de serem citados escritos diferentes de um mesmo autor, seguem-se ao sobrenome deste último algumas palavras iniciais do título.

Quem utilizou o *Bihlmeyer-Tüchle* tem conhecimento da abundantíssima bibliografia lá apresentada; mas com que efetiva utilidade? Havendo acordo numa resposta negativa, a escolha foi pôr, no fim de cada capítulo, uma bibliografia selecionada, ou seja, formada por um máximo de 30-40 títulos, indicando os textos utilizados para elaborar a exposição (mantendo as fontes separadas dos estudos) e propondo o quanto possível artigos, monografias, verbetes de dicionários que foram considerados significativos e que poderiam ser consultados para aprofundar os assuntos tratados. Procurou-se, enfim, mirar mais na qualidade do que na quantidade; todavia, feitas as contas, tem-se à disposição um número consistente de textos para melhor conhecer os assuntos apresentados nos quatro volumes.

Quando se chegou a determinar as orientações, as características e os critérios para este *Manual de história da Igreja*, supunha-se que a publicação dos primeiros volumes seria em 2013. Foi preciso mais tempo, o dobro, na prática, porque — sabe-se — quando o trabalho envolve muitas pessoas e trata de assunto tão vasto, como é a história da Igreja, levá-lo à conclusão torna-se um verdadeiro empreendimento. Foi decisiva a possibilidade, por parte de um dos dois diretores, Umberto Dell'Orto, de se dedicar por um ano inteiro, de setembro de 2015 a setembro de 2016, a esta obra; sendo ele um padre da diocese de Milão, deve ser grato ao então vigário geral, que a seguir se tornou arcebispo, dom Mario Delpini, e ao pároco com quem reside, Walter Zatta, por lhe terem garantido as melhores condições para seguir passo a passo a elaboração do *Manual*. Ainda mais decisiva foi a harmonia que se chegou a criar entre os dois diretores, os responsáveis por cada um dos volumes e todos os autores. Para todos, tratou-se de uma experiência de grande enriquecimento cultural e humano. Fazemos votos de que o mesmo aconteça com cada leitor desta obra.

Umberto Dell'Orto — Saverio Xeres

Bibliografia

ALBERIGO, G. Nuove frontiere della storia della Chiesa. In: JEDIN, H. *Introduzione alla storia della Chiesa*. Bréscia: Morcelliana, 1979, 7-30.
BLOCH, M. *Apologia o mestiere dello storico*. Turim: Einaudi PBE, 1969.
CARR, E. H. *Sei lezioni sulla storia*. Turim: Einaudi PBE, [11]1982.
DELL'ORTO, U. Ricostruzione storica e formazione dell'identità. *La Scuola Cattolica*, 133 (2005) 299-322.
GALASSO, G. Filosofia e storiografia. In: ROSSI, P. (dir.) *La filosofia*. Turim: Utet, 1995, 2, 423-454.
HEIM, M. *Introduzione alla storia della Chiesa*. Ed. it.: Asso, C. (org.). Turim: Einaudi, 2002.
JEDIN, H. *Introduzione alla storia della Chiesa*. Bréscia: Morcelliana, 1979.
LE GOFF, J. (org.). *La nuova storia*. Milão: Mondadori, 1980.
MARROU, H. I. *La conoscenza storica*. Bolonha: il Mulino, 1962.
XERES, S. Storia della chiesa. In: CANOBBIO, G.; CODA, P. (ed.). *La Teologia del XX secolo: un bilancio. 1. Prospettive storiche*. Roma: Città Nuova, 2003, 203-247.

Teologia e história da Igreja

O nexo entre cristianismo e história mostra-se evidente a qualquer um que entre em contato com documentos das origens cristãs. Os Evangelhos, com efeito, contam a história de Jesus e é em forma de narrativa que encontra expressão a fé em Cristo, reconhecido como aquele que revela Deus de modo definitivo e traz salvação a toda a humanidade. O conjunto dos escritos do Novo Testamento, pois, testemunha a história da primeira comunidade dos crentes: a missão que difunde a mensagem evangélica, a progressiva formulação da fé e os primeiros passos da reflexão teológica que explora seu conteúdo, a unidade plural das comunidades cristãs e os inícios da organização delas no quadro das estruturas sociais do mundo antigo.

O nexo entre cristianismo e história não é apenas evidente, mas necessário. No centro da fé cristã, com efeito, encontra-se a convicção testemunhada por toda a Escritura de que Deus age na história da humanidade e de que na história e na pessoa de Jesus essa ação divina encontra o seu cumprimento. A história humana é, portanto, história de salvação. Isso vale, evidentemente, antes de tudo, para a história bíblica, mas o mesmo se pode afirmar, de certo modo, também para toda a história da Igreja. Na comunidade dos crentes, a fé cristã reconhece, com efeito, a presença operante do Senhor e do seu Espírito, a qual é constituída pelos meios — a palavra, os sacramentos, os ministérios — pelos quais ele continua a se fazer conhecer e a chamar à fé, a agir e a santificar os fiéis e a guiar seu caminho no tempo.

A fé cristã tem, portanto, uma constitutiva referência à história e, correlativamente, a história é para os cristãos objeto de uma interpretação crente.

O *Credo* guarda essa essencial ligação entre a fé e a história. Demonstra-o, com evidência, o artigo cristológico, que não somente resume a história de Jesus, indicando seu início e seu fim, mas, na alusão à paixão por ele sofrida sob Pôncio Pilatos, sugere que a história a que se refere a profissão de fé não é uma história sagrada que se desenvolve numa dimensão diferente da profana, mas é a história comum da qual os contemporâneos de Jesus foram protagonistas e testemunhas. Ao mesmo tempo, o *Credo* interpreta a história de Jesus como cumprimento das Escrituras e a coloca, assim, num quadro interpretativo teológico que sozinho permite compreender seu verdadeiro significado e profundidade última.

1. O desafio da época moderna

1. A correlação recíproca entre fé e história inspirou por séculos a reconstrução e a interpretação da história da Igreja. O modelo baseado na pacífica aceitação desse pressuposto foi colocado em questão na época moderna após a afirmação de uma interpretação da história da Igreja que prescinde metodologicamente da fé e considera as vicissitudes eclesiais conforme qualquer outro fenômeno social, a ser explicado racionalmente mediante a identificação de nexos causais entre os fatos e sem fazer intervirem fatores de caráter sobrenatural. Essa abordagem pode chegar a se propor como a única válida, negando à interpretação teológica qualquer pertinência e fundamento, ou pode se contentar em delimitar metodologicamente um âmbito próprio, que admite, todavia, outros modos — inclusive o da teologia — de abordar o mesmo objeto e compreendê-lo segundo a particular perspectiva aberta pelo método adotado.

Em todo caso, a comunidade eclesial encontra-se, na época moderna, diante de uma reconstrução da própria história realizada com critérios diferentes dos que derivam da própria autocompreensão crente. Ela deve, pois, tomar consciência de fatos e de dinâmicas históricas que a perspectiva crente não lhe permitiu perceber ou ver com a mesma precisão da pesquisa histórica contemporânea. Isso comporta uma indubitável ampliação da percepção dos fatos históricos, mas o crente percebe, ao mesmo tempo, essas interpretações como redutivas, ou como fruto de um mal-entendido da própria experiência da realidade da Igreja. Antes de propor alguma consideração sobre o modo como a perspectiva crente da teologia e o método aplicado pela pesquisa histórica podem entrar positivamente em relação, vale a pena lembrar algumas das etapas mediante as quais, na época moderna, a crítica histórica cruzou com a reflexão teológica.

2. Um primeiro dado de caráter geral é a transformação da relação entre presente e passado, que caracteriza a afirmação da cultura moderna. "A história moderna ocidental — afirma Michel de Certeau — tem início, com efeito, com a diferença entre o *presente* e o *passado*. Por isso, diferencia-se também da *tradição* (religiosa), da qual não consegue nunca se separar completamente, mantendo com essa arqueologia uma relação de dívida e de rejeição" (de Certeau, 7). Com a época moderna, a relação entre presente e passado não se define mais no quadro de uma tradição da qual nos sentimos parte e que continua a viver no presente da comunidade, mas a partir da consciência de uma fratura, em consequência da qual o passado aparece como *outro* em relação ao presente. A escrita da história procura uma inteligibilidade do passado como outro em relação ao presente por meio de um ato de *decisão*, ou seja, de divisão entre períodos diferentes, os quais são delimitados precisamente pelo ato com o qual se considera não ser mais aquele que existia até um determinado momento, porquanto surgira na história uma novidade que introduzia um novo período.

Essa transformação cultural manifesta-se de modo evidente na nova sensibilidade histórica difundida pelo Humanismo, que incide de modo significativo também sobre a teologia. O trabalho histórico e filológico dos humanistas não se limita, com efeito, à recuperação dos monumentos da Antiguidade clássica, mas se volta também para a herança bíblica e patrística. A Escritura e os Padres da Igreja deixam, assim, de ser *auctoritates* a serem integradas na argumentação especulativa da reflexão escolástica, para serem restituídos ao presente como *fontes*, com rigoroso método filológico e histórico e interpretados com os instrumentos da crítica literária e histórica. Também na época patrística e medieval, a referência da teologia ao passado era decisiva, mas era vivida na unidade da referência a uma autoridade que liga de modo inseparável a Escritura, a Tradição e a Igreja. A partir do século XV, e de modo ainda mais marcado no século XVI, a hermenêutica muda e o sentido do documento do passado é determinado com critérios filológicos e históricos que devem ser aplicados também às fontes cristãs.

A extrema cautela com que Erasmo de Roterdã se põe diante das possíveis consequências teológicas do seu trabalho filológico sobre o cânon neotestamentário mostra que, de início, a crítica histórica humanística limita ao âmbito da crítica textual a sua competência, deixando a outros — à teologia e aos titulares do ensinamento oficial da Igreja — a tarefa de estabelecer a quantidade das fontes como testemunho da verdade revelada por Deus. Desse modo, porém, delimita com respeito à teologia um espaço metodologicamente autônomo, que, com o passar do tempo, tenderá a se ampliar cada vez mais.

A sensibilidade histórica suscitada pelo Humanismo e a determinação de critérios rigorosos para o acesso às fontes históricas e para a compreensão delas, a partir do século XVI, seguidas pelos resultados da Reforma protestante, unem-se com a exigência da teologia polemista de documentar a verdade de uma determinada posição confessional. A teologia vê-se, assim, obrigada a cumprir a tarefa de defender a posição da própria comunidade de fé e de confutar a dos dissidentes. Essa função não pode ser exercida senão no terreno da interpretação do testemunho bíblico e dos documentos da tradição eclesial, nos quais se procura a confirmação das doutrinas professadas pelas Igrejas, da forma normativa das celebrações litúrgicas e das instituições essenciais para a vida da Igreja. Trabalho histórico e apologética confessional acabam se vendo, assim, estreitamente entrelaçados nas cuidadosas pesquisas sobre a tradição eclesial realizadas por muitos teólogos polemistas.

A pesquisa histórica de estrutura confessional atribui um papel central a uma ideia teológica que guia a reconstrução da história da Igreja. A título de exemplo, pode-se citar o prefácio à primeira das *Centuriae* de Magdeburgo (1559), na qual a adoção de um critério teológico para a reconstrução da história da Igreja é expressamente teorizada. A primeira "utilidade" da história da Igreja, com efeito, segundo Flácio Ilírico e os seus colaboradores, consiste no fato de que ela permite "poder ver a ideia da igreja de nosso Senhor Jesus Cristo diante dos olhos, como se fosse pintada num quadro. É artigo de fé acreditar na igreja santa e católica; a história eclesiástica mostra, portanto, que em todas as épocas, por admirável clemência e poder de Deus, mediante o ministério da palavra de Deus, reúne-se e subsiste a igreja, na qual Deus age eficazmente; explica e ilustra, além disso, o que nela é particularmente relevante". E, com transparente alusão à Reforma protestante, no mesmo prefácio, pouco mais adiante lê-se: "Essa história eclesiástica celebra, além disso, o benefício e o poder de Deus que costuma suscitar homens prestativos e heróis, mediante cujo ministério manifesta, de novo, libertando-os das densíssimas trevas e da névoa com que o diabo os recobriu, a doutrina autêntica e o verdadeiro culto de Deus e restabelece a sã religião, e os provê e adorna com todos os dons necessários para tal fim e os protege e guarda admiravelmente contra o furor de todos" (*Praefatio in historiam ecclesiasticam* [...], cit. in *Die Anfänge*, 64-65).

Do lado católico, a distância de um século das *Centuriae*, Pietro Sforza Pallavicino, na sua *Istoria del Concilio di Trento* (1656-1657), convida o leitor a constatar os frutos que trouxe a reforma tridentina. Quem não for preconceituoso, deverá "confessar que jamais, depois da criação do mundo, nenhuma assembleia de homens trouxe tanta perfeição entre os homens". E acrescenta que não se tratou somente de um remédio que tenha produzido efeitos que logo desapareceram, mas "foi uma árvore da vida que fez rejuvenescer estavelmente o espírito da Igreja. Faz quase cem anos que foi encerrado o concílio; todavia, sua força sanativa e restauradora dura com o mesmo vigor; e a experiência sempre demonstra que são mais salutares e mais oportunas as suas leis" (*Istoria del Concilio di Trento* [...], Milão, Pirotta, tomo 1, 1843, p. XLVIII-XLIX). Entre o campo católico e campo protestante são diferentes, portanto, os conteúdos da eclesiologia, mas comum é a convicção de que a história da Igreja representa o desdobramento no tempo de uma ideia de Igreja.

3. Dessa visão da história da Igreja fica decididamente distante a historiografia que se firmou no período iluminista. Se as obras guiadas pela finalidade polemista fazem uma escolha precisa de campo e reconstroem os episódios históricos da Igreja a partir de um critério preliminar que identifica a verdadeira Igreja, a historiografia que se impôs durante o Iluminismo caracteriza-se pela sua aspiração à *imparcialidade*. A esse conceito recorre, no século XVIII, o estudioso luterano Johann Lorenz von Mosheim, para caracterizar o caminho que ele pretende percorrer na sua reconstrução da história dos heréticos, como se vê em sua obra *Versuch einer unpartheiischen und gründlichen Ketzergeschichte (Tentativa de uma imparcial e fundamentada história dos heréticos)*, publicada pela Helmstedt, em 1746. Ele está convencido de que a escrita da história tenha as próprias leis e de que deva ser completa, aprofundada e imparcial. O postulado da imparcialidade, em particular, supõe que o historiador não escolha entre as fontes, deixando-se guiar por um determinado interesse, e que não seja parcial nem mesmo na avaliação das fontes. O historiador deve se servir das fontes mais antigas, melhores e mais confiáveis e disso depende a exatidão da sua pesquisa e a solidez dos resultados conseguidos. A avaliação da confiabilidade das fontes mede-se, pois, a partir da correspondência ao dado histórico na sua materialidade. A exigência da completude, enfim, está também ela ligada à tentativa de chegar a um conhecimento histórico livre de influências subjetivas e de interesses particulares.

Essa abordagem científica ao trabalho de reconstrução histórica põe em questão toda uma série de interpretações históricas do protestantismo que até aquele momento tinham tido uma evidente função de legitimação, porque construídas com a intenção de responder à crítica católica que denunciava a ruptura existente entre as Igrejas protestantes e a Igreja antiga. A tentativa feita pela primeira historiografia protestante de estabelecer uma continuidade entre a Reforma e a Igreja antiga parece, assim, discutível, em princípio, e impraticável com base nas fontes disponíveis, ao passo que para Mosheim somente um sólido trabalho de pesquisa histórica pode servir à definição da própria identidade eclesial. Durante o século XVIII, a abordagem crítica das fontes, como foi praticada por Mosheim e por outros eruditos daquele século — que tinham tido predecessores no século anterior, como, no campo católico, os bolandistas e os maurinos —, tornou-se progressivamente o *padrão* irrenunciável para a história da Igreja, e estudiosos dessa disciplina, pertencentes a diversas confissões, propuseram, desse modo, uma pretensão de validade científica para o trabalho deles.

Na realidade, a imparcialidade reivindicada pela abordagem iluminista à história da Igreja é um desejo, mais que um dado de fato. Com efeito, é evidente que também esse método tem os seus pressupostos e que a perspectiva adotada funciona inevitavelmente como princípio seletivo em relação aos dados atestados pelas fontes e julga segundo critérios racionalistas a plausibilidade ou não do que elas dizem. Resultados conseguidos mediante essa pesquisa histórica, porém, beneficiaram também a teologia, que viu tornar-se maior a amplitude dos dados conhecidos sobre a história da Igreja, da sua fé, do seu culto e das suas instituições. Mais que da imparcialidade reivindicada pela abordagem científica à história da Igreja, o ganho para a teologia é representado pela possibilidade de considerar as vicissitudes da história da Igreja sob um ponto de vista "terceiro" com relação aos contrários, fruto da polêmica confessional. Desse modo, foi possível perceber o condicionamento dogmático que marcara de maneira profunda a sua reconstrução da história e dispor de uma base mais ampla para o conhecimento dos episódios históricos da Igreja.

O estudo crítico das fontes caracterizou também a Igreja católica desde meados do século XVII, de modo que com as perspectivas abertas por tal estudo começou a se confrontar também a teologia católica. Se já foram lembrados os bolandistas — ou seja, os jesuítas que viram em Jean Bolland (1596-1665) o iniciador de uma abordagem crítica, sobretudo aos textos hagiográficos —, bem como os maurinos — ou seja, os beneditinos da congregação francesa de São Mauro, editores de obras patrísticas, cuja maior personalidade foi Jean Mabillon (1632-1707) —, um papel significativo, a partir dos últimos decênios do século XVII, foi desenvolvido também pelos eruditos ligados ao movimento jansenista, que tem entre suas características principais um constante apelo à norma da Antiguidade. Tanto a recuperação da perspectiva teológica agostiniana como a valorização da ordem canônica da Igreja antiga feitas pelo movimento jansenista supõem, porém, um claro preconceito teológico e, de fato, o recurso à Antiguidade funciona como princípio crítico em relação ao ensinamento atual da Igreja.

4. No início do século XX, o Modernismo faz a tentativa mais radical de integrar a crítica histórica no discurso teológico. Alfred Loisy propõe-se a responder a Adolf von Harnack e a rebater a sua visão da essência do cristianismo, servindo-se do mesmo método histórico seguido pelo historiador protestante. Trata-se, pois, para Loisy, de "determinar historicamente a essência do cristianismo", seguindo as regras de uma crítica sadia, e de verificar "se traços comuns foram conservados e desenvolvidos desde a origem até nossos dias na igreja, porque são esses traços que constroem a essência do cristianismo. Pelo menos o historiador não pode conhecer outros; não tem o direito de aplicar outro método diferente do que aplicaria a uma religião qualquer" (Loisy, XIV-XV). Uma vez que ambiciona colher a essência do cristianismo, a afirmação programática de Loisy vai além da defesa do âmbito próprio da pesquisa histórica, que deve seguir as próprias regras metodológicas, para reivindicar à pesquisa histórica uma capacidade de conhecer, a qual é, no fim, decisiva no campo dogmático. "Com efeito, na afirmação de que a via do dogma e a via da história coincidem essencialmente, há a afirmação de que a razão humana, capaz de seguir a história, é também capaz de seguir na história o dado revelado" (Colombo, *Il problema gnoseologico*, 433).

Maurice Blondel refuta Loisy, dizendo que os fatos de que se ocupa a pesquisa histórica representam apenas o aspecto superficial e exterior da religião. A ciência histórica, cuja autonomia Loisy enfatiza, seria, por isso, uma forma de conhecimento parcial, que não pode qualificar um acontecimento como real se não o identifica segundo as coordenadas espaço-temporais e se ele não pertence ao mundo da percepção ou da experiência com que se ocupa. O historiador tem, certamente, algo a dizer no que diz respeito às vicissitudes humanas, mas não tem a última palavra sobre a realidade. "A história técnica e crítica, em sentido preciso e científico, não é a 'história real', o substituto da vida concreta da humanidade, a verdade histórica inteira; e, entre essas duas histórias, a que é uma ciência e a que é uma vida, a que procede de um método fenomenológico e a que tende a representar uma realidade substancial, há um abismo a ser preenchido" (Blondel, 65).

Para Loisy, a história entendida como concatenamento de fenômenos é verdadeiramente tudo. Blondel, ao contrário, "admite que a história seja um conjunto mecanicamente conexo, um sistema de causas, mas somente num nível superficial, por trás do qual se esconde uma história mais verdadeira, a de uma humanidade que tem em Deus as próprias raízes" (Cozzi, 55). A crítica blondeliana ao historicismo tem, portanto, em vista a pretensão de exclusividade proposta pela crítica histórica em relação ao conjunto dos fatos cristãos e ressalta que justamente a pretensão científica da pesquisa histórica deveria induzi-la a admitir a parcialidade da própria abordagem. "Em última análise — observa Giuseppe Colombo —, o problema levantado por Blondel explica-se no problema da autonomia da ciência, sem poder se distinguir, obviamente, do da natureza da ciência. A ciência moderna não é mais a ciência aristotélica; com efeito, abandonou a pretensão ontológica para se autolimitar à relevância fenomenológica. Firmemente situada nesse plano, ela reivindica a autonomia absoluta, precisamente porquanto a metodologia crítica da ciência se considera desvinculada, preconceituosamente, de todo pressuposto e não subordinada a nenhuma finalidade. A coerência com essa estrutura programática — adverte Blondel — comporta não o fechamento da metodologia crítica sobre si mesma, mas, ao contrário, a abertura que provém do reconhecimento do próprio limite fenomenológico. O fechamento, com efeito, comportaria a transgressão do limite fenomenológico programático e a consequente contradição da própria intencionalidade na readmissão sub-reptícia da pretensão ontológica" (Colombo, *La metodologia storico-critica*, 516-517). À luz dessas premissas, trata-se, segundo Blondel, de reconhecer não tanto o ponto de vista superior do dogma ou da teologia — que é um saber abstrato —, mas a necessária referência que a pesquisa e a crítica histórica devem ter à tradição da Igreja.

2. A história da Igreja é teologia?

A questão da relação entre história e dogma no centro da controvérsia modernista apresenta numerosos aspectos e tem múltiplas ramificações nos vários campos da pesquisa sobre as origens cristãs, sobre a tradição eclesial e sobre a forma atual da profissão de fé e da instituição eclesiástica. Não cabe aqui ocupar-nos, em termos gerais, do estatuto da exegese bíblica ou da história dos dogmas e do significado deles para a teologia. Limitar-nos-emos, porém, a algumas considerações sobre a relação entre teologia e história da Igreja.

1. O debate recente sobre o tema teve como ponto de referência a tese do caráter teológico da história da Igreja, defendida por Hubert Jedin: "A história da Igreja — afirma ele — é teologia por causa do seu objeto: a Igreja. A Igreja, com efeito, é objeto de fé" (Jedin, *La storia della Chiesa è teologia e storia*, 7). O objeto da história da Igreja, segundo o historiador alemão, é a Igreja fundada por Cristo e guiada pelo Espírito, que não se reduz à comunidade espiritual dos crentes ou a um conjunto dos predestinados, mas tem uma estrutura visível. Precisamente a consistência humana, visível e histórica da Igreja, segundo Jedin, tem como consequência que a história da Igreja é história no sentido pleno e rigoroso da palavra e pode ser considerada ciência histórica. Ela "trabalha precisamente com o mesmo método da história geral", de modo que a "elaboração e a interpretação das fontes e a reconstrução dos fatos históricos com base nelas são, por assim dizer, o esqueleto de todas as histórias e, por isso, também da história da Igreja" (Jedin, *La storia della Chiesa è teologia e storia*, 15-16).

A formulação bem nítida da tese que qualifica a história da Igreja como teologia suscitou reações críticas, que receiam a recaída numa concepção apologética da história da Igreja, submetida a exigências dogmáticas e, por isso, comprometida na sua qualidade científica (ver, por exemplo, Picasso, 8). Na realidade, Jedin tem plena consciência desse risco, e a afirmação do caráter teológico da história da Igreja acompanha um claro distanciamento da tendência a identificar a história da Igreja com a história da salvação. Ele registra que, por quinze séculos — de Eusébio de Cesareia a Bossuet —, o desenvolvimento da história universal e da história da Igreja foi entendido como história da salvação. Os Padres da Igreja e os autores medievais não constroem, com efeito, sua visão da história a partir dos dados empíricos, mas segundo o desígnio divino conhecido mediante a Revelação, cujos traços procuram encontrar na sucessão dos eventos históricos. Com respeito a essa concepção, a época moderna introduziu uma "secularização" da história, fazendo distinção entre uma história profana e uma história sagrada. Esse desenvolvimento, segundo Jedin, não deve ser nada deplorado, mas constituiu um desafio para a própria história da Igreja. "A história da Igreja deveria se tornar ciência histórica no sentido mais forte da palavra, se quiser cumprir sua tarefa teológica. E assim ela deve permanecer hoje, exatamente como outrora, e assim também deve recorrer com maior vigor ainda ao método histórico e seguir sua purificação, se quiser ser eclesiologia" (Jedin, *La storia della Chiesa è teologia e storia*, 24).

Jedin coloca em tensão uma ideia de história da Igreja como teologia e a convicção de que ela deva seguir rigorosamente o método histórico. A história da Igreja é teologia porque assume da doutrina da fé a definição do seu objeto de pesquisa, mas, ao mesmo tempo, "aplica o método histórico para averiguar os acontecimentos e os fatos do passado da igreja e para uni-los geneticamente entre si" (Jedin, *Storia della Chiesa come storia della salvezza*, 44). Parece, pois, insustentável o postulado da ausência de pressupostos como critério para um saber científico. Segundo Jedin, "não existe nenhuma ciência, sobretudo nenhuma ciência histórica, sem pressupostos. O historiador protestante da Igreja, e o marxista ainda mais, carregam consigo pressupostos, assim como nós. Nisso, não nos distinguimos deles. Sobretudo, não há uma história objetiva; há apenas uma história imparcial" (Jedin, *La storia della Chiesa è teologia e storia*, 18), ou seja, uma história disponível e capaz de ouvir sem preconceitos as diversas partes. Além disso, a compreensão sintética dos fatos que o historiador é convidado a fazer não pode se dar senão mediante uma ideia que não resulte imediatamente dos fatos.

A tese de Jedin sobre a natureza da história da Igreja é partilhada por Joseph Lortz, o qual rejeita, antes de tudo, a acusação de quem julgou ser abstrato o seu programa de história da Igreja como história das ideias. Não se trata de "uma dogmática ilustrada historicamente, como foi feita por alguns críticos. O que procuro descrever não é senão a história, na complexidade da sua construção e na multiplicidade das suas estratificações, nas suas correntes principais, secundárias ou opostas (limitadamente às ideias fundamentais), mas de modo que emerjam as forças-guia, as ideias" (Lortz, VII). O destaque dado à história das ideias une-se à convicção de que a história da Igreja pressupõe a teologia e tira da Revelação as ideias de orientação: "*A História da Igreja é teologia*. Se não o fosse, não teria, ao lado da história profana, nenhuma existência autônoma, fora do fato de que se tratariam de preferência os episódios da realidade particular da Igreja, em vez da história dos Estados e da civilização profana" (Lortz, VIII).

2. Outros historiadores da Igreja renunciam a tomar posição sobre a tese de Jedin e a determinar em termos teóricos o estatuto da história da Igreja. Isso leva, talvez, a uma aproximação extrínseca de dois diferentes métodos de pesquisa. Assim, é possível afirmar, como faz Manfred Heim, que, quanto a seu objeto, "a história da Igreja é, ao mesmo tempo, uma disciplina histórica e uma disciplina teológica". Parece, portanto, de pouca importância a questão teórica de caráter teológico ou não da história da Igreja, ao passo que, de fato, "a fecundidade de uma troca sensata, de uma autêntica 'compatibilidade' foi demonstrada pelos ricos resultados a que chegou a pesquisa crítico-histórica, a partir do século XVII" (Heim, 4-5). Em outros casos, a importância da perspectiva teológica é reconhecida como indispensável fator interno de explicação dos fatos com que se ocupa a história da Igreja. Nessa linha, Marc Venard declara abster-se de tomar posição sobre a tese — que poderíamos definir radicalmente como "antiteológica" — da historiografia de inspiração marxista, a qual vê nas paixões religiosas que agitaram a Igreja do século XVI somente um revestimento cultural de fenômenos na realidade políticos e econômicos. Ele se limita a remeter — e ressalta que não se trata de uma escapatória barata — à "máxima de Lucien Febvre: 'Para cada revolução religiosa devem-se procurar causas religiosas'" e acrescenta que, "embora não forneçam a chave metafísica da história, as nossas análises constituem uma etapa mediante a qual é indispensável passar para que se possa chegar à verdade" (*Storia del cristianesimo*, 18).

3. A tese de caráter teológico da história da Igreja é decididamente rejeitada, porém, por Victor Conzemius, o qual não vê outra possibilidade de definir o objeto da história da Igreja senão assumindo o ponto de vista da história profana. "Até para o historiador da igreja crente, os *dados da fé* têm apenas caráter hipotético. Não são normas últimas, mas *hipóteses de trabalho*, cuja utilidade depende da força explicativa com a qual são capazes de explicar e de iluminar de modo causal os acontecimentos da história da igreja. Não é o caráter teológico deles, mas o *caráter histórico-hermenêutico* que é, em geral, decisivo para o historiador da igreja. É, porém, absolutamente possível que os nexos de significado que provêm da pré-compreensão teológica ou da autocompreensão eclesial possuam uma força explicativa mais eficaz e convincente" (Conzemius, 190).

Conzemius não considera desprovida de fundamento a objeção de que algumas interpretações da história da Igreja, ao refutarem a perspectiva crente, cheguem a delinear uma caricatura da Igreja e do próprio cristianismo, ou ofereçam a respeito uma imagem unilateralmente política e, portanto, redutora. Mas é igualmente verdade que uma interpretação teológica possa se tornar igualmente inadequada aos fatos históricos, sobrepondo a eles uma perspectiva de harmonia ou uma interpretação ideológica. "Não é, pois, uma correta teologia, mas sim o método histórico correto que decide sobre o valor de uma obra histórica e, portanto, também da história da igreja" (Conzemius, 192).

Um correto método histórico, segundo Conzemius, requer certa empatia e uma identificação (*Einfühlung*) que são condição para compreender um fenômeno histórico estranho ao próprio horizonte de conhecimento e de pensamento. Quando analisa um momento da história da Igreja, o historiador deve, portanto, ter em si uma abertura ao fenômeno religioso como aspecto fundamental da existência humana. Quando falta essa abertura e a religião é, de início, considerada superestrutura ou é direcionada para outras categorias, fica fechado o acesso a esse fenômeno da história humana, e o esforço de compreensão está destinado à falência. O historiador que aborda a história da Igreja deve, por isso, familiarizar-se com o caráter próprio desse campo de pesquisa e se esforçar por entrar na autocompreensão desse grupo, mediante a pesquisa dos dados histórico-teológicos. Conzemius reconhece a importância decisiva de tal disposição para quem quiser conhecer historicamente a Igreja e ressalta que "a *dificuldade de identificar-se com o objeto da pesquisa* é tão grande que, a partir de idênticos pressupostos metodológicos entre dois historiadores, quem se sente na própria casa na tradição religiosa ou teológica a ser estudada tem uma vantagem, difícil de ser preenchida em comparação com quem tem de se aproximar dialeticamente 'a partir de dentro e de fora' do objeto" (Conzemius, 194).

Se, por um lado, não é possível falar da pesquisa histórica como de uma ciência desprovida de pressupostos, isso não obriga, por outro lado, a declarar preconceituoso o caráter teológico de história da Igreja. Certo grau de identificação é necessário, ao passo que um peso excessivo do preconceito teológico impede que se percebam outros aspectos e tende a exercer um efeito desvirtuador. De outro lado, o historiador profano deve reconhecer o limite do método que ele utiliza e a sua incapacidade de explicar determinados fenômenos que encontra, sem ceder à tentação de declará-los irrelevantes pela única razão de que não consegue compreendê-los.

A uma história da Igreja isenta de pressupostas teológicos Conzemius reconhece, porém, a capacidade de identificar uma norma e de avaliar a conformidade ou a deformidade em relação a essa norma dos desdobramentos efetivos da história da Igreja. Isso, todavia, não parece totalmente coerente com as premissas de onde sai a definição do método de pesquisa da história da Igreja. Com efeito, se é verdade que a todos é possível perceber a discrepância entre ideal e realidade em determinados âmbitos ou avaliar a coerência de um único pormenor com a lógica geral do sistema, é igualmente verdade que é difícil falar de desenvolvimentos errados e desvirtuados (*Fehlentwicklungen*) dentro de um quadro que, precisamente pela falta voluntária de pressupostos teológicos, deveria programaticamente reconhecer equivalentes as diversas possibilidades de desenvolvimento do cristianismo.

4. Em síntese, pode-se afirmar que a tese que qualifica a história da Igreja como teologia deduziu o caráter drástico e indiferenciado da sua formulação que, não raramente, atraiu sobre ela julgamentos fáceis e a expôs ao risco de ser mal interpretada. A tese de Jedin, todavia, de modo totalmente pertinente chama a atenção para o fato de que essa disciplina recebe o seu objeto da comunidade crente e não pode deixar de se haver com a autocompreensão dessa comunidade. A história da Igreja pode, decerto, definir legitimamente como não teológico o próprio estatuto, sob a condição de reconhecer a parcialidade e o limite do próprio discurso. Mas, a partir do momento em que o historiador mostra a pretensão de perceber de modo adequado e geral a realidade objeto da sua pesquisa, não pode deixar de se posicionar sobre a compreensão que a Igreja tem de si e pronuncia um juízo que, explícita ou implicitamente, tem um caráter teológico. Mesmo uma interpretação que, em princípio ou de fato, considere irrelevante ou julgue privada de fundamento a autocompreensão da Igreja pronuncia, a seu modo, um juízo de natureza muito semelhante aos juízos teológicos. E, em todo caso, como reconhece o próprio Conzemius, não há historiador que aborde os episódios da história da Igreja sem pressupor, pelo menos implicitamente, uma teoria sobre o significado do fenômeno religioso na história da humanidade.

3. O estudo da teologia e a história da Igreja

1. As relações entre história da Igreja e teologia não se entrelaçam, principalmente, no céu abstrato da reflexão metodológica, mas, sobretudo, na prática cotidiana da pesquisa histórica e do trabalho teológico. Nesse campo, as disciplinas históricas e teológicas desenvolveram durante os últimos decênios uma troca intensa e, geralmente, frutuosa para ambas as partes. O desenvolvimento da pesquisa histórica permitiu à teologia beneficiar-se de um conjunto de dados incomparavelmente mais amplo acerca dos modos como a fé cristã foi crida e compreendida, celebrada e vivida, bem como sobre as formas culturais, sociais e institucionais que gerou. Hoje, o problema parece ser não tanto o alheamento da pesquisa histórica em relação ao trabalho teológico, mas, talvez, o fato de que a massa dos dados históricos disponíveis cresceu desmedidamente, a ponto de não ser mais dominável por um saber sintético, como o teológico.

A pesquisa histórica, de sua parte, mostrou grande interesse pelos fatos religiosos e com frequência reconheceu a importância e apreciou a eficácia da teoria teológica elaborada pela tradição cristã na produção de processos históricos, culturais e sociais de grande relevância. Basta pensar na importância que a doutrina moral teve na orientação dos comportamentos humanos e em dar forma definida a âmbitos importantes de vida social, como o das relações familiares ou das relações econômicas.

2. Uma relação correta entre teologia e pesquisa histórica é possível com base no reconhecimento e no respeito da peculiaridade metodológica das duas disciplinas e de uma abertura recíproca ao dado iluminado pela outra.

O momento histórico é absolutamente necessário à reflexão teológica devido ao caráter histórico da Revelação cristã. Se é esse o objeto sobre o qual a teologia é exercida, ela não pode ignorar os dados sobre os quais a pesquisa histórica jogou luz, mas deve assumi-los e integrá-los no quadro que lhe é próprio, corrigindo eventuais visões parciais ou deformadas que uma percepção mais completa ou mais precisa dos dados históricos permite reconhecer. A esse respeito, é preciso admitir que uma teologia enfocada sob o ponto de vista dedutivo nem sempre resistiu à tentação de negar os fatos com base em assuntos de princípio, ou, sempre por razões de princípio, admitiu como verdadeiros fatos dos quais não se tem documentação histórica. O método "regressivo" seguido pela teologia polemista, com o objetivo de mostrar o fundamento na Escritura e na Tradição do ensino magisterial, expôs objetivamente o trabalho teológico a esse risco.

Com respeito a essa orientação, as pesquisas no campo da história da Igreja e da teologia realizadas durante o século XX ofereceram uma contribuição decisiva à renovação da teologia. O fecundo entrelaçamento entre *aggiornamento* e *ressourcement* que caracteriza o ensino do Vaticano II representa o ponto de chegada e de síntese de um longo itinerário de estudos históricos que aumentaram a amplitude da percepção da Tradição da fé, a qual não pode se reduzir à sua dimensão doutrinal, mas abraça a oração litúrgica, a experiência espiritual, as formas institucionais e as intrincadas trilhas do confronto com a cultura contemporânea. Igualmente, a Tradição não pode se reduzir à linha latina ocidental, mas assumiu desde os primeiros séculos forma plural. Os estudos históricos permitiram, assim, valorizar as riquezas das tradições do Oriente cristão e restituíram uma imagem da Tradição cristã unitária e, ao mesmo tempo, plural nas suas expressões. Durante o século XX, o movimento ecumênico estimulou, além disso, uma releitura comum da história das divisões eclesiais, com o fim de superar as esquematizações polêmicas e jogar luz sobre a multiplicidade dos fatores e a complexidade dos processos históricos que levaram ao nascimento de Igrejas confessionais, além do patrimônio comum de fé que as divisões não puderam destruir. A esse respeito, o documento *Do conflito à comunhão. A comemoração comum luterano-católica da Reforma em 2017*, publicado em 2013 pela Comissão internacional luterano-católica (Bolonha, EDB, 2014) é testemunho eloquente de quanto católicos e luteranos são capazes de fazer afirmações em comum a respeito dos episódios históricos da Reforma e das questões teológicas centrais da discussão, a quinhentos anos da publicação por parte de Martinho Lutero das 95 teses sobre as indulgências. Os estudos históricos dedicados à piedade popular, às formas do cuidado pastoral e à atividade missionária, enfim, sugeriram à eclesiologia a necessidade de considerar todos os sujeitos eclesiais e de dar a devida importância à obra da evangelização.

A presença no *curriculum* dos estudos teológicos de uma disciplina como a história da Igreja, que caminha com os métodos da pesquisa histórica geral, reconhece o valor e a autonomia dos dados históricos iluminados por essa disciplina. A distinção de método entre a teologia e história da Igreja e o reconhecimento da autonomia metodológica desta última, que não pode ser absorvida pela eclesiologia, criam uma tensão frutuosa entre um horizonte teológico e um método rigorosamente histórico ao qual se reconhece a possibilidade de construir um discurso autônomo sobre a Igreja. De resto, a enciclopédia dos saberes teológicos compreende disciplinas distintas, cada uma das quais é caracterizada por uma abordagem metodológica própria e, ao mesmo tempo, as coordena num quadro de conjunto que une as perspectivas histórica, teórica e prática. Em particular, na relação entre história da Igreja e teologia sistemática, repropõe-se a relação diferenciada que, em referência ao segmento inicial da tradição cristã, subsiste entre exegese bíblica e reflexão teológica.

Por outro lado, a teologia não se limita a tomar consciência dos resultados da pesquisa histórica e a transcrevê-los no âmbito sistemático, mas conhece uma própria e original hermenêutica dos dados históricos. Com efeito, ela pressupõe uma concepção da Revelação cristã, da sua tradição histórica e da comunidade cristã, com os diversos componentes que a constituem e operam internamente, como sujeito integral da Tradição. Nas vicissitudes históricas, a teologia procura, por isso, o testemunho da tradição da fé e se esforça por iluminar as dinâmicas da aceitação da mensagem bíblica nas diferentes mudanças dos contextos culturais e sociais, de modo a deduzir daí critérios para avaliar as condições e as possibilidades do encontro entre o Evangelho e a humanidade de hoje.

Angelo Maffeis

Bibliografia

BLONDEL, M. *Storia e dogma. Le lacune filosofiche dell'esegesi moderna*. Bréscia: Queriniana, 1992.
COLOMBO, G. Il problema gnoseologico della teologia positiva. In: _____. *La ragione teologica*. Milão: Glossa, 1995 [1959], 423-449.
_____. La metodologia storico-critica e la teologia del soprannaturale. In: _____. *La ragione teologica*. Milão: Glossa, 1995, 505-559.
CONZEMIUS, V. Kirchengeschichte als "nichttheologische" Disziplin. Thesen zu einer wissenschaftstheoretischen Standortbestimmung. *Theologische Quartalschrift*, 155 (1975) 187-197.
COZZI, A. La crisi modernista. Conflitto insanabile con la modernità o trasformazione culturale del cattolicesimo. In: ANGELINI, G.; MACCHI, S. (ed.). *La teologia del Novecento. Momenti maggiori e questioni aperte*. Milão: Glossa, 2008, 3-111.

CERTEAU, M. de. *La scrittura della storia*. Milão: Jaca Book, 2006.
FLEISCHER, D. Protestantische Kirchengeschichtsschreibung im Zeitalter der Aufklärung. In: TANNER, K. (ed.); KRANICH, S. et al. (col.) *Konstruktion von Geschichte. Jubelrede-Predigt-Protestantische Historiographie*. Lipsia: Evangelische Verlagsanstalt, 2012, 117-139.
HEIM, M. *Introduzione alla storia della Chiesa*. Turim: Einaudi, 2002.
JEDIN, H. *Introduzione alla storia della Chiesa*. Bréscia: Morcelliana, 1973, 3-65.
_____. *La storia della Chiesa è teologia e storia*. Milão: Vita e Pensiero, 1968.
_____. Storia della chiesa come storia della salvezza. In: _____. *Chiesa della fede, chiesa della storia*. Bréscia: Morcelliana, 1972, 34-50.
LOISY, A. *L'Évangile et l'Église*. Paris: A. Picard, 1902.
LORTZ, J. *Storia della Chiesa considerata in prospettiva di storia delle idee*. Alba: Paoline, 1969, v. 1: Antichità e Medioevo, 9-19 e 23-39.
MAFFEIS, A. Tra verità divina e critica storica. La trasformazione del concetto di canone biblico in epoca moderna. *Teologia*, 33 (2008) 357-393.
MAYEUR, J.-M. et al. (dir.). *Storia del cristianesimo. Religione-Politica-Cultura*. Roma: Borla-Città Nuova, 2000, v. 7: Dalla riforma della chiesa alla Riforma protestante (1450-1530).
NEVEU, B. *L'erreur et son juge. Remarques sur les censures doctrinales à l'époque moderne*. Nápoles: Bibliopolis, 1993.
PICASSO, G. *Introduzione alla storia della chiesa*. Milão: ISU Università Cattolica, 2001.
SCHEIBLE, H. (org.). *Die Anfange der reformatorischen Geschichtsschreibung. Melanchton, Sleidan, Flacius und die Magdeburger Zenturien*. Gütersloh: Gütersloher Verlagshaus Gerd Mohn, 1966.
XERES, S. Storia della chiesa. In: CANOBBIO, G.; CODA, P. (ed.). *La Teologia del XX secolo: un bilancio. 1. Prospettive storiche*. Roma: Città Nuova, 2003, 203-247.

I
A Antiguidade cristã

introdução
A Antiguidade cristã: das origens da Igreja à divergência entre Oriente e Ocidente (séculos I-V)

No quadro da história da Igreja, a Antiguidade cristã ocupa-se com a figura que a Igreja assumiu inserindo-se progressivamente no mundo contido no Império romano, que representa em grande medida, embora não de modo exclusivo, o seu mundo, o contexto da sua vida. O termo "igreja" refere-se aos grupos de discípulos de Jesus que se reportam à autoridade dele como expressiva da definitiva revelação de Deus e se reconhecem reciprocamente na veracidade de tal referência, aperfeiçoando e partilhando, em sucessivas etapas, seus critérios.

A dissolução desse mundo entre os séculos V e VII, com diferentes resultados no Oriente e no Ocidente, constitui a longa fase da passagem entre Antiguidade e Idade Média e assinala também a progressiva passagem para uma diferente figura da Igreja. Entendemos por "figura" o conjunto de traços expressivos, feitos de formulações das próprias convicções, de celebrações, de organização e práticas, que as comunidades cristãs elaboram para viver sua fé e para falar dela no "mundo" que habitam, para responder aos questionamentos ou contestações de que são objeto, para propô-la a todos. Em resumo, a figura provém do tipo de relações que a Igreja de fato vive com o mundo (aceita, contestada, reconhecida, privilegiada), do seu desenvolvimento interno (incremento numérico, variedade da extração social, formas expressivas, organização) e da variegada interação entre os dois fatores. É claro, por exemplo, que o aumento dos membros das comunidades modifica o impacto com o ambiente social, assim como as reações da opinião corrente, da cultura e da administração podem favorecer ou estabelecer dificuldade às comunidades cristãs.

É também bem compreensível que uma determinada figura de Igreja se reflita na consciência de si mesma que ela vai amadurecendo e que, reciprocamente, a consciência de si presida à elaboração de respostas a questões que ela vai encontrando. Como as solicitações a que as comunidades cristãs se veem expostas não são idênticas, bem como o desenvolvimento delas, é preciso levar em consideração diferenças de acentos e de preocupações, que geram integrações, mas também tensões e vívidas discussões. Ainda que os documentos que chegaram até nós permitam encontrá-la, é claro que a consciência que a Igreja tem de si, expressa muitas vezes por meio de imagens, postas em documentos literários, mas também epigráficos e figurativos, faz parte da sua história e constitui objeto de pesquisa por parte do historiador.

E como, por outro lado, todo trabalho histórico procura o que é do passado e pode ser visto no presente, com base na documentação disponível, em vista de entender como o passado exerce influência sobre o presente, ou nele flua, seria impensável, hoje, uma história da Igreja que não dedicasse atenção, pelo menos de modo exemplificativo, à interação entre crenças, instituições, normas e formas concretas da organização social, evidenciando o que diz respeito a homens e mulheres, estruturas familiares, grupos considerados marginais por motivos ideológicos (heresias) ou etnossociais. Fatores que marcam o presente, como o caminho ecumênico da Igreja, a experiência pungente das migrações em larga escala, o estudo dos papéis atribuídos culturalmente ao homem e à mulher em determinados contextos culturais, para dar apenas três exemplos, só aparentemente estranhos entre si, induzem a dirigir aos documentos antigos interrogações novas e a fazer a recensão de novos elementos da figura das Igrejas.

Na consolidada historiografia eclesiástica, os episódios da Igreja antiga têm um nítido divisor de águas (embora o novo tenha premissas no que antecede) no que se convencionou qualificar como "reviravolta constantiniana", ou ingresso na grande temporada dos concílios ecumênicos, segundo se privilegie a atenção à condição da Igreja no mundo (Império romano) ou a fatores relevantes da sua vida interna. Tornou-se, assim, corrente falar de Igreja pré/pós-constantiniana, ou Igreja pré/pós-nicena. De amplamente minoritária e desprovida de tutelas até ser perseguida de tanto em tanto, mesmo de modo muito rude, a Igreja, a partir do século IV, torna-se reconhecida, majoritária e privilegiada, até receber, pelo fim daquele século, o estatuto de religião oficial do Império. Ambos os períodos, ou seja, os séculos I-III e IV-VI, não são evidentemente monolíticos internamente. Podem ser reconhecidas passagens ou fases que ajudam a situar cada um dos eventos e perceber seus significados no tecido para cuja construção concorrem.

No período pré-constantiniano ou pré-niceno, podem ser identificados com facilidade dois arcos cronológicos: o primeiro vai dos inícios até a metade do século II, de diversos modos designados como primeira difusão do cristianismo, ou inícios/origens da Igreja. O segundo está compreendido entre 150 e 300, ao longo dos quais a Igreja realiza o seu profundo e amplo enraizamento na cultura e na sociedade helenístico-romana. Esse segundo arco de tempo sugere atenção a um traço saliente que caracteriza a segunda metade do segundo século: a apologia. Daí a divisão adotada, em três capítulos. Os primeiros cem anos de vida da Igreja formam o objeto do **CAP. 1**. O distanciamento traumático em relação ao mundo judaico e as primeiras aproximações ao mundo dos gentios constituem sua característica mais vistosa.

Entre 150 e 200, a apologia torna-se um elemento característico da tentativa de crédito perante a cultura e a administração e, indiretamente, por desdobramentos significativos da reflexão sobre a fé, mediante categorias do pensamento helenístico. Esses cinquenta anos podem ser, assim, reconhecidos como um peculiar momento da Igreja pré-constantiniana, cujos resultados se prolongam bem mais além daquele arco cronológico. Trata disso o **CAP. 2**.

O terceiro século é o "século longo", não somente porque avança até o primeiro decênio do século IV, até 313, mas porque a Igreja atravessa situações diferentes e complexas nas quais, ao lado do aumento numérico, consistente, de modo especial nas cidades, aperfeiçoa algumas das suas estruturas fundamentais (celebrativas, ministeriais, organizativas) e incrementa a reflexão teológica. A isso se dedica o **CAP. 3**.

O século IV assume pelas razões acenadas uma importância especial, seja no que diz respeito à relação entre a Igreja e o Império romano, seja pela abundância das fontes fáceis de encontrar, as quais dão informação também sobre as realidades eclesiais postas fora de tais limites, seja pelo desenvolvimento do pensamento teológico; quanto a este último, tenha-se presente que alguns elementos amadurecidos na reflexão do século IV representam ainda um ponto de referência "dogmática" para as Igrejas que se reconhecem nos concílios ecumênicos. Por esse motivo, o estudo desse século exigiu duas abordagens distintas. A primeira caracteriza o **CAP. 4**, que reconstrói a "reviravolta" representada pelos editos imperiais de tolerância e pela legislação cada vez mais favorável à Igreja; mostra-se depois o desenvolvimento da instituição sinodal na forma que ela assume com o favor e também o controle dos imperadores, quer no que diz respeito à série dos importantes concílios daquele século em que foram tratadas, sobretudo, as questões referentes à identidade do Deus cristão e de Jesus Cristo, quer pelo que diz respeito à *querela* africana, que assume o nome de "questão donatista". Não podia, além disso, faltar um olhar às transformações do etos, em perspectiva sociopolítica e de gênero. O mesmo capítulo estende-se também a considerar, ainda que de forma exemplificativa, as Igrejas armênia, georgiana, etíope e siríaca, bem como alguns elementos referentes à chegada de novas populações vindas do Oriente e do Norte e sua incipiente organização eclesial.

A segunda abordagem analisa o desenvolvimento "interno" da Igreja e está no **CAP. 5**: aqui são passados em resenha os conteúdos dos temas discutidos nos Concílios de Niceia (325) e de Constantinopla (381), contextualizando-os nos debates e nas reações que precederam, acompanharam e seguiram os trabalhos e as decisões conciliares; além disso, o capítulo apresenta realidades de fundamental importância para a vida eclesial de então, como o desenvolvimento do catecumenato e a vida monástica.

O século V, a que é dedicado o **CAP. 6**, vê diferenciação e distanciamento entre as Igrejas do Ocidente e do Oriente, com diferente organização (patriarcados), aliás, e com traços de questões específicas para uma e outra parte da única Igreja. No Ocidente, muitas questões se reúnem em torno da figura do africano Agostinho, envolvido, por sinal, nos debates constituídos pelo maniqueísmo, pelo donatismo e pelo pelagianismo (no último caso, foram temas as problemáticas referentes à graça, destinadas a marcar a teologia e a moral no Ocidente até a época moderna). O debate cristológico, porém, surge, sobretudo, no confronto entre as perspectivas teológicas típicas de duas antigas sedes orientais, Antioquia e Alexandria, mas se desenvolve mediante concílios, aceitos como terceiro (Éfeso 431) e quarto (Calcedônia 451) ecumênicos, embora nas formas particulares e conflitantes que dão origem também a Igrejas "pré-efesinas" e "não calcedonenses". Além disso, o capítulo se estende, embora de forma mínima e exemplificativa, a considerar alguns desenvolvimentos mais "periféricos", como a realidade eclesial no reino vandálico da África e a realidade da Igreja do patriarcado de Selêucia-Ctesifonte, situada dentro dos limites do Império sassânida e na sua expansão para o Leste. Essa ampliação significa também uma dilatação cronológica para o século VI, quando se manifestam as profundas mudanças que, como referido nas primeiras palavras desta apresentação, dão início à passagem entre Antiguidade e Idade Média e marcam a progressiva passagem para uma diferente figura da Igreja.

As **inserções** que acompanham cada capítulo são consideradas parte integrante do estudo da Antiguidade cristã, porquanto oferecem a possibilidade de entrar em contato com temas importantes que, pela natureza mesma do *Manual*, não poderiam ter encontrado espaço adequado na parte propriamente expositiva, mas cuja ausência teria constituído um empobrecimento das temáticas expostas neste volume.

A bibliografia de cada capítulo, em conformidade com as escolhas editoriais indicadas na introdução geral do *Manual* e como ocorre também nos volumes seguintes, não tem nenhuma pretensão de ser exaustiva. Indica, sobretudo, alguns manuais e estudos que podem ser facilmente encontrados e, preferivelmente, em língua italiana (original ou tradução). Quando um texto é citado com frequência, será indicada a abreviação no fim de cada capítulo.

Giuseppe Laiti — Cristina Simonelli

Autores

Giuseppe Laiti: cap. 1; inserção 1, 2 e 3. do cap. 1; cap. 2; inserção 1, 2 e 3 do cap. 2; cap. 3; inserção 1 e 2 do cap. 3.

Cristina Simonelli: cap. 4; inserção 1, 2 e 3 do cap. 4; cap. 5; inserção 1, 2 e 3 do cap. 5; cap. 6; inserção 1, 2, 3 e 4 do cap. 6.

capítulo primeiro
As origens cristãs

1. Pluralidade, novidade e movimentos das origens do cristianismo

1. No período de pouco menos de três séculos, o cristianismo passa de inícios bem modestos, provavelmente vistos como uma das várias expressões do judaísmo da época, a religião legitimada e logo privilegiada no âmbito do Império romano. As razões desse resultado são hoje uma das perguntas frequentemente dirigidas à história da Igreja antiga. Trata-se de uma pergunta já explorada pela apologética cristã, de Tertuliano (*Apologético* 37,4-5; 50,13-16) a Arnóbio (*Defesa da verdadeira religião* I,55), que a ela respondia, ressaltando o valor do aumento numérico dos cristãos, por ser gerado pela força de atração da verdade cristã e da maneira de viver dos discípulos de Jesus, marcada pela caridade, até o martírio. Desse modo, respondia-se ao descrédito do "sucesso" cristão aduzido por defensores da cultura e das tradições religiosas do Império romano, como Luciano (*A morte de Peregrino*), Celso (*O Discurso Verdadeiro*) e Porfírio (*Contra os cristãos*), que o atribuíam à credulidade popular ou às sugestões de um resgate barato oferecido pelo perdão cristão (crítica reservada ainda à conversão de Constantino por parte de Zósimo, *A História nova* II,29,1-4). Trata-se, aliás, de afirmações que devem ser atenuadas por outras que, dando importância à "novidade" do caráter não étnico do cristianismo, atestam em pleno século III sua humilde consistência na sociedade do Império: "Nós, de fato, somos uma 'não nação', nós que, poucos desta cidade, poucos de outra e também poucos de outra ainda, acreditamos; e, desde o início da difusão da mensagem até agora, em nenhum lugar uma nação chegou toda ela à fé. A estirpe cristã não é uma nação única e homogênea, como era a nação judaica ou a egípcia, mas se reúne, provindo de modo esparso de cada nação" (Orígenes, *Sobre o Salmo 36*, homilia 1,1).

O comentário de Orígenes analisa aqui a modéstia numérica da presença cristã, contando as dificuldades que ela encontra na anomalia que a caracteriza, em relação quer aos judeus, quer aos pagãos, ou seja, a ruptura do nexo religião-nação. Os cristãos são um povo em diáspora entre os povos, o credo deles não se justifica como componente da tradição de uma estirpe. Por outro lado, observa ainda Orígenes, o valor da mensagem cristã não pode ser avaliado somente com o metro do número das adesões que consegue conquistar, mas sim com o da qualidade da vida moral, que sabe promover também entre quem é de modesta condição social e cultural. A sua "utilidade" revela a excelência do mestre do qual procede. A capacidade de a mensagem cristã fomentar costumes melhores deveria induzir a respeito por parte de qualquer um que se preocupe com o bem comum (*Contra Celso* I,64; III,55-56).

É importante, nesse quadro, não esquecer que o mundo do Império romano não assinala as fronteiras do cristianismo antigo, como poderia levar a crer a narrativa do primeiro autor de uma história da Igreja, Eusébio de Cesareia. Já At 2,9 nomeia entre os presentes ao Pentecostes partos, medos, elamitas e habitantes da Mesopotâmia. No epitáfio disposto para si mesmo, Abércio, no fim do século II, atesta ter encontrado "irmãos" além do Eufrates. O *Livro das Leis* (ou *Contra o Destino*), de Bardesanes ou de um de seus discípulos, redigido na época de Marco Aurélio (ou pouco depois), atesta a presença da "**nova estirpe dos cristãos**" na Pártia, Pérsia, Média e entre a população de Kashan, nas fronteiras entre a área persa e o subcontinente indiano (*Contra o Destino* 20). O fato de o Império sassânida, no século III, desconfiar dos súditos cristãos, até em razão dos conflitos com o Império romano, é sintoma da coexistência da presença deles. A importância de Edessa e da figura de Bardesanes dão a entender quão vívida podia ser a troca entre comunidades do mundo romano e a do Oriente aramaico e persa. É provável que a fronteira do baixo Danúbio tenha sido, pelo menos a partir do século III, lugar de encontro entre cristãos e godos. Embora levando em consideração um processo de idealização, Eusébio é boa testemunha da memória do elã missionário das primeiras gerações cristãs, com fundamento na pregação dos apóstolos (HE III,37,2-3). Resta, todavia, a constatação de que, nos primeiros três séculos, as vicissitudes dos cristãos têm como *habitat* dominante o mundo helênico-latino reunido no Império romano, que inclui, a partir de 63 a.C., também a Palestina, agregada à província romana da Síria desde 6 d.C.

2. Procurando distribuir o desenvolvimento dos fatos que a documentação nos oferece dentro de quadros que facilitem sua primeira abordagem e, pelo menos, um entendimento inicial, é possível identificar três momentos, três tempos, cuja fronteira não deve ser entendida de modo rígido nem totalmente idêntico em todas as regiões do Império. A comum adesão a Jesus Senhor e a rede comunicativa que une os grupos cristãos que tomam corpo nas diversas cidades e regiões do Império não anulam as diferenças cronológicas e as determinadas pelas condições concretas de cada uma.

Para os **primeiros cem anos** do movimento dos discípulos de Jesus, pode-se, com razão, falar de *origens cristãs* ou de *inícios* do cristianismo. Entre origens e inícios faz-se valer, às vezes, uma diferença de significado (nem sempre do mesmo modo); com o primeiro termo se remete ao evento ou série de eventos que, nas primeiras gerações cristãs, são reconhecidos como os que dão origem ao fato cristão, ao passo que com inícios faz-se referência ao aparecimento documentado de grupos de aderentes a Jesus, qualificados por práticas, convicções e modos de se situarem em seu contexto social. Nos primeiros passos do movimento cristão aflora uma referência, um apreço, a adesão da fé em relação a Jesus como Messias e Senhor, que a pesquisa histórica registra, mas cujas razões vão além do seu campo. Para além dos termos empregados, a questão não é de pouca importância; basta pensar no fato de que, por volta do fim do século II, as Igrejas ajustam uma memória das origens que vale como vinculante para as épocas seguintes. As origens tornam-se "referência normativa". A conclusão dramática da segunda guerra judaica, em 135, pode ser assumida como data de encerramento dessa primeira fase da história da Igreja antiga.

A parte central do século II até o fim foi qualificada muitas vezes como época da *apologia*. O fato cristão está agora solidamente inserido nas principais cidades do Império, vê-se exposto às críticas da cultura e da administração imperial, bem como aos variáveis humores da opinião pública. É, assim, chamado a se apresentar "em público", a fornecer suas próprias credenciais, capazes de fundamentar sua legitimidade. É essa a tarefa desempenhada pela apologia, que nas suas concretas formulações vê prevalecer em registro defensivo o esforço de tornar compreensível a mensagem cristã e de contribuir para a obrigação de as comunidades cristãs deixarem claras as características fundamentais da identidade e da situação deles no mundo.

O **século III**, com significativas antecipações nos últimos vinte anos do século II, apresenta uma peculiar complexidade. As Igrejas veem-se na necessidade de ter de lidar com questionamentos e problemas novos ou que chegam a altos níveis críticos. De um lado, a distância das origens põe, com cada vez maior acuidade, a questão dos critérios de fidelidade ao que é constitutivo, originário. O que e quem exerce o papel de garantia na Igreja? De outro, o aumento numérico dos membros, o nível cultural de alguns deles, trazem consigo a necessidade do aprofundamento dos conteúdos do credo cristão e o desenvolvimento da organização da comunidade. O entrelaçamento desses fatores com a urgência de responder a críticas de boa parte da cultura dominante e com momentos de conflitos agudos com a autoridade imperial complica mais o quadro. Adquirem vida diversas áreas eclesiais e teológicas, que se tornam, com o tempo, tradições teológicas das Igrejas asiática, latina e alexandrina, as quais elaboram os critérios da ortodoxia, juntamente com critérios de fidelidade às origens e para a interpretação do que elas transmitem, agora reunido nas Escrituras. Vão também tomando formas cada vez mais definidas as grandes estruturas nas quais a Igreja se exprime: o catecumenato, que guia o percurso para a fé e a liturgia que a celebra, o conjunto dos ministérios e a prática sinodal, o sistema penitencial. As perseguições de Décio e de Valeriano põem a dura prova as Igrejas e produzem um número relevante de defecções. Todavia, no conjunto, as Igrejas se mantêm; os mártires tornam-se pontos de referência, cujos testemunhos as Igrejas trocam entre si. Os cristãos são agora a *"grande Igreja"*, segundo a expressão que Orígenes refere de Celso (*Contra Celso* 5,59). A regra de fé, o batismo e a eucaristia, o cânon das Escrituras, a organização dos ministérios em torno da figura do bispo e a prática sinodal são elementos amplamente partilhados entre todas as Igrejas e permitem que elas se reconheçam como a única Igreja disseminada no mundo a partir do anúncio do Evangelho (Irineu, AH I,10,1-3). O término da perseguição de Diocleciano e a mudança de política religiosa por parte de Constantino em torno de 313 produzem um novo cenário, mudam as condições da Igreja na sociedade, põem-se novas perguntas e novos problemas. Transforma-se sensivelmente a figura que a Igreja dá de si; agora, toma forma a Igreja da época constantiniana.

Deve-se ter sempre presente que a história da Igreja não se apresenta simplesmente segundo uma linha de continuidade; há **momentos** que a marcam de modo particular, percebidos, às vezes, também pelos contemporâneos e de vários modos considerados pelos estudiosos. A passagem do primeiro para o segundo século, com o desaparecimento dos testemunhos oculares e da primeira e segunda geração de discípulos, vê o aprimoramento de novas estratégias para a conservação da mensagem de Jesus, como a reflexão em torno da figura da testemunha e a passagem da oralidade à escrita (testemunho de Pápias de Hierápolis). O fim do século II registra a consciência da normatividade das origens cristãs e da forma dessa normatividade (Irineu de Lião, cânon Muratori). A "reviravolta constantiniana", embora não isenta de sinais preparatórios, induz, indubitavelmente, a uma mudança de grande envergadura no modo de se situar da Igreja no mundo. Há, além disso, **ambientes** e **figuras** que deixam marcas profundas, como — apenas para citar um exemplo clamoroso — a personalidade de Orígenes e a tradição alexandrina no campo exegético, e não só.

Constantes e mudanças se alternam e convivem, constituindo o caminho da vivência eclesial. A narrativa histórica é chamada a justificar isso, a permitir que se entenda a incidência de cada um dos componentes, quanto possível.

3. A pesquisa em torno das origens cristãs é hoje de particular complexidade, em razão da natureza das fontes (do lado cristão, canônicas e extracanônicas, e, da parte não cristã, judaicas e helenístico-romanas), dos modelos interpretativos apresentados (grande influência teve a perspectiva de Eusébio, mas já importante é aquela segundo a qual Lucas redigiu os *Atos dos Apóstolos*), das diferentes abordagens de que são objeto (história do cristianismo, história da Igreja, eclesiologia, história das religiões...). Parece coerente com as fontes distinguir pelo menos dois aspectos: a **pluralidade** que caracteriza as origens cristã e o **quando** do nascimento do cristianismo, da sua proposta como fenômeno novo no quadro das experiências religiosas da época. Sobre o primeiro aspecto, registra-se um consenso crescente dos estudos, do acordo em reconhecer ao cristianismo das origens uma pluralidade de expressões; o segundo aspecto é mais delicado de ser definido, pois implica uma delimitação da categoria de "cristianismo" a ser adotada depois no exame dos dados fornecidos pelas fontes e, mais ainda, porque a pergunta sobre o quando transforma-se, em contato com as fontes, na pergunta sobre o como, ou seja, mediante qual processo. É útil ir adiante, mantendo distintos os dois pontos de vista, embora sejam numerosos os pontos de intercessão das duas abordagens. É relativamente fácil reconhecer aos inícios do cristianismo um **caráter processual**; mais difícil é avaliar se esse processo deva ser entendido como aglutinação progressiva de diversos elementos, ou, antes, como efeito de uma referência decisiva que interage com um conjunto de fatores, conferindo-lhes uma determinação peculiar. A alternativa não é necessariamente absoluta, a ponto de a opção por um polo excluir totalmente o outro. O desdobramento da história conhece diversos momentos, nem sempre nem totalmente coerentes ou homogêneos. Os próprios fatos podem inclinar-se a uma ou a outra chave interpretativa na variação das situações.

Inserção 1
Fontes para a história da Igreja dos primeiros séculos

O conhecimento que possamos ter da Igreja antiga é, evidentemente, mediado pelas fontes de que possamos dispor. Paradoxalmente, elas nos informam também sobre o que nos é inacessível, ao nomear, por exemplo, títulos de obras perdidas, como ocorre não raro na *História Eclesiástica*, de Eusébio, ou ao acenar para eventos e pessoas cujos contextos precisos não somos mais capazes de reconstruir. As próprias fontes nos instruem, assim, sobre os limites do nosso conhecimento (Simonetti, *Letteratura in frammenti*). Elas são catalogadas corretamente, ou segundo a tipologia delas, ou segundo o campo de proveniência. Utilizando o primeiro critério, podem-se distinguir: a) fontes literárias, ou seja, escritos coetâneos ou pouco posteriores aos fatos que fixam momentos da vida das comunidades cristãs ou da percepção que o movimento cristão produziu de si; b) fontes documentais, ou seja, achados que remontam à época objeto do nosso estudo, como inscrições, edifícios, monumentos, representações, objeto da pesquisa arqueológica, iconográfica, numismática.

Entre as fontes literárias, ocupa um lugar de primeiro plano a *História Eclesiástica*, de Eusébio, em 10 livros, que pretende nos informar a respeito do caminho da Igreja das origens até a reviravolta constantiniana (à qual dedica-se o l. X). É o primeiro exemplo de história da Igreja e dela constituiu por muito tempo o paradigma, além de referência obrigatória pela grande quantidade de informações e de documentos que ela reúne. É inovador em relação à tradição historiográfica antiga o reconhecimento reservado a um sujeito refinadamente religioso, a Igreja, por ser titular de uma história que a identifica dentro das vicissitudes dos povos de que também faz parte. Para o contexto judaico no qual toma vida o movimento cristão, é indispensável a referência às obras de Flávio Josefo (*Guerra judaica, Antiguidades judaicas*) e à literatura do judaísmo médio (entre o século III a.C. e o século II d.C.). De absoluto destaque são as grandes coleções sob as quais nos chegou o vasto patrimônio da literatura cristã dos primeiros três séculos, ou seja, o *corpus* do

Novo Testamento, dos Padres apostólicos, dos apologistas e da grande teologia do século III, isto é, da escola asiática (Melitão de Sardes, Irineu), latina (Tertuliano, Cipriano), alexandrina (Clemente, Orígenes). Temos de acrescentar a literatura martirial e o *corpus* posto sob o nome de Hipólito, de nada fácil posicionamento. A distinção das disciplinas, história da Igreja antiga e patrologia, não pode fazer esquecer que, de fato, as obras dos Padres constituem para nós uma janela de primeiro plano sobre a vida das Igrejas e são elas próprias momento de grande destaque. A possibilidade de reconhecer os interlocutores externos de escritos dos Padres ou ecos de tensões internas concorre não pouco para delinear o caminho das Igrejas e algumas das suas razões. A distinção entre literatura canônica e apócrifa propõe, de um lado, um dado da consciência eclesial em referência às suas origens e, de outro, não impede tratar os apócrifos como fontes interessantes para a compreensão de ambientes e sensibilidades eclesiais, mais que encontrar neles dados historicamente confiáveis para os primeiros séculos da Igreja.

Às fontes documentais pertencem, antes de tudo, os resultados das pesquisas arqueológicas (basta pensar, a título simplesmente exemplificativo, na *domus ecclesiae*, de Dura Europo, na inscrição de Abércio e nas catacumbas). O patrimônio iconográfico oferece uma interessante janela sobre o imaginário próprio dos cristãos e sobre sua evolução (ciclo de Jonas e de Daniel, representação do orante). A reutilização original de motivos tradicionais (por exemplo, Orfeu-Cristo) é também janela que deixa ver aspectos da relação entre fé cristã e heranças culturais.

Deve-se notar que felizes descobertas podem aumentar sensivelmente as fontes à nossa disposição, especialmente para alguns setores ou aspectos da história da Igreja antiga. Especial menção merece os achados de Qumran (1947), relativamente ao contexto judaico das origens cristãs e de Nag Hammadi (1945), para o conhecimento do fenômeno gnóstico que marcou as Igreja no fim do século II.

O recurso à catalogação segundo o campo de proveniência, cristão, judaico, pagão, permite que sejamos advertidos sobre os diferentes pontos de vista que se cruzam nas origens do cristianismo e nos desdobramentos do seu caminho na Antiguidade. O conhecimento do judaísmo médio e de Flávio Josefo serve não somente para entender o contexto das origens cristãs, mas também para avaliar o que continua a manter juntos judaísmo e cristianismo, enquanto vão se constituindo em realidades autônomas e em tensão entre si. As poucas referências reservadas aos cristãos por Tácito, Plínio, Suetônio, Marco Aurélio são preciosas para compreender a percepção que os cristãos davam de si ao mundo romano. As críticas feitas por intelectuais, como Galeno, Celso e Porfírio, ajudam a entender as dificuldades de encontro entre mundos que partiam de inspirações profundamente diferentes. Ao mesmo tempo, somos ajudados a entender como tradições diferentes se encontram e se desencontram em torno de perguntas comuns, de temas que constituem a trama fundamental da cultura antiga.

A diversidade dos pontos de vista serve também para nos deixar cientes de quão delicado sempre foi o tratamento das fontes, pois elas referem sempre óticas particulares que é preciso saber reconhecer para que sejam utilizadas de modo a servir ao conhecimento histórico. Isso nos lembra também que todo trabalho histórico está, de fato, situado no ambiente que o vê vir a lume. Sem ser inevitavelmente ideológico, ele interroga as fontes, partindo de perguntas e de preocupações que é bom não esquecer, quer para conceder às fontes que elas mesmas façam perguntas para a pesquisa, quer para levar em consideração a inevitável parcialidade da própria abordagem, ela mesma um modesto documento de uma época histórica. O tratamento das fontes é, definitivamente, a própria inserção na tradição historiográfica, explorando-a, mas também revisitando-a, com o fim de um reconhecimento mais adequado do material que o conhecimento do passado nos confia.

Nota bibliográfica

CALDERONE, S. (ed.). *La storiografia ecclesiastica nella tarda antichità*. Messina: Centro studi umanistici, 1980.
CAROTENUTO, E. *Tradizione e Innovazione nella Historia Ecclesiastica di Eusebio*. Bolonha: il Mulino, 2001.
CRACCO RUGGINI, L. (ed.). *Storia antica. Come leggere le fonti*. Bolonha: il Mulino, 1996.
GIUDICE, A.; RINALDI, G. *Fonti documentarie del cristianesimo antico*. Roma: Carocci, 2014.
GUIJARRO, S. El cristianismo naciente. Delimitación, fuentes y metodología. *Salmaticensis*, 52 (2005) 5-27.
MORLET, S.; PERRONE, I. (ed.). *Eusèbe de Césarée, Histoire Ecclésiastique*. Commentaire, 1, études d'introduction. Paris: Du Cerf, 2012.
POUDERON, B.; DUVAL, Y. M. (ed.). *L'Historiographie de l'Église des premiers siècles*. Paris: Beauchesne, 2001.
SIMONETTI, M. Letteratura in frammenti dei primi tre secoli. *Augustinianum*, 37 (1997) 5-24.
_____. Tra innovazione e tradizione: la storiografia cristiana. *Vetera Christianorum*, 34 (1997) 51-65.
TIMPE, D. Che cos'è la storia della chiesa? La Historia Ecclesiastica di Eusebio. Caratteristiche di un genere. In: CAMBIANO, G.; CANFORA, L.; LANZA, D. *Lo spazio letterario della Grecia antica*. Roma: Salerno Editrice, 1995, v. 2, 389-435.

2. A pluralidade nas origens cristãs

1. O cristianismo dos inícios apresenta-se, num primeiro momento, como um **arquipélago** de pequenas comunidades disseminadas no mundo mediterrâneo. Assim atestam o epistolário de Paulo e a primeira história das origens cristãs, que tem o nome de *Atos dos Apóstolos*, de Lucas. Assim parecia também a Irineu no fim do século II (AH I,10,1-3): há Igrejas, fruto da semente da Palavra anunciada, disseminadas em toda a ecúmena, todas vinculadas ao único *kerigma* transmitido pelos apóstolos, mas aceito na variedade das línguas e susceptível de diferentes níveis de compreensão. As trocas epistolares que têm o nome de Clemente Romano, Inácio de Antioquia, Policarpo de Esmirna vão na mesma direção. Análogo testemunho oferece, mediante uma linguagem poética, o epitáfio de Abércio (170-200), na Frígia. As poucas notícias que se encontram nas fontes extracristãs dão-nos informação de cristãos em Roma e na Bitínia (Plínio). Tácito sabe muito bem que se trata de um fenômeno que tem origens na Judeia, por Cristo, e Plínio faz referência explícita ao caráter comunitário do fato cristão. A alcunha de cristãos surge pela primeira vez, no plural, nos *Atos*, de Lucas (11,26) e nas *Antiguidades judaicas*, de Flávio Josefo (18,63-64), no singular em 1Pd 4,16 e na *Didaquê* 12,4. O substantivo *christianismós* aparece no epistolário de Inácio (Rm III,1; *Fild* VI,1; *Mg* X,1) e no martírio de Policarpo (X,1). O termo marca a referência a Jesus Cristo como determinante para a autoconsciência do grupo; as modalidades pelas quais essa referência é experimentada e formulada conhecem, porém, uma significativa variedade, ligada pelo menos a dois fatores: a pluralidade que marca o mundo judaico ao qual pertencem o próprio Jesus e os seus primeiros discípulos, as perguntas que brotam para os discípulos de Jesus devido ao anúncio entre os judeus da diáspora e no mundo helenístico-romano.

O contexto judaico. O cristianismo nasce no ambiente judaico palestino; mais, apresenta-se no início como uma expressão dele. Isso é facilmente compreensível se se tem presente que o **judaísmo do segundo templo** se propõe, até os anos 70, segundo uma pluralidade de orientações dentro de alguns eixos que o identificam: o monoteísmo histórico-messiânico, a Torá, o templo. **Flávio Josefo** (*Guerra judaica* II,8; *Antiguidades judaicas* 13,172; 18,11-23) informa-nos sobre uma variedade de posições catalogando-as como três "escolas", além da seita de Judas galileu: fariseus, saduceus, essênios. Diferenciavam-se pelo modo de se referir às Escrituras, de se aterem às prescrições da Torá, de valorizar o culto do templo e pela relação com o ocupante romano e com o que, em geral, era de proveniência extrajudaica. Às informações de Flávio Josefo deve-se acrescentar as que nos trouxeram as descobertas de Qumran e os estudos em torno do movimento henóquico que concentra a atenção em torno da temática da mediação da ação de Deus que liberta do mal (Boccaccini, *I giudaismi del secondo tempio*).

De importância não desprezível reveste-se o judaísmo da **diáspora**. Na *legatio ad Caium*, 281-282, o judeu alexandrino **Fílon** (20 a.C.-45 d.C.) pode fazer referência a um dado bem conhecido: Jerusalém tem valor não só como capital do território da Judeia, mas enquanto a ela fazem referência "judeus habitantes em todas as cidades que possuem em torno de si um território fértil". Esse judaísmo é geralmente caracterizado por uma aproximação mais positiva em relação à tradição helenística. São expressões vistosas disso a versão das Escrituras (a LXX), a tentativa de exprimir o credo de Israel também nas categorias da filosofia grega, a adoção do método exegético alegórico. A habitual ausência de referência ao templo induzia, de fato, à concentração sobre a frequência da sinagoga. Se, em geral, também o judaísmo palestino está marcado por influências helenísticas, permanece, todavia, um traço peculiar do judaísmo da diáspora uma disponibilidade mais ampla para discutir e interpretar diferentemente traços da tradição judaica e para um diálogo mais aberto com a tradição filosófica grega. As duas guerras judaicas (66-70; 132-135), com a destruição do templo e o fim de Jerusalém, comportam também a transformação desse quadro, dando lugar à forma rabínica do judaísmo como dominante.

Deve-se, todavia, ressaltar que somente por um breve lapso de tempo é que os discípulos de Jesus foram exclusivamente de extração judaica. A missão paulina, já a partir da metade dos anos 40, deu, de fato, vida a comunidades cristãs de extração gentílica, para as quais a relação com a tradição de Israel punha-se em termos bem diferentes da dos crentes em Jesus, de extração judaica. Isso significa também que houve bem cedo crentes em Jesus que não se entendiam nem como variante nem como separação do judaísmo. Discípulos de Jesus provenientes do judaísmo da diáspora ou de grupos dos "tementes a Deus" puderam exercer funções de ajustes ou mediação entre sensibilidades diferentes, bem presentes nas primeiras gerações cristãs em razão da diferente condição a partir da qual amadurecera a adesão à mensagem e ao nome de Jesus.

2. *O mundo helenístico-romano*. Sob o escudo de Roma, o mundo helenístico-romano é o grande quadro, a "**ecúmena**", dentro do qual dão os primeiros passos os discípulos de Jesus e permanece o contexto no qual os cristãos se tornam a "grande Igreja", entre o fim do século II e o progressivo declínio do Império romano, no século V. Desde 63 a.C. também a Palestina é parte dela, englobada desde 6 d.C. à província da Síria. A estrutura imperial assegurava ao mundo reunido em torno do Mediterrâneo uma substancial unidade linguística (o grego da *koiné*) e uma notável rede de comunicação marítima e por terra, que tornava fácil a comunicação. Não sem razão, podia-se elogiar e celebrar o Império como comparável a uma única cidade, onde "tudo é comum a todos", uma realização do dito de Homero: "A terra é comum a todos" (Élio Aristides, *Elogio de Roma* 64. 100).

Sob o ponto de vista religioso, a condição do Império podia se apresentar assim às primeiras gerações cristãs: a) persistência de tradições e de práticas religiosas politeístas, sobre base étnica, atravessadas por uma tendência ao henoteísmo, mediante o duplo processo das equivalências (sob multiplicidade de designações entende-se a mesma divindade) e da hierarquização (o mundo divino múltiplo é dirigido por um "sumo deus"). b) Desenvolvimento do culto do imperador (porquanto com reputação de "gênio" divino) e dos cultos mistéricos, de importação oriental; ampla prática da haruspicação, astrologia e magia na religiosidade popular. A situação apresenta-se em movimento e tensão. De um lado, vale o apoio na **tradição**, na garantia que carrega consigo a aprovação do tempo; de outro, a procura de **novidades** capazes de responder melhor à necessidade de salvação pessoal, de segurança, num mundo que, ao se tornar cosmopolita, torna cada vez mais rarefeitos os pontos de referência ligados aos próprios pertencimentos étnico-culturais. c) A tradição cultural grega, a propensão que a habita, tende a submeter cada vez mais a *religio* à procura racional; indaga o deus κατὰ φύσιν, ao passo que a latina está interessada em captar seu nexo com a *salus rei pubblicae*, segundo a perspectiva da *pax deorum*, que incluía, para a obediência do culto público, o favor da divindade. O Império e a sua estabilidade são vistos como fruto de um desígnio providencial da divindade; oferecer a ela o culto segundo as tradições pátrias, reguladas pelas leis é também concorrer para o bem-estar da *res pubblica*. A *pietas* em relação aos deuses e à divindade suprema, mediante a participação no culto oficial, faz parte dos deveres do bom cidadão. Para entender alguns aspectos do encontro com o cristianismo é interessante a tentativa de ler num quadro de conjunto as diversas modalidades da aproximação ao divino proposta por Varrão nos 16 livros dedicados à religião nas suas *Antiquitates rerum humanarum et divinarum* (obra bem conhecida por Agostinho, *A Cidade de Deus*, IV, VI e VII, e que chegou a nós somente em fragmentos). Trata-se da chamada **teologia tripartida** (*mythica, civilis, naturalis*), segundo a qual a mitologia, a que emprestavam voz os poetas, veicula a religião para o povo (que tem necessidade de poder imaginar a divindade e de senti-la bastante semelhante a si para superar seu temor), as leis, reunindo a tradição, fixam o culto correto que garante o favor dos deuses, e a filosofia indaga a natureza última da divindade. Segundo esse enfoque, as representações da divindade, o culto e as convicções não têm um nexo necessário entre si. As representações, com efeito, são uma concessão às necessidades do povo, uma "pedagogia", o culto é garantia para o Estado, a procura é privilégio das exigências do espírito de uma elite (filosofia). Esse modo de ver as coisas tornava difícil compreender a posição cristã, que não admitira separação entre culto e convicções de fé. Agostinho, que, aliás, aprecia a erudição e o estilo de Varrão, submete a profunda crítica os resultados do enfoque dele, que levam à conclusão de que, a respeito de religião, o povo pode ser enganado (cf. *Cidade de Deus*, VI,5-6; VII,5).

Nesse quadro amplamente plural resta o fato de que, para as primeiras gerações cristãs, não foi fácil autenticar-se como fenômeno religioso legítimo, considerando, de um lado, a ausência da cobertura da tradição e, de outro, a dificuldade de levar à religião um povo etnicamente caracterizado. Os fatos, enquanto as fontes nos deixam chegar até eles, permitem-nos seguir o progressivo testemunho da identidade cristã no duplo confronto com a tradição judaica, em cujo seio o cristianismo ganha vida, e com o mapa das experiências religiosas em curso no mundo dos gentios. Para testar esse percurso é de grande ajuda o duplo indicador da autoconsciência que as comunidades cristãs manifestam, com o reflexo da avaliação que exprimem sobre as outras experiências religiosas, e dos julgamentos de que são objeto por parte de quem as vê de fora, partindo da própria posição e dos critérios de juízo que ela carrega consigo (Armogathe-Montaubin-Perrin, 3). O recurso a esse duplo indicador pode ajudar muito a reconhecer, ao mesmo tempo, fatores que geram a distinção até a separação e fatores que nutrem zonas de margem ou de fronteira, onde se pode verificar também uma rede de trocas consideráveis, segundo modalidades diversas, das quais são expressão não somente o fenômeno gnóstico, mas também algumas vozes dos apócrifos (tensão entre inculturação e sincretismo).

3. Os inícios da Igreja

A consciência das primeiras comunidades cristãs é unânime em atestar que a origem delas deve ser encontrada nas experiências pascais que têm como conteúdo o reconhecimento de Jesus vivo de maneira inédita depois de sua morte, e a efusão, por sua vez, do dom do Espírito. Sobre essa base, a sua mensagem e a sua pessoa recebem o valor de última e definitiva palavra, por parte de Deus, e definem o tempo em andamento como tempo último, tempo que está agora sob o signo do seu juízo e do seu retorno. É em torno desse núcleo central — que se torna objeto de anúncio, de proposta — que ganham vida as **primeiras comunidades** de discípulos de Jesus e que tem início internamente a constituição da **memória** das suas palavras e gestos, assim como a contínua interpretação deles.

1.a. *No ambiente palestino — O impacto das guerras judaicas.* A documentação lucana concentra a sua atenção sobre os discípulos de Jesus que se reúnem em **Jerusalém** e constituem a primeira comunidade dos que creem nele. Embora seja preciso levar em consideração a perspectiva teológica do autor dos *Atos*, segundo a qual, na história de Jesus, tudo converge para Jerusalém e tudo dali parte, não há motivo para duvidar de que a cidade de Davi tenha sido uma das primeiríssimas sedes da presença cristã. As narrativas pascais dos Evangelhos de Marcos, Mateus e João permitem deduzir que grupos de discípulos de Jesus surgiram também, quase que simultaneamente, na **Galileia**. Os inícios das vicissitudes de Paulo permitem ir mais além, até a Síria, a **Damasco**, onde Paulo obtém a autorização para inspecionar as sinagogas "a fim de levar presos até Jerusalém todos aqueles que encontrasse, homens e mulheres, pertencentes a esse caminho" (At 9,2). A continuidade com a tradição judaica é bem testemunhada pela frequência ao templo e à sinagoga (At 1–5), enquanto afloram algumas novidades significativas, no plano das convicções, do culto e da prática de vida. No âmbito das convicções, Jesus é identificado com o messias esperado, segundo as promessas feitas aos pais; a Escritura é lida como profecia de Jesus. Na experiência do dom do Espírito por parte do Ressuscitado é reconhecida a irrupção dos últimos tempos, carregados da oferta definitiva da salvação. No âmbito celebrativo, essas convicções encontram expressões no batismo como rito de adesão ao senhorio de Jesus e de pertença à comunidade que se reúne em seu nome e na ceia do Senhor ou fração do pão, que evidencia seu caráter de comunhão. A prática do *ágape*, ou seja, das múltiplas realizações do amor fraterno, é sua consequência e sua carteira de identidade também externamente. Esse quadro, decerto, não está isento de dificuldades ligadas, para além da conversão que esse estilo de vida exige (At 5), às diferenças de práticas que marcam o mundo judaico. Assim, bem cedo surge tensão entre o grupo de discípulos mais ligados à herança judaica e o mais aberto à sensibilidade helenística. A discussão concentra-se sobre o valor a ser reconhecido às instituições judaicas (templo, circuncisão, sábado) e a cláusulas específicas da Torá (por exemplo, no campo da alimentação). A crise chega a momentos críticos, como no caso da morte de **Estêvão** e no conflito entre **Pedro**, porta-voz dos doze, o grupo que testemunhou a vida pública de Jesus, e **Paulo**, que havia pouco entrara no âmbito cristão (Gl 2; At 15). Segundo o testemunho lucano, precisamente essas tensões é que fazem emergir progressivamente o caráter universal da mensagem e da pessoa de Jesus (At 10–11), que encontra em Paulo seu decidido porta-voz. É provável que sobre essas tensões apoie-se a decisão de Herodes de mandar matar Tiago, irmão de João, encontrando, assim, o "agrado dos judeus" (At 12,1-3), e também, lá pelo ano de 62, a morte de Tiago, "irmão" do Senhor, por parte de fariseus e escribas que lhe contestam a fé em Jesus como o Cristo (Flávio Josefo, *Antiguidades judaicas* 20,197-203; Eusébio, HE II,23,21-24, que retoma testemunhos de Hegésipo e de Clemente Alexandrino).

Pouco depois dos anos 60, as comunidades da Palestina, da Judeia, sobretudo, veem-se envolvidas na dramática sequência das **guerras judaicas** (66-70; 132-135), que mudam completamente não somente o quadro político da Palestina, mas também o religioso. A derrota militar e o fim do templo fazem com que, a partir dos anos 70, assuma posição predominante dentro do judaísmo o componente farisaico na forma rabínica, centrada na sinagoga e na observância da Lei. No clima tenso do conflito, as diferenças assumem, às vezes, o caráter da reivindicação e da oposição até a hostilidade. Os elementos distintivos dos discípulos de Jesus emergem cada vez mais como novidade que caracteriza a realidade cristã como outra realidade, não redutível a variante, ainda que crítica, do judaísmo. O ponto discriminante é a **fé cristológica**, que se torna a chave de leitura das Escrituras e age criticamente sobre as observâncias judaicas, como não mais vinculantes para a salvação. Se tivermos de dar fé às notícias de Eusébio (HE III, 5,2-3; III,11), segundo as quais, com o estourar das hostilidades iniciadas pelo movimento zelota, os cristãos teriam se dissociado da causa nacional de Israel, migrando para a Transjordânia, para Pela, deve-se levar em consideração a possibilidade de a insurreição antirromana ter provocado um debate em torno do modo como entender o Reino de Deus, centro da esperança judaica, mas também da pregação de Jesus. Todavia, até a segunda guerra judaica (132-135), permanece uma comunidade cristã em Jerusalém, particularmente ligada aos descendentes do clã de Jesus (HE IV,5,1-4). Com a destruição de Jerusalém e a edificação sobre suas cinzas de *Aelia Capitolina*, com a proibição de todo judeu de nela entrar, chega ao fim também a presença cristã nos lugares dos inícios. Por longos decênios, o centro do cristianismo palestino será Cesareia marítima, cidade de fundação romana.

b. *Antioquia, ponte para "os gentios"*. Antioquia da Síria tornou-se, com toda probabilidade, o primeiro lugar onde judeus e gentios experimentaram o pertencimento à mesma comunidade em nome da adesão a Jesus Senhor. Isso parece sugerir a notícia de Lucas segundo a qual os discípulos de Jesus foram, ali, pela primeira vez, qualificados como **cristãos** (At 11,26). O termo, hibridismo linguístico resultante da raiz grega *christós* e do sufixo latino *ianus*, parece dizer respeito à terminologia política para indicar a pertença a um grupo, a uma "parte" (como *cesarianos* ou *herodianos*). Não é por acaso que Antioquia é o lugar onde tem início a missão de Paulo em direção à Ásia Menor e à Grécia e onde estoura o conflito sobre a obrigação da observância judaica, como atestam At 15 e Gl 2. No início do século II, de acordo com o testemunho do epistolário de Inácio, Antioquia é lugar de diferenciação entre judaísmo e cristianismo (os dois termos recorrem como indicadores de dois grupos, dois modos de viver não compatíveis e em tensão) e de início de um processo de organização da comunidade cristã que reconhece no bispo a referência institucional central. Esse duplo processo parece ressaltar uma rede de questões de grande importância: nos grupos cristãos debate-se sobre a relevância da **herança judaica**, em especial algumas de suas práticas, como a observância do sábado e da circuncisão. A discussão pode cruzar o modo de entender a realidade da humanidade de Jesus enquanto filho de Deus: a categoria de anjo, corrente no mundo judaico como categoria de mediação, pode ter aqui o seu peso. Acrescente-se a isso também a tensão entre diversas modalidades de garantir a reta interpretação da palavra: a profecia autorizada pelo canal da visão, segundo sugestões da apocalíptica, ou a presidência da comunidade? Por esse conjunto de aspectos, Antioquia apresenta-se como "laboratório" particularmente instrutivo do cristianismo das origens.

2.a. *A missão paulina*. Com Paulo, o movimento que faz referência a Jesus sai decididamente do âmbito judaico e se volta para o mundo dos gentios. Se é verdade que até Paulo reconhece uma prioridade aos judeus também na prática do anúncio do Evangelho, e não só no desígnio salvífico de Deus, não há dúvida de que, mediante suas três viagens missionárias (At 13–14; 15,36–18,22; 18,23–21,16), entre a metade dos anos 40 e os inícios dos anos 60, ele dá vida a comunidades em grande parte compostas de crentes em Jesus Senhor provenientes do mundo extrajudaico. O anúncio de Paulo não atesta apenas que Jesus é o messias, o cumprimento das promessas feitas a Israel, mas que é o Senhor de todos. Como as suas cartas documentam, a **Ásia Menor** (Igrejas da Galácia, Colossos, Éfeso) e a **Grécia** (Tessalônica, Corinto, Filipos) veem a constituição de comunidades de crentes em Jesus Senhor, para grande parte dos quais a fé não se configura como êxito da tradição judaica. Com Paulo, o anúncio cristão não se declina mais apenas mediante a perspectiva do cumprimento das promessas, mas como oferta gratuita do único senhorio de Jesus para todos, judeus e gregos. Ela se torna para os gentios oferta de salvação e apelo de abandono dos ídolos, para aderir ao Deus vivo e verdadeiro (1Ts 1,9). Com isso, Paulo se põe **além do judaísmo**, até na sua variante helenística. Não é apenas um judeu radical da diáspora, semelhante, por exemplo, a Fílon de Alexandria (D. Boyarin), mas um "judeu anômalo" (J. M. G. Barclay), para o qual toda a tradição judaica deve ser relida por completo e avaliada a partir do único senhorio de Jesus, morto por todos (Fl 3,8-11).

b. *A Igreja de Roma.* Pelo fim dos anos 50, Paulo pode enviar uma carta de grande importância à comunidade cristã de Roma. As detalhadas saudações com as quais a carta termina (16,1-16) dão a entender que o apóstolo tem conhecimento de pelo menos cinco grupos de cristãos presentes na capital do Império, indicados pela casa onde ocorriam as assembleias deles. Se a informação de Suetônio, (*Vita Claudii* 25,3) sobre tumultos de judeus em Roma, nos anos 40, em razão de "*Crestos*" deve ser entendida, como é provável, em relação a Jesus Cristo, pode-se, com razão, afirmar que as origens da Igreja de Roma devem ser reconhecidas dentro de grupos judaicos ali presentes. O testemunho tardio de Ambrosiaster, segundo o qual, em Roma, "judeus que se tornaram crentes ensinaram os romanos a conservar a lei, embora professando Cristo" (*Comentário aos Romanos*, pról. 2), pode ser uma confirmação disso. De resto, a chegada de Paulo a Roma, segundo a narrativa dos *Atos*, coincide com uma tentativa de diálogo com os notáveis dos judeus, por parte do apóstolo, interessado em lhes explicar a razão da sua prisão e, ainda mais, "convencê-los a respeito de Jesus" (At 28,23). Uma vez que a notícia de Tácito sobre a repressão anticristã de Nero (*Anais* XV,44,2-5) dá bem a entender a nítida identificação dos cristãos em relação aos judeus, deve-se concluir que, em meados dos aos 60, a distinção entre os dois grupos é agora nítida a quem os vê de fora. A carta escrita pela Igreja de Roma aos cristãos de Corinto, sob o nome de Clemente, no final do século I, contém pelo menos três dados importantes para a comunidade de Roma: informa sobre a morte de **Pedro e Paulo** (*Carta de Clemente* 5), dá a entender seu enraizamento na tradição de Israel mediante o notável recurso à Bíblia hebraica segundo a LXX, mostra a consciência da corresponsabilidade que habita as Igrejas, sendo cada uma um enraizamento territorial da única Igreja. Assim atesta o endereçamento no qual "a Igreja que vive peregrina em Roma dirige-se à Igreja de Deus que vive peregrina em Corinto". No final do século, o episódio repressivo praticado por Domiciano contra alguns cristãos muito conhecidos fala de um cristianismo que, embora pequena minoria, atinge todos os estratos da população da urbe (Suetônio, *Vita Domitiani* XV,1; Dião Cássio, *História romana* LXVII,14,1-3; Eusébio, HE III,18,4). No início do século II, Inácio de Antioquia saúda-a como a "Igreja que no lugar da cidade dos romanos preside na caridade" (*Carta aos Romanos*, prólogo). Assim, no final do século I, a Igreja de Roma já se caracteriza pelos seguintes elementos, pelo menos: seu enraizamento na herança judaica, a presença e o martírio de Pedro e Paulo, sintoma de dificuldades com o mundo do Império, a sua decisão de falar para a salvaguarda da concórdia de uma Igreja em dificuldade, a Igreja de Corinto. Ainda, por volta de 170, Dionísio de Corinto, dirigindo-se aos romanos, lembra a carta "que escrevestes por meio de Clemente" (HE IV,23,11).

c. *Éfeso e a tradição joanina*. Éfeso, a cidade mais importante da Ásia romana, foi logo alvo da presença cristã. Paulo trabalhou ali intensamente por mais de dois anos, entre 51 e 54, precedido pouco antes pela ação de Apolo, um judeu alexandrino provavelmente aderente do caminho de Jesus como discípulo de João Batista, cujo batismo praticava (At 18–19). O anúncio de Paulo encontrou resistência quer no ambiente da sinagoga, quer por parte do santuário de Ártemis; teve, porém, hospitalidade por dois anos na escola de Tiranos (At 19,9) e pôde fazer de Éfeso o centro de difusão do Evangelho na Ásia (At 19,10). Irineu, no fim do século II, atesta uma tradição segundo a qual esteve também em Éfeso o apóstolo João, que ali compôs o seu Evangelho (AH III,1,1) e se opôs a Cerinto, "inimigo da verdade" (AH III,3,4). Fazem referência à estada de João em Éfeso os *Atos apócrifos* de João e de Paulo. A Igreja efesina aparece como a primeira das sete Igrejas da Ásia à qual João, o vidente do *Apocalipse*, recebe ordem de escrever (Ap 2,1-7). Sabemos do próprio Irineu, referido por Eusébio (HE V,23-25), que as Igrejas da Ásia mantinham o uso pascal quartodecimano, ou seja, celebravam a Páscoa não no domingo seguinte ao 14 de Nisan, plenilúnio da primavera, mas no dia a ele correspondente (portanto, junto com a Páscoa judaica). Essas Igrejas justificavam tal prática atestando que ela fora mantida por personagens insignes da tradição deles e, em particular, pelo apóstolo João. Da sua sepultura em Éfeso dá notícia Polícrates, ao escrever a Vitor de Roma (HE III,31,3). Podemos, assim, concluir que no fim do século I, na Ásia Menor, sobrepõe-se à tradição paulina, registrada pela *Carta aos Efésios* e pelas recomendações a Timóteo, segundo 1Tm 1,3, uma missão de **tradição joanina** convergente com a primeira para a cristologia, mas provavelmente mais ligada do que a outra à herança judaica. É possível que as cartas pastorais de Paulo e algumas indicações de Ap 2,1-7 constituam um indicador de um ponto de equilíbrio entre as duas. Quando Inácio de Antioquia, por volta de 110-120, escreve a sua *Carta aos Efésios*, dá a percepção de ali se encontrar uma comunidade cristã concorde na fé e na caridade. Inácio alerta contra maus ensinamentos que podem chegar de fora (9,1) e exorta a reconhecer na referência ao bispo, com os presbíteros e os diáconos, um critério inevitável de salvaguarda da unidade. Também para Éfeso, como já ressaltado para Antioquia, Inácio dá a entender um tema que se torna importante na passagem de século: a estrutura ministerial da Igreja como critério de unidade e de conservação da fé.

Inserção 2
O "judeu-cristianismo"

"Judeu-cristianismo" é um vocábulo moderno para dar voz a diversas modalidades segundo as quais, nas origens cristãs, judeus aderentes a Jesus, ou mesmo crentes em Jesus simpatizantes do judaísmo elaboraram o sentido e a prática da tradição judaica. Dado ser óbvio que até a metade dos anos 40 quase todos os discípulos de Jesus eram judeus, trata-se de entender como aconteceu o enxerto da nova fé num cepo judaico e qual terá sido nessa inserção o impacto da abertura do anúncio cristão aos gentios (todo o mundo extrajudaico). O termo "judeu-cristianismo" foi utilizado de diferentes modos: para indicar os cristãos da primeira comunidade de Jerusalém (E. Testa, B. Bagatti), os judeus de origem judaica (critério étnico), que professaram uma cristologia peculiar, documentada nas Pseudoclementinas, segundo a qual Jesus é reconhecido messias, mas não filho de Deus (H.-J. Schoeps), os cristãos que mantiveram as observâncias judaicas (M. Simon), um conjunto de categorias para exprimir a fé em Jesus e uma espécie de teologia judeu-cristã predominante até por volta de 150 (J. Daniélou).

Na realidade, logo que se compara uma ou outra acepção ao que as fontes nos oferecem, damo-nos conta da dificuldade que o termo carrega consigo. Ele faz referência a uma realidade complexa e nada estática. As próprias fontes não são tão fáceis de inventariar. Com efeito, pode haver "judaizantes", simpatizantes de algumas práticas judaicas, mesmo entre cristãos que provêm de ambiente extrajudaico e, por outro lado, resta a ser determinada que quantidade de práticas seria critério para a qualificação de judeu-cristão (M. Simon faz referência ao que se discute em At 15); além disso, as categorias expressivas ampliam desmedidamente o espaço do judeu-cristianismo até chegar a fazê-lo coincidir, até a metade do século II, com todo o movimento cristão.

Os estudos recentes enfatizam que o contexto que dá significado ao tema é o das origens cristãs, onde a relação com a herança judaica e a abertura aos gentios constituem nós fundamentais para as primeiras gerações cristãs. As figuras de Estêvão e de Paulo são referências de destaque para ressaltar o desmembramento em relação ao templo e às observâncias rituais e de pureza. A adesão a Jesus torna-as superadas. Outros, em especial o grupo que gira em torno de Tiago, "irmão" do Senhor, guia da comunidade de Jerusalém depois da saída de cena de Pedro (At 12,17), consideram-nas, porém, ainda vinculantes para os judeus que aderem a Jesus. O exercício da missão, como documenta a *Carta de Paulo aos Gálatas* e At 15, é o terreno do confronto e do conflito. A posição de quem se opõe ao abandono das prescrições da lei assume inevitavelmente também os traços do antipaulinismo. É compreensível que entre os cristãos que se consideram vinculados à lei e judeus, especialmente pertencentes ao componente farisaico, constitua-se uma zona de contiguidade que contrasta com a linha paulina (clima que se respira com a prisão de Paulo em Jerusalém segundo At 21). Deve-se levar em consideração que, entre as duas guerras judaicas (66-70 e 132-135), o judaísmo se cristalizou na forma rabínica (ao redor do centro de Javé, com o rabi Yohanan b. Zakkai e Gamaliel II), o que contribuiu para marcar a fronteira em relação ao movimento cristão, embora não seja garantido que a décima segunda bênção — que expulsa os "dissidentes" (*minim*) — tenha em vista os aderentes a Jesus.

O quanto o quadro se apresentasse complexo, mesmo na vigília da segunda guerra judaica, é atestado por Justino (*Diál.* 45-49), que distingue quatro grupos: a) judeus que creem que Jesus seja o Cristo, Filho de Deus, e observam as "instituições de Moisés", sem impor sua observância a quem vem do paganismo); b) judeus que dizem acreditar em Cristo, mas pretendem vincular à observância os cristãos provenientes dos gentios; c) pagão-cristãos que, continuando a crer em Jesus messias, deixam-se convencer pela prática da lei; d) pagãos-cristãos, que, depois de terem confessado o Cristo, passam a viver segundo a lei, até negar que Jesus seja o Cristo.

Uma passagem crítica do confronto e da sua evolução pode ser reconhecida na segunda década do século II em Inácio de Antioquia, que cunha os termos

Ioudaismós-Christianismós como antagonistas (*Fld* 6,1; *Mg* 8-11), sobrecarregando o primeiro numa posição incompatível com a fé em Jesus, caracterizada por uma cristologia que subestima a importância da sua humanidade, recorrendo para isso a uma hermenêutica particular das Escrituras, e por um não reconhecimento da autoridade do bispo. Sublinhando que é o judaísmo que acreditou no cristianismo, e não vice-versa, Inácio parece subentender que entre os dois há uma nítida fronteira identitária. Segundo o testemunho de Polícrates de Éfeso (HE V,24,1-7), até o contraste ligado à data da Páscoa, que aflora várias vezes durante o século II, deveria ser levado em conta para a prática de cristãos de origem judaica, compreensivelmente interessados na cadência quartodecimana, segundo o calendário judaico.

Com Irineu de Lião, os judeu-cristãos, sob o nome de "ebionitas", passam para a lista dos heréticos, como seita gnóstica (AH I,26,2). Depois de Irineu, a colocação dos judeu-cristãos entre os heréticos torna-se corrente sob diversos nomes: ebionitas, seguidores de Cerinto, elcasaítas. No século IV, segundo Epifânio e Jerônimo, a imputação de heréticos dirigida a grupos judeu-cristãos denominados "nazoreus" muda de sinal. Agora já é inaceitável a pretensão de ser, ao mesmo tempo, judeu e cristão. Depois do século V, a referência a cristãos provenientes do judaísmo desaparece das fontes. Os dois campos são percebidos como totalmente estranhos um ao outro. Puxando o fio da meada do que se apresenta nas fontes, Claudio Gianotto observa que judeu-cristianismo deve ser assumido como categoria de fronteiras extensíveis, que faz referência a certas "semelhanças de família" entre diferentes grupos, caracterizados como judeus crentes em Jesus, sem que se possa chegar a fixar um mínimo de elementos comuns (Gianotto, 2012, 45).

Definitivamente, a expressão judeu-cristianismo serve para lembrar um débito do cristianismo em relação ao judaísmo e o fato de que a fé em Jesus Messias e Senhor conheceu nas origens cristãs e na Igreja antiga modalidades diferentes de elaborar a relação com a herança judaica. Ela pode ser assumida como uma espécie de resistência à ideia da pura apropriação por parte da Igreja de uma parte da herança judaica (as Escrituras), ou da substituição de Israel como povo de Deus.

Nota bibliográfica

Boccaccini, G.; Stefani, P. *Dallo stesso grembo. Le origini del cristianesimo e del giudaismo rabbinico*. Bolonha: EDB, 2012.

Durante Mangoni, M. B.; Jossa, G. (ed.). *Giudei e cristiani nel I secolo. Continuità, separazione, polemica*. Trapani: Il Pozzo di Giacobbe, 2006.

Filoramo, G.; Gianotto, C. (ed.). *Verus Israel*. Bréscia: Paideia, 2001.

Garibba, D.; Tanzarella, S. (ed.). *Giudei o cristiani*. Trapani: Il Pozzo di Giacobbe, 2005.

Gianotto, C. *Ebrei credenti in Gesù*. Milão: Paoline, 2012.

_____. *Giacomo, fratello di Gesù*. Bolonha: il Mulino, 2013.

KAESTLI, J. D. Où en est le débat sur le Judéo-christianisme? In: MARGUERAT, D. (ed.). *Le déchirement. Juifs et chrétiens au premier siècle*. Genebra: Labor et Fides, 1996, 243-272.
MIMOUNI, S. C. (ed.). *Le Judéo-christianisme dans tous ses états*. Paris: Du Cerf, 2001.
PITTA, A. (ed.). Il giudeo-cristianesimo nel I e II sec. d.C. *Ricerche Storico Bibliche*, Bolonha, 2 (2003).
SIMON, M. *Verus Israel. Études sur les relations entre chrétiens et juifs dans l'Empire Romain (135-425)*. Paris: E. De Boccard, ²1964.
STEFANI, P. (ed.). *Quando i cristiani erano ebrei*. Bréscia: Morcelliana, 2010.

4. Os cristãos vistos de fora: a avaliação judaica e a gentílica

1. Por cerca de vinte anos, os grupos dos discípulos de Jesus eram quase todos judeus e as discussões criadas pela adesão a ele, ao reconhecimento da sua messianidade, eram vividas como um debate interno ao judaísmo, atravessadas por diferentes propostas de renovação. O desaparecimento do templo, drama da guerra judaica de 70, com a consequente simplificação do quadro do judaísmo até sua coincidência com o rabinismo, junto com a decidida abertura do movimento cristão aos gentios, por obra de Paulo, produziu uma aceleração no processo de diferenciação e de busca das respectivas identidades.

O *Evangelho de João* deixa entrever para os discípulos de Jesus fortes dificuldades nas relações com a sinagoga (9,22; 12,42; 16,2). Os estudos mais confiáveis põem em dúvida que a *birkat ha-minim* tenha sido introduzida como duodécima nas "dezoito bênçãos", em Yavne (por volta dos anos 90), em chave propositalmente anticristã. Assim reza ela: "Que não haja esperança para os apóstatas e seja erradicado o poder da arrogância o mais cedo possível e nos nossos dias. Que os nazarenos e os sectários pereçam num instante. Tira-os do livro da vida e não sejam inscritos com os justos. Bendito sejas tu, Senhor, que subjugas os arrogantes". Juntando na condenação os "apóstatas", os "nazarenos" (*noserim*) e os sectários (*minim*), ela dá, talvez, a entender a preocupação de unificar o judaísmo depois da destruição do templo. Nesse sentido, podia, decerto, conter uma avaliação negativa em relação aos judeus discípulos de Jesus e uma exclusão deles da sinagoga. Eles seriam, então, avaliados como um grupo, não o único, de dissidentes que ameaçam a coesão do judaísmo, particularmente urgente depois da destruição do templo. Uma palavra à parte merece o chamado "*testimonium flavianum*" (*Antiguidades judaicas* XVIII, 63-64), que avalia Jesus como "homem sábio", "Cristo" e reconhecido vivo depois da morte "por parte dos que o amavam desde o princípio". Descontados os problemas relativos à sua autenticidade ou a seu caráter de interpolação, ele poderia indicar o embaraço de uma avaliação da pessoa de Jesus dentro do judaísmo dos anos 70. Se, como provável, o *Diálogo* de Justino com Trifão reflete fatos e determinações amadurecidas durante a segunda guerra judaica ou como consequências imediatas dela, podemos concluir que, por volta dos anos 130-150, acontece o **estranhamento doloroso** entre judeus e cristãos. Referindo-se a deliberações da sinagoga, Justino refere uma avaliação do movimento cristão como "seita herética e ímpia" (*Diál.* 17,1) e, além disso, mostra estar a par de uma proibição de contatos com cristãos (*Diál.* 38,1; 112,4) e de ação voltada a desacreditar o nome de Jesus, ou seja, a negar a messianidade dele, com base nas Escrituras (*Diál.* 120,4). É possível que a revolta antirromana promovida por Bar Kokhba tenha dado ocasião a hostilidades contra cristãos a ponto de concorrer para condenações à morte em seus confrontos (*Diál.* 16,4; 95,3; 96,2; 110,5; 131,2; 133,6). Temos de levar em conta que a fonte é da parte cristã; a informação da proibição dá a entender que contatos e debates eram ainda praticados entre judeus da sinagoga e cristãos, embora num distanciamento cada vez maior quanto às convicções e às práticas.

2. As três vozes, todas as três latinas, que nos fazem chegar ao ponto de vista sobre o cristianismo nos seus primeiros cem anos de vida, por parte da estrutura administrativa e cultural do Império romano, concordam em qualificá-lo negativamente como *superstitio exitialis* (Tácito), *nova et malefica* (Suetônio), *prava et immodica* (Plínio). Superstição quer dizer uma deformação da experiência religiosa, desprovida de ambos os caracteres que a legitimavam dentro da tradição romana, o da Antiguidade e da etnicidade. A concisa informação dos *Annales*, de Tácito (XV,44) dá notícias acerca dos cristãos, para explicar como Nero tenha podido descarregar sobre eles a culpa do incêndio de Roma provocado por ele próprio. Considerados inimigos do gênero humano, eles são precisamente uma **superstição nociva** que tem origem em Cristo, levado à morte na Judeia por Pilatos, no tempo de Tibério. A repressão não teve o efeito desejado e, assim, o movimento cristão pôde chegar até Roma. A sucinta avaliação negativa de Suetônio (*Vita Neronis* 16,3) está dentro da menção de uma série de medidas tomadas por Nero para salvaguardar a ordem interna da urbe, protegendo-a contra modos de viver julgados excessivos e não conformes com a moderação romana (no elenco figuram proibições relativas a banquetes públicos, a corrida das quadrigas, o livre movimento dos augúrios). A repressão contra os cristãos tem, portanto, a sua razão no fato de que são um grupo que abandona a tradição e se volta para a magia. Os dados fornecidos pela *Carta de Plínio a Trajano* (X,96) permitem dar à avaliação negativa de Tácito e de Suetônio alguns contornos mais definidos. O que é inaceitável nos cristãos não é, antes de tudo, a diversidade da prática religiosa deles, mas o seu caráter exclusivo que os leva a recusar o culto oficial e a se abster de manifestações festivas particularmente amadas pela multidão. Surge aqui um duplo elemento que será, pouco a pouco, mais inaceitável: o caráter exclusivo da proposta cristã junto com a universalidade, ou seja, o fato de que para quem a ela adere ela não é compatível com outras pertenças ou práticas religiosas (coisa possível às religiões tradicionais) e tem valor para todos, sem distinção (diferentemente do judaísmo). Aos olhos de um romano, esse duplo traço dá ao cristianismo o caráter da loucura própria do fanatismo, da *superstitio*. Nessas rápidas informações não há nenhum interesse em relação à pessoa e doutrina de Jesus, judeu condenado na Judeia sob Pilatos, senão enquanto está na origem do grupo cristão que causa problema. O que importa é a presença cristã com o seu modo de se comportar dentro da sociedade romana.

Se se deve dar crédito a uma declaração de Tertuliano (*Apologético* 5,2), o nome cristão teria perdido logo a possibilidade de ser aceito como religião legítima, devido a uma negativa dada pelo senado a um comunicado de Tibério, que, porém, teria sido favorável e que teria ameaçado de castigo as acusações contra os cristãos. Com efeito, a fé cristã era tal que não podia encontrar espaço apropriado no panteão romano. A apologética cristã que será posta em campo na metade do século II ver-se-á exposta à falência justamente pela excessiva distância dos pressupostos.

5. Os cristãos entre práticas de vida e autoconsciência

As informações de que dispomos para chegar até a vida interna das comunidades cristãs, além de estarem reunidas na literatura neotestamentária, estão também no dossiê denominado usualmente como "**Padres apostólicos**". A distinção não tem relevância para a pesquisa histórica senão como dado de consciência das Igrejas, a partir do fim do século II. Trata-se de textos de caráter epistolar atribuídos a personalidades importantes, como Clemente Romano (*Carta aos Coríntios*), Inácio de Antioquia (sete cartas, das quais cinco a Igrejas da Ásia Menor, uma à Igreja de Roma e uma a Policarpo de Esmirna), Policarpo (*Carta à Igreja de Filipos*). Devem-se acrescentar três escritos que chegaram anônimos até nós e de não fácil especificação geográfica: a *Didaquê*, o *Pastor de Hermas* e a homilia atribuída a Barnabé. Revestem-se de interesse fragmentos de Pápias de Hierápolis e da pregação de Pedro. O arco de tempo em que se situam vai, aproximadamente, dos anos 90 até 150. As Igrejas que neles tomam a palavra são as da Síria (*Didaquê*, Inácio, talvez Barnabé), da Ásia Menor (Policarpo, Pápias), Alexandria (pregação de Pedro, talvez Barnabé), Roma (Clemente, o *Pastor de Hermas*). Trata-se, em geral, de textos ocasionais, escritos para responder a problemas que estão se apresentando, para oferecer orientação à vida das comunidades, para encorajar e partilhar o caminho da fé. Às fontes literárias devem se juntar as de tipo arqueológico e iconográfico, cuja utilização apresenta, porém, não poucas dificuldades, a começar pela datação.

Adotando uma perspectiva genética, que nos permita seguir o constituir-se da presença cristã, podemos reunir os dados que nos oferecem sob três títulos: 1) os lugares e os modos da comunicação da fé; 2) as práticas cristãs, dos percursos para acessar a fé às suas expressões qualificadoras; 3) a autoconsciência das comunidades dos discípulos de Jesus (procura de identidade entre Israel e os gentios). A adesão ao anúncio de Jesus, a fé nele, implica desde o início a pertença à comunidade dos crentes; a fé estabelece uma ligação entre quem a ela adere, uma ligação que é dimensão da própria fé.

1. *Os lugares da Palavra: entre a sinagoga e a casa*. Repetidas atestações dos escritos acima citados dizem-nos que os locais da proposta do nome de Jesus, do "caminho" que ele oferece, são, de início, a sinagoga e a casa. Especialmente no judaísmo da diáspora, **a sinagoga** cumpria também a função de foro aberto, onde podiam tomar a palavra judeus de diferentes posições. O judeu alexandrino Apolo tomou a palavra na sinagoga de Éfeso para anunciar ali "as coisas sobre Jesus", embora conhecesse apenas o batismo de João (At 18,24-26). A sinagoga era lugar de interesse até para os que, fora do judaísmo, sentiam-se atraídos por ela (prosélitos, tementes a Deus). Paulo encontra ali os gentios, homens e mulheres (At 13,14-15.43: em Antioquia da Pisídia; 14,1-2: em Icônio; 17,4.12: em Tessalônica). Segundo a narrativa de Lucas, a sinagoga e o culto que ali ocorre no dia de sábado são o ambiente primeiro do anúncio de Paulo (At 9,20-22; 13,44-48; 14,1-6.19; 16,12-13; 17,1-9.16ss; 18,18-21; 19,8). Dessa prática missionária Lucas vê uma razão teológica na precedência dos israelitas no plano da salvação (cf. At 13,46), o que é totalmente plausível se se leva em conta o fato de que o anúncio de Jesus emerge no quadro da fé judaica, como cumprimento das promessas messiânicas contidas nas Escrituras. O que diz respeito a Jesus é "segundo as Escrituras". A adesão a Jesus, o Cristo, configura-se como exegese nova do que, todos os sábados, era lido nas sinagogas. O grupo dos discípulos de Jesus qualifica-se como sujeito exegético inovador, em continuidade com a relação com as Escrituras por ele adotada no seu ministério e como consequência do fato de que a sua ressurreição dos mortos é interpretada como surpreendente confirmação de todas as profecias. Por essa via, a referência a Jesus era reconhecida e anunciada como decisiva no modo de se referir a Deus, pertencia à fé no Deus dos pais.

Tem início, assim, desde logo, nas comunidades dos discípulos de Jesus um dos temas que as caracterizam: a exegese deles diferente das Escrituras, **exegese cristológica** ou "espiritual". As Escrituras são, ao mesmo tempo, patrimônio comum e âmbito de diferenciação e de discussão. Temos a respeito vistosos ecos no epistolário de Inácio de Antioquia e na carta/homilia de Barnabé. Na *Carta* aos cristãos de Magnésia 8-9 e de Filadélfia 8, Inácio, contrapondo judaísmo e cristianismo, dá a entender bem o debate em andamento, talvez carregando nas tintas: para alguns é e deve ser a Escritura judaica a que oferece o fundamento da mensagem de Jesus. Essa posição pode chegar até a dizer que a mensagem de Jesus deve se autenticar mediante o recurso às Escrituras. Para Inácio e para quem concorda com ele, a Escritura é, decerto, profecia de Cristo, o qual, porém, em razão da sua paixão, morte e ressurreição, é seu elemento central (*Fldf* 8,9). De maneira icástica, ele afirma que "não foi o cristianismo que acreditou no judaísmo, mas o judaísmo, no cristianismo" (*Mg* 9,3). A *Carta de Barnabé* documenta a prática de uma leitura tipológico-alegórica das Escrituras de Israel, muitas vezes com uma ponta antijudaica, segundo uma modalidade que a aproxima da leitura midráshica em uso em Qumran. O sentido efetivo das Escrituras é o que vale como pré-anúncio do que foi feito por Jesus Cristo e vivido nas comunidades que se referem a ele. De modo particular, a lei ritual não deve ser entendida ao pé da letra, mas tem (e já o tinha para os judeus, os quais, porém, a entenderam mal) um sentido "espiritual". Por esse caminho, Justino chegará a fazer das Escrituras judaicas o Antigo Testamento dos cristãos. Elas devem ser lidas inteiramente como profecia e tipo do que encontra cumprimento em Jesus Cristo e na Igreja.

A **casa** exerce uma função de destaque tanto na vida comunitária das primeiras gerações cristãs, como na ação missionária. As fontes não nos oferecem informações detalhadas; todavia, as frequentes referências são significativas. Os que aderem ao anúncio de Jesus "partiam o pão nas casas, tomavam o alimento com alegria e simplicidade de coração" (At 2,46). Em várias circunstâncias, é a casa toda que adere ao Evangelho (assim, a casa de Lídia, em Filipos, segundo At 16,15; de Crispo, em Corinto, segundo At 18,8). O anúncio do Evangelho pede a Pedro que supere a dificuldade que comportava para ele entrar na casa do pagão Cornélio (At 10–11). Chegando prisioneiro a Roma, Paulo recebe as pessoas e prega numa casa alugada (At 28,30). O epistolário de Paulo contém, várias vezes, agradecimentos e saudações a quem hospeda a comunidade na própria casa (1Cor 16,19; Rm 16,3-5, para Áquila e Prisca, em Corinto e em Roma; Cl 4,15 para Ninfa, em Laodiceia). A *Carta a Filêmon* enfrenta um problema surgido entre um membro da casa, o escravizado Onésimo, e a comunidade cristã que ali se formara. A ela Paulo pode recorrer "em nome de Cristo", ao qual, agora, também Onésimo aderira. Inácio de Antioquia envia as saudações à casa de Tavia, com o augúrio de que seja confirmada na fé e na caridade (*Esm* 13,3), saúda a mulher de Epítropo com toda a sua casa e os seus filhos (*Carta a Policarpo* 8,2). Interrogado sobre o lugar das reuniões dos cristãos, Justino responde que eles não têm um lugar específico de encontro, "porque o Deus dos cristãos enche o céu e a terra", mas indica a sua habitação "na casa de certo Mirtino, junto ao balneário de Timiotimo", como lugar de reunião (*Atos do martírio* 3). Pode-se incluir entre os fatores que contribuíram para o surgimento da figura do bispo a necessidade de ligação entre as comunidades cristãs que se reúnem nas casas numa mesma cidade. A importância da casa como lugar da proposta e das reuniões dos cristãos tinha bons pressupostos, seja no ambiente judaico (a celebração do sábado e da Páscoa tinha uma dimensão doméstica fundamental), seja no helenístico-romano (a casa era lugar primário de organização de vida, apresentava-se como uma espécie de miniatura exemplar da cidade).

O anúncio cristão não deixava de chegar a espaços públicos requintados: Paulo expõe-se no areópago de Atenas (At 17,16-34) e em Éfeso, deixando a sinagoga, vai para a **escola** de um tal Tiranos, que ele frequenta por dois anos (At 19,8-10). Assim, ele nos dá a entender seu caráter "público", não esotérico ou elitista, e sua tendência à consideração e à liberdade do indivíduo. O cristianismo insere-se nos espaços sociais que encontra: apoia-se na sinagoga enquanto lhe oferecia a oportunidade de mostrar que ele tem o seu lugar, o seu centro, na relação com o Deus dos pais, renovada por Jesus. Encontra na casa um espaço privilegiado para radicar-se na vida cotidiana, de modo a dar concretude às novas modalidades relacionais que brotam da única paternidade de Deus. Trata-se de uma novidade que exige, decerto, profunda reelaboração das relações que eram habituais (uma exemplificação do entrelaçamento entre novidade evangélica e adequação aos clichês culturais são os chamados "códigos domésticos" contidos no epistolário paulino: Cl 3,17–4,1; Ef 5,21–6,9; cf. 1Pd 2,18–3,12). Toma a palavra nos espaços da comunicação previstos pela sociedade, para dar voz à sua destinação universal. Definitivamente, todo espaço é bom e nenhum já está totalmente predisposto para dizer e dar corpo à mensagem de Jesus. Como hoje se observa muitas vezes, mediante uma antropologia emprestada da antropologia cultural, os cristãos percebiam estar vivendo **uma condição "liminar"**: com respeito ao judaísmo, se de origem judaica, não são capazes de se reconhecerem totalmente integrados nele, como uma das suas expressões; se de origem gentílica, não se identificam na posição de tementes a Deus ou prosélitos. Se de origem gentílica no vasto mundo greco-romano, são bem estranhos ao culto politeísta, mas podem perceber certa proximidade com a procura do Deus supremo que animava a filosofia e com uma série de instâncias éticas sintetizáveis no cuidado da *humanitas*, da procura da verdade e da vida boa, cultivadas por escolas filosóficas, como o platonismo e o estoicismo. Trata-se de uma liminaridade que, de tanto em tanto, podia ser experimentada como desconfiança e até como hostilidade, mas, às vezes, também como portadora de novidades que atraem, que oferecem recursos para a vida. É uma condição que encontra ulterior ilustração na prática cristã e na autoconsciência de que as comunidades cristãs vão elaborando de si mesmas.

2. *A prática cristã: ritos, ministérios, práxis*. A proposta cristã configura-se como **um caminho** (At 9,2; 16,7; 18,25.26; 19,9.23; 22,4; 24,14.22), como escolha de um caminho (*Did.* 1,1; *Barnabé* 18-20), como aceitação de um apelo que chega da parte de Deus e que permite e requer conversão. Evidencia-se aqui uma das novidades cristãs: a modalidade da relação com Deus, a configuração da prática religiosa, não está ligada a uma tradição de caráter étnico, que pode exibir os traços da sua Antiguidade, mas sim à iniciativa de Deus em Jesus, uma iniciativa que atravessa e ultrapassa todas as diferenças (Gl 3,28).

Essa novidade encontra seu selo num rito de ingresso na comunidade cristã, o **batismo**, e no "partir o pão" expressivo da identidade da comunidade (cf. 1Cor 10,16-17; At 2,46; 21,7; *Did.* 14; Inácio, Ef 20,2). O rito batismal traz consigo a exigência de expressões capazes de exprimir sinteticamente a fé. Progressivamente, a fórmula cristológica, *"Jesus é o Senhor"* e a trinitária ligada ao mandato de batizar "em nome do Pai, do Filho, e do Espírito Santo" (Mt 28,19) puderam se unir, dando vida a expressões sintéticas da fé, sucessivamente denominadas "símbolos da fé", nas quais os crentes viam expressa sua fé comum. O **"partir o pão"** reporta-se à memória dos banquetes de Jesus, ao dom do pão às multidões durante o seu ministério na Galileia. Particular importância teve a vivência com os seus discípulos na vigília da sua morte, que contém o encontro num novo banquete no reino de Deus. Trata-se, portanto, de um gesto que exprime a comunhão de vida do Ressuscitado Jesus com os seus e que mantém viva a expectativa de seu retorno, para a plena realização do seu reino (*Did.* 9-10; Inácio, *Esm* 7-8; *Fldf* 4; Ef 20,1-2). Se permanece inserido no contexto do banquete ritual judaico (1Cor 11,17-34), catalisa agora totalmente seu valor.

As primeiras gerações cristãs mostram substancial indiferença com respeito aos locais da celebração, ao passo que adotam um ritmo temporal preciso. Tudo dá a entender que os locais de reunião e de culto eram ambientes usados para a vida comum, reservados ocasionalmente com eventuais e modestas adaptações. O culto cristão não exige "espaços sagrados"; o necessário é a reunião, a assembleia dos crentes. Já os testemunhos, ao contrário, das primeiras gerações indicam o dia da reunião dos cristãos para a celebração (1Cor 16,2 e At 20,7) como no "**primeiro dia** depois do sábado". No final do século II, Clemente Alexandrino sentirá ainda a necessidade de dar uma justificativa: "Não é justo que limitemos o Inacessível a um lugar e que queiramos encerrar em santuários feitos pela mão do homem aquele que contém todos os seres [...]. Quando falo de igreja, não entendo um lugar, mas a comunidade dos eleitos" (*Estr.* VII,5). Passada a metade do século IV, Zenão de Verona nos esclarece o específico dos cristãos nesse campo: "Para o Deus Vivo são necessários templos vivos!" (*Tr.* II,6.2.4). Deve-se observar que, em ambas as passagens neotestamentárias citadas, o partir do pão registra nexos significativos: no primeiro, com coleta para os pobres, e, no segundo, com uma longa conversação (o verbo grego é, não sem significado, *homileîn*) com o apóstolo Paulo. Prática da caridade e frutificação da Palavra, segundo o testemunho do apóstolo, estão estreitamente ligadas à "ceia do Senhor".

A denominação "o primeiro dia depois do sábado" deriva do calendário judaico, no qual a semana regulada com base no ciclo lunar apoia-se no *shabbat*, seu último dia e único a dispor de uma denominação própria, dia de repouso e da assembleia sinagogal. Supera-o o dia que o segue, marcado pelas experiências da ressurreição de Jesus e de sua reapresentação como ressuscitado a seus discípulos. Essa denominação é mantida ainda hoje na tradição das Igrejas da Síria. À denominação de cunho judaico junta-se bem cedo outra perfeitamente cristã: "**dia do Senhor**" (Ap 1,10; *Did.* 14,2). No *corpus* do Novo Testamento, o adjetivo "senhorial" aparece apenas uma outra vez para indicar a "mesa do Senhor" — κυριακὸν δεῖπνον (1Cor 11,20). A coincidência já nos instrui sobre o nexo entre dia do Senhor e assembleia que se reúne para celebrar a sua comensalidade com os discípulos. O texto de *Did.* 14,1-2 é particularmente significativo: "No domingo, dia do Senhor (literalmente, dia senhorial do Senhor), reuni-vos para partir o pão e dar graças, depois de terdes confessado os vossos pecados, de modo que o vosso sacrifício seja puro". A expressão que o texto usa, *katá kuriaken dé kyriou*, marca um ritmo, todos os domingos, e enfatiza a referência qualificadora: trata-se do dia caracterizado pelo senhorio do Senhor. A referência à ressurreição está bem ressaltada. Com base nessa referência, está prevista a reunião dos cristãos para o partir do pão e a ação de graças, em vista da qual é pedida a confissão dos pecados. O nexo entre ressurreição do Senhor e assembleia eucarística como assembleia reconciliada é evidente. Em *Barnabé* XV,9 e Justino, *Diál.* 41,4, aparece também a sigla "oitavo dia", dia que inaugura o mundo novo por força da ressurreição de Jesus da morte. No mesmo Justino (*1Apol.* 67,3) há a expressão "dia do sol", segundo a semana planetária que ia se firmando no calendário romano desde os inícios de nossa era. A sua adoção para indicar o dia específico da comunidade cristã é justificada por meio da transposição da simbologia do sol para Cristo "o verdadeiro sol" (Melitão, *Fragmento sobre o batismo*, SCh 123, Paris, 1966, 228-233). Daí também o costume de rezar voltado para o Oriente, lugar onde surge o sol.

Pode-se fazer aqui a pergunta sobre a celebração da **Páscoa** nas primeiras gerações cristãs. Os raros testemunhos de que dispomos — de fato, a leitura de modo retrospectivo dos testemunhos relativos à questão quartodecimana — levam a pensar que, até o ano 135, ela fosse celebrada no dia correspondente ao 14 de Nisan, em concomitância com a judaica. A destruição de Jerusalém, a necessidade de marcar a distinção com relação ao judaísmo e a prática dominical semanal favoreceram a transferência para o domingo seguinte. Tal deslocamento pôde ser a razão do debate que envolveu as Igrejas na segunda metade do século II.

O desenvolvimento da missão e da vida das comunidades cristãs estimulou também suas formas organizativas, ligadas antes à presença e à ação dos apóstolos e dos seus colaboradores. Eles puderam identificar bem cedo entre os batizados pessoas capazes de responsabilidade, em referência ao anúncio da palavra e à vida fraterna. O epistolário paulino e os *Atos dos Apóstolos* dão-nos informações também sobre uma terminologia variada que pôde ser adotada com o objetivo de significar tais tarefas. 1Cor 12,28 apresenta uma trilogia "clássica", *apóstolos, profetas, doutores*, seguida por um elenco de ações a favor da *ekklesía*, entre as quais a de governar. Já 1Ts 5,12 menciona "aqueles que nos servem de guias no Senhor", recomendando respeito e amor em relação a eles. A ação desses diferentes ministérios podia ser exercida quer na forma de itinerância, a serviço do anúncio da Palavra e como visita de ajuda e ligação entre as comunidades, quer na forma residencial (cf. *Didaquê* 11-13.15). Com inspiração, provavelmente, nas formas organizativas da sinagoga e da administração da cidade ou de "colégios", começou-se a designar os encarregados da presidência como *presbíteros* e *epíscopos*. A missão — a sua natureza e as suas modalidades de exercício — era prioritária com relação aos títulos para designar seus encarregados: com transparente referência a Jesus, era qualificada como "serviço", **diakonia**. Um lugar de destaque puderam ter, no quadro das assembleias domésticas, aqueles que ofereciam hospitalidade para a reunião cristã. A propósito, o epistolário paulino enfatiza também a presença de algumas mulheres com funções de destaque. Em particular, o elenco de mulheres que aparece nas saudações do apóstolo em Rm 16 é, de per si, paradigmático: Febe é qualificada como presidente da Igreja de Cencreia, em Corinto; de Maria, Trifena, Trifosa e Pérside se diz que "trabalharam pelo Senhor", Júnia é chamada "apóstola" e com Andrônico, provavelmente o marido, foi missionária antes de Paulo.

O progressivo distanciamento da geração apostólica comportou tensões e deu início à procura de critérios para o reto **exercício do ministério**. Assim, a carta de Clemente Romano à Igreja de Corinto sente a necessidade de lembrar a ligação com a herança e a prática apostólica (cap. 42 e 44), e o epistolário de Inácio documenta o surgimento de uma tensão entre o ministério dos profetas e o da *episkopé* que estava emergindo como instância de unidade para a comunidade. A *Didaquê* (11-13. 15), a carta de Policarpo à Igreja de Filipos (VI; XI) e o *Pastor de Hermas* (*Preceito* XI) insistem sobre atitudes necessárias para o reto exercício do ministério: o desinteresse, a conformidade ao estilo do Senhor, o serviço da Palavra, a reta doutrina. Também a configuração das tarefas e dos papéis nas Igrejas exigirá delas que vivam sua condição de "liminaridade" para a qual todo modelo oferecido pelo ambiente tem necessidade de revitalização evangélica, de encontrar a medida no estilo do Senhor.

A novidade do modo de viver que os cristãos reconhecem como próprio encontra-se resumida numa palavra que em Inácio de Antioquia serve também como denominação da comunidade cristã: **ágape** (Inácio, *Carta aos Tralianos* 12,1. 13,1; *aos Filadélfos* 11,2; *aos Esmirnenses* 12,1; *aos Romanos* 9,3). A prática do amor, da benevolência para com todos, tem o seu teste crítico no comportamento em relação ao inimigo, como lembra *Didaquê* 1,3-6 (eco transparente da tradição das palavras de Jesus reunidas por Mt 5 e Lc 6) e se exerce cotidianamente no socorro ao pobre, no perdão fraterno, na fuga de atitudes de superioridade (*Didaquê* 4, *Pastor de Hermas*, *Preceito* VIII). Como o batismo carrega consigo a profissão de fé, assim a eucaristia envolve a prática do *ágape* e a alimenta. Trata-se, aqui, do motivo central da meditação que Inácio de Antioquia propõe às Igrejas destinatárias das suas cartas.

3. *A autoconsciência das comunidades dos discípulos de Jesus: a procura da identidade.* Já tivemos ocasião de mostrar que *christianoi* seria, provavelmente, qualificação dada aos crentes em Jesus vinda de fora, do ambiente da administração romana. A referência a Jesus, reconhecido messias, vale como elemento que estabelece a identidade. Anterior e, talvez, proveniente do ambiente judaico é a qualificação de *nazoraioi*, nazarenos. O termo aparece em At 24,5, a "seita dos nazarenos". Tertuliano, em *Contra Marcião* IV,8,1, refere que "nazarenos" é a denominação mais antiga dos discípulos de Jesus; Epifânio também lembra que, "outrora, todos os cristãos eram chamados nazarenos" (*Panarion* 29,1,3; 29,6,2). Um léxico bizantino do século X que chegou até nós sob o nome de Suda informa-nos que, "sob Claudio, imperador dos romanos, [...] os que antes eram chamados de nazarenos, ou galileus, foram denominados cristãos". O *Onomasticon*, de Eusébio, fornece a explicação: "Provindo de Nazaré, o Cristo foi chamado nazareno, e nós, que agora somos denominados cristãos, tínhamos recebido, no passado, o nome de nazarenos". Segundo Jo 19,19, a sigla "Jesus, o nazareno, rei dos judeus" aparece no letreiro sobre a cruz. "Povo novo" (*Carta de Barnabé* V,7; VII,5) serve para expressar o nexo e o afastamento de Israel, como povo de Deus. Os cristãos se reconhecem como o povo de Deus renovado pela sua ação que coroa em Cristo as promessas aos pais. Já com "novo povo de Deus" os cristãos manifestam a vocação de Israel (Justino, *Diálogo com Trifão* 10,4; 119,3-4. 123,1). A relação com Israel permanece para as comunidades cristãs uma relação delicada a ser elaborada: de um lado, ele é povo de Deus, depositário das promessas, com abundância de palavras proféticas; de outro, as Igrejas se veem como herdeiras delas, mediante o cumprimento em Cristo. As comunidades cristãs são o lugar do "novo e do antigo", ao mesmo tempo (*Pastor de Hermas*, Vis. III,11-13).

Na primeira metade do século II aparece uma nova expressão que terá êxito: "**terceiro gênero**" (*Pregação de Pedro*, em Clemente A., *Estr.* VI,5,41; Aristides, *Apologia* 2, Tertuliano, *Scorpiace* X,10; *De Virg. Vel.* 7,1). Se quisermos acreditar em Tertuliano, também essa denominação chegou aos cristãos vinda de fora, como crítica da "esquisitice" deles, por serem desprovidos de uma clara configuração segundo os parâmetros sociais e religiosos usuais. Bem cedo, porém, os cristãos dela se apropriaram, para indicar sua peculiaridade: a partir dos judeus e gentios, Deus suscitou um "terceiro povo", que atravessa e ultrapassa as tradicionais dualidades de judeus-gentios, gregos-bárbaros, livres-escravizados. Os cristãos são um povo entre os povos: a convicção que os anima fala de uma ação de Deus em Cristo Senhor destinada a toda a humanidade. Ela é oferta de reconciliação e fator de encontro para todos. Ele reúne a Igreja desde as extremidades da terra, dos quatro ventos (*Didaquê* 9,5; 10,5). Os crentes em Jesus são povo entre os povos e vindos dos povos: "chamados de fora", convocados, para uma herança em comum. São o povo de Deus vindo dos judeus e dos gentios, entre os gentios.

Para esclarecer que lugar elas ocupam na história, as comunidades dos crentes em Jesus juntam ao termo "igreja" um particípio que se torna corrente: "*paroikoûsa*", **peregrina** (assim, nos endereçamentos da carta de Clemente Romano, das cartas de Inácio e de Policarpo). A assembleia dos cristãos (de modo significativo os *Atos dos Apóstolos* indicam ainda a polissemia do termo, que vale quer para a assembleia política da cidade [At 19,32.39.40], quer para a assembleia de Israel como povo de Deus [At 7,38], quer para a comunidade dos discípulos de Jesus [At 8,1; 9,31; 15,41; 16,5]) não se compreende nem como estrangeira, totalmente à parte, nem como totalmente absorvida pelo pertencimento à cidade. O seu estatuto assemelha-se ao de "estrangeiros residentes", *paroikoi*. O novo senhorio de Jesus não os torna estranhos ao mundo, nem anula as diferenças culturais ou de extração social que se refletem nas comunidades cristãs, mas tira delas a pretensão de última palavra que esculpe a identidade e habilita a um recíproco acolhimento e reconhecimento, como atesta a participação na eucarística, acessível a todos unicamente com base na fé batismal. As trocas epistolares, a prática da hospitalidade entre membros de comunidades diferentes, do socorro em casos de necessidade e a partilha da herança apostólica são fatores que incrementam a consciência do caráter decisivo do senhorio de Jesus. Como atesta Irineu, no fim do século II, as Igreja espalhadas no mundo, diferentes por língua e cultura, sabem que vivem a única fé e, por isso, são, em sua variedade, a única Igreja do Senhor.

Entre estímulos externos e experiência interna da prática da fé, os crentes em Jesus aperfeiçoam progressivamente a consciência de sua identidade, com o trabalho de encontrar categorias e referências capazes de dar voz à sua colocação inédita no mundo, não definível em termos étnicos ou políticos. A proximidade com o mundo judaico é, ao mesmo tempo, particularmente densa e problemática. A diferença diz respeito à diferente valorização da figura de Jesus, para cuja compreensão, todavia, as Escrituras de Israel permanecem caminho privilegiado. As feridas das duas guerras judaicas, com o desaparecimento do templo, o fim do movimento essênio e o ocaso dos saduceus levam o judaísmo a ajustar, segundo novas modalidades, os marcadores identitários. Análogo caminho empreendem os discípulos de Jesus, ao entrarem no universo helenístico-romano. Os caminhos se distanciam, mas as proximidades e as trocas permanecem, às vezes sob forma de polêmica. É verdade que, na Dura Europo, já em pleno século terceiro, confinam os edifícios da sinagoga e da casa da Igreja.

Fenômeno predominantemente citadino, como era o Império romano, constituído, de fato, por uma rede de cidades sob a guia de Roma, as comunidades cristãs apresentavam três traços que cruzavam como resposta original três aspirações muito vivas naquele tempo: o caráter voluntário da participação ("sou cristão se quero", Tertuliano, *Apol.* 49), um tecido de relações interpessoais solidárias, a abertura universal, fundada na convicção de que o único Deus é Deus de todos, salvador de todos. Para o primeiro elemento, as comunidades cristãs se aproximavam das associações voluntárias de diversas naturezas (*collegia*), para o segundo, do ambiente doméstico, para o terceiro, das escolas filosóficas, à procura de verdades e vida boa que as caracteriza. Decerto, as comunidades cristãs não se reduziam ao culto doméstico e ultrapassavam o particularismo dos *collegia*, bem como o caráter elitista das escolas filosóficas. Fazer parte delas comportava rupturas não pouco importantes com práticas sociais correntes. Reuniam, todavia, numa composição surpreendente suas diferentes instâncias. Essa combinação, as suas motivações e a referência, enfim, ao inédito senhorio de Jesus tornavam a proposta cristã socialmente transitável e provavelmente atraente, deixando perceber o valor da sua fonte de inspiração (cf. Aguirre, *Dal movimento di Gesù*, 112).

> Inserção 3
> **O cânon das Escrituras**
>
> A referência a Jesus e à sua mensagem, a sua correta interpretação, é questão fundamental para as Igrejas das origens, pois é essa referência que fornece os critérios de avaliação do que elas encontram nos ambientes da vida delas, no judaísmo e nas tradições dos "gentios". Trata-se dos critérios que decidem sobre seu modo de habitar o mundo, de delinear a sua identidade.
> Como se sabe muito bem, Jesus não deixou nada escrito a seus discípulos, embora tenha feito, muitas vezes, referência ao "que está escrito", ou seja, às Escrituras judaicas. Tudo é confiado à memória delas, a qual se torna a fonte imediata na qual haurem o seu anúncio, segundo o seu estatuto de testemunhas. Nos inícios, pois, existe a tradição oral, garantida pelo testemunho. Bem cedo, todavia, a multiplicidade das formas do anúncio, o seu ingresso em contextos de diferente sensibilidade e cultura e o distanciamento das origens estabelecem a pergunta sobre a garantia do anúncio e da fidedignidade das "tradições" sobre Jesus. O conteúdo delas diz respeito, ao mesmo tempo, ao anúncio, à prática celebrativa, às orientações de vida, ao funcionamento da vida das comunidades.
> É um dado de fato que entre 50 e 150 o movimento cristão produziu uma série notável de escritos (em proporção à sua consistência e peso), a serviço da comunicação-difusão da mensagem e da importância da pessoa de Jesus. Trata-se, provavelmente, nos inícios, de uma espécie de prolongamento do anúncio oral (epistolário de Paulo) e, depois, cada vez mais também, da necessidade de responder à exigência da confiabilidade do anúncio (cf. o prólogo do *Evangelho de Lucas*, Lc 1,1-4, e a dupla conclusão do *Evangelho de João*, Jo 20,30-31; 21,24-25). Até o final do século I, a tradição oral atestava a confiabilidade dos textos escritos, creditando-os a expoentes do grupo das testemunhas oculares confiáveis e de seus colaboradores. Por volta dos anos 20 do século II, Pápias atesta uma mudança de situação: agora a conservação da tradição oral tem necessidade da escrita como possibilidade concreta de fixar o que os apóstolos e seus discípulos transmitiram. O distanciamento das origens põe agudamente a pergunta sobre os caminhos da

fidelidade ao que é "originário", a mensagem e a identidade da pessoa de Jesus. Segundo essa exigência, as cartas de Paulo (nascidas como escritos ocasionais) são recolhidas num *corpus*, o *apostolicon*, e as memórias dos apóstolos, chamadas "Evangelhos" (Justino, *1Apol.* 66,3), são progressivamente identificadas num outro *corpus*, o Evangelho quadriforme, sob os nomes de Mateus, Marcos, Lucas e João (Irineu, AH III,11,8). Analogamente, sob o nome de apóstolos, constituem-se outras coletâneas (as três cartas de João, as duas de Pedro; os *Atos* conexos com o *Evangelho de Lucas*), ou são incluídos outros textos (a carta de Tiago e de Judas, o *Apocalipse* de João). A constituição desses *corpus* e seu confluir numa única coleção como autoridade da tradição de/sobre Jesus ocorre segundo um conjunto de critérios convergentes: a) a paternidade apostólica, direta ou mediante colaboradores; b) a circulação e aceitação desses escritos nas comunidades cristãs e na celebração litúrgica deles; c) a coerência de seu conteúdo com relação à *regula Veritatis/fidei* conexa com o batismo e mais amplamente com a prática e o testemunho da fé. Assim, emerge nas Igrejas, progressivamente, o reconhecimento de alguns escritos como veículo da tradição apostólica, testemunhas da *regula fidei* que eles atestam e para a qual convergem. Por isso, eles são reunidos como textos que servem de regra, em razão do valor deles como testemunho confiável da tradição apostólica sobre Jesus. Por força disso, passam a constituir um *corpus*, um elenco (*regula* como catálogo) de textos que não toleram "nem acréscimo nem subtração" (AH IV,33,8; V,20,1; DA 2) e que, tomados em seu conjunto, constituem a forma escrita da tradição. Eles gozam do carisma apostólico (inspiração) que permite o vínculo com a mensagem original, com o anúncio de Jesus, do seu ensinamento, da sua história e da sua pessoa.

Há, decerto, circunstâncias históricas que aceleram esse processo: entre elas, indubitavelmente, a proposta de Marcião que, pouco antes da metade do século II, reduz drasticamente o *corpus* das Escrituras cristãs, com o abandono da Bíblia hebraica e a seleção das memórias dos apóstolos, e o variegado movimento gnóstico, que, ao lado de uma exegese diferente das Escrituras, propõe também uma consistente ampliação delas. Marginalmente, pode-se computar também alguma incidência do montanismo, que tendia a supor "aberto" o tempo da revelação, graças ao dom da profecia. Esse quadro leva, no fim do século II, ao aparecimento dos primeiros elencos de livros que têm autoridade na Igreja, ou seja, a "Escritura" (cânon Muratori, Irineu). Relevante é o balanço que Eusébio faz para a Igreja do seu tempo. Ele (HE III,25,1-7) distingue entre os livros reconhecidos por todos e os que têm problema. Do segundo grupo, alguns são admitidos por muitos (*Tiago, Judas, Segunda de Pedro, Segunda e Terceira de João*), outros são "espúrios" (*Atos de Paulo, Pastor de Hermas, Apocalipse* de Pedro). A carta de festas 39, de Atanásio, do ano 367, contém o elenco dos 27 livros que o Concílio de Trento declarará formalmente como constitutivos do Novo Testamento.

Os livros excluídos do cânon, mas que se apresentavam como veículo de mensagens ou tradições do tempo das origens, pondo-se sob a autoridade de membros da família ou do círculo de Jesus, ou de apóstolos e de discípulos dos apóstolos, receberam a qualificação de "apócrifos". De provável autodesignação, indicando textos reservados que tinham necessidade de iniciação para serem compreendidos, o termo acabou por indicar textos suspeitos e, depois, considerados heréticos. Hoje, essa literatura é objeto de uma abordagem renovada. O significado dessa produção não deve ser procurado somente sob o aspecto da sua confiabilidade histórica ou doutrinal, mas particularmente sob o aspecto da vivência de algumas comunidades cristãs ou de componentes delas, de suas exigências a serem satisfeitas, de devoções ou modalidades particulares da prática e compreensão da fé. Os apócrifos, nesse sentido, concorrem de maneira não marginal para explicar a variedade das tradições e de interpretações sobre Jesus, que são próprias do cristianismo na Antiguidade. Isso não leva inevitavelmente a imaginar a ortodoxia como uma "redução autoritária" da pluralidade das origens, mas certamente contribui para traçar o quadro que permite compreender melhor em relação a que perguntas e problemas a ortodoxia foi se elaborando (mesmo, talvez, relegando como marginais aspectos que poderiam merecer outra atenção).

Nota bibliográfica

ARAGIONE, G.; JUNOD, E.; NORELLI, E. *Le canon du Nouveau Testament*. Genebra: Labor et Fides, 2005.

BELLIA, G.; GARIBBA, D. (ed.). Trasmettere la Parola nel I-II secolo: verso la formazione di un corpus cristiano normativo. *Ricerche Storico Bibliche*, 2 (2015).

BOVATI, P. L'ermeneutica biblica nella tradizione cattolica: nuove problematiche riguardanti il canone. In: MELE, S. (ed.). *Ermeneutica dei testi sacri*. Bolonha: EDB, 2016, 129-149.

BURNET, R.; SÖDING, Th.; BLANCHARD, Y.-M.; HENNE, Ph.; ARTUS, O. Le canon des Écritures. *Communio*, 37, 3 (2012) 5-85.

GIBERT, P.; THEOBALD, CH. (ed.). *La réception des Écritures inspirés. Exégèse, histoire et théologie*. Paris: Bayard, 2007.

METZGER, M. *Il canone del Nuovo Testamento*. Bréscia: Paideia, 1997.

NORELLI, E. Les bases de la formation du canon du Nouveau Testament. In: POUDERON, B. (ed.). *Histoire de la littérature grecque chrétienne. De Paul apôtre à Irénée de Lyon*. Paris: Du Cerf, 2013, 915-991.

SÁEZ, A. *Canon y Autoridad en los dos primeros siglos*. Roma: Institutum Patristicum Augustinianum, 2014.

THEISSEN, G. *La religione dei primi cristiani*. Turim: Claudiana, 2004, 321-364.

TREVIJANO ETCHEVERRÍA, R. *La Bibbia nel cristianesimo antico*. Bréscia: Paideia, 2003, 92-121.

Bibliografia

Fontes

AH = BELLINI, E. (org.). *Ireneo di Lione. Contro le eresie e gli altri scritti*. Milão: Jaca Book, 1981.
HE = MIGLIORE, F.; QUACQUARELLI, A. (orgs.). *Eusebio di Cesarea. Storia ecclesiastica*. Roma: Città Nuova, 2001, 2 vol.
CAMELOT, TH. (org.). *Ignace d'Antioche. Polycarpe de Smyrne*. SCh 10. Paris: Du Cerf, 1969.
CARRARA, P. (org.). *I pagani di fronte al cristianesimo. Testimonianze dei secoli I e II*. Bolonha: EDB, 1984.
DELL'OSSO, C. (org.). *I Padri Apostolici*. Roma: Città Nuova, 2011.
JAUBERT, A. (org.). *Clément de Rome. Épître aux Corinthiens*. SCh 167. Paris: Du Cerf, 2000.
VISONÀ, G. (org.). *Didaché. Insegnamento degli Apostoli*. Milão: Paoline, 2000.
VITUCCI, G. (org.). *Giuseppe Flavio. La Guerra giudaica*. Milão: Fondazione Valla-Mondadori, 1974, v. 1-2.

Estudos

AGUIRRE, R. (ed.). *Así empezó el cristianismo*. Estella: Verbo Divino, 2011.
_____. *Dal movimento di Gesù alla chiesa cristiana*. Roma: Borla, 2005.
ARMOGATHE, J. R.; MONTAUBIN, P.; PERRIN, M. Y. (dir.). *Histoire générale du christianisme. Des origines au XVe siècle*. Paris: PUF, 2011, v. 1.
BARCLAY, J. M. G. Paolo giudeo anomalo della diaspora. In: _____. *Diaspora. I giudei nella diaspora mediterranea da Alessandro a Traiano (323 a.C.-117 d.C.)*. Bréscia: Paideia, 2004, 358-371.
BASLEZ, M. F. *Comment notre monde est devenu chrétien*. Paris: CLD editions, 2008.
BAUS, K. Le origini. Inizi e affermazione della comunità cristiana. In: JEDIN, H. (dir.). *Storia della Chiesa*. Milão: Jaca Book, 1976, v. 1.
BELLIA, G.; GARIBBA, D. (ed.). Carismi, diaconia e ministeri dal I al II secolo d.C. *Ricerche Storico Bibliche*, 2 (2013).
BOCCACCINI, G. *I giudaismi del Secondo Tempio*. Bréscia: Morcelliana, 2008.
_____; STEFANI, P. *Dallo stesso grembo. Le origini del cristianesimo e del giudaismo rabbinico*. Bolonha: EDB, 2012.
BOYARIN, D. *A Radical Jew. Paul and the Politics of Identity*. Berkeley e Los Angeles: University of California Press, 1994.

Brown, R. E.; Meier, J. P. *Antiochia e Roma: chiese madri della cattolicità antica.* Assis: Cittadella, 1987.

Daniélou, J.; Marrou, H. Dalle origini a S. Gregorio magno. In: Rogier, L. J.; Aubert, R.; Knowles, M. D. (dir.). *Nuova Storia della Chiesa.* Turim: Marietti, 1970, 1.

Dassmann, E. *Kirchengeschichte I. Ausbreitung, Leben und Lehre der Kirche in den ersten drei Jahrhunderten.* Stoccarda: W. Kohlhammer, 1991.

Destro, A.; Pesce, M. *Forme culturali del cristianesimo nascente.* Bréscia: Morcelliana, ²2008.

Filoramo, G.; Menozzi, D. (orgs.). *Storia del cristianesimo.* Bari: Laterza, 1997, v. 1: L'Antichità.

Gianotto, C. Le origini del cristianesimo ad Antiochia: alcuni studi recenti. *Annali di Storia dell'esegesi*, 23, 2 (2006) 375-387.

Jossa, G. *Il cristianesimo antico. Dalle origini al concilio di Nicea.* Roma: Carocci, 1998.

Kaufmann, T. et al. (orgs.). *Storia ecumenica della chiesa.* Nova ed. Bréscia: Queriniana, 2009, v. 1: Dagli inizi al Medioevo.

Marguerat, D.; Junod, É. *Chi ha fondato il cristianesimo? Cosa dicono i testimoni dei primi secoli.* Bolonha: EDB, 2012.

Markschies, Ch. *Warum hat das Christentum in der Antike überlebt?* Lipsia: Evangelische Verlagsanstalt, 2004.

Mimouni, S. C.; Pouderon, B. (ed.). *La croisée des chemins rivisitée. Quand l'"Église" et la "Synagogue" se sont-elles distinguées?* Paris: Du Cerf, 2012.

Morlet, S.; Perrone, L. (ed.). *Eusèbe de Césarée, Histoire Eecclésiastique.* Commentaire, 1, Études d'introduction. Paris: Les Belles Lettres-Du Cerf, 2012.

Norelli, E. Aspetti dell'autocomprensione profetica nella prima metà del II secolo sullo sfondo del conflitto tra vera e falsa profezia. *Dimensioni e problemi della ricerca storica*, 1 (2003) 19-47.

_____. Quelques remarques sur la manière dont Eusèbe construit la littérature chrétienne dans son Histoire Ecclésiastique. *Antiquité Tardive*, 22 (2014) 61-69.

Osiek, C.; MacDonald, M. Y. *Il ruolo delle donne nel cristianesimo delle origini. Indagine sulle chiese domestiche.* Milão: San Paolo, 2007.

Penna, R. (ed.). *Le origini del cristianesimo.* Nova ed. Roma: Carocci, 2014.

Pesce, M. *Da Gesù al cristianesimo.* Bréscia: Morcelliana, 2011.

Pietri, L. (org.). Il nuovo popolo. Dalle origini al 250. In: Mayeur, J.-M. et al. (dir.). *Storia del cristianesimo.* Roma: Città Nuova, 2003, v. 1.

Prinzivalli, E. Cristianesimo/Cristianesimi nell'Antichità, ovvero dell'attenzione alle tracce leggere. *Augustinianum*, 52 (2012) 65-83.

_____. Le origini della chiesa di Roma in contesto: alcuni elementi di riflessione. *Vetera Christianorum*, 50 (2013) 275-300.

_____; SIMONETTI, M. *La teologia degli antichi cristiani (secoli I-V)*. Bréscia: Morcelliana, 2012.

_____. (org.). *Storia del cristianesimo*. Roma: Carocci, 2015, v. 1: L'età antica.

RINALDI, G. *Cristianesimi nell'Antichità. Sviluppi storici e contesti geografici*. Roma: GBU, 2008.

SCHNEEMELCHER, W. *Il cristianesimo delle origini*. Bolonha: il Mulino, 1987.

SIMONETTI, M. *Il Vangelo e la storia. Il cristianesimo antico (secoli I-IV)*. Roma: Carocci, 2010.

SINISCALCO, P. *Il cammino di Cristo nell'impero romano*. Bari: Laterza, 1983.

SORDI, M. *I cristiani e l'impero romano*. Milão: Jaca Book, 1983.

STARK, R. *Ascesa e affermazione del cristianesimo*. Turim: Lindau, 2007.

STEFANI, P. (ed.). *Quando i cristiani erano ebrei*. Bréscia: Morcelliana, 2010.

THEISSEN, G. *La religione dei primi cristiani*. Turim: Claudiana, 2004.

capítulo segundo
As Igrejas no espaço público: o período da apologia

6. Geografia da presença cristã

1. Por volta da metade do século II, o movimento cristão entra numa fase nova: enquanto até no ano 150 era um fato somente esporadicamente vindo à luz e que, em geral, podia aparecer ainda como variante interna ou contígua ao judaísmo, agora ele é cada vez mais como identidade nova, exposta ao espaço público da opinião popular, da cultura e da administração. Como observa Tertuliano, os cristãos são agora parte do mundo: "Habitamos convosco este mundo. Navegamos também convosco, junto convosco prestamos serviço militar, cultivamos a terra e praticamos o comércio; praticamos junto de vós as nossas atividades e pomos à vossa disposição o fruto do nosso trabalho" (*Apol*. 42); "somos de ontem, mas enchemos o mundo e todos os vossos lugares" (*Apol*. 37). Descontando a ênfase apologética, registra-se o fato: a presença cristã faz parte do panorama social, emerge nas frequentações da vida cotidiana. Destacam essa nova condição três dados que interagem entre si. O primeiro vem de fora, do mundo da cultura, que toma a palavra a respeito dos cristãos, mostrando agora um conhecimento aprofundado da mensagem deles, denunciando a dificuldade que têm de se integrarem na tradição greco-romana e, por isso mesmo, pondo em discussão a sensatez deles (Celso). O segundo vem de dentro: vozes cristãs (apologistas) propõem-se a responder às críticas e a tornar compreensível e digna de apreço a mensagem cristã, formulando-a nas categorias da filosofia e ilustrando o caráter positivo da presença cristã para a sociedade e o império. O terceiro elemento é a estabilização agora de **uma**

geografia cristã. Se vale a afirmação de que o Império romano se assemelha a uma rede de cidades, se a ecúmena tornou-se uma única pátria (Élio Aristides), é também verdade que agora, em muitas cidades, vive uma comunidade cristã, ainda que seja de dimensões, em geral, muito modestas. A rede de comunicações que liga o Império (administração, comércio, escolas, sinagogas) tornou-se também a rede de difusão da mensagem cristã. Trocas epistolares entre Igrejas e a primeira prática de sínodos regionais são prova disso. Confirmação parcial da presença cristã nas cidades do Império vem também de repressões a que as comunidades cristãs se veem expostas em diversos lugares, entre a metade e o fim do século II (Roma, Cartago, Lião, Esmirna).

Embora a tentativa de traçar uma possível geografia da presença cristã deva se haver com a raridade das fontes, pode-se, aproximativamente, avaliar que, numa população total de 70 milhões de habitantes, os cristãos podiam ser, no fim do século II, algumas centenas de milhares, por volta de 1%.

2. Naturalmente, não é preciso pensar numa distribuição uniforme. Por todo o século II, a região mais densamente cristã é a **Ásia Menor**, especialmente a Bitínia e o Ponto. A informação de Plínio a Trajano sobre a questão cristã (pouco depois de 110) é disso uma prova de primeira ordem. Pouco antes da metade do século, Marcião vai do Ponto a Roma, levando consigo uma discussão não fácil a respeito do acolhimento das Escrituras judaicas na comunidade cristã. Na Síria, Antioquia já é um centro histórico da missão cristã. A literatura apologética conservou-nos o nome de um bispo, Teófilo, vivo no fim do período de Marco Aurélio. No fim do século, segundo informações de Eusébio, Serapião foi um bispo importante, do qual se conhece bem a intervenção na questão montanista (HE V,19) e uma carta à Igreja de Rosso, alertando contra as tendências docetistas do *Evangelho de Pedro*. A área palestina teve de sofrer muito as consequências da segunda guerra judaica; tendo se tornado difícil o acesso a Jerusalém, Cesareia vai emergindo como lugar de referência da presença cristã. Para as Igrejas de Cesareia e de Jerusalém, Eusébio é capaz de referir os nomes dos bispos (Teófilo e Narciso), presentes num sínodo regional reunido para a controvérsia pascal (HE V,12-12,3). No Além-Eufrates, **Edessa** é lugar de singular encontro entre judaísmo, helenismo e cristianismo. Bardesanes (154-222) mantém ali uma escola caracterizada por uma ampla aceitação da filosofia de língua grega e por um vivo confronto com as ideias de Marcião, que ele contesta, e com as tendências gnósticas. Os problemas da origem do mal e da liberdade são como catalizadores de um debate em torno do qual toma corpo uma primeira teologia de língua siríaca.

Na **Grécia**, as comunidades paulinas, como Corinto, Tessalônica e Atenas, dão prova de vitalidade. Uma personalidade de destaque é certamente Dionísio, bispo de Corinto, pouco depois da metade do século. Conhecemos dele, por meio de Eusébio, amplos trechos de um epistolário que nos faz ter acesso a uma janela sobre problemas de destaque nas comunidades cristãs. A Igreja de Éfeso, capital da província da Ásia, apoia-se numa dupla herança, paulina e joanina e, no final do século, na controvérsia pascal, pode tomar a palavra em nome das Igrejas da Ásia e da tradição delas pela boca do bispo Polícrates (HE V,24,1-8). Por volta de 190 entra no espaço da geografia eclesiástica **Alexandria** do Egito, protagonista desde cedo de uma notável contribuição. O quase total silêncio das fontes sobre os inícios da presença cristã em Alexandria é objeto de diferentes interpretações. Pode-se supor facilmente seu enraizamento na comunidade judaica, dada a sua consistência e o costume da primeira missão cristã de se dirigir aos filhos de Israel. A proveniência alexandrina do gnóstico Valentino e a figura de Heracleão, autor de um comentário gnóstico ao *Evangelho de João* (item 9.2), dão a entender a exigência de dar à fé cristã uma expressão culta e capaz de mitigar as críticas do ambiente (Celso). Com Clemente Alexandrino, essa Igreja encontra agora uma voz segura. Pelos anos 180 é documentada presença cristã na África latina (mártires cilitanos), capaz pouco depois de se exprimir no célebre testemunho de Perpétua e Felicidade (mártires em 203) e na personalidade teológica de Tertuliano (a composição do *Apologético* remonta a 197-198).

São fracas as informações de presença cristã na Espanha, ao passo que na Gália se menciona a comunidade de **Lião** e a de **Vienne**, atingida por uma violenta repressão por volta dos anos 180. Na Alemanha, há vestígios de presença cristã na região de Tréveris. A Itália do norte deve esperar o fim do século II para ser atingida pela missão cristã (Milão), enquanto há comunidades cristãs já estabilizadas no centro da Itália e no sul, onde sobressai a **Igreja de Roma**, já marcada pela presença e pelo martírio de Pedro e de Paulo e lugar espontâneo de afluência e de encontro até para os discípulos de Jesus (não é por acaso que Marcião e Valentino vão a Roma, bem como Policarpo, Justino e Taciano).

3. A penetração do espaço humano, social e culturalmente caracterizado, por parte do movimento cristão caminha passo a passo com seu distanciamento cronológico do tempo das origens. Esse duplo processo marca a vida das Igrejas, estimula-as, de um lado, a aprimorar a compreensão e as modalidades expressivas da fé para torná-la acessível a interlocutores de diferente extração e, de outro, a garantir o ajustamento com as origens, de modo a poder mostrar sua fundamentação ao mundo que a interroga e a dispor de instrumentos que facilitem internamente seu partilhado entendimento e expressão. O confronto com o judaísmo, vivido antes como debate interno, prossegue de modo mais denso, como urgência de definir as respectivas identidades, numa linha de fronteira que vai ficando cada vez mais nítida, passando pela exegese das Escrituras, pelo sentido da Torá e pelo culto. A messianidade de Jesus e sua peculiar relação com Deus marcam a diferença. As críticas que chegam da cultura (Celso), da administração pública e da opinião popular exigem da parte cristã o aperfeiçoamento de um esquema de apresentação ao grande público, um esquema que, denunciando a falta de fundamento das acusações, exponha as próprias boas razões e, ao mesmo tempo, permita aos membros das comunidades cristãs dispor de instrumentos para uma compreensão pensada da fé e para orientação nos debates em andamento (apologia).

7. Confrontos e repressões

1. A época que vai de Antonino Pio (138) aos inícios de Septímio Severo (193-211) vê a atestação da consciência de ser um período de apogeu: o Império chegou a um ápice que é preciso manter, com equidade das leis, com a força das armas, com o consenso a ser consolidado, como dever cívico, cultural e religioso em torno do destino de Roma, a qual se tornara "pátria comum", segundo a celebração que dela faz Élio Aristides, por volta da metade do século (*A Roma* 28-29; 63-66; 100). A segunda sofística, filosofia civil e aparato comunicativo ao mesmo tempo, exerce frequentemente a tarefa de consolidar o consenso à política imperial, unindo na celebração da urbe a sua função humanizadora e, ao mesmo tempo, a sua tradição religiosa e a equidade das leis. Nesse quadro deve ser entendida a palavra crítica da cultura em relação aos cristãos.

O *Discurso verdadeiro*, de **Celso**, escrito, provavelmente no fim da época de Marco Aurélio e reconstruível, em boa parte, por meio das amplas citações contidas na réplica de Orígenes (*Contra Celso* [245-249]), pode ser assumido como a expressão mais considerada e ampla dessa crítica. Enquanto o mundo romano, até a metade do século II, tinha feito poucas intervenções em relação aos cristãos, Celso a elas reserva uma obra inteira, submetendo a crítica precisa todo o campo dos conteúdos e dos comportamentos da fé cristã. Aos olhos do filósofo a encarnação do Filho de Deus é um absurdo, pois é próprio da divindade permanecer imutável (IV,2.14), os milagres de Jesus são operações mágicas (1,6), a sua ressurreição, uma contradição, porque tornaria imortal a carne, mortal por natureza (V,14; VI,60); além disso, para Celso, a veneração de Jesus como deus perverte a monarquia divina — prejudicando, por meio da multiplicidade de deuses subordinados, o governo de um só —, que fazia o papel de arquétipo celeste da boa administração imperial (VIII,2.14). E mais — afirmava ainda Celso —, se Deus se lembrava de fazer justiça aos homens somente com Jesus, não estaríamos aqui diante de um atraso inaceitável, uma clara injustiça com relação às gerações anteriores? (IV,8). O modo como os cristãos difundem sua doutrina é igualmente criticável, pois exige o consenso da fé, rejeitando o crivo da razão (I,9). O processo de separação a que deram início em relação ao judaísmo e sua pretensão de negar a veneração das divindades e do juramento para a sorte do imperador os denunciam como sectários desprovidos da moderação necessária para habitar com sabedoria o mundo e para dar a própria contribuição à sua estabilidade. Isso os expõe à justa ira dos governantes (I,6; VII,62; VIII,65). Em síntese, ao crivo da cultura então dominante, a mensagem cristã é uma superstição devida à presunção ou ignorância; sobretudo, é uma novidade que despreza o que constituía o orgulho da cultura do Império: o *logos* e o *nomos*, herança da cultura grega, o seu entendimento do real traduzido em costume, normas de vida, "sabedoria" que identifica respeito a quem é estrangeiro, aos "bárbaros".

A crítica geral dirigida aos cristãos por parte da administração pública pode ser condensada numa "falta de moderação" que os leva a dissentir de comportamentos veiculados pela tradição, do *mos maiorum*, que fez Roma grande e garante sua solidez. A sabedoria gostaria que os cristãos soubessem compor sua particularidade dentro do grande sulco do costume dos pais, inclusive o modo de venerar a divindade, caminho para garantir o favor deles. Este último aspecto pode ser assumido como teste para medir a legitimidade cristã, a capacidade de os cristãos se creditarem como cidadãos leais. O problema deles é, definitivamente, a pretensão de fazer valer de modo exagerado, além dos limites aceitáveis, a particular forma religiosa deles, julgando que a fé deles deva determinar para os que nela consentem todo o quadro da existência, pública e privada. Como observa **Frontão**, por aquilo que dele podemos conhecer por meio da referência contida no *Otávio* de Minúcio Félix (cap. 9), na complexidade do mundo, a sabedoria quer que nos atenhamos ao que tem a aprovação da tradição, opondo-se, assim, à corrupção dos *mores maiorum*, os modos de viver transmitidos pelos antepassados. O próprio Marco Aurélio censurava os cristãos por serem movidos "somente por espírito de oposição" (*Pensamentos* XI,3), por uma obstinação sem medidas, de que dão prova, mesmo diante da morte.

Trata-se de uma série de críticas com as quais as Igrejas terão de lidar, pondo o anúncio cristão dentro do caminho de procura da verdade e de vida sadia (âmbito do "filosofar") e esclarecendo a posição da mensagem cristã perante o Império romano e ao "costume" que o rege. À celebração do Império e das suas tradições aduzida pela segunda sofística como dever cívico e cultural, ao mesmo tempo, responde uma "apologia cristã" que, sobre o fundo comum da fé, conhecerá uma pluralidade de significativas variações, de diferentes avaliações da cultura e do Império, de acordo com seus autores, dos interlocutores aos quais se dirige e das circunstâncias.

2. O distanciamento por parte dos cristãos de algumas expressões da vida social, como a participação no culto público, em especial em ocasiões de datas solenes, e a peculiaridade das suas reuniões estão na base de medidas repressivas em várias cidades e regiões do Império. O fenômeno não era totalmente novo. Já com Nero (54-68) e Domiciano (81-96), em Roma, e sob Trajano (98-117), na Bitínia, houvera pressões e condenações em relação aos cristãos. E, se Nero tinha podido imputar aos cristãos o incêndio por ele mesmo provocado nos bairros populares, para dar à urbe um aspecto à altura, e, se Domiciano tinha posto em destaque alguns cristãos no grupo dos suspeitos de ateísmo, de inércia e de "costumes judaicos", o episódio referido por Plínio, encarregado do governo da Bitínia, já deixara a descoberto a condição precária dos cristãos no Império, precisamente pelas razões depois formuladas no âmbito cultural e político, pelas críticas de Celso e de Frontão. A fé cristã parecia carregada de uma pretensão excessiva, desproporcionada e uma ameaça, em algumas circunstâncias, para a vida ordenada da cidade e para a lealdade em relação à organização imperial.

O **rescrito de Trajano**, depois repetido por Adriano (122-123) e, talvez, Antonino (pouco depois de 155), sempre com destinação à Ásia Menor, impedia, decerto, a busca oficial dos cristãos, mas os reconhecia como "culpados" de ateísmo, de estranhamento em relação ao culto público, considerado um dos elementos básicos da correta pertença à cidade. Decerto, nada impedia que os cristãos tivessem a própria "devoção", mas era anormal a pretensão deles de excluir a veneração das divindades tradicionais da cidade e da divindade suma que tinha confiado a Roma o governo do mundo. É provável que a prática indicada por Trajano deva ser interpretada como a aplicação ao grupo cristão de leis republicanas que proibiam a introdução de religiões novas ou estranhas sem prévio reconhecimento (Cícero, *As leis* II,8,19). O simples poder de coerção dos governadores autorizava a perseguir e condenar os autores de alterações da prática corrente a respeito. Isso encontrava confirmação em prescrições provenientes da legislação da época sobre os cultos estrangeiros. Vale como exemplo o rescrito de Antonino Pio a Pacato, legado da Lugdunense, contra aqueles que introduziam "novas seitas e religiões desconhecidas da razão" (cf. o jurista Paulo, *Sentenças* 5,21,2). Segundo a *História romana* (LII,36,1-2), Mecenas tinha convidado Augusto "a honrar o divino por toda parte e segundo todas as modalidades que pertencem às tradições pátrias e a obrigar todos a fazê-lo: tu deves perseguir e punir aqueles que introduzem ritos estrangeiros [...], até porque aqueles que introduzem novas divindades e convencem muitos a adotar usos estrangeiros, dos quais derivam conspirações e facções, constituem um perigo para a *monarquia*".

Segundo as fontes de que dispomos, quase todas lembradas e, às vezes, citadas por Eusébio, houve fenômenos de repressão em Roma, onde, pouco depois da metade do século II, foi morto **Justino**, com seis companheiros, e por volta de 180, **Apolônio**. Por volta dessa mesma data, na África latina, em **Cílio** foram presos e condenados à morte seis cristãos, três homens e três mulheres. Uma violenta repressão golpeou as Igrejas de **Lião e Vienne**, no ano de 177. Na Ásia Menor, em Esmirna, sofreu o martírio o bispo **Policarpo** (em 155 ou, talvez, em 167). Temos também o nome de mártires na área siríaca (**Sagáris** de Laodiceia, por volta de 164-165). Assim, também o início do século III assiste a repressões em Alexandria, onde, entre os mártires, está **Leônidas**, o pai de Orígenes, e em Cartago, segundo a memória transmitida pela célebre ***Passio Perpetuae***.

3. A documentação desses fatos é quase exclusiva dos cristãos. Trata-se de seis textos classificados como *Atos* ou *Paixões* dos Mártires, dependendo de como a redação deles esteja concentrada mais no interrogatório processual, ou se difunda também sobre circunstâncias da prisão e do martírio, com base na memória de testemunhos oculares ou próximas aos fatos. Esses textos nos informam sobre o martírio de Justino e companheiros, em Roma (por volta de 165), de Policarpo, em Esmirna (entre 155 e 166), de seis cristãos, em Cílio, na África latina (180), de um grupo de cristãos de Lião e Vienne (178), de Apolônio, em Roma (entre 183 e 185), de Perpétua, Felicidade e companheiros, em Cartago (203).

Cada texto tem suas peculiaridades. No que se refere a Justino e aos mártires cilitanos, está concentrado no debate processual; para Policarpo e os mártires de Lião e Vienne, as informações são mais amplas e levam à prisão, à execução e tendem a ressaltar o caráter exemplar dos mártires, a conformidade do comportamento deles com o de Cristo na paixão. Além disso, essas duas narrativas estão inseridas numa moldura epistolar que lhes atribui uma função informativa para ambientes cristãos ligados, sob vários aspectos, a Esmirna e Lião. Isso significa que o testemunho de cristãos até o preço da vida foi percebido desde logo como significativo para a vida das Igrejas. A narrativa referente a Apolônio conheceu uma transmissão complexa que não permite esclarecer o fundamento de cada um dos elementos, em especial a referência a uma intervenção do senado na questão cristã. Ela, todavia, nos informa sobre o fato de que em Roma o anúncio cristão contava com adesões até mesmo no ambiente senatorial, ao qual o próprio Apolônio pertence, e que o ponto de ruptura consistia na negação pelos cristãos do serviço cultual, lida como um insensato subtrair-se a manter no Império a garantia da *pax deorum*. A narrativa da *Passio Perpetuae* é de particular importância, porque contém um diário da própria Perpétua e tem especial valor, até literário. Aqui, a presença feminina na comunidade, já apontada como relevante nas origens, consegue falar na forma do testemunho e é mantida, assim como a masculina, como igualmente digna de crédito. Essa literatura permite-nos compreender que os cristãos e as Igrejas viveram e interpretaram o fato de se verem expostos à condenação e à morte, em razão da fé em Jesus. Eles carregam em si o caráter paradoxal do Evangelho na história: não renunciável para quem a ele aderiu e não ocultável, exposto ao "mundo", como sinal de ser para todos gratuitamente, confiado à liberdade e consciência de cada um. "Mártir" torna-se termo que veicula essa característica inédita do Evangelho. O cristão que morre por sua fé não é um herói, mas o discípulo de Jesus que se reconhece capaz de lhe dar testemunho. Indiretamente, emerge a dificuldade de se fazer compreender pela autoridade encarregada de examinar as acusações, a qual, na grande maioria dos casos, não estava nada interessada em fazer mártires. Antes, entendia a sua missão como tentativa de reintegrar ao tecido social da cidade cidadãos que, por um exagerado apego a uma escolha religiosa "privada", conseguiam criar dissidência com o andamento pacífico da vida segundo hábitos comprovados e regulados pelas leis.

O interrogatório que se dá no processo concentra-se em torno do gesto do culto oficial (sacrificar aos deuses), que é teste da própria confiança cívica, da vontade de viver "como romanos" (*Mártires cilitanos*, 14). A essa exigência, que intencionalmente faz o papel de prova para a acusação de ateísmo, os cristãos opõem simplesmente a confissão do pertencimento cristão deles: "**sou cristão**". Ela corresponde ao senhorio sem igual que reconhecem como de Jesus, que reduz o campo do senhorio de César, ou melhor, desvincula-o de um a pretensa legitimação divina a que pretende se reportar (Policarpo VIII,3). O martírio torna-se testemunho singular do senhorio de Jesus e, por isso, é entendido como sinal do Espírito do Ressuscitado a operar nas Igrejas, dom que as fortifica na fé e se torna motivo de atração para a fé, de recuperação para todos os que, sob a pressão da perseguição, tinham cedido ao medo (*Mártires de Lião*, 45).

Embora com seu caráter de sobriedade, esses textos dão bem a entender a condição de precariedade na qual se encontravam os membros das comunidades cristãs. A prática avalizada pelo rescrito de Trajano inibia a busca oficial em relação aos cristãos, mas, no caso de denúncia, eles se viam sem possibilidade de defesa plausível: sua recusa do sacrifício aos deuses e ao gênio do imperador expunha-os à suspeita de minar a ordem que garante o Império, a vida social ordenada. Estão sob a acusação de constituir ameaça para a vida da *civitas*, ou, pelo menos, de lhe negar a própria contribuição (*inertia*). Esta última acusação, lembrada ainda por Tertuliano (*Apol.* 40-44), pôde encontrar pretextos na difundida ansiedade escatológica de alguns ambientes cristãos, como os montanistas, que anunciavam o iminente fim deste mundo. O conjunto das denúncias tornou-se ocasião que punha a descoberto visões incompatíveis: o **senhorio de Jesus** segundo os cristãos relativiza o do César, sem pretender substituí-lo, pois não vem legitimar um poder alternativo que os cristãos pretenderiam para si mesmos, mas introduz um novo modo de habitar o mundo, de contribuir para sua vida, propondo uma transformação dele, confiada à livre adesão à fé. Para expor de maneira ampla e discutida a visão que têm da vida e da história, os cristãos já tinham necessidade de um contexto mais amplo do que aquele de que dispunham no âmbito processual. A essa urgência respondem as apologias.

8. A apologia como "discurso em substituição"

1. A segunda metade do século II é qualificada frequentemente como período da apologia, a sua época de ouro. Segundo Jean-Claude Fredouille, as apologias são um "discurso substitutivo", ou seja, dão voz à exposição das "razões cristãs" que não podia encontrar espaço adequado no âmbito processual. Assumindo a palavra diante do que era para eles uma repressão injustificada ou devida à má informação, os apologistas, em geral cristãos que vêm do mundo da cultura, dão explicação das convicções cristãs, procurando formulá-las de modo acessível a interlocutores de cujo mundo eles próprios provêm e do qual são parte. As objeções de que tratam são as mesmas pelas quais eles próprios passaram ao se tornarem cristãos (Tertuliano, *Apol.* 18,4).

Dessa produção literária chegou até nós um *corpus* restrito que podemos, porém, considerar bem representativo. Conhecemos, especialmente de Eusébio, títulos de apologias hoje perdidas, provavelmente porque a mudança de situação do século IV tornou-as não mais de muito significado e, portanto, não mais reproduzidas e conservadas. Nos inícios do século X, o arcebispo de Cesareia, Aretas, reuniu as que chegaram até ele num único códice (que se tornou depois o *Parisinus* 451). Trata-se das apologias em língua grega de Justino, Taciano, Atenágoras e Teófilo. Pacientes pesquisas feitas no século XIX permitiram-nos recuperar quase por inteiro a apologia de Aristides, que podemos considerar cronologicamente a mais antiga entre as que chegaram até nós (provavelmente sob o imperador Adriano). Por um caminho fortuito, um manuscrito recuperado em Constantinopla, no século XV, chegou até nós, o *A Diogneto*. O campo latino nos oferece, no fim do século, um texto de primeira grandeza, o *Apologético*, de Tertuliano, ao qual se junta o *Otávio*, de Minúcio Félix.

Com seus discursos, os apologistas inserem-se numa tradição de apelos ao imperador ou à autoridade (esses apelos eram chamados *biblidion*) num gênero literário que tinha na *Apologia* de Sócrates o seu ascendente nobre. Para a primeira, eles apelam à magnanimidade e à retidão que qualifica idealmente a figura da autoridade, responsável pela justiça entre os súditos; para a segunda, antecipam o sentido da posição cristã: não é possível abdicar às razões da verdade, pois elas vêm de Deus e têm nele o seu fundamento e apoio. Podem-se acrescentar como antecedentes, que ajudam a compreender a redação desses textos, possíveis referências à literatura missionária judeu-helenística (com as temáticas da crítica à idolatria e do caráter primitivo do monoteísmo) e a primitiva pregação cristã no âmbito extrajudaico (nesse campo o discurso de Paulo no areópago de Atenas segundo At 17 pôde se revestir de poder exemplar).

Essa literatura permite seguir a fronteira do confronto e do conflito. O desequilíbrio da parte propositiva com relação à de defesa e confutação dá a entender bem que, se havia uma confiança de conseguir uma condição de aceitação e de respeito, ela estava não tanto na possibilidade de defesa das acusações, quanto na fundamentação e fecundidade da novidade cristã. Posta em confronto com o ordenamento corrente, a fé cristã não podia evitar o conflito em alguns momentos. O ponto crítico emerge toda vez que se exige à fé cristã situar-se dentro do panteão de divindades admitido no Império. Aqui, o anúncio cristão do Deus Pai de Jesus como Deus único e de todos aparece com evidente pretensão excessiva, "loucura". Como dirá Ambrósio (*Carta* 18, a Valentiniano II), a esperança era de que os romanos soubessem aplicar também em relação ao cristianismo o princípio que tinha tornado Roma grande: a capacidade de *ad meliora transire*, o gênio de valorizar tudo o que de melhor havia naquilo que conquistavam, inclusive religiões.

2. O divisor de águas do **confronto** corre ao longo do eixo que vai da concepção de Deus ou do divino ao modo de se situar no mundo, de avaliar sua consistência até a esperança sobre o futuro, uma esperança que aos olhos dos cristãos configura-se como cumprimento além da morte, com o ingresso no pleno senhorio de Cristo. Assumindo da filosofia medioplatônica a categoria de *Logos* para apresentar a figura de Jesus, os apologistas conseguem mostrar que a referência a ele e à sua mensagem não se propõem como substitutivos que pretendam aniquilar tradições anteriores, mas, antes, como cumprimento, como uma plenitude oferecida. Enquanto palavra de Deus dada a Israel, enquanto disseminado nas promessas a ele dirigidas, o *Logos*, tornando-se homem, Jesus, realiza suas expectativas messiânicas. Enquanto *Logos* em torno do qual afadigara-se a pesquisa dos filósofos, *Logos* que rege o cosmo e que, agora, tendo se tornado homem, dá plena revelação de si, Jesus reúne e dá plenitude à sabedoria dos filósofos e dos sábios dos povos. Nele todos e cada um passam da condição de parcialidade à de plenitude. Se cada qual se apoia no melhor da própria história, pode encontrar no anúncio cristão o cumprimento surpreendente do próprio caminho. O que é preciso deixar não é, no fundo, o que constituiu obstáculo, que deformou o rosto da divindade e corrompeu a sabedoria, a procura e a prática de uma vida segundo a virtude.

Segundo os apologistas, os cristãos são agora um "terceiro gênero", depois dos judeus e dos gregos. O que lhes dá essa inédita configuração é, indubitavelmente, o caráter novo do modo de se referir a Deus. A fé deles põe todo o mundo sob a criação de Deus e de seu juízo. Isso ele atesta no que dá a conhecer de si ao longo da história e, definitivamente, em Jesus. Tudo o que é criado é bom; está nas mãos do homem não comprometer seu valor, recorrendo a um uso em favor da *humanitas*, de uma vida digna. Decerto, as novidades são de não pouca importância. Os cristãos formam um povo que não tem mais raízes na etnicidade e na língua e tradição cultural, é um povo entre os povos, encarregado, segundo a formulação do *A Diogneto*, da coesão do mundo por meio do recurso novo do *ágape*, termo que exprime o modo próprio dos cristãos de amar, de se colocar no tecido das relações. Eles são no mundo o que a alma é o corpo. A **cidadania** deles está nos céus, mas ela favorece também a terra. Não são, portanto, um "corpo estranho", uma ameaça; são, antes, uma energia nova posta no mundo por Deus, que a todos ama. Para os cristãos, todavia, a presença deles no mundo não se apresenta de fácil declinação. Eles, decerto, o habitam, como todos, sem distinção de língua, trabalho, casa. Todavia, regulam-se segundo um novo estilo relacional, que dá prova de si como concretização do *ágape* nas diferentes condições da vida, da família aos inimigos. A cidadania deles não fica exaurida pela do Império, que, aliás, querem cumprir. A referência deles a Deus contém um a mais que carrega consigo, inevitavelmente, elementos de crítica ao presente e que os expõe a sofrer juízos negativos e condenações. Sustenta-os a esperança de um mundo transfigurado no dia do retorno do Senhor, quando as energias de vida introduzidas pelo senhorio de Jesus mostrarem toda a eficácia delas. Uma vez que o último juízo, o que conta e vale como definitivo, será o que emergir diante do Senhor Jesus, no seu retorno, qualquer outro juízo se torna relativo e sujeito a revisão.

3. É difícil avaliar o resultado efetivo dessas "apologias". De resto, não estavam destinadas apenas à sociedade e cultura greco-romana, mas também e, talvez, em alguns traços, em primeiro lugar, às comunidades cristãs que tinham necessidade de serem ajudadas a compreender a fé quanto mais estava exposta a críticas e contestações. É também verdade que a tentativa de tornar compreensível a substância da mensagem cristã à cultura do tempo, adotando, embora por meio de um trabalho de notável revisão, suas categorias expressivas de grande alcance, como a de *logos*, abria o caminho a modos diferentes de explicar os artigos fundamentais do credo cristão e de configurar a posição dos cristãos naquele mundo que apresentava, pelos menos de tanto em tanto, um rosto hostil. De modo que, se pudermos avaliar como modesto o êxito das apologias, de fora, elas, de fato, nos introduzem em medida muito maior na vida das comunidades cristãs que vivem um período de procura e de tensões de grande destaque. Por meio desses debates, as Igrejas aprimoram, no fim do século II, referências de grande importância para a identidade deles e vão assumindo uma configuração mais precisa.

Inserção 1
Helenismo e cristianismo

O cristianismo nasceu dentro do judaísmo como adesão a Jesus reconhecido como Messias, cumprimento das promessas de Deus a seu povo. Ainda aos olhos de Trifão, o interlocutor judeu de Justino no *Diálogo* por ele redigido e divulgado pouco depois da destruição de Jerusalém (135), os cristãos são uma "grande heresia" (*Diál*. 17,1), uma expressão do judaísmo não legítima, que o deforma. Bem cedo, porém, o cristianismo falou grego. Os primeiros escritos cristãos são todos nessa língua e é perante os olhos do vasto mundo helenizado reunido no Império romano que o cristianismo procurou, bem cedo, ter crédito e tornar-se compreensível. O discurso de Paulo no areópago de Atenas (At 17,22-34) pode ser assumido como o manifesto da destinação universal que o cristianismo reconhece como próprio. É preciso levar em consideração que dos primeiros grupos de crentes em Jesus fazem parte judeus de língua grega, apontados precisamente como "helenistas" (At 6) e que o judaísmo, especialmente da diáspora, já tinha posto em prática trocas de grande alcance com a tradição grega. A versão grega da Bíblia hebraica, a LXX, e a obra de Fílon podem ser consideradas como expressões de ponta.

O que terá comportado a passagem do âmbito judaico para o mundo helenístico, o que nele estava em jogo é questão já percebida pelos apologistas e *quaestio disputata* entre os estudiosos modernos, pelo menos a partir de Adolf von Harnack. Raniero Cantalamessa, numa contribuição importante que remonta ao já distante 1971 (Cantalamessa, 26-57), propôs refletir sobre a relação entre helenismo e cristianismo segundo o crivo do quando, por que e como, identificando três passagens na época pré-nicena, época na qual o confronto é instituído. Servindo-nos desse esquema, podemos tentar indicar momentos e significados desse encontro, com referência ao qual o contínuo incremento de estudos marca o múltiplo interesse, histórico, cultural, teológico.

Com o Novo Testamento e os padres apostólicos, acontece a adoção da língua grega como instrumento para comunicar a mensagem. Com ela já se instaura um diálogo entre dois universos de significados, provenientes dos respectivos pontos de referência: a sabedoria grega e a história bíblica. Com os apologistas é a adoção da filosofia como interlocutora privilegiada que é posta em evidência. Ela oferecia ao anúncio cristão um terreno comum de interesse: tratava-se da verdade em torno do divino, do princípio de tudo, como fundamento de vida sábia. Dessa filosofia os apologistas hauriram categorias de pensamento para mostrar que o cristianismo — decerto, de modo original, devido à sua origem revelada — vinha ao encontro da procura do homem (Justino), bem como da necessidade de dar fundamento à organização da vida em sociedade (Melitão de Sardes, em Eusébio, HE IV,26). Segundo Justino, a fé cristã é a verdadeira filosofia, torna-nos filósofos. Tudo o que de verdade os filósofos tinham podido descobrir encontrava na mensagem de Jesus a sua plena expressão, livre de todos os limites e erros devidos à tentação da vanglória ou ao engano dos demônios. A teoria dos "empréstimos" da filosofia a partir da sabedoria de Moisés, bem mais antiga, oferecia a respeito uma explicação "histórica" (*1Apol.* 44,8-10), enquanto a teoria da ação seminal do *logos*, que permite à pesquisa filosófica o encontro da verdade de modo parcial, dava uma explicação teórica (*2Apol.* 10,1-3).

No ambiente alexandrino, na primeira metade do século III é dado mais um passo: a filosofia é reconhecida, por um lado, como "preparação evangélica" para os gentios, analogamente ao Antigo Testamento para os judeus (Clemente A. Ped. II,18; *Estr.* I,66ss) e, por outro lado, é assumida como instrumento para aprofundamento da mensagem cristã. O resultado é a "gnose cristã", ou seja, uma fé responsável, capaz de penetrar nos próprios conteúdos e de exprimi-los organicamente como visão da realidade e modo consequente de viver.

Não faltaram, decerto, as vozes dissonantes voltadas a ressaltar a distância entre o filósofo e o cristão, entre Atenas e Jerusalém, "entre quem procura a fama e quem procura a salvação" (Tertuliano, *Apol.* 46,18; *Prescr.* 7,9-11): essas vozes atribuíam à influência das filosofias sobre a fé a origem das heresias (trata-se de um modo de pensar difundido, que pode ser encontrado em autores diversos, como Justino, Irineu, Taciano, Tertuliano e Hipólito). Por essa posição crítica, a pluralidade das filosofias, com as contradições que se encontram entre um filósofo e outro, é argumento que denuncia sua pouca confiabilidade na procura da verdade. Essa situação revela que a *curiositas*, a procura cavilosa em vista da competição com outros mestres, é atitude desvirtuada; a verdade exige *simplicitas*, disponibilidade desinteressada para se deixar iluminar (Tertuliano, *Prescr.* 7,10.12).

Werner Jäger pesquisou — como mostra muito bem o texto organizado por Alfredo Valvo, citado na nota bibliográfica — outro espaço de encontro entre cristianismo e helenismo: a *paideia*. A tradição grega documenta que o homem se torna homem somente por meio de um processo de aprendizagem que tem a figura de uma "viagem" através da cultura, da pluralidade das formas reflexiva e expressiva (filosofia e retórica), mediante as quais o homem indagou sobre si mesmo e sobre o sentido da sua existência no mundo. O cristianismo que tem a sua figura de partida e o seu fundamento no discipulado de Jesus encontrou na *paideia* grega um espaço de interlocução, simpático e dialético. Não é por acaso que nos apologistas e, de modo peculiar, no ambiente alexandrino a proposta cristã acontece não raramente segundo as modalidades de uma "escola". O confronto dialético tem a sua razão de ser nas diferentes premissas antropológicas da tradição grega e da mensagem cristã. A doutrina cristã da criação e da salvação do homem na sua inteireza introduz elementos novos que orientam o percurso da formação ao humano "segundo Deus". A atenção da *paideia* às dinâmicas do humano — como o cuidado, a ascese, que permite ter acesso ao conhecimento e ao autocontrole, ao exercício das virtudes —, é motivo de interesse para os mestres cristãos que pretendem introduzir ao modo de viver "segundo o Evangelho". A carta de Orígenes a Gregório (referida em *Filocalia* 13) pode ser assumida como referência paradigmática dessa troca dialética, que não poupou a Orígenes a acusação de ter pretendido compor o que não era possível compor: o modo de viver cristão com o pensamento grego (HE VI,19,1-9).

O encontro entre helenismo e cristianismo parece se desenvolver em torno de três eixos que marcam um limite fecundo e, todavia, em constante tesão: *logos* e história (universal e singularidade dos eventos), letra e espírito, procura e escuta. A procura de uma "razão" universal que dê acesso ao sentido da complexidade do real e permita habitá-lo sabiamente (*logos*) encontra na fé cristã a sua descoberta num evento da história, no sujeito Jesus, Filho de Deus, que se revela mediante a sua história terrena singular. É novidade que continua a interpelar o modo de pensar a verdade, a unidade de Deus, a identidade do *Logos* Jesus, o caminho de cada um para o cumprimento da tarefa de se tornar humano, a caminho da salvação.

A leitura em dois planos (sensível e espiritual/inteligível) da consistência da realidade por parte da filosofia, do platonismo em particular, abre possibilidades inéditas de leitura das Escrituras. Cada passagem, além da letra, pode abrir para outro sentido, profundo, espiritual: as Escrituras falam sempre de Cristo, e o dom do Espírito permite descobri-lo. A dialética promessa-cumprimento encontra na de letra-espírito uma aliada cultural amplamente frutuosa, especialmente na interpretação de muitas páginas do Antigo Testamento, e para ler e traduzir o texto bíblico para os caminhos da vida cotidiana. As Escrituras, todavia, continuam a lembrar que elas narram a história de Deus conosco e que a força dos eventos não é fácil de contornar. Temos de aceitar sua "resistência" como permanente provocação a novas aberturas da nossa compreensão.

Enfim, o encontro entre helenismo e cristianismo põe em discussão o que dirige a reflexão, a procura do homem que quer aprender. Uma vez que, segundo as Escrituras, é Deus que vem ao nosso encontro, dirigindo-nos a palavra, a primazia cabe à escuta, à palavra reconhecida nas testemunhas que Deus suscita, na sequência que elas constituem até Jesus Cristo e até nós (cf. Justino, *Diál.* 7-8). A partir da audição, a procura é posta a caminho, estimulada e orientada. A reflexão recebe a figura de um incessante diálogo que produz compreensão e oração ao mesmo tempo, vida boa, por dom de Deus (Justino, ibid.). Esse diálogo é espaço de uma nova *paideia* e de uma nova universalidade, além do *limes* estabelecido por gregos-bárbaros (cf. Taciano, *Aos gregos*). Nos séculos IV e V, a elaboração das doutrinas referentes à uni-trindade de Deus e à cristologia mediante a ressemantização das categorias de substância/natureza e hipóstase/pessoa (temáticas dos primeiros quatro concílios ecumênicos) e a reflexão em torno das etapas do caminho para Deus (especialmente no monaquismo), declinando a doutrina da divinização no sentido da relação filial, graças à ação do Espírito Santo, podem ser reconhecidas como momentos conclusivos do encontro entre cristianismo e helenismo na Antiguidade cristã.

Nota bibliográfica

BARTOLOMEI, M. C. *Ellenizzazione del cristianesimo. Linee di critica filosofica e teologica per una interpretazione del problema storico.* L'Aquila: ed. Japadre, 1984.

BEATRICE, P. F. Hellénisme et Christianisme aux premiers siècles de notre ère. Parcours méthodologiques et bibliographiques. *Kernos,* 10 (1997) 39-56.

BELLIA, G.; GARIBBA, D. (ed.). L'ellenizzazione del cristianesimo dal I al II secolo. *Ricerche Storico Bibliche,* 23, 2 (2011).

CANTALAMESSA, R. *Il cristianesimo e le filosofie.* Milão: Vita e Pensiero, 1971.

DANIÉLOU, J. *Messaggio evangelico e cultura ellenistica.* Bolonha: il Mulino, 1975.

HAMMAN, A. Dialogue entre le christianisme et la culture grecque, des origines chrétiennes à Justin: genèse et étapes. In: POUDERON, B.; DORÉ, J. (ed.). *Les Apologistes chrétiens et la culture grecque.* Paris: Beauchesne, 1998 (com outras contr.).

MAGRIS, A. La filosofia greca e la formazione dell'identità cristiana. *Annali di Storia dell'Esegesi,* 21 (2004) 59-107.

PERROT, A. (ed.). *Les Chrétiens et l'Hellenisme. Identités religieuses et culture grecque dans l'Antiquité tardive.* Paris: Rue D'Ulm, 2012.

POUDERON, B. *Les apologistes grecs du IIe siècle.* Paris: Du Cerf, 2005.

PRINZIVALLI, E. Incontro e scontro tra "classico" e "cristiano" nei primi tre secoli. *Salesianum,* 56 (1994) 543-556.

Rizzi, M. *Ideologia e retorica negli "exordia" apologetici*. Milão: Vita e Pensiero, 1993.
Simonetti, M. *Cristianesimo antico e cultura greca*. Roma: Borla, 1983.
Valvo, A. (ed.). *Werner Jaeger. Cristianesimo primitivo e Paideia greca. Con saggi integrativi di autori vari*. Milão: Bompiani, 2013.
Zecchini, G. (ed.). *L'Ellenismo come categoria storica e come categoria ideale*. Milão: Vita e Pensiero, 2013.

9. Discussões e orientações internas às Igrejas

O distanciamento das origens (e do mundo judaico que foi o padrinho delas) e a inserção progressiva em contextos culturais diversificados, o cruzamento, de fato, entre anúncio cristão e cultura helenística romana, produz dentro das Igrejas uma ampla e variegada reflexão, a qual visa explicar a mensagem cristã, suas razões e seu modo de se situar no mundo, diante dos questionamentos que ela traz consigo. As frentes da procura são múltiplas: a relação com a tradição judaica, a inteligência do sentido da salvação, o valor a ser atribuído a este mundo, ao homem, em particular, e a seus componentes, reunidos, habitualmente, no trinômio corpo-alma-espírito. Ganham espaço modos diferentes de compreender a mensagem cristã; eles entram em discussão entre si e vão pedindo aos poucos o ajuste de critérios que permitam avaliar sua lisura. A fé é chamada a falar as "muitas línguas" dos homens, mantendo, porém, o que é transmitido desde as origens (Irineu, AH 1,10,2). Tomam corpo reflexões e grupos que, por várias vezes, causam problema e que já receberam, habitualmente, a etiqueta de marcionismo, gnosticismo, montanismo. A necessidade de medir as afirmações deles sobre o credo batismal e sobre as "Escrituras" levará, no fim do século, a aperfeiçoar alguns elementos fundamentais do "correto entendimento" da fé.

1. *Marcião: o anúncio do "Deus estrangeiro"*. Por volta de 144 (leitura provável da indicação oferecida por Tertuliano no *Contra Marcião* 1,19,2), chegou a Roma Marcião, um rico cristão proveniente do Ponto, e pediu para ser aceito na comunidade cristã. Tinha às suas costas dificuldades com a sua Igreja de origem (talvez filho de um bispo) e com a Igreja de Esmirna, na Ásia Menor, onde, segundo uma informação de Irineu, o bispo Policarpo o teria renegado como "primogênito de satanás" (AH III,3,4). Bem cedo a sua interpretação da mensagem cristã tornou-se inaceitável aos presbíteros da Igreja de Roma; excluíram-no da comunhão, rejeitando também a sua rica oferta em dinheiro, duzentos mil sestércios. Deu origem a uma comunidade eclesial própria, cujos ecos para além ainda da metade do século IV Epifânio registra (*Panarion* 42). A sua figura deve ter dado vida a amplos debates, uma vez que dele se ocuparam em profundidade Irineu e Tertuliano, que viveram pouco depois dele. Justino dá sintéticas informações sobre ele na *Apologia* (26,5; 58), mas, com muita probabilidade, dele tratou amplamente na *Sintagma contra todas as heresias*, obra perdida, mas verossímil fonte de Irineu. Mais tarde, ocupam-se dele o *Elenchos*, de Hipólito (VII,29-31) e Epifânio (*Panarion* 42). O que podemos ainda ler dos escritos de Marcião é por via indireta, pelas citações de quem o refutou, de modo particular por meio de Tertuliano, que permanece para nós a fonte mais importante. Mesmo rejeitado pelas Igrejas, Marcião iniciou uma discussão sobre questões fundamentais em relação ao credo cristão e isso explica por que fora por longo tempo um interlocutor obrigatório.

O ponto de partida da posição de Marcião parece que deva ser visto na distância — intransponível, a seu ver — entre a mensagem das Escrituras judaicas, que as Igrejas tinham herdado, e o anúncio de Jesus Cristo. Essa distância remete, inevitavelmente, a uma dupla fonte: Marcião vê uma clara contraposição entre o deus justo, juiz e castigador da fé judaica e o bom e misericordioso, exclusivamente benévolo, anunciado por Jesus. A diferença entre um deus e outro manifesta-se claramente no modo de eles se comportarem em relação aos homens. O deus criador vinculou o homem à lei, penalizando-o depois com a condenação e o castigo em razão de sua transgressão, por ele mesmo permitida (Tertuliano, *Contra Marcião* 11,5). O deus anunciado por Jesus é **um deus "outro"**, não tem nada a ver com este mundo, que não é criação dele. Movido por compaixão diante da pesada sorte dos homens, revela-se em Jesus para os subtrair à condenação da lei, oferecendo a sua misericórdia sem nenhuma punição. Nas *Antíteses*, título de um escrito perdido de Marcião citado por Tertuliano, são postas em comparação as fisionomias incompatíveis de um deus e de outro. Epifânio registra o mesmo motivo na explicação da sentença evangélica "o vinho novo em odres novos", com a qual Marcião teria explicado aos bispos de Roma a sua posição (*Panarion* 42,2.1). Ao domínio que o deus criador exerce sobre o mundo, obra sua, o deus de Jesus opõe a oferta aos homens de um resgate gratuito, como iniciativa que chega totalmente de fora deste mundo, de um deus que lhe é "estranho".

Podemos entender, parece, que para Marcião o acolhimento e a salvaguarda da mensagem cristã exigem o nítido distanciamento da fé judaica e das suas Escrituras. Ele considera que a antítese paulina "**Lei-Evangelho**" coincida totalmente com o binômio fé judaica-novidade cristã. Não haveria, portanto, uma história de salvação que abrace de ponta a ponta a história e o mundo dos homens, mediante etapas sucessivas, mas uma salvação em relação a este mundo, fruto de uma intervenção vinda de fora, da parte do Deus Pai de Jesus, totalmente caracterizada pela transcendência, a ponto de ser estranha a este mundo.

Daí provém para Marcião uma série de outras leituras do credo cristão, as quais se impõem como consequentes. A mais vistosa é, indubitavelmente, a que diz respeito à pessoa de Jesus. Não se pode pensar que ele tenha se tornado membro efetivo deste mundo, ligado ao deus da lei, mediante uma real encarnação. Antes, nele se tem a manifestação repentina do Deus misericordioso. A sua humanidade somática é aparente (**docetismo**), apenas instrumental para a comunicação conosco. Jesus teria aparecido de repente na sinagoga de Nazaré, para anunciar o ano de graça do Senhor, segundo Lc 4,16-21. Os subjugados ao deus da lei não são capazes de reconhecê-lo, condenam-no à cruz, dando-lhe, desse modo, a oportunidade de descer até os infernos e de anunciar também lá embaixo a sua mensagem.

O desprezo do mundo criado, submetido ao deus da lei, impulsiona para uma vida marcada por forte ascetismo (**encratismo**) e conduz a uma escatologia que diz respeito somente à alma (não há ressurreição da carne). Segundo Tertuliano, trata-se, afinal, de "uma salvação pela metade". Não há nenhum caminho do mundo para uma redenção que tivesse a figura do cumprimento; trata-se, antes, de uma libertação, uma "subtração" a este mundo, bem como às suas instituições. A lógica que governa este mundo, lógica do deus que reivindica dele o seu direito, não tem nada a partilhar com a do Pai de Jesus. Trata-se de economias diferentes, conflitantes, não comunicantes entre si e, afinal, incompatíveis. Sobre a relação entre um deus e outro, Marcião parece não se pronunciar. Se no início está uma antítese histórica entre duas revelações, a judaica e a evangélica, põe-se, no fim, uma antítese ontológica, entre um deus diferente do outro, sem relação entre si.

A dificuldade dos primeiros discípulos, todos judeus, para entender em profundidade a novidade de Jesus explica, aos olhos de Marcião, os "compromissos" com a herança judaica que marcam a pregação deles. É a intervenção de **Paulo**, *o apóstolo*, que, finalmente, traz o necessário e nítido esclarecimento. Com base nessa aquisição, Marcião pôs-se a elaborar a sua base bíblica, purgando dos textos o que a seus olhos eram "falsificações judaizantes". As fontes à nossa disposição não nos permitem reconstruir, hoje, o resultado desse trabalho de seleção, que foi, provavelmente, um dos motivos que aceleraram o ajuste de um "cânon", de uma lista de textos reconhecidos como dignos de crédito e, por isso, normativos para as Igrejas.

Como se vê, a posição de Marcião cruza diversos problemas que se tornam agudos na reflexão das Igrejas por volta da metade do século II. Destacam-se dois centrais: a relação da fé cristã com a herança judaica, relação que vai se configurando também como articulação entre dois grupos de escrituras, as judaicas e as "novas", apostólicas, e a interpretação da figura de Jesus, da verdade da sua história, da sua humanidade. Além disso, atribuindo a um deus defeituoso as fraquezas e as distorções deste mundo, dava a respeito uma explicação que cruzava com a pergunta de sempre sobre a origem do mal e dava destaque à novidade do anúncio cristão de salvação. Puderam interferir na elaboração dessas problemáticas, de um lado, a necessidade das comunidades cristãs de ajustar a identidade delas em relação ao judaísmo e, de outro, a procura do sentido da encarnação do Filho de Deus dentro de um *humus* cultural tendencialmente desfavorável a dar valor à matéria e ao componente somático do ser vivo humano. A pressão desse *humus* cultural pode explicar a proximidade dessa posição de Marcião com o que veicula o gnosticismo, com o qual pôde ter contatos, tanto no Oriente, como em Roma. Mais de perto, compreende-se que Marcião tenha dado uma avaliação muito crítica da vida interna das comunidades cristãs, marcadas, a seu ver, por uma transmissão defeituosa, definitivamente corrompida, da mensagem inovadora de Jesus. Põe-se, portanto, com urgência a pergunta sobre o como deva ser garantida a tradição do Evangelho. Essa série de problemas mostra o alcance histórico da figura de Marcião e fez de seu pensamento uma espécie de encruzilhada da teologia da segunda metade do século II.

2. *O gnosticismo: uma via superior*. No fim daquele século, Irineu de Lião junta sob a etiqueta de "gnósticos" uma vasta gama de tendências e de grupos que nas comunidades cristãs e em posição crítica com elas propõem do credo cristão e das Escrituras uma interpretação que ele considera aberrante, "falsa", heterodoxa. No primeiro livro do seu *Exposição e confutação da falsa* *gnose*, ele oferece um ensaio da proposta gnóstica e uma espécie de genealogia dos mestres que, a seu ver, a inventaram e a difundiram.

Entre as figuras de destaque, Irineu atribui a Valentino o papel de grande líder e oferece como exemplo significativo a exposição sintética da doutrina do seu discípulo Ptolomeu. A pátria de origem deles é Alexandria, centro cultural de primeira ordem e lugar de encontro entre judaísmo (já sensibilizado à cultura helenística, como documenta a figura de Fílon), cristianismo e as diversas tradições religiosas do mundo mediterrâneo. Em Alexandria viveu Heracleão, que publicou um comentário ao *Evangelho de João*, ao qual responde Orígenes cinquenta anos depois. De Valentino temos notícia de uma ida a Roma por volta de 140 (Irineu, AH III,4,3; Eusébio, HE IV,10.11,1-4), quase contemporaneamente a Marcião. Segundo uma notícia que nos oferece Tertuliano (*Prescrição dos heréticos* 30), Valentino, como Marcião, foi excluído da Igreja de Roma em razão da sua divergente interpretação das Escrituras, que ia até a "correção" delas. A percepção que Irineu tem do que lhe parece "falsa gnose" pode se concentrar em torno de três elementos: trata-se de um fenômeno de "escola", análogo ao que ocorre no campo da filosofia (AH, pref. 2), que toma corpo em torno do ensinamento e do prestígio de "mestres" que o elaboram e difundem com variações até importantes entre si. Ele tem por objeto "as palavras do Senhor", a leitura das Escrituras, das quais propõem uma interpretação "mais profunda", chegando até a produzir novos Evangelhos (em AH III,11,9, Irineu dá notícia de um "Evangelho de verdade", escrito por eles "não faz muito tempo"). O ponto de chegada é dar um "conhecimento superior", via de salvação, que gera um pertencimento elitista e torna autônomos em relação à comunidade cristã e a seus guias.

É provável que somente poucos grupos tenham se autodefinido como "gnósticos"; em geral, a qualificação lhes foi atribuída ironicamente por seus opositores: Irineu, Tertuliano, Clemente Alexandrino, Orígenes. Os extratos que esses autores citam a fim de confutar a doutrina deles são uma das fontes principais para o conhecimento do fenômeno por nós. Os achados de Nag Hammadi (médio Egito, 1945) permitem o acesso, hoje, a um grupo consistente de textos produzidos pelo movimento gnóstico, em geral na versão copta, com data no século IV.

Embora não seja fácil reduzir a variedade das posições a elementos de fundo comuns (a ponto de levar a pôr em discussão a legitimidade da categoria de "gnosticismo"), podemos reconhecer, todavia, alguns motivos recorrentes na elaboração do entrelaçamento que todo mestre propõe. Na locução em geral aceita pelos estudiosos modernos, *gnose* indica o apreço do "conhecimento" como via de salvação. *Gnosticismo* quer dizer o conteúdo a que ele chega, a "doutrina". Dá-se um **conhecimento superior**, além da simples fé, que nos torna livres dos entraves deste mundo e garante a salvação. O seu conteúdo consiste em aprender que na própria interioridade habita uma centelha divina, uma semente incorruptível, o espírito. Atinge-se esse conhecimento superior por meio de uma **revelação secreta**, dada aos "espirituais" pelo salvador e é transmitida pela cadeia dos mestres iluminados. Ela revela que na origem do mal está a matéria, extrema periferia do mundo divino, até ser sua resistência, o antagonista. A fonte do bem é o sumo Deus, fechado em seu silêncio e na sua paz, inacessível, salvo ao iluminado.

Com base nesse núcleo, tudo é transcrito segundo um esquema dualista, dobrando as Escrituras para caber nesse esquema, por meio de uma leitura esotérica, que se vale da alegoria e do recurso a tradições secretas. O instrumento privilegiado de elaboração é o mito. Faz-se remontar a origem da matéria a uma alteração ocorrida dentro do mundo divino, que acabou precisamente na expulsão do elemento de perturbação que, depois, mediante passagens sucessivas de decantação, torna-se, no mais baixo nível, a matéria inerte. O nosso mundo é obra de **um deus inferior**, ordenador (demiurgo), identificado frequentemente com o deus das Escrituras judaicas. O salvador enviado do alto, num corpo aparente, "didático", revela a riqueza da plenitude divina (pleroma) como pátria perdida, mas recuperável por toda semente divina sepultada na matéria. Esse salvador serve como chave de leitura da figura de Jesus Cristo e da sua revelação. Como nem em todos os homens há presença de uma semente divina, compreendem-se as diversas posições com relação ao anúncio cristão: há os que param totalmente por fora (os materiais), há os que aderem com a simples fé (os psíquicos) e os que têm acesso ao conhecimento superior (os espirituais, os gnósticos), formando-se, assim, a "verdadeira Igreja", a "**Igreja do alto**". O resultado moral dessa estrutura, apoiada no fato de o espírito ser estranho em relação à matéria, podia se configurar quer em termos rigoristas, quer laxistas (o barro não corrompe o ouro). O homem espiritual goza de plena liberdade, que toma a forma de uma soberana indiferença. Caso emblemático é a não relevância do martírio aos olhos dos gnósticos, pois o que conta é o conhecimento espiritual que torna as pessoas superiores a este mundo, às suas instituições. Também a escatologia gnóstica é coerentemente dualista (ou, às vezes, tripartite): o espírito faz parte, no final, do pleroma divino, ao passo que a carne/matéria caminha para a destruição. A quem tem uma dotação que o torna aparentado ao demiurgo é possível o acesso a uma posição "mediana".

O fenômeno gnóstico não se presta facilmente a interpretações unívocas. Os estudos oscilam entre uma leitura que dele faria um caso de aguda helenização do cristianismo (Harnack) e outras que nele encontram a evolução de ideias e de tendências provenientes da apocalíptica judaica ou mesmo a exigência de dar à fé cristã uma exposição culta, capaz de fazer parar perguntas e instâncias do mundo filosófico e cultural. Tratou-se, decerto, de um debate que ocupou profundamente as Igrejas e as impulsionou a ajustar as referências fundamentais às quais se remetem o credo e a vida cristã. De imediato, estão em jogo o modo de se valer das Escrituras, como aceder corretamente à mensagem delas, como realizar a comunicação dentro das Igrejas. Mais adiante está a questão sobre o valor deste mundo, o caminho de salvação, o modo de habitar no mundo por parte dos cristãos.

Não é fácil reconstruir, seguindo os tons da polêmica, o impacto do fenômeno gnóstico sobre a vida das comunidades cristãs. Tratou-se, em suma, de uma disputa entre "mestres", entre teólogos, ou o choque foi mais amplo? As reações de Irineu, de Tertuliano e de Orígenes dariam a entender que os incômodos e as lacerações não foram marginais. Em todo caso, para além dos impactos imediatos, as interrogações suscitadas interceptavam problemáticas vivas nas Igrejas da segunda metade do século II, como a leitura da Bíblia hebraica por parte dos cristãos, enquanto ia se constituindo o dossiê dos textos cristãos e o modo de habitar neste mundo, por parte dos cristãos, este mundo, que era outrora criação de Deus, mas que se revelava, muitas vezes, distante das suas palavras e não raramente hostil em relação aos cristãos. Trata-se de perguntas de grande relevância que exigem reflexão, influenciam notavelmente na figura que as Igrejas oferecem de si no ambiente, enquanto elas lidam com o distanciamento das origens e com os desafios da história que não mostra como próximo seu fim.

3. *O montanismo: a "nova profecia"*. Relativamente aos anos 170-180, Eusébio de Cesareia reúne na sua *História Eclesiástica*, V,16-19, uma série de notícias sobre tensões e discussões que marcaram comunidades cristãs da Frígia em torno do surgimento repentino de **uma prática profética** mediante as pessoas de Montano, Prisca e Maximila. As informações de Eusébio apresentam-se como uma série de extratos de escritos antimontanistas; entre eles, têm particular amplitude os atribuídos a um anônimo (HE V,16), a Milcíades (HE V,17), a Apolônio (HE V,18) e a Serapião de Antioquia (HE V,19). Como esses extratos são citados em ordem cronológica, deixam intuir que estamos num período compreendido entre o último quarto do século II e os primeiros decênios do século III. As discussões envolveram Igrejas da Ásia Menor e tiveram ecos não marginais também no Ocidente, como atestam a intervenção na questão, por parte da comunidade cristã de Lião, atingida por perseguição em 177 (HE V,3), e a progressiva simpatia pela "nova profecia" por parte de Tertuliano entre 208 e 212. As informações de Eusébio encontram eco e integrações numa carta de Firmiliano de Cesareia a Cipriano de Cartago (conservada como *Carta 75* no epistolário deste último) e nos escritos anti-heréticos de Hipólito (*Confutação de todas as heresias* VIII, 19) e Epifânio (*Panarion* 48).

Montano apresentou-se numa aldeia na fronteira entre Mísia e Frígia, Ardabau, qualificando-se como profeta dotado de experiências extáticas e chamado a anunciar como iminente a parusia, que ele localizava nas aldeias de Pepuzia e Tímio, descrevendo-a como uma descida sobre a terra da Jerusalém celeste. Ali os cristãos eram incentivados a se reunirem, ali o Senhor estava para voltar, a fim de inaugurar o seu reino de mil anos. Era preciso preparar-se mediante uma vida de abstinência e na disponibilidade ao martírio, até mesmo procurando ocasião para isso. Na atividade profética uniram-se bem cedo a Montano duas mulheres, Prisca (ou Priscila) e Maximila.

Profecia, escatologia, rigorismo são as constantes vistosas do montanismo (Aland). O exame das fontes que chegaram até nós leva a reconhecer o específico do movimento no significado veiculado pela sigla "nova profecia" com a qual o movimento nascido em torno de Montano se apresenta (HE V,16,4; insistentemente Tertuliano: "*prophetia nova*", *De resurrectione mortuorum* 63; "*prophetae novi*", *De pudicitia* 21). Trata-se da chegada de uma nova e definitiva palavra de revelação, além daquela da geração apostólica (que não é, portanto, a última palavra). O caráter extático da profecia atestaria que o profeta é puro instrumento do Espírito Santo, do Paráclito, que assume diretamente a palavra, mediante o profeta numa espécie de "apossamento". Essa palavra tem autoridade indiscutível, além da tradição que vem dos apóstolos. A revelação está ainda aberta, o seu tempo chega a um cumprimento somente agora na nova profecia. Como confirmação disso está o fato de que os seus primeiros portadores, Montano, Prisca e Maximila, não parecem prever sucessão.

"Depois de mim, não haverá nenhum profeta, será o fim de tudo", atesta Priscila (Epifânio, *Panarion* 49,1). É possível, todavia, que oráculos desse tipo devam ser entendidos como pronunciados em *ore Christi*, como palavra de Cristo, de quem o profeta é simples instrumento. Se, à primeira vista, parece que a discussão suscitada verse sobre o caráter autêntico ou falso da profecia, se a profecia de Montano e das suas companheiras esteja alinhada com os critérios da autêntica profecia segundo as Escrituras, o que emerge fortemente como núcleo do montanismo é o seu modo de se colocar dentro da revelação. Como observa com perspicácia Giuseppe Visonà (*Il fenomeno profetico del montanismo*, in "Ricerche Storico Bibliche" 5[1993] 149-164), a nova profecia é movimento ligado a "nostalgia das origens", é expressão de uma tendência conservadora, no sentido de que gostaria que estivesse ainda em andamento o que era próprio da época apostólica, das testemunhas diretas do Senhor Jesus. Segundo um testemunho de Hipólito, os seguidores de Montano e das suas companheiras afirmam "ter aprendido deles alguma coisa a mais, além da lei, dos profetas e do Evangelho" (*Confutação de todas as heresias* 8,17). São prováveis proximidades com a prática oracular ligada aos cultos de Cibele, florescentes na Frígia, com expectativas apocalípticas de origem judaica e com a tradição cristã asiática ligada ao *Apocalipse* de João. O montanismo pôde ter se servido dessas contribuições para exaltar o caráter decisivo da profecia dentro da vida cristã, considerando-a situada na iminência do retorno do Senhor, entendida cronologicamente, no fim deste mundo.

As problemáticas postas pelo distanciamento das origens, das dificuldades com o mundo, ajudam a entender o atrativo e as resistências que o montanismo encontrou nas comunidades cristãs. O anônimo antimontanista citado por Eusébio fala de profundas perturbações na Igreja de Ancira, na Galácia, por ele visitada, e de posicionamentos diversos nas comunidades cristãs. Houve reuniões em várias localidades, com a presença de "peritos" convidados com o fim de estabelecer um discernimento. O procedimento parece ter combinado dois percursos: o do exorcismo e da verificação da conduta adequada à profecia, e o propriamente argumentativo (Norelli, *Parole di profeti, parole sui profeti*). Tratava-se de processos, em parte, comprovados e, em parte, em fase de elaboração. A Escritura já conhece o tema do discernimento entre verdadeira e falsa profecia, e a primeira literatura cristã o havia aceito (cf. *Didaquê* 11; *Pastor de Hermas, Preceito* 11). Em fase de elaboração estava a compreensão do caráter normativo das origens cristãs e da correta ligação com elas. O resultado do debate foi a negação da modalidade profética montanista porque "não conforme com as Escrituras" e a exclusão dos montanistas da comunhão, em razão do "caráter sacrílego das suas doutrinas". Talvez seja excessivo atribuir o caráter de sínodos às reuniões que ocorreram no quadro da controvérsia montanista, reuniões que viram juntos fiéis, presbíteros e bispos. Trata-se, certamente, de uma explicitação do caráter solidário das Igrejas, que, alicerçadas na mesma fé e na consciência de que a concórdia é dom e exigência do Evangelho, procuravam realizar na prática esse caráter e concórdia. Confirmação disso é o fato de que nasceram de algumas reuniões cartas que eram enviadas às Igrejas e que reuniam as assinaturas dos bispos como elemento do valor delas (HE V,19,3).

Peculiar das comunidades montanistas é a presença ativa das mulheres, portadoras de carismas proféticos. Segundo Hipólito (*Confutação* VIII,19), os montanistas teriam reconhecido que "naquelas mulheres estaria o melhor do que se possa encontrar em Cristo". Na literatura anti-herética, essa presença constituiu parte do processo que denunciava o desvio. No final do século II, porém, a presença de mulheres em vista nas comunidades cristãs é atestada também alhures, até na experiência do martírio, como no caso de Perpétua, em Cartago, dos mártires cilitanos (três mulheres e três homens) e no destaque dado a Blandina na paixão dos mártires de Lião e Vienne.

Analisada sob o perfil da autoconsciência eclesial, a questão montanista situa-se de modo significativo dentro das problemáticas do fim do século II: é preciso esclarecer como se deve garantir a ligação com as origens e, mais ainda, em que elas devam ser reconhecidas como normativas para as épocas seguintes. Isso questiona também a organização das comunidades cristãs, de modo particular a articulação entre o elemento carismático-profético (testemunhal) e o da garantia institucional. Se os dois elementos não devem ser compreendidos como separados (muito menos antagonistas), é também verdade que funcionam segundo uma diferente configuração que pede às origens a sua legitimação e o seu vínculo. Além disso, as temáticas da escatologia e do rigorismo interpelam as comunidades cristãs sobre a relação dos cristãos com a sociedade, pedem que se reflita sobre o modo com o qual a fé cristã inspira viver neste mundo.

Marcionismo, gnosticismo e montanismo, com suas diferenças, são respostas a perguntas amplamente difundidas nas Igrejas da segunda metade do século II e além. Caminhos de acesso às origens, modalidades de apreçar e habitar este mundo, tarefas e funções dentro das comunidades cristãs, interação com instâncias culturais vivas no ambiente: todas essas questões delineiam o quadro que estimulou as Igrejas daquela época a aperfeiçoar sua identidade.

10. Um perfil de vida eclesial no epistolário de Dionísio de Corinto

1. Em HE IV,23, Eusébio refere com transparente simpatia e provavelmente como exemplificação paradigmática a atividade, qualificada como "inspirada", exercida pelo bispo **Dionísio de Corinto** (pelo menos em parte, contemporâneo de Sotero de Roma, 166-175), não somente dentro da sua Igreja, mas também em relação a outras Igrejas da Grécia e da Ásia Menor, mediante o envio de **cartas "católicas"**, provavelmente porque destinadas a circularem entre as Igrejas. O próprio Dionísio declara ter cuidado de, a pedido, colecioná-las. As problemáticas que provocam essas intervenções permitem um olhar para a vida interna das Igrejas, para as discussões e dificuldades que as marcavam. O item conclusivo dessa informação (HE IV,23,12) deixa-nos entender as tensões criadas por essas problemáticas. Refere, com efeito, uma denúncia, por parte do próprio Dionísio, de manipulação dessas cartas, por meio de acréscimos e subtrações, manipulação que não deixa muito admirado quem escreve, porquanto, por parte de alguns, o objeto dela são os próprios "escritos divinos". A referência é provavelmente a Marcião, pouco adiante nomeado. Entende-se que essa prática visava fazer valer como de autoridade, a favor da própria posição, determinados textos, num momento no qual problemáticas e referências para enfrentá-las estavam em vias de definição.

A primeira carta, aos lacedemônios, já aponta como uma das preocupações fundamentais, embora em termos gerais a preocupação pela **ortodoxia** e pela **unidade**. O vocabulário é genérico e pode ser uma retroprojeção de Eusébio; indica, todavia, urgências que o quadro até aqui esboçado evidenciou bem e que a continuação do dossiê epistolar exemplifica. A carta seguinte, aos atenienses, se encarrega de uma situação de contornos muito mais definidos, mas nada isolada. O martírio do bispo Público provocou uma crise que tem como sintoma preocupante e como causa o "desleixo pela palavra divina", um afastamento do nutrimento da fé, um afrouxamento da participação na assembleia cristã, onde a palavra é proclamada e explicada. Como remédio, foi oferecida uma dupla garantia: o bispo Quadrato, eleito depois de Público, é guia confiável na fé e, além disso, a Igreja de Atenas repousa sobre raiz apostólica.

Seu primeiro bispo, com efeito, é Dionísio Areopagita, levado à fé pelo apóstolo Paulo (At 17,34). A competência do bispo em matéria de fé e a ancoragem da fé e do ministério na missão dos apóstolos são temas de primeiro plano na reflexão do fim do século II, como veremos. A terceira carta, aos nicomedenses, contém uma informação circunstanciada: confuta a heresia de Marcião, mediante o confronto com o "cânon da verdade". Essa expressão, que adquire grande peso na obra de Irineu de Lião no fim do século, remete a um critério, uma norma a ser seguida, para ter acesso à fé e se manter na reta compreensão dessa fé professada. Dos exemplos que a obra de Irineu fornece sabemos que ela é muito próxima do credo batismal. A urgência de se opor à heresia é o tema até da carta à Igreja de Gortina e a seu bispo Filipe, elogiados pela coragem de que deram prova, provavelmente na perseguição.

As cartas à Igreja de Amastre e do Ponto, junto com a que foi endereçada à comunidade de Cnossos e a seu bispo Pinito, tocam num argumento de amplo alcance, que marca uma sensibilidade particular presente em alguns componentes do cristianismo do século II; trata-se da prática da castidade, como abstenção das relações sexuais até no matrimônio, bem como do próprio matrimônio, que Pinito parece julgar ser característica da vida cristã, pelo menos na sua condição adulta. A troca epistolar entre Dionísio e Pinito que Eusébio reúne fixa um campo de tensão: para o primeiro, a exigência da abstenção das núpcias não pode se tornar objeto de imposição; para o segundo, ela se impõe para qualquer um que não queira ficar parado no nível infantil da vida cristã. No fundo, percebe-se a referência à sentença paulina de 1Cor 7 e a suas diferentes exegeses, objeto de interrogação por parte de cristãos de Amastre e do Ponto. Com esse tema aparece também o da readmissão de quem se arrepende de erros, inobservâncias e heresia (HE IV,23.6). O tema das exigências da "vida segundo o Evangelho" e o da readmissão dos pecadores são significativamente aproximados. Emerge a exigência de precisar o estatuto da vida cristã na sua diferenciação em relação ao "mundo" e de indicar traços de conduta e modos de compreender a fé que fazem o papel de fronteiras do pertencimento à Igreja.

2. Nessa sequência de cartas, oito no total, o lugar de honra está reservado à enviada à Igreja de Roma, com o seu bispo Sotero (166-175). Eusébio traz dela duas passagens, exemplificativas de comportamentos dos cristãos de Roma, feitos objetos de louvor e reconhecidos como a eles peculiares. Essa Igreja se qualificou pela solicitude em relação aos irmãos de outras Igrejas, pobres ou condenados aos trabalhos forçados nas minas. Nisso, o próprio Sotero se distingue "como um pai afetuoso em relação a seus filhos". Envolvida no mesmo louvor está a carta recebida de Roma, no tempo de Clemente; ela ainda é objeto de leitura na assembleia dominical, bem como a de Sotero, da qual a carta de Dionísio é, provavelmente, a resposta. Em HE II,25,8, Eusébio já havia referido outra passagem da carta de Dionísio a Sotero, na qual põe em comum as Igrejas de Roma e de Corinto, como fruto da missão de Pedro e de Paulo. A comum raiz apostólica paulino-petrina parece lembrada ali como razão do entendimento atual entre as duas Igrejas.

O resumo do epistolário de Dionísio conclui-se com uma carta, a única, endereçada a uma pessoa em particular, a uma mulher, Crisófora, louvada como "irmã fidelíssima". O seu conteúdo é qualificado como "nutrição espiritual conveniente". O fato de Eusébio ter encontrado essa carta no *corpus* de Dionísio e ter considerado importante fazer dela menção dá a entender que Crisófora deva ter deixado memória significativa de si mesma. A fidelidade louvada pode se referir à sua fé provada em momentos de dificuldade ou também a um ministério que lhe era reconhecido ou confiado. Em todo caso, estamos diante de um fragmento significativo sobre a relevância das mulheres na comunidade cristã, numa época na qual a sociedade não concedia a elas fácil acesso à palavra em público.

O epistolário de Dionísio põe-nos diante de uma **prática de comunicação entre Igrejas** estimulada por uma série de problemas de grande relevância, problemas ligados a duas situações que se repetem e se repercutem de diferentes modos na vida interna das comunidades. Trata-se das tensões provocadas por episódicas perseguições que golpeiam membros em vista das comunidades e do debate ligado a diferentes interpretações das exigências da mensagem evangélica, diversidades que vão tornando precisos seus contornos. Já tratamos de ambos esses aspectos; agora é o momento de reunir algumas relevantes repercussões deles na vida das Igrejas. A intensificação da prática comunicativa entre Igrejas mostra quer a amplitude e transversalidade dos problemas, que superam os limites de cada comunidade, quer a consciência dos vínculos que as Igreja têm entre si, reconhecendo-se como Igreja do único Senhor, como a única Igreja disseminada no mundo, a Igreja católica. Alguns dos temas em questão, como o da reconciliação dos pecadores, assumirão relevância bem mais ampla no decurso do século III e a eles reservaremos atenção adequada. Outros, como o do caráter peculiar da vida cristã no mundo, da reta doutrina, da ligação com as origens, têm um seu momento de destaque entre os anos 150-200 e, por isso, tratamos deles aqui.

> Inserção 2
> **As mulheres na Igreja antiga**
>
> A presença das mulheres na Igreja antiga tornou-se tema específico de pesquisa bem recentemente, nos últimos trinta anos. Nos manuais está, em geral, ainda ausente ou neles encontra um espaço muito reduzido. Que a história da Igreja antiga seja história de mulheres e homens é coisa óbvia; mas o dado vistoso é que a voz delas encontra eco muito reduzido nas fontes a nós disponíveis, uma voz quase silenciosa. Ao historiador interessa entender as razões dessa presença rarefeita e quase sempre mediada pela voz e representação masculinas. Segundo essa ótica, o tema se desloca para uma consideração mais global das estruturas internas da vida das comunidades cristãs, sobre o eventual débito à sociedade e cultura do tempo, sobre as potencialidades inovadoras que a experiência cristã introduziu na modulação do masculino e feminino. Não se trata de fazer à Antiguidade perguntas de hoje e, sim, darmo-nos conta da história da qual proviemos. Procurarei referir rapidamente a situação do tema nas fontes e a direção dos estudos hoje.
>
> *As fontes.* Diante da constatação de que são pouquíssimos os textos atribuíveis a mulheres — restam pérolas isoladas: o *Diário de Perpétua*, inserido na narrativa do martírio (por volta de 203) e o *Diário de viagem de Egéria* (por volta de 380) —, é preciso dizer que a presença das mulheres ficou por longo período oculta nos textos (não objeto de atenção por parte dos estudos) e que os vestígios da presença delas foram, às vezes, veiculadas segundo perspectivas que as deformaram (pensemos apenas no caso de Maria de Magdala, identificada com a pecadora penitente: a esse respeito, ver o texto de M. Perroni; C. Simonelli referido na nota bibliográfica). Pode ter prejudicado a avaliação objetiva da presença delas o juízo em geral negativo ou sem fundamento aplicado à literatura chamada apócrifa, que reservava notável importância às mulheres e, talvez ainda mais, o peso da qualificação de heresia estabelecido para o gnosticismo e para o movimento montanista, nos quais as mulheres gozavam de uma posição de destaque. É preciso estabelecer, pelo menos, a pergunta sobre se o papel das mulheres nele registrado está ligado à heresia imputada ou se a condição delas é, em geral, transcrição do que valia também na grande parte das comunidades cristãs até o fim do século II. É difícil, com efeito, evitar a impressão de que a progressiva hierarquização dos ministérios, a partir do fim do século II, tenha contribuído para limitar a valorização da ação delas e o registro da memória delas.
>
> A pouca atenção das fontes à presença das mulheres é um dado harmônico com o contexto sociocultural, com a posição da mulher na cultura judaica,

grega e latina. Embora a divisão dos espaços público-privados entre masculino e feminino pareça se atenuar na Antiguidade tardia, permanece, todavia, como um traço marcante e corrente a atribuição do âmbito do privado à mulher. As críticas propostas de fora sobre o excesso de protagonismo de mulheres nas comunidades cristãs, formuladas por um filósofo, como Celso (Orígenes, *Contra Celso* III,55) e analisadas por um apologista, como Taciano (*Aos gregos* 33: "Não zombeis das mulheres que, entre nós, se dedicam à filosofia [...], que partilham de nosso estilo de vida, junto à assembleia de que fazem parte") são uma confirmação disso e falam da tensão entre contexto e comunidades cristãs. Não é fora de propósito apresentar pelo menos a pergunta sobre se uma limitação posta a papéis das mulheres nas Igrejas esteja ligada também ao fato de as comunidades eclesiais terem procurado, especialmente na saída da dimensão de Igrejas domésticas (século III), apresentar a própria organização interna de modo que pudesse resgatar o crédito do mundo no qual se encontravam.

Método. Essa situação das fontes torna particularmente delicada sua pesquisa, pois para elas refluem espontaneamente modos de ver tipicamente masculinos, como a atribuição de "maturidade masculina" à mártir, em razão de sua força de ânimo (cf. C. Mazzucco, *E fui fatta maschio*, Florença, Le Lettere, 1989). Nessa mesma linha de atenção aos textos, devem ser avaliadas desconfianças ou proibições, que podem ser vistas também como reveladoras de usos difundidos que estão se tornando motivos de tensão e veem se desenvolver um conflito de motivações. Quando, por exemplo, Tertuliano mostra às mulheres o prejuízo a cujo encontro vão, ao se casarem com homens pagãos (*À mulher* II,4), faz referência, decerto, a uma prática que tem seus riscos, mas também enfatiza que as mulheres têm sido, de fato, intermediárias para o anúncio do Evangelho na sociedade. A análise de gênero tem aqui boas razões para pesquisar nas entrelinhas do texto e assim deixar transparentes os procedimentos interpretativos neles subtendidos.

Mulheres nas comunidades cristãs. Não há dúvida de que nas Igrejas das origens a memória de Jesus, aceita nos textos neotestamentários, era portadora de novidades que induziram as primeiras comunidades cristãs a procurar novas estruturas, nem sempre lineares, como se lê no epistolário paulino, na tensão entre solenes afirmações de igualdade (Gl 3,28) e indicações práticas que atribuem à mulher uma posição subordinada, por diversos motivos (1Cor 11,3-16; 14,33-35; 1Tm 2,8-15; Tt 2,3-5). Anne Jensen selecionou uma antologia de textos que faz a recensão, seguindo uma escansão cronológica, de registros da memória de mulheres na Igreja antiga segundo tipologias que falam de sua relevância e funções: *apóstolas, profetisas, mártires, ascetas, viúvas, diaconisas, esposas e mães.*

"Tornaram-se apóstolas de apóstolos"; assim, um comentário ao *Cântico dos Cânticos* do início do século III (XXV,6), atribuído a Hipólito, qualifica as mulheres enviadas pelo Ressuscitado a dar o anúncio aos discípulos. O epistolário paulino conhece nomes de mulheres que desempenharam papéis importantes no serviço do Evangelho e que a Igreja ortodoxa venera como apóstolas: Priscila (1Cor 16,19ss), Ninfa (Cl 4,15), Ápia (*Fm* 1,2), Júnia (Rm 16,7). Tecla de Icônio não tem apenas grande importância nos *Atos apócrifos de Paulo e Tecla*, mas o seu túmulo, em Selêucia, foi meta de muitas peregrinações, como atesta Egéria (*Viagem* 23). No século IV, segundo uma informação de Rufino (*História Eclesiástica* I,10), é uma mulher prisioneira a protagonista da primeira evangelização dos Iberos (Geórgia). Ireneu e Cipriano (carta 75) são boas testemunhas da permanência nas comunidades cristãs do carisma profético de mulheres, e isso bem depois do período das origens, onde ele é afirmado claramente, com base na profecia do livro de *Joel* (3,1-2), retomada no discurso de Pedro no dia de Pentecostes (At 2,17-18). A memória das filhas de Filipe, depois de At 21,9, é comentada por Eusébio, mediante Pápias (HE III,31,3 e 39,3). O diário da mártir Perpétua contido na narrativa da *Passio* pode muito bem ser aceito como voz profética de mulher. Justino pode dizer pacificamente: "De nós podem-se ver tanto mulheres, como homens, que receberam carismas do Espírito de Deus" (Justino, *Diál.* 88,1).

O elenco das mulheres mártires e de sua ressonância nas Igrejas é amplo. Ao lado da indicação frequente de que o grupo dos mártires é composto de mulheres e homens, há a relevância de algumas figuras como Blandina, em Lião, Perpétua e Felicidade, em Cartago, Sabina, em Esmirna (*Passio de Piônio*), Irene, Ágape, Quione, Cássia, Filipa e Êutica, em Tessalônica, sob Diocleciano. O "sou cristão/ã" as põe em comum com os irmãos de fé na mesma *parresía* e parece produzir uma mudança de atribuições: a "fortaleza", fruto do dom do Espírito do Ressuscitado, vale para mulheres e homens, bem como a fraqueza se transfere também para a vertente masculina, no caso dos *lapsi*. Depois do lugar das viúvas, atestado no epistolário paulino, a presença das mulheres no primeiro monaquismo é de absoluto relevo, como bem se lê na *História lausíaca*, de Paládio, até o epistolário de Jerônimo (a *Carta* 127 é dedicada à vida de Marcela). Gregório de Nissa dá voz à irmã Macrina, como mulher que tem ensinamento a dar e desempenha tarefa de direção na comunidade monástica, e o homem Gregório assume a posição de escuta. A *Didascália dos Apóstolos* é o documento que melhor nos informa, em meados do século III, sobre o ministério das diaconisas, suas tarefas no quadro do anúncio, da catequese e da liturgia batismal. As 17 cartas de Crisóstomo à diaconisa Olimpíada valem também como ilustração do envolvimento delas também nas tarefas de direção. A novela 31, de Justiniano, atribui à igreja principal de Constantinopla, Santa Sofia, 40 diaconisas, ao lado de 100 diáconos e 60 presbíteros.

Uma tensão não resolvida. A Igreja antiga parece veicular, no que diz respeito à posição das mulheres, uma tensão não resolvida entre a instância de radical igualdade transmitida pelo anúncio de Jesus e a configuração da presença delas no âmbito das tarefas que articulam a comunidade cristã. A tendência à subordinação e à exclusão, especialmente no que diz respeito às tarefas de direção, parece estar em linha com as estruturas culturais e sociais correntes, com vistosas exceções, todavia, como dão a entender as figuras de profetisas analisadas pelas fontes, os qualificados testemunhos de mártires e o ministério das diaconisas, especialmente no Oriente. Um lugar importante emerge também no monaquismo, onde deixaram profundos rastos "mães do deserto" e mulheres que dirigem comunidades monásticas. Se, sob um ponto de vista teológico, se pode apresentar a pergunta sobre as razões dessa tensão não resolvida, a pesquisa, sob o ponto de vista histórico, ajuda não pouco a levar em consideração nexos com os contextos socioculturais e os comportamentos interpretativos veiculados pelos textos dentro deles.

Nota bibliográfica

ALEXANDRE, M. Immagini di donne ai primi tempi della cristianità. In: DUBY, G.; PERROT, M. (ed.); SCHMITT PANTEL, P. (org.). *Storia delle donne in Occidente. L'Antichità*. Bari: Laterza, 1990, 465-513.

_____. La place des femmes dans le christianisme ancien. Bilan des études récentes. In: DELAGE, P. (ed.). *Les Pères de l'Eglise et les femmes, Actes du colloque de La Rochelle, 6 et 7 septembre 2003*. Clamecy: Nouvelle imprimérie Laballery, 2003, 24-78.

BØRRESEN, K.; PRINZIVALLI, E. (ed.). *Le donne nello sguardo degli antichi autori cristiani. L'uso dei testi biblici nella costruzione dei modelli femminili e la riflessione teologica dal I al VII secolo*. Trapani: Il Pozzo di Giacobbe, 2013.

GIANNARELLI, E. Apostole, diaconesse, profetesse: il difficile cammino delle origini. In: CORSI, D. (ed.). *Donne cristiane e sacerdozio. Dalle origini all'età contemporanea*. Roma: Viella, 2004, 19-31.

_____. *S. Gregorio di Nissa. La vita di S. Macrina*. Milão: Paoline, 13-74.

_____. La donna nel cristianesimo antico. Fra filosofia e mito. In: *Donne sante, sante donne. Esperienza religiosa e storia di genere*. Turim: Rosemberg Sellier, 1996, 99-117.

GOURGUES, M. *"Né uomo né donna". L'atteggiamento del cristianesimo delle origini nei confronti della donna*. Milão: S. Paolo, 2014.

JENSEN, A. *Gottes selbstbewusste Töchter. Frauenemanzipation in frühen Christentum?* Friburg-Basileia-Viena: Herder, 1992.

_____. *Femmes des premiers siècles chrétiens*. Traditio Christiana XI. Berna: Peter Lang, 2002.

LAMIRANDE, E. Des femmes aux origines de l'Église nord-africaine. Le contexte martyrologique (180-225). *Augustinianum*, 47 (2007) 41-83.

MATTIOLI, U. (ed.). *La donna nel pensiero cristiano antico*. Gênova: Marietti, 1992.

PERRONI, M.; SIMONELLI, C. *Maria di Magdala. Una genealogia apostolica*. Roma: Aracne, 2016.

PRINZIVALLI, E. La recente storiografia riguardante la donna nel cristianesimo antico. In: MEZZADRI, L.; TAGLIAFERRI, M. (ed.). *Le donne nella chiesa e in Italia*. Milão: San Paolo, 2007, 35-53.

> VALERIO, A. (ed.). *Donne e Bibbia. Storia ed esegesi*. Bolonha: EDB, 2006 (em particular: MAZZUCCO, C. *Donne e Bibbia nel cristianesimo tra II e V secolo*, 23-49; ESTÉVEZ LÓPEZ, E. *Leadership femminile nelle comunità cristiane nell'Asia Minore*, 241-276).

11. Rumo a critérios e confins identitários

No final do século segundo, os grupos dos crentes em Jesus, que, em geral, se configuram socialmente na forma de livres associações religiosas presentes em muitas cidades do Império (cf. A. Destro; M. Pesce, *Forme culturali del cristianesimo nascente*, Bréscia, Morcelliana, ²2008), dispõem de um conjunto de referências comuns normativas, em vários níveis: **as Escrituras** (herança judaica e memórias dos apóstolos), **a prática litúrgica**, batismo e eucaristia, com a anexa **profissão de fé**, que, explicada por alguns acréscimos, recebe também a qualificação de "regra de fé" ou "regra de verdade", uma **organização ministerial** que põe em evidência cada vez mais a figura do bispo, que preside. Assim baseadas, as Igrejas comunicam-se entre si e procuram respostas partilhadas a problemas que superam confins locais ou que são relevantes em referência ao modo de entender a fé e a prática cristã. Trocas epistolares e encontros regionais são sua significativa documentação, como já tivemos ocasião de referir. Reunimos aqui os seus resultados em torno de quatro aspectos de particular importância.

1. *Os cristãos no mundo*. A exigência de ter de lidar com a história, com a duração deste mundo, impõe-se à atenção dos crentes em Jesus desde o fim do século I e se intensifica na reflexão dos apologistas chamados a dar crédito aos cristãos como cidadãos confiáveis. Como todos, os cristãos habitam o mundo, partilham da mesma existência e **pertencimento à cidade**. Todavia, eles não se distinguem apenas por um culto diferente (e porque se negam aos cultos tradicionais), mas por uma série de "modos de viver" o tecido da vida cotidiana, da familiar à social. A espera do retorno do Senhor, com a instauração definitiva do seu Reino, a referência à vida itinerante de Jesus durante o seu ministério tinham levado ambientes cristãos a adotar um estilo de vida no qual a pobreza, o desligamento de vínculos em relação ao ambiente familiar e a escolha da abstenção das núpcias ou do exercício da sexualidade dentro do casamento revestia notável importância (cf. Justino, *Primeira apologia* 15,6; Atenágoras,

Súplica 33; Tertuliano, *Apologético* 9,19; Minúcio, *Otávio* 31,5). Esse modo de viver a sexualidade é certamente legível mesmo sob a característica cultural do domínio de si e, asceticamente, como afastamento deste mundo pela espera e desejo do mundo futuro (razão exaltada pelo montanismo e presente em contextos judaicos das origens cristãs, como o movimento essênio); todavia, ligava-se também com um difundido desinteresse pelo mundo material e pelo componente somático do homem, próprio de amplos estratos da cultura da época (do platonismo à tradição cínica), que se tornava agudo na referência a raízes de cunho dualista, como no caso de Marcião e do gnosticismo. As razões da *enkrateia*, da abstenção, remetem, portanto, para uma pluralidade de instâncias que diversificam, de fato, o sentido da sua prática, a ser indagada em cada contexto.

A persuasão de dever habitar a história, que teve bom início nos *Atos dos Apóstolos*, de Lucas, e a necessidade dos apologistas de creditar os cristãos como bons cidadãos levam a meditar de novo sobre a herança das origens, a se interrogar sobre o sentido do mundo e dos vínculos que o homem mantém com ele. A resposta cristã a essas perguntas, cruzando com a da cultura, é elaborada mediante a prática de uma série de "distingo" que delineia a vida cristã. Segundo o dito do *A Diogneto*, os cristãos praticam uma **dupla cidadania**, da terra e do céu. A segunda, porém, está a favor da primeira, pois induz a uma solidariedade dirigida a todos. O *ágape* sem exclusões é o lugar, a modalidade de se situar no mundo, não renunciável por parte dos cristãos. Decerto, como as apologias frequentemente declaram, os cristãos excluem de sua prática o culto do imperador, mas lhe garantem a lealdade. Mais ainda, abstêm-se dos cultos das divindades tradicionais, mas o fazem a favor do culto ao único e verdadeiro Deus e garantindo sua oração a ele também pelas autoridades e pela estabilidade deste mundo (Tertuliano, *Apologético* 39).

Permanece em alguns ambientes, indicados de modo peculiar pelos *Atos apócrifos dos Apóstolos* (cuja redação mais antiga, pelo menos para os de André, João, Paulo e Tecla, Pedro e Simão, pode ser datada por volta do fim do século II), mas também por personalidades, como Taciano e Tertuliano, um fascínio notável pelas práticas do jejum, da pobreza e da abstenção das núpcias. Elas parecem se situar num campo de tensão, que vai de se configurar como ideal de vida cristã amadurecida até pôr-se como instância do seguimento de Jesus, que não deve ser atenuado, em vista do mundo que virá com o seu retorno, sob pena de perda de autenticidade.

Delineia-se, assim, uma tensão entre a solidariedade com o mundo e o distanciamento crítico, entre a participação na vida corrente de todos e a sua relativização em nome da esperança escatológica. Deve-se notar aqui, porém, a pluralidade das motivações que se cruzam e, às vezes, se sobrepõem de maneira, às vezes, irrefletida. No caso das mulheres, frequentemente documentado na literatura apócrifa citada, a abstenção das núpcias ou das relações sexuais pode assumir até o valor de uma reivindicação de autonomia com referência às pretensões consideradas como óbvias por parte dos homens. O seguimento de Jesus fornece razões para pôr em discussão estruturas sociais tradicionais e para abrir o caminho a uma efetiva capacidade de determinação pessoal. O caso do martírio, que põe em comum mulheres e homens, mesmo de idade jovem, é clara demonstração do último aspecto destacado.

2. *A memória das origens como referência normativa.* O percurso mediante o qual alguém se torna cristão traz consigo a memória das origens como referência identitária. O que implica o "viver cristão", quais suas razões, isso está inscrito no percurso que faz tornar-se cristão mediante o batismo e a eucaristia. Neles a vida cristã busca continuamente inspiração, orientação. Justino, na sua *Primeira apologia* (61.65-67), dá-nos uma informação sintética. Tornar-se cristão comporta um tempo de instrução que visa produzir a convicção da fé e um aprendizado a viver coerentemente com ela. Segue a introdução à oração e à invocação do perdão. O batismo no nome do Pai, do Filho e do Espírito Santo é explicado como graça de regeneração e iluminação e introduz diretamente na participação da eucaristia na assembleia dos irmãos. O seu significado é haurido nas "memórias deixadas a nós pelos apóstolos, chamadas Evangelhos", que fazem referência à ceia do Senhor e à ordem de fazer memória dela (66,3). A vida cristã é permanente memória desse início. O eixo é a **eucaristia no "dia do sol"**: a assembleia de escuta dos escritos dos profetas e das memórias dos apóstolos, de onde aquele que preside extrai admoestações para a vida cristã. A oração da assembleia introduz à ação de graças pronunciada por quem preside e tem o seu ápice na comum participação da eucaristia, enviada mediante os diáconos também aos ausentes. Por essa participação é que se explicam a comunhão de vida e a atenção aos pobres, aos doentes, aos encarcerados e aos estrangeiros (67).

O modo com o qual alguém **se torna cristão** fala também de como continuar a se tornar cristão. É significativo que mais de um apologista tenha querido deixar a respeito memória extensa (Justino, *Diálogo* 1-8) ou sintética (Taciano, *Aos gregos* 39) do seu caminho pessoal de conversão, de acesso à fé. É um percurso que submete a revisão o *éthos*, o modo de viver corrente, apreciado pelo contexto social e pela tradição, e que implica a adesão aos "três capítulos" da fé (expressão de Irineu em *Demonstração da pregação apostólica* 3): a fé no Deus Único Criador, em Jesus *Logos*, Filho feito homem salvador, no Espírito Santo, doado à humanidade pelo Senhor ressuscitado da morte e reconhecível nas vozes dos profetas e no agir da Igreja. *Éthos* e credo mantêm entre si ligações muito estreitas, bem visibilizadas na celebração batismal e eucarística. Se o batismo sanciona a dinâmica de distanciamento (renuncio) e de adesão (creio), a eucaristia indica na caridade, no ***ágape***, o centro inspirador da conduta cristã motivada pela benevolência gratuita de Deus em relação a todos. Na revisão do *éthos*, a tradicional proposta das virtudes e a novidade evangélica confrontam-se de perto, interagem e se tornam, não raramente, campo de questionamentos e de discussão nas Igrejas. As motivações do seguimento/imitação de Jesus e da espera escatológica entrelaçam-se com consequências culturais e induzem a sensibilidade, valorizações e orientações às vezes contíguas, às vezes diferentes e inovadoras.

O credo cristão tem também necessidade de ser formulado de modo a se apresentar como crível por pessoas que quiserem explicá-lo. De modo particular, a coerência entre **monoteísmo e fé cristológica** e o estatuto humano e divino do Filho Jesus tornam-se temas sensíveis. O pensamento filosófico corrente, com efeito, tendia a perceber como evidente o Uno como solitário, "isolado" por sua própria perfeição, que o faz, precisamente, único, ao passo que o divino e o humano, especialmente na sua dimensão somática, são polaridades opostas. Daí a urgência de uma reflexão que permitisse argumentar positivamente, seja a respeito do Filho *Logos* em Deus como presença que não compromete a unidade, seja a propósito do acolhimento da surpreendente novidade da encarnação, na sua verdade. O axioma repetido é de que o que compete a Deus é ele mesmo que o manifesta, revelando-se a nós. A reflexão procura seu caminho em meio às diferentes exigências do credo: às vezes, acentuando a unidade de Deus e atribuindo a distinção à passagem, ocorrida na economia, do invisível ao visível (*monarquianismo*), às vezes acentuando a distinção Deus-*Logos* e recuperando no caráter fontal da paternidade de Deus a razão da unidade (*subordinacionismo*). A afirmação da humanidade do Filho feito homem requer particular insistência, exposta como está a mais tentações de erosão que podiam valer-se da referência às teofanias veterotestamentárias e às sugestões mitológicas das visitas de divindades mediante o revestimento humano. Essas oscilações aguçam a exigência de aperfeiçoar os critérios que devem regular o entendimento da fé.

O resultado é a fixação de uma "**memória das origens**" que faz o papel de referência identitária. Essa memória compreende três referências imprescindíveis: as Escrituras (cânon), um modo de entender a Igreja que encontra, enquanto está contido e expresso no batismo e na eucaristia a sua figura originária, o ministério de presidência (bispo) como avalista da unidade, enquanto componente da herança apostólica. Nesse conjunto de elementos se reconhece a via que guarda a memória dos apóstolos, via de acesso correta e legítima a Jesus Senhor. No final do século II, Ireneu é disso testemunha particularmente abalizada (AH III,1-5).

3. *Uma memória plural.* Não se trata, todavia, de uma memória que induz à uniformidade: o Evangelho é *quadriforme*; ao lado dele está o *apostolicon*, o epistolário paulino, o *corpus* das cartas católicas, a narrativa lucana dos *Atos dos Apóstolos*, a profecia do *Apocalipse*. As Igrejas guardam elementos de diferença ligados quer aos contextos culturais (a língua — grego, latim, siríaco — é disso sinal vistoso), quer à diferente apreciação da herança judaica, presente desde as origens. Um caso singular é constituído pela controvérsia pascal.

A discussão em torno da data da **celebração pascal**, que surgiu por volta de 190, segundo as informações de Eusébio (HE V,23-25), apresenta-se como tensão entre duas tradições litúrgicas que pretendem se legitimar com o apelo à origem apostólica. As Igrejas da Ásia seguem uma prática quartodecimana, ou seja, celebram a Páscoa no dia correspondente ao 14 de Nisan, concomitantemente com a Páscoa judaica, ao passo que todas as outras fazem a celebração no domingo seguinte. É provável que a dupla prática causasse problema nos lugares onde estavam presentes comunidades que se reportavam às duas tradições. É esse, quase certamente, o caso de Roma. Ocorria que, enquanto os grupos quartodecimanos concluíam o jejum e entravam no clima da alegria pascal, os "dominicais" mantinham ainda o jejum, até a vigília entre o sábado e o domingo seguintes. Segundo a informação de Eusébio, um primeiro confronto entre as duas tradições já acontecera por volta do ano 155, com a ida a Roma de Policarpo de Esmirna, quartodecimano, e o encontro com o bispo Aniceto. O resultado fora uma recíproca legitimação; é esse, com toda a probabilidade, o significado da presidência na eucaristia, que Aniceto reserva a Policarpo, depois que nenhum dos dois pôde convencer o outro a deixar a própria tradição. Sobre o mesmo tema Eusébio encontra marcado num escrito de Melitão a respeito da Páscoa "um grande debate", em Laodiceia, provavelmente por volta de 165. Desse debate Eusébio não sabe dar as razões ou não julga mais útil fazê-lo. De fragmentos de textos sobre a Páscoa reunidos no *Chronicon pasquale* parece podermos entender que tenha se tratado de uma discussão interna à prática quartodecimana: o que se celebra no dia 14 de Nisan deve ser entendido como réplica/memória da cena pascal de Jesus ou como seu cumprimento que ele realizou na sua paixão? Segundo os termos da discussão de então, ligados à exegese de Lc 22,15-16, Jesus "comeu", ou melhor, "sofreu" a Páscoa? Com a data da Páscoa judaica não coincide tanto a última ceia de Jesus, que cairia no dia anterior, mas a sua paixão, que constitui seu cumprimento. Sendo idêntica a data da celebração judaica e cristã, tornava-se importante precisar seu conteúdo novo para os crentes em Jesus. Tratar-se-ia, aqui, de um debate interno à tradição quartodecimana que discute sobre a cronologia proposta pelos Evangelhos como indicador teológico. A Páscoa é sensibilíssimo ponto de contato e de diferença entre a sinagoga e a Igreja.

Por volta de 190, o bispo Vitor, de Roma, intervém, pedindo às Igrejas da Ásia que se harmonizem com a prática dominical adotada pelas Igrejas da Palestina, do Osroena e do Egito, ameaçando com a exclusão da comunhão os dissidentes quartodecimanos. Mediante uma série de sínodos regionais são motivadas as respectivas práticas: Polícrates de Éfeso garante a raiz apostólica do uso quartodecimano, ao qual as Igrejas da Ásia se consideram vinculadas. Atestam-no as figuras abalizadas de três bispos mártires: Policarpo de Esmirna, Tráseas de Eumênia e Sagáris de Laodiceia. A intervenção de Irineu, asiático que se mudara para Lião, quartodecimano por origem e de prática dominical pelo ponto de chegada, ressalta a legitimidade de ambas as práticas, que remontam a antepassados. A seu ver, elas atestam uma pluralidade que as Igrejas já acolheram e que constitui uma confirmação da riqueza da fé (analogamente à quádrupla forma do único Evangelho).

A pergunta sobre a prática pascal originária não tem fácil resposta. O destaque assumido pelo "dia depois do sábado", desde as origens, está fora de discussão: no ritmo semanal, os cristãos celebram o dia do Senhor. É mais difícil estabelecer quando terá tomado corpo a celebração anual da Páscoa. É plausível a conjectura de uma prática ligada ao calendário judaico, à qual teria progressivamente se juntado a data dominical, especialmente depois de 135, que vê o desaparecimento do templo de Jerusalém e o fim da prática sacrifical.

O debate em torno da data da Páscoa insere-se muito bem num período, 150-200, em que as Igrejas procuram definir os contornos de suas identidades, marcando a diferença, mas também guardando o nexo não renunciável com o judaísmo, e precisando os conteúdos da herança das origens. Essa herança é polifônica, como se vê do Evangelho quadriforme e de outras diferenças, de práticas e de formulações doutrinais. A data da Páscoa é disso um exemplo significativo. A unidade, todavia, estabelece as suas exigências, quer no plano da oportunidade para a vida concreta de cada Igreja, quer no da coerência dos significados. Como lembra, muitas vezes, Ireneu de Lião, trata-se de mostrar o caráter sinfônico da fé, eco da economia de Deus.

O olhar das primeiras comunidades cristãs predominantemente voltado para o futuro, para o retorno do Senhor, curva-se, assim, sobre a Igreja do fim do segundo século, como olhar para o passado, para as origens que fazem o papel de norma. Trata-se, decerto, de encontrar uma "norma" para habitar a história, para caminhar para o seu futuro. Essa "torção", ligada ao afastamento das origens das quais é preciso guardar o significado, interroga sobre a transmissão da "memória de Jesus", sobre sua "novidade" que se tornara tradição, sobre como ela deva ser vivida e guardada no tempo, sem perder de vista que o polo de atração que é chamada a guardar é o mundo novo por vir, ligado ao retorno do Senhor e às suas promessas.

4. *Escolas como lugares de procura e de aprofundamento da fé*. A necessidade de dar crédito à fé cristã em relação à cultura da época, a penetração do Evangelho entre os estratos cultos da sociedade e os debates entre as diferentes interpretações da herança cristã estabelecem a exigência de lugares de aprofundamento e de confronto. Emergem nesse quadro figuras de mestres que, segundo o modelo das escolas filosóficas, propõem-se a favorecer o acesso a uma compreensão mais profunda. **Justino** e Clemente Alexandrino são a esse respeito testemunhas qualificadas. Durante o interrogatório que os leva ao martírio em Roma, por volta de 165, respondendo à pergunta sobre os lugares de reunião, assim explica Justino a sua atividade: "Moro acima dos locais de banho de Mirtino e não conheço outro lugar de reunião senão aquele. Quando alguém queria vir me encontrar, eu o punha a par dos princípios da verdade" (*Atas do martírio*, 3). No *Diálogo com Trifão* (58,1), o próprio Justino explica o seu ensinamento como "participação da graça de compreender as Escrituras", graça que ele pretende partilhar "gratuita e livremente". Que esse tipo de ensinamento se inspirasse no modelo das escolas dos filósofos, Justino o dá a entender na abertura do *Diálogo*, quando Trifão o identifica como potencial interlocutor pelo manto dos filósofos (o *tribon*) que veste (1,2).

Essas rápidas informações fazem entender um contexto no qual a proposta de Justino visa ter crédito. Como a filosofia, também o cristianismo tem seus textos fundadores, as Escrituras proféticas e apostólicas, e elas são suscetíveis de estudo e de aprofundamento. Nesse quadro, a leitura das obras de Justino oferece significativa confirmação. O eixo principal do ensinamento é, precisamente, a penetração do sentido das Escrituras, muitas vezes por meio de dossiês temáticos (*testimonia*) e com base na exegese tipológica. Sobre esse fundo são depois lembradas posições de filósofos, ditos poéticos, figuras da mitologia, seja para mostrar possíveis vestígios e pressentimentos do que depois a revelação do *Logos* Jesus propõe de forma completa, seja para denunciar falsificações ou contradições que põem a descoberto seu erro. O confronto entre mensagens provindas dos textos fundadores torna-se lugar de aprofundamento da fé. Não é por acaso que os presos junto com Justino declaram que a fé deles é anterior à frequência das reuniões onde a palavra dele era ouvida de bom grado (*Atas do martírio* 4,7). Informações conservadas por Eusébio põem entre os discípulos de Justino Taciano, que, por sua vez, se tornou mestre em Roma e, a seguir, em Dafne, perto de Antioquia e, enfim, na Mesopotâmia, em Edessa, onde compôs o *Diatessaron* (Eusébio, HE IV,29; Epifânio, *Panarion* 46,12,4-5).

Clemente Alexandrino (*Estr.* I,1,11,1-2), ao explicar a natureza de seu escrito, declara-o como eco do que pôde reunir em sua peregrinação junto a mestres que têm, a seus olhos, grande consideração. Trata-se de mestres cristãos qualificados "como bem-aventurados e verdadeiramente dignos de estima". No ápice põe a abelha sícula, com toda a probabilidade Panteno, que, "colhendo flores no prado dos profetas e apóstolos, gerou um puro fruto de gnose nas almas dos ouvintes". Esses mestres "conservam a verdadeira tradição da bem-aventurada doutrina". Se os dados que temos são muito fragmentários para nos permitir falar de verdadeiras escolas, permitem-nos, todavia, intuir um fenômeno bem situável no contexto eclesial da época. Mestres cristãos se deslocavam, permanecendo por longos períodos a serviço da fé nas comunidades cristãs dos principais centros do Império e ali podiam ser abordados por alunos desejosos de aprender sobre a fé cristã de modo profundo. A proposta dos mestres propunha-se a explicar a fé com base nas Escrituras, formulando seus conteúdos também com a utilização de categorias da cultura da época. Refluía, assim, sobre modos correntes de falar de Deus, do *logos* como seu mediador, da alma e da escatologia, uma série de significados novos, proveniente da fé cristã. Se ela "falava grego", tornava disponível, desse modo, as próprias convicções em confronto, em especial, com o pensamento filosófico e, por sua vez, esse pensamento ficava aberto para veicular novos significados. Assim, a fé cristã se compromete a pensar, expõe-se ao pensamento e, por sua vez, faz pensar.

Inserção 3
Ortodoxia e heresia

Na introdução à sua *História Eclesiástica*, Eusébio põe no elenco dos temas de que ela tratará o dos heréticos, "iniciadores de um falso conhecimento", em oposição "aos que em todas as gerações anunciaram a palavra divina oralmente ou com seus escritos" (HE I,1). O pai da história da Igreja honra depois, de fato, o seu propósito, reunindo uma "tradição heresiológica" que já datava da metade do século II. À corrupção da heresia ele opõe a ortodoxia, que qualifica quer pessoas, como Irineu e Clemente Alexandrino (HE III,23,2), quer escritos que veiculam "a ortodoxia apostólica" (HE III,31,6). Assim, no início do século IV, tornou-se usual a dupla ortodoxia-heresia como expressiva da oposição entre verdadeira doutrina e erro, entre reta interpretação da fé e suas deformações.

O termo "heresia" aparece logo cedo nos textos cristãos para indicar divisões que alteram a harmonia da comunidade. Paulo, em Gl 5,20, põe as heresias na lista das obras da carne, ao lado de outros termos que indicam tensão e desacordo. Em 1Cor 11,18-19, fala de "heresias" ao lado de "cismas", que emergem quando a assembleia se reúne. Nessas passagens, o termo assume claramente uma conotação negativa. Não é assim em At 24,5, onde Paulo é chamado a se defender da acusação de ser um chefe da "heresia" dos nazoreus. Aqui, o vocábulo mantém um sentido neutro, corrente no fim da época helenística, onde significa partido ou escola de pensamento. Assim, em Flávio Josefo serve para indicar as diversas correntes presentes no judaísmo (essênios, fariseus, saduceus). O sentido pejorativo encontra-se marcado em 2Pd 2,1, onde as heresias são fruto de falsos doutores. Em Tt 3,9-11, recorre o termo "herético" para indicar um irmão que deve ser admoestado porque corre o risco de se perder "em polêmicas inúteis e vãs em torno da Lei". Heresia indica um comportamento ou um modo de pensar que põe em perigo a unidade da comunidade.

As cartas de Inácio de Antioquia estabelecem com clareza a correspondência entre heresia e erro doutrinal, opondo-se com vigor aos que consideram que o que o Senhor fez, a sua paixão e ressurreição, tenha acontecido apenas "na aparência" (*Esm* 4,1-2; 5,3; *Tr* 10,1). Faz-se remontar a origem dessa "impiedade" a uma ação demoníaca (Ef 10,3; 19,1; *Esm* 6,1; *Tr* 6,1; *Fil* 3,1).

A partir da metade do século II, aparecem escritos dedicados à denúncia e à confutação da heresia, entendida como erro que corrompe a fé correta. O primeiro exemplo de que temos notícia é o *Tratado contra todas as heresias*, de Justino. Perdeu-se a obra, mas é possível ter dela uma ideia, graças à sua reutilização em algumas passagens das *Apologias* (1Ap 26.56.58) e do *Diálogo com Trifão* (35,2-6. 80,3-4). A sua influência é também bem reconhecida na obra de Irineu *Exposição e confutação da falsa gnose*, composta no fim do século II. Aqui, a heresia recebe uma conotação precisa, que assim se resume: trata-se de um desvio com relação à reta doutrina, devida à influência da filosofia e dos demônios. Leva o nome do primeiro que a formulou e é transmitida de mestre a discípulo, formando uma "tradição" do erro que se opõe à da verdade. A identificação de uma posição como herética exclui do campo cristão aqueles que a ela aderem. Ela carrega consigo uma leitura distorcida das Escrituras, que são submetidas a um processo de seleção e de extrapolação do contexto. Por isso, a heresia está sujeita a variações infinitas, introduzidas pelo único mestre, e se reproduz como as muitas cabeças do mesmo monstro (AH I,30,15). Se antes da encarnação do *Logos* a ação demoníaca pode ser encontrada nos mitos pagãos como macaqueação da profecia, depois de Jesus Cristo ela se manifesta como blasfêmia contra Deus e o seu Cristo, como ataque direto contra o deus criador e a verdade da encarnação do seu Filho (cf. Norelli). Toma corpo, assim, uma interpretação do fenômeno herético que se torna habitual nos séculos seguintes, mediante a produção de um "gênero" de textos, de catálogos de heresias, que têm por objetivo esconjurar que a heresia se reproduza, pondo diante dos olhos as possíveis variações (entre todos, vale como exemplar o *Panarion*, de Epifânio). A Irineu junta-se a *Prescrição dos heréticos*, de Tertuliano (198/200), e, por volta de 220-230, a *Confutação de todas as heresias*, atribuída a um Hipólito de Roma, de não fácil identificação.

Esse gênero de textos não informa apenas sobre posições consideradas desencaminhadoras com relação à fé correta, mas as coloca numa moldura interpretativa que se tornará tradicional: a heresia é fenômeno segundo, sucede à verdadeira doutrina transmitida pelo Senhor aos apóstolos e por eles a seus discípulos. É no processo de distanciamento das origens que emerge o desvio, reconhecível precisamente enquanto tal, ligado à procura da vanglória própria dos iniciantes, brecha que o demônio explora para dividir o rebanho do Senhor e o afastar da salvação.

Em 1934, Walter Bauer, em seu estudo intitulado *Rechtgläubigkeit und Ketzerei im ältesten Christentum* (*Ortodoxia e heresia no cristianismo antigo*) submetia a uma radical revisão esse modelo. Analisando os inícios da presença cristã na Síria (Edessa e Antioquia), na Ásia Menor, no Egito, julgava dever concluir com a afirmação inversa; a posição majoritária era a que depois haveria de ser definida como heresia. Teria sido a Igreja de Roma que, conseguindo fazer prevalecer a própria posição, teria tornado esta última majoritária e "ortodoxa", com a consequente "heterodoxia" das outras posições doutrinais. Estudos sucessivos suavizaram notavelmente e submeteram à revisão as posições de Bauer (H. E. W. Turner, *The Pattern of Christian Truth. A Study in the Relations between Orthodoxy and Heresy in the Early Church*, 1954, e, sobretudo, o estudo de A. Le Boulluec, *La notion d'hérésie*, referido na nota bibliográfica). Foi progressivamente se consolidando a aquisição de que o modelo útil a interpretar o fenômeno não é o de luz-sombra (precedência da reta doutrina que, indiretamente, leva consigo a denúncia do erro), nem o do desdobramento linear a partir de um núcleo fundamental de partida, mas, antes, o de um processo no qual intervêm mais fatores, nem todos, decerto, do mesmo valor e peso.

O contexto é o da pluralidade das origens cristãs que veem se desenvolver uma pluralidade de interpretações do anúncio de Jesus e da sua aceitação e proposta por parte dos primeiros discípulos. Nele interferem os quadros do pensamento judaico, sensibilidades difundidas do mundo helenístico (filosofia), modalidades de comunicação e de organização nas comunidades cristãs, personalidades de grandes capacidades de reflexão e de organização. A memória de Jesus, decerto, apresentava traços de fundo não fáceis de contornar: a verdade da sua humanidade e da sua morte, a unidade de Deus, Pai e criador, o testemunho dado na sua ressurreição na carne, que o atesta como Senhor, fundamento da esperança cristã. Esses traços emergiram progressivamente como "filtro" de toda a reflexão e elaboração da mensagem cristã. A eles se juntam o aperfeiçoamento de critérios que valeriam para garantir a comunicação da fé no distanciamento das origens. A passagem da oralidade à Escritura até a constituição de um *corpus* das Escrituras, sem acréscimos e sem subtrações, e o emergir de um ministério de direção, por sua vez regulado por critérios precisos de exercício, são momento de um processo que determina os limites entre reta e desvirtuada compreensão da fé, entre ortodoxia e heresia.

Essas aquisições convidam a distinguir entre dados históricos (porquanto são acessíveis por meio das fontes disponíveis) e interpretações que a respeito se elaboram (origem demoníaca da heresia, influência das diversas posições presentes no judaísmo e das escolas filosóficas, interferências da vanglória etc.).

Vale a pena acrescentar duas notas a propósito da elaboração da doutrina cristã: trata-se de um processo não exaurível de uma vez por todas, pois não basta a preservação do teor verbal das fórmulas para garantir a reta aceitação da mensagem; o contexto no qual ocorre a aceitação de tais fórmulas é sempre importante e concorre para o significado delas. Trata-se, além disso, de um processo jamais automaticamente ao abrigo de instrumentalizações: a imputação de heresia pode se tornar instrumento a que se recorre para desqualificar uma pessoa ou uma posição que se percebe como antagonista (isso vale também, naturalmente, na direção inversa).

Nota bibliográfica

ARAGIONE, G.; NORELLI, E. (ed.). *Des évêques, des écoles et des hérétiques*. Losanna: Du Zèbre, 2011.

BENOIT, A. Orthodoxie et hérésies aux premiers siècles. In: GEOLTRAIN, P. *Aux origines du christianisme*. Paris: Gallimard, 2000, 511-517.

Costruzioni dell'eresia nel cristianesimo antico. *Rivista di Storia del Cristianesimo*, 6, 12 (2009) 323-434.

Eresia ed eresiologia nella chiesa antica; XII incontro di studiosi dell'antichità cristiana, Roma, 1984. *Augustinianum*, 25, 3 (1985).

LE BOULLUEC, A. *La notion d'hérésie dans la littérature grecque IIe-IIIe*. Paris: Etudes Augustiniennes, 1985, v. 1: De Justin à Irénée, v. 2: Clèment d'Alexandrie et Origène.

_____. Orthodoxie et hérésie aux premiers siècles dans l'historiographie récente. In: ELM, S. et al. (orgs.). *Orthodoxie, christianisme, histoire. Orthodoxy, Christianity, History*. Roma: Ecole française, 2000, 303-319.

NORELLI, E. *La nascita del cristianesimo*. Bolonha: il Mulino, 2014, 224-231.

POUDERON, B. Les "Bornes éternelles des Pères" (Pr 22,28). Réflexions sur le processus d'autodéfinition du christianisme. II. Le rejet des "hérésies". *Aevum Antiquum*, nova série 7 (2007) 299-320.

RINALDI, G. *Le fonti per lo studio delle eresie cristiane antiche*. Trapani: Il Pozzo di Giacobbe, 2015.

Bibliografia

Fontes

AH = BELLINI, E. (org.). *Ireneo di Lione. Contro le eresie e gli altri scritti*. Milão: Jaca Book, 1981.

HE = MIGLIORE, F.; QUACQUARELLI, A. (orgs.) *Eusebio di Cesarea. Storia ecclesiastica*. Roma: Città Nuova, 2001, 2 vol.

BASTIAENSEN, A. A. R. et al. (orgs.). *Atti e Passioni dei martiri*. Milão: Fondazione Lorenzo Valla-Mondadori, 1987.

BURINI, C. (org.). *Gli Apologisti greci*. Roma: Città Nuova, ^{2}2000.

CANTALAMESSA, R. (org.). *La Pasqua nella chiesa antica*. Traditio Christiana 3. Turim: SEI, 1978.

MUSURILLO, H. (org.). *The Acts of the Christian Martyrs*. Oxford: Clarendon, ^{2}1979.

RESSA, P. (org.). *Origene. Contro Celso*. Bréscia: Morcelliana, 2000.

TERTULLIANO. *Opere Apologetiche 1 (Ai martiri, Apologetico, Ai pagani, Testimonianza dell'anima, Polemica con gli ebrei, A Scapula)*. In: MORESCHINI, C. (org.). *Scrittori cristiani dell'Africa romana*. Roma: Città Nuova, 2006.

Estudos

AUNE, D. F. *La profezia nel primo cristianesimo e il mondo mediterraneo antico*. Bréscia: Paideia, 1996.
BASLEZ, M.-F. *Comment notre monde est devenu chrétien*. Tours: CLD, 2008.
CARFORA, A.; CATTANEO, E. (ed.). *Profeti e profezia nel cristianesimo antico*. Trapani: Il Pozzo di Giacobbe, 2007.
COSENTINO, A. *Il battesimo gnostico. Dottrine, simboli e riti iniziatici nello Gnosticismo*. Cosenza: L. Giordano, 2007.
DENZEY LEWIS, N. *I manoscritti di Nag Hammadi*. Roma: Carocci, 2014.
FAIVRE, A. *Chrètiens et églises. Des identités en construction. Acteurs, structures, frontières du champ religieux chrétien*. Paris: Du Cerf, 2001.
_____. *Ordonner la fraternité. Pouvoir d'innover et retour à l'ordre dans l'Église ancienne*. Paris: Du Cerf, 1992.
FREDOUILLE, J.-C. L'apologétique chrétienne antique: métamorphoses d'un genre polimorphe. *Revue des Études Augustiniennes*, 41 (1995) 201-216.
_____. L'apologétique chrétienne antique: naissance d'un genre littéraire. *Revue des Études Augustiniennes*, 38 (1992) 219-234.
JOSSA, G. *I cristiani e l'impero romano. Da Tiberio a Marco Aurelio*. Roma: Carocci, 2000.
LAMPE, P. *Die Stadtrömischen Christen in den ersten beiden Jahrhunderten*. Tubinga: 1987.
LEVIEILS, X. *Contra Christianos. La critique sociale et religieuse du christianisme des origins au concile de Nicée (45-325)*. Berlim-Nova York: De Gruyter, 2007.
MARKSCHIES, Ch. *Die Gnosis*. Mônaco: C. H. Beck, 2001.
_____. *In cammino tra due mondi*. Milão: Vita e Pensiero, 2003.
MAY, G.; GRESCHAT, K.; MEISER, M. (ed.). *Marcion und seine kirchengeschichtliche Wirkung. Marcion and his Impact on Church History*. Berlim: W. de Gruyter, 2002.
NAUTIN, P. *Lettres et écrivains chrétiens des IIe et IIIe siècles*. Paris: Du Cerf, 1961.
NORELLI, E. *La nascita del cristianesimo*. Bolonha: il Mulino, 2014.
_____. Note sulla soteriologia di Marcione. *Augustinianum*, 35 (1995) 281-305.
_____. Parole di profeti, parole sui profeti: la costruzione del montanismo nei frammenti dell'anonimo antimontanista (Eusebio di Cesarea, Storia eclesiastica

5,16-17). In: FILORAMO, G. (org.). *Carisma profetico. Fattore di innovazione religiosa.* Bréscia: Morcelliana, 2003, 107-132.

_____. Presenza e preesistenza dei ruoli carismatici: il caso delle assemblee sul montanismo nel II secolo. *RSB*, 25, 2 (2013) 165-195.

ORBE, A. *La teologia dei secoli II e III. Il confronto della grande chiesa con lo gnosticismo.* Casale Monferrato-Roma: Piemme-Pontificia Università Gregoriana, 1995, 2 vol.

PERRONE, L. (ed.). *Discorsi di verità. Paganesimo, giudaismo e cristianesimo a confronto nel "Contro Celso" di Origene.* Roma: Istitutum Patristicum Augustinianum, 1998.

POUDERON, B. La première apologétique chrétienne: définitions, thèmes et visées. *Kentron*, 24 (2008) 227-250.

_____. "Les écoles" chrétiennes de Rome, Athènes, Alexandrie et Antioche à l'époque des Antonins: remarques sur la circulations des maîtres et leur disciples. *Bulletin de Littérature Ecclésiastique*, 113 (2012) 385-400 e 114 (2013) 5-18.

_____; DORÉ, J. (ed.). *Les Apologistes chrétiens et la culture grecque.* Paris: Beauchesne, 1998.

RIES, J. *Gli gnostici. Storia e dottrina.* Milão: Jaca Book, 2010.

RINALDI, G. *Pagani e cristiani. La storia di un conflito (secoli I-IV).* Roma: Carocci, 2016.

RUGGERO, F. *La reazione pagana al cristianesimo nei secoli I-IV.* Roma: Città Nuova, 2002.

SFAMENI GASPARRO, G. *La conoscenza che salva. Lo gnosticismo: temi e problemi.* Soveria Mannelli (CZ), Rubbettino, 2013.

SIMONETTI, M. *Ortodossia ed Eresia tra I e II secolo.* Soveria Mannelli (CZ): Rubbettino, 1994.

VISONÀ, G. La pasqua nella tradizione giudeo-cristiana e asiatica. In: CATELLA, A.; REMONDI, G. (orgs.). *Celebrare l'unità del triduo pasquale.* Turim: LDC, 1994, 51-74.

WILKEN, R. L. *I cristiani visti dai romani.* Bréscia: Paideia, 2007.

capítulo terceiro
A "grande Igreja": a Igreja no século III

12. A "grande Igreja" entre crise e transformação do Império

O século III é para a Igreja antiga um "século longo" que a vê atravessar situações diferentes, entre reconhecimento, de fato, da sua presença até perseguições abertas, com problemáticas e evoluções que a levam a estabilizar a sua organização até o limiar da reviravolta constantiniana, menos repentina e imprevista do que possa parecer à primeira vista. A presença dos cristãos enraíza-se de modo cada vez mais profundo no tecido das cidades do Império, entre desconfianças que se traduzem em suspeitas e reações violentas, até se tornarem abertas perseguições organizadas pela autoridade imperial (época de Décio, Valeriano e Diocleciano), e momentos de adaptação entre Igreja e Império que levam, de fato, a características de uma tácita legitimação (tempos de Alexandre Severo e os quarenta anos da "pequena paz da Igreja", entre Valeriano e Diocleciano). Nesse quadro, as aberturas dos apologistas aos recursos da filosofia, para apresentar ao mundo greco-romano o credo cristão, tornam-se um grande esforço de aprofundamento da fé com os instrumentos da cultura antiga, com a finalidade de mostrar seus significados, a coerência e as razões. A abordagem ao *corpus* das Escrituras torna-se sistemática e se eleva a grande consciência com o gênio de Orígenes e, mais em geral, vão se delineando tradições teológicas ligadas a áreas e tradições eclesiais distintas (asiática, latina, alexandrina). A organização das comunidades cristãs vai adquirindo traços mais estáveis e tendencialmente homogêneos. Cada vez mais, as Igrejas vão tornando-se a Igreja que vive nas comunidades cristãs presentes em todas as cidades.

1. A expressão "**grande Igreja**" é encontrada em Orígenes no *Discurso verdadeiro*, de Celso, que se empenhou em confutar (*Contra Celso* V,59) e parece indicar os que pertencem às comunidades cristãs em sintonia entre si, caracterizados por reconhecerem "o mesmo Deus dos judeus" e identificáveis, com base nesse artigo do "credo" assumido como limite, em relação aos grupos dissidentes. Se aqui a provável referência é a Marcião, trata-se, porém, de um critério extensível e posto em prática de diferentes modos em relação a posições consideradas não compatíveis com a fé e a correta pertença eclesial (heresias e cismas). "Grande Igreja" pode ser assumida como expressão que dá voz à condição da Igreja no século III, que podemos, numa primeira e muito sumária descrição, apontar como caracterizada por três elementos: a) o primeiro é a estabilização da presença cristã em muitas cidades do Império, favorecida também pelo clima sincretista estabelecido sob os Severos (193-235). Falou-se a propósito de uma passagem do cristianismo de "religião invisível", desprovida de lugares de culto reconhecidos como os templos das religiões tradicionais e as sinagogas judaicas, a "religião visível", dotada de lugares próprios reservados ao culto, de formas precisas de iniciação, de organização comunitária agora homogênea (Filoramo, *Alla ricerca*, 209). Não é por acaso que as primeiras manifestações de arte figurativa cristã que conhecemos remontam aos inícios do século III. Esse itinerário de consolidação urbana expressa-se também numa organização estruturada e de ampla escala da atividade catequética promovida pelas comunidades cristãs — atividade voltada a toda a população urbana, não somente aos cristãos —: basta pensar na ação de Cipriano, em Cartago, durante a peste que os seus hagiógrafos chamaram de "peste de Cipriano" precisamente pela extraordinária ação de socorro que o bispo soube coordenar na metrópole africana. b) O segundo elemento é o notável aumento numérico, embora no quadro de uma forte minoria no conjunto da população do Império. O sentimento de uma ampla difusão da fé cristã a partir do fim do século II é registrado por vários textos cristãos (Tertuliano, *Apol.* 37; *Scap.* 2,10; Orígenes, *Homilias sobre Jeremias* 4,3). Isso comporta uma maior inserção dos cristãos nos quadros da vida cotidiana e cultural administrativa. Segundo uma informação de Porfírio (*Vida de Plotino* 16), cristãos, heréticos e membros da Igreja (*aeretikoí* e *polloí*), frequentavam a escola de Plotino junto com todos os outros. Segundo uma informação de Eusébio (HE VII,32,6), em meados do século III, um cristão culto, Anatólio, recebe das autoridades da cidade de Alexandria a incumbência de instituir a escola aristotélica. A essa progressiva inserção junta-se agora um claro processo de identidade, mesmo por meio da demarcação de precisos limites, a respeito de formulações doutrinais e de modalidades de pertencimento. Segundo Clemente Alexandrino, pagãos, judeus, heréticos constituem as fronteiras da Igreja (*Estromata* II,15,67,4; VII,18,109,1-110,1). c) O terceiro elemento é identificado na generalização de uma organização ministerial já reconhecida como própria da Igreja, reunida em cada cidade sob a orientação do bispo, ajudado pelo colégio dos presbíteros e dos diáconos, que tendem a se configurar como *ordo*. Essa estrutura ministerial parece caminhar *pari passu* com a fixação das formas expressivas fundamentais das comunidades cristãs: as da liturgia, batismo e eucaristia, e do processo que leva à confissão de fé batismal (catecumenato).

A "grande Igreja" torna-se cada vez mais uma rede de comunidades radicadas nas cidades do Império, um conjunto de microssociedades (*collegia*, segundo o direito romano), ligadas internamente e entre si por vínculos de solidariedade (*fraternitas*, segundo o vocabulário cristão), e capazes de se reconhecerem uma na outra, de modo que ser membro de uma estabelecia o pertencimento a todas (*communio*).

Nesse contexto, a reflexão teológica registra progressos notáveis, seja pelos temas que aborda, seja pela presença de grandes personalidades (Irineu e Tertuliano, no início do século, e acima de todos Orígenes, que atuou entre 220 e 250). Nessa reflexão manifesta-se também a pluralidade das sensibilidades e das culturas que a fé encontra e de dentro das quais ela procura se compreender e se manifestar. Unidade do credo e pluralidades das teologias, dos instrumentos e dos percursos para expor seu sentido tornam-se motivo de troca, às vezes de dificuldades, para se compreenderem e se reconhecerem.

2. Crise, transformação, mudança estrutural são as abordagens em uso nos estudos para qualificar a condição do Império romano no século III. O primeiro termo faz mais referência aos fatores desestabilizadores, como a diminuição demográfica e produtiva, as lutas de sucessão, o peso da emergência militar pela pressão de godos e partos/sassânidas nas fronteiras. O segundo quer pôr em dúvida o clichê segundo o qual à época clássica não pode senão se seguir decadência e se apoia no fato de que cada província chegou, no século III, a notáveis resultados. O terceiro leva em consideração o fato de que, mediante as reformas de Diocleciano e de Constantino — ocorridas entre o fim do século III e início do século IV —, o Império se estruturou para se manter ainda por mais de um século e meio. Neste ponto, convém fazer referência aos elementos que diretamente interessaram à vida das Igrejas.

O advento dos Severos (193-235) diminuiu o poder de orientação, até ideal, do senado romano e a importância da referência à tradição, ao passo que acentuou os caracteres cosmopolitas e sincretistas do clima cultural do Império. A ampliação da cidadania romana a todos os livres residentes no Império por efeito da *constitutio antoniana* (212) pode ser assumida como fato, símbolo dessa nova orientação: "Todos aqueles que vivem no mundo romano são considerados cidadãos romanos em virtude de uma constituição do imperador Antonino" (*Digesto* I,5,17). Favorecido também pelo fato de que o componente feminino da casa reinante era de origem síria (Júlia Domna, mãe de Caracala, Júlia Soémia, mãe de Heliogábalo), teve livre curso a influência dos cultos orientais, em particular da divindade solar. Expressão peculiar desse ânimo sincretista é o último dos Severos, Alexandre (222-235), que no seu larário deu espaço, ao lado de Apolônio de Tiana e Orfeu, também a Abraão e a Cristo (*História Augusta, Alex. Sev.* 29,2). Dele o cristão Júlio Africano recebeu o encargo de montar uma biblioteca em Roma, no Panteão. Sua mãe, Júlia Mameia, convidou Orígenes para ir a Antioquia, para poder ouvi-lo (HE VI,21,3).

O trintênio 238-268 vê alternarem-se mais de quinze imperadores e usurpadores (a linha de demarcação da legitimidade é, na maioria das vezes, pragmaticamente determinada pelo êxito do confronto militar). Os elementos da crise fazem-se mais sensíveis e são respirados por largos estratos da população e da cultura e evocados mediante o motivo da *senectus mundi* ("envelhecimento do mundo", ver E. Zocca, *La senectus mundi*, in "Augustinianum" 35[1995] 641-677). As Igrejas nesse período podem mais facilmente assumir os traços de presença de distúrbio; a abstenção, por parte dos cristãos, do culto público e de manifestações vistosas da socialidade corrente parecia como ulterior complicação às tentativas de consolidar a sociedade imperial, chamada à frequente emergência de campanhas militares sobre a fronteira danubiana e a oriental.

A última parte do século concentra-se na ampla reestruturação da organização do Império por obra de Diocleciano. A distribuição tetrárquica do poder (293) pretendia pôr fim às lutas de sucessão, restabelecendo o critério do mérito no qual devem se inspirar os dois augustos na escolha dos respectivos césares (cap. 4, item 18.1). Nicomédia e Milão, sedes respectivamente do augusto do Oriente e do Ocidente, adquirem notável importância no xadrez imperial, ao passo que Roma, não mais capital desde 286, transforma-se numa espécie de referência ideal da história do mundo romano. Uma vez que essa reestruturação dos fundamentos foi posta sob a tutela das antigas divindades Júpiter e Hércules e, mais em geral, pretendia recuperar a antiga aliança entre Império e divindades, *pax deorum*, tornou-se também a moldura e a premissa do confronto mais duro e repressivo em relação às comunidades cristãs e agora à Igreja em seu todo. A dissolução da tetrarquia e o advento de Constantino, entre 306 e 313, marcam a passagem para novos tempos, "os tempos cristãos" (*christiana tempora*).

13. As perseguições

1. Até o advento de Décio (249), tem-se notícia de poucos e circunscritos fenômenos de repressão contra cristãos. O ano de 203 registra a prisão e a condenação de cristãos na África cartaginense e em Alexandria; decidem-se medidas repressivas em todo o Egito e na Tebaida. Alguns dos seus nomes passaram para a memória das Igrejas por meio da narrativa da *Passio Perpetuae* (trata-se de cinco catecúmenos, duas mulheres e três homens, com seu catequista) e as informações de Eusébio, que destaca entre os condenados à morte, em Alexandria, o pai de Orígenes, Leônidas (HE VI,1-5). Segundo uma discutida notícia da *História Augusta* (Sept. Sev. 17,1), esses episódios teriam sido devidos a uma medida de **Septímio Severo**, que, em 202, enquanto estava em viagem através da Palestina, teria decretado a proibição de aderir à religião judaica e à cristã. A informação, todavia, parece muito pouco confiável, ignorada por contemporâneos, como Tertuliano e Clemente Alexandrino. É mais provável que esses episódios devam ser ligados ao clima que se criou em torno da celebração dos *decennalia*, que caíam precisamente naquele ano, e seguidos, em 204, pelos jogos seculares. As festas que incluíam celebrações públicas aos deuses, as quais se tornaram solenes também devido à vitória sobre os partos, punham facilmente em destaque a abstenção dos cristãos, provocando acusações contra eles, acusações que levavam ao processo e à condenação, com base na prática endossada quase cem anos antes pelo rescrito de Trajano a Plínio (cap. 1, item 4.2).

Para isso pôde contribuir também a revisão do direito associativo, aperfeiçoada por Septímio, em 197, que permitia maior controle sobre as reuniões. Os repetidos protestos de Tertuliano, do *Apologético* (197) ao *Contra Escápula*

(212), permitem entender o clima de precariedade no qual se encontravam os cristãos, expostos permanentemente ao risco de denúncia por sua particularidade religiosa, que parecia anômala aos olhos da autoridade romana. A extensão do direito de cidadania por obra de Caracala (212) pôde incrementar, indiretamente, esse clima de precariedade, tornando mais evidente o dever de participar dos atos do culto público (uma pátria comum — uma religião comum) e, portanto, mais fácil a identificação dos que deles se abstinham. Registrou-se um agravamento da situação com o fim da dinastia dos Severos e o acesso ao trono imperial de Maximino Trácio. Ele uniu contra os cristãos o tradicional propósito de fazer da prática da religião oficial um elemento da coesão da estrutura imperial com a vontade de se distanciar de Alexandre Severo, por ele eliminado por meio de uma conjuração militar, cujas simpatias pelos cristãos, acolhidos até no ambiente da corte, eram conhecidas. Em Roma, foi condenado às minas e exilado para a Sardenha o bispo Ponciano, junto com Hipólito, e houve mártires na Capadócia (*Carta* de Firmiliano de Cesareia a Cipriano, *Carta* 10 de Cipriano) e em Alexandria (carta do bispo Dionísio de Alexandria conservada por Eusébio, HE VI,41). Para essa emergência, Orígenes compôs a sua *Exortação ao martírio*.

A situação sofreu brusca mudança com a morte violenta de Filipe, o Árabe (248), que não escondera suas simpatias em relação aos cristãos, presentes até em seu círculo familiar, e a tomada do poder por parte do vencedor, **Décio**. Entre os instrumentos capazes de reforçar o consenso em torno da sua autoridade e do destino do Império ameaçado nas fronteiras nordestinas, o novo imperador recorreu, segundo uma prática já aprovada, a celebrações solenes às divindades romanas (*supplicatio*). O milênio de Roma, apenas solenizado (248), oferecia um clima favorável nessa direção. Para garantir a participação de todos, instituiu um processo de certificação que permitia o controle por parte das autoridades. Essa participação devia ser documentada mediante a exibição do certificado entregue por encarregados especiais (*libellus*). Os papiros conservaram cerca de cinquenta exemplares deles (ver a informação sintética com bibliografia em NDPAC II,2814-2815). O edito funcionou como uma prova de identificação dos cristãos, os únicos em grave dificuldade diante dessa obrigação e, por isso, sob o risco de pressão e de condenação capital.

A duração dessa medida foi breve, pois Décio acabou morrendo na guerra contra os godos, em maio de 251. A sua publicação oscilou de acordo com o zelo de governadores e de funcionários que tinham o encargo do controle e continuou, quase que exclusivamente em Roma, sob Trebônio Galo (251-253), com a condenação ao exílio dos bispos Cornélio e Lúcio. O resultado geral dentro das comunidades foi, todavia, pesado.

Fonte privilegiada de informações é **o epistolário de Cipriano**, bispo de Cartago, que compara muitas vezes a perseguição a uma tempestade que abalou as comunidades cristãs (*infesta tempestas: Carta* 11,14). O medo levou muitos à participação exigida (*sacrificati*), favorecidos, às vezes, até por uma redução a gestos mínimos, como a simples oferta do incenso (*thurificati*), a simples presença ou até a única exigência do atestado (*libellatici*). Até em razão da procura de gestos exemplares por parte das autoridades, foram em geral condenados ao exílio ou à morte as pessoas importantes das Igrejas. Entre elas o bispo de Roma, Fabiano, o bispo de Jerusalém, Alexandre, e o de Antioquia, Bábilas. Orígenes, na Cesareia da Palestina, sofreu a prisão e a tortura que o levaram depois à morte, em 253. Em Cartago, em Alexandria, em Esmirna, houve grupos de mártires. Na carta 27, Cipriano lembra com comoção a resistência de confessores, como Mapálico, Saturnino e o jovem Aurélio. Nas *Cartas* 38-39, descreve a fidelidade, provada no cárcere e na tortura, de Celerino, membro de uma família de mártires e, por isso, aceito por ele no clero cartaginense. Na *Carta* 40 comunica a seu clero ter agregado, na qualidade de presbítero, Numídico, que, com a sua coragem e as suas exortações, animou "um grupo numeroso de mártires".

Se, no total, o número das vítimas não é elevado, a obrigação de se declarar publicamente, as modalidades e as circunstâncias em que isso era exigido registraram comportamentos diversos por parte dos cristãos, desde a recusa firme até a efetiva obediência, passando pelas formas brandas de aquiescência, bem como pelo subterfúgio (Eusébio, HE VI,41,11-13; Cipriano, *De lapsis*). Na *Carta* 55,14, Cipriano cita a explicação dada por um dos libeláticos como desculpa: "Dado que tive a possibilidade de ter um certificado, [...], fui ou encarreguei outro para ir ao magistrado para lhe dizer que eu era cristão e que não me era lícito sacrificar, que não podia chegar diante dos altares do diabo. Eu lhe dava uma compensação para não fazer o que não me era lícito". Isso ajuda a entender como a perseguição que cessara tenha tido como contragolpe o frequente pedido de ser admitido na comunidade cristã e na assembleia eucarística. Nasce daí a pergunta sobre a competência para tal readmissão e, com mais profundidade, sobre a natureza da comunidade cristã composta de membros às voltas com sua fraqueza e incoerência depois da adesão batismal (item 14).

2. Valeriano foi o primeiro imperador a promover uma perseguição contra os cristãos em escala geral com duas medidas sucessivas nos anos 257 e 258. O teor delas revela o propósito de desmantelar a organização das Igrejas, que devem ter parecido a ele como um corpo estranho, sem possibilidade de integração na estrutura imperial. Com uma carta endereçada a todos os governadores das províncias, no verão de 257, o imperador impunha aos responsáveis pelas Igrejas, bispos e presbíteros, que comparecessem diante do governador e sacrificassem "segundo o rito romano". Em caso de recusa, a pena era o exílio e, com mais frequência, a condenação a trabalhos forçados. Além disso, era retirada dos cristãos a liberdade de reunião, fosse qual fosse o lugar a isso destinado (as reuniões cristãs são sempre "collegi illeciti"). Os bens de que eram dotadas as comunidades cristãs são sequestrados a favor do erário do Estado. O ministro das finanças, Macriano, parece ter tido não pequena parte nessa medida.

Dionísio de Alexandria e **Cipriano de Cartago**, ambos atingidos por essas disposições, oferecem-nos uma informação detalhada sobre os procedimentos adotados. Em agosto de 258, com um rescrito ao senado, Valeriano ordenava que bispos, presbíteros e diáconos, já sob controle com o procedimento de exílio, fossem executados. Os cristãos que pertenciam aos *honestiores* (senadores, cavaleiros, notáveis) eram degradados, seus bens confiscados e, em caso de não arrependimento, executados. A aplicação foi rápida e em alguns lugares, como em Roma e em Cartago, rigorosa. Sofreram o martírio o bispo de Roma Sisto II, juntamente com quatro diáconos e o arquidiácono Lourenço; Cipriano, em Cartago, dois bispos e um grupo de clérigos em Lambésis. Em Tarragona foi condenado à fogueira o bispo Frutuoso. Eusébio refere os nomes de três mártires da sua Igreja: Prisco, Malco e Alexandre (HE VII,127).

A partida de Valeriano para a campanha militar contra os persas (259) e a sua captura na batalha por parte de Sapor I (260), pôs fim à perseguição (Lactâncio, *Mort. Pers.* 5,1-5). Ela já havia deixado claro que a questão cristã não podia se reduzir às convicções religiosas dos indivíduos (assim as coisas podiam parecer até as medidas tomadas por Décio), mas implicava a relação com uma organização precisa das comunidades cristãs, com seu modo de habitar a sociedade. Assim, a opção do imperador Galiano, que sucedeu a Valeriano, de promulgar uma anistia (262), comportou a restituição dos lugares de culto e dos bens subtraídos às Igrejas e, com isso, o seu reconhecimento, de fato, como "collegi leciti" (HE VII,13). Essa decisão imperial, que conhecemos mediante um rescrito ao bispo Dionísio de Alexandria, parece ditada pela mesma preocupação de Valeriano, interpretada, porém, em direção oposta: a solidez da estrutura imperial exige a sua coesão interna, que poderá ser alcançada por um processo de pacificação. Inaugura-se, com isso, o que passou para a história como a "pequena paz da Igreja". Agora, a prática do culto cristão é exercida abertamente em casas de culto edificadas especificamente para essa finalidade, ao lado da dos cultos tradicionais. A arbitragem solicitada a Aureliano, em 272, sobre o legítimo proprietário da casa do bispo de Antioquia, pendência entre o bispo Paulo de Samósata, deposto pelos bispos da região, em 268, e o novo eleito, Domno, mostra que agora administração imperial e Igrejas se reconheciam mutuamente. A sentença do imperador foi que a "casa do bispo" pertencia àquele que estivesse de acordo com os bispos da Itália e de Roma (HE VII,30,18). Justamente quando o *Sol Invictus* era promovido a suprema divindade do Império, com a construção de um célebre templo no Campo de Marte e o dia 25 de dezembro tornava-se o *dies natalis solis invicti*, o cristianismo se encontrava legitimado a viver nos quadros do Império. É compreensível que esse quarentênio tenha visto um aumento consistente das comunidades cristãs e da presença cristã na administração imperial. Numa informação resumida da época, Eusébio dá a entender suas vantagens e seus riscos: os chefes das Igrejas, os bispos, adquirem cada vez mais o papel, até mesmo público, de interlocutores com as autoridades da cidade, ao passo que há a tentação de um cristianismo que se adapta à vida corrente, reproduzindo dentro das comunidades cristãs os seus defeitos, como os litígios e as hipocrisias (HE VIII,1,1-8).

Até o ano de 303, a questão cristã não aparece na agenda da política imperial. Para esse quarentênio (262-303) valia, como já dissemos, a qualificação de "**pequena paz da Igreja**". A vasta obra de reorganização da estrutura imperial promovida por Diocleciano (imperador desde 284) e que acabou, em 293, no sistema da tetrarquia, continha elementos novos e conservadores, ao mesmo tempo. Roma perdia o seu papel de capital, mantendo, todavia, o valor de alta referência simbólica, como atesta o fato de que foi escolhida como lugar de encontro dos "quatro imperadores", quer dizer, os dois augustos e os dois césares que constituíam a tetrarquia, para a celebração dos *vicennalia*, ou seja, os vinte anos de poder de Diocleciano, em novembro de 303. Os dois augustos, Diocleciano e Maximiano, com sede respectivamente em Nicomédia e em Milão, estavam sob a proteção de Júpiter e de Hércules, reivindicando para sua autoridade uma espécie de ascendência divina. Os respectivos césares, Galério e Constâncio Cloro, adotados por Diocleciano, estavam destinados à sucessão, de modo a evitar lutas pela sucessão e chamados a selecionar outros dois césares, segundo o critério do governo dos "melhores", de ascendência flaviana. Centralização e descentralização deviam formar um novo equilíbrio capaz de firmar o Império nas suas raízes tradicionais e de vigiar sobre suas fronteiras ameaçadas.

3. Entre os anos 303 e 304, a questão cristã entrou no quadro da política imperial com uma intensidade jamais conhecida antes. O resultado é a "**grande perseguição**". Tratou-se, todavia, de uma situação somente em parte imprevista. O último decênio do século III viu, sobretudo por parte da aristocracia (que estava ligada ao senado romano), uma notável inundação de conservadorismo romano e a reabertura de uma hostilidade contra os cristãos. Documenta isso de modo significativo a obra de Porfírio, *Contra os cristãos*, que retoma as argumentações do *Discurso verdadeiro*, de Celso. Dá seguimento a isso Hiérocles, discípulo de Porfírio, ao publicar, em 303, o *Amigo da Verdade (Philalethés)* ao qual replica Eusébio de Cesareia (*Contra Hiérocles*).

O *Contra os cristãos*, de Porfírio, em 15 livros, composto depois de 270, é a mais articulada e perspicaz crítica que o cristianismo tenha conhecido na Antiguidade. A proscrição de Constantino, em 323, e a destruição ordenada pelos imperadores Teodósio II e Valentiniano III, em 448, impediram que o texto chegasse até nós. Dispomos somente de fragmentos que somente em parte nos permitem avaliar o seu conteúdo (há como referência a edição de Adolf von Harnack, em 1916, reproposta com atualizações por G. Muscolino, *Porfírio, Contro i Cristiani*, Milão, Bompiani, 2009), mas é certo que Eusébio, Metódio, Jerônimo e até Agostinho consideraram importante replicar às críticas. Prosseguindo no sulco traçado pelo *Discurso verdadeiro*, de Celso, Porfírio considera os cristãos portadores de uma "fé irracional" (daí o epíteto de "fiéis" atribuído a eles), que apresenta a pretensão, fora de propósito, de ter valor para todos. O caráter irracional se conclui quer do caráter incrível de algumas narrativas bíblicas, como a história de Jonas (cf. Agostinho, *cartas* 102,30.36; *Cidade de Deus* I,14,7), quer pelas afirmações centrais da encarnação de Deus (fr. 84,4-5) e da redenção pela cruz (fr. 84,5-8). De modo mais profundo, a crítica de Porfírio concentra-se no "caráter solitário" da via cristã, que abandona tanto a tradição religiosa-filosófica dos gregos, como a dos judeus (fr. 1,16-21). Desvinculado de qualquer tradição, o cristianismo é preocupante ameaça à identidade romana tão necessária à estabilidade do Império: "Como poderiam não ser ímpios e ateus aqueles que abandonaram os costumes pátrios, pelos quais toda a estirpe e todo o estado se mantêm unidos? […]. A que penas não seria justo condenar aqueles que deixaram as tradições dos antepassados para se tornarem autores das lendas dos estrangeiros e dos universalmente desacreditados judeus?" (fr. 1). Na *Filosofia revelada pelos oráculos* (que chegou até nós, igualmente de modo fragmentário), Porfírio louva o monoteísmo judaico e também a "sabedoria e piedade de Jesus", mas critica duramente os cristãos que o entenderam mal, ensinando a adorá-lo (cf. Agostinho, *Cidade de Deus* 19,22-23). Definitivamente, Porfírio condena nos cristãos uma fé não compatível com o monoteísmo de cunho imperial, capaz de incluir as diversas tradições religiosas regionais. O caráter exclusivo da fé cristã, a sua proposta como portadora de uma universalidade alternativa (*pax christiana* diante da *pax augusta*) torna-a perigosa porque estranha e concorrente em relação à universalidade sobre a qual o Império se mantém e que aduz como razão ideal.

Um edito de 297 contra os maniqueus dava bem a entender a aversão da autoridade imperial por tudo o que se afastava da tradição, guarda da coesão da estrutura imperial. Sintomas importantes da "grande perseguição" foram algumas execuções capitais após objeções de consciência por parte de soldados cristãos. Célebre é o caso de Maximiliano, morto em 295, em Tébessa (África latina) por ter recusado o juramento que sanciona o recrutamento, motivando-o com a profissão da fé cristã. Em 299 (ou 301), Vetúrio, chefe do exército, decide purificar o ambiente militar da presença cristã.

Nesse quadro tomou corpo a decisão de livrar o Império da presença cristã, provavelmente imaginando, em geral, a estratégia de reintegração forçada, por meio de punições exemplares dos cristãos mais em vista ou que tivessem oposto decidida resistência. Entre fevereiro de 303 e o início de 304, foram emanadas quatro disposições: os primeiros três reeditavam na substância a política anticristã de Valeriano, pedindo a destruição dos lugares de culto, a confiscação dos bens, a queima dos livros sagrados, a proibição de reunião. Depois, foi ordenado o encarceramento dos clérigos e dos *honestiores* que não tivessem abjurado. No outono de 303, foi imposta aos clérigos a obrigação de celebrar um sacrifício e se autorizou o recurso à tortura para os convencer. O último edito, nos inícios de 304, estendia a todos os habitantes do Império a obrigação de sacrificar, retomando o teor do edito de Décio, embora sem a cláusula do atestado que podia ser exibido.

A perseguição feriu de modo diversificado nas diversas regiões do Império. Augustos e césares não se ocuparam dela com a mesma intensidade. O dia primeiro de maio de 305 registrou um fato único na milenária história do Império: Diocleciano demitiu-se, retirando-se à sua residência de Split e obrigou a tomar a mesma decisão o augusto do Ocidente, Maximiano. O sistema tetrárquico encravou-se quase de imediato em razão rápida carreira de Constantino, filho do césar do Ocidente, Constâncio Cloro. No entrelaçamento das vicissitudes políticas, a perseguição teve lances de prisão. O pico das violências anticristãs parece dever se colocar, no Oriente, entre 308 e 312, por obra de Maximino Daia, o novo césar do Oriente. O ano de 311, todavia, presenciou a verificação de um evento decisivo. Gravemente doente, próximo da morte, Galério emanou, de Nicomédia, um edito que permitia aos cristãos o "direito de existência". Depois de ter justificado as medidas anticristãs com o dever de garantir a *pax deorum* ao Império, com base na antiga tradição, e de registrar a impossibilidade da recuperação de grande parte dos cristãos àquela tradição, foi declarado o direito deles de existirem — *denuo sint christiani* — em troca da oração deles pelo imperador e pelo Império e da correta participação deles na vida pública. No ano seguinte, a morte de Maximino Daia por parte de Licínio e a vitória de Constantino no Ocidente punham fim aos sofrimentos dos cristãos e abriam o caminho aos tempos novos da era constantiniana.

A avaliação do **número das vítimas** da "grande perseguição" não é fácil. Em geral, como já referido, deve-se ter presente que a perspectiva-guia era a da "recuperação" à prática religiosa tradicional mediante a coerção até o uso da tortura e execuções capitais exemplares de pessoas particularmente famosas. A condenação aos trabalhos forçados, em condições que, muitas vezes, levavam à morte foi amplamente posta em prática. Eusébio nos informa sobre 44 execuções na Palestina, entre 303 e 313; O martirológio alexandrino conservou o nome de 144 mártires. Eusébio, todavia, lembra-nos de execuções, no Egito, de grupos de dez a sessenta pessoas (HE VIII,12,2-4. 14,16ss). Uma pequena cidade da Frígia, que se opusera unanimemente à obrigação de sacrificar, foi cercada pelas tropas e incendiada (HE VIII,111,1). Várias Igrejas viram mártires seus bispos ou membros do clero: entre os primeiros, Antimo de Nicomédia; temos depois notícia de Irineu de Sirmio, Vitorino de Petóvio, Filipe de Heracleia, Filea de Tmuis (de quem foi conservada a ata do processo). Foram conservados relatórios (paixões) de 49 mártires de Abitine, perto de Cartago, de três irmãs, Ágape, Quiônia e Irene, em Tessalônica, junto com outras três e um companheiro. Eusébio nos deixou a crônica dos eventos na Palestina, dando nomes de mártires, sobretudo deixando entender que, diante de um número limitado de vítimas, foram muitos os atingidos por condenações aos trabalhos forçados nas minas (ao sul do Mar Morto) ou privados de seus direitos. Entre os últimos, em fevereiro de 310, foi levado à morte, com onze companheiros, o padre Pânfilo, que estivera na escola de Orígenes e dirigia a escola e a biblioteca de Cesareia. De passagem, Eusébio observa que também alguns pagãos consideravam essa política anticristã excessiva e davam ajuda aos perseguidos.

4. As repercussões da perseguição dentro das comunidades cristãs foram diferentes e não sem importância. Até pelo fato de que, às vezes, funcionários não muito convencidos procuravam evitar execuções, contentando-se de serviços mínimos ou até fingidos (como no caso da entrega dos livros sagrados); seja como for, em razão de efetivas defecções, repropôs-se no fim da perseguição a questão da readmissão dos *lapsi* e, de modo mais amplo, a discussão sobre a efetiva natureza da "verdadeira Igreja" e sobre as condições para fazer parte dela. A questão foi particularmente dolorosa na Igreja africana, onde deu vida à cisão donatista que a marca por todo o século IV (cap. 5, item 27). Se a perseguição tinha mostrado que a adesão ao Evangelho podia envolver os crentes até o risco da vida, seus resultados exigiam das Igrejas cuidar da fraqueza de muitos cristãos e de integrar martírio e fraqueza na compreensão da natureza da Igreja.

Uma janela particularmente instrutiva a propósito é dada pela narrativa do **martírio de Piônio**, presbítero da Igreja de Esmirna, preso com quatro companheiros (entre os quais duas mulheres) na primavera de 250. O texto redigido pouco depois dos acontecimentos parece se valer de uma memória redigida pelo próprio Piônio durante o período da prisão (I,2). Os seus discursos dirigidos um à multidão, composta de pagãos e de judeus (IV), o outro, aos irmãos que tinham cedido à injunção de sacrificar (XII-XIV) deixam entender as dificuldades e as questões que agitavam a comunidade cristã. Piônio, "presbítero e mestre", apressa-se a defender os irmãos feitos objeto de riso por parte de pagãos e judeus, devido à fraqueza deles, lembrando que um ato feito sob constrição é sem valor e que, por outro lado, a infidelidade pertence também à história do povo de Israel. A seus irmãos caídos assegura a misericórdia de Cristo, exortando-os ao arrependimento em vista de serem novamente acolhidos como filhos de Deus (XIV,15). O seu comportamento oferece, portanto, uma dupla mensagem: um convite à coerência, diante da queda do bispo Euctêmon, que se dobra à exigência de sacrificar, e um convite à indulgência para com a fraqueza. A coerência do mártir põe-se como serviço da misericórdia de Deus que se inclina para reabilitar os caídos. É o ato do pastor cheio de zelo e de afeto pelos seus irmãos vencidos pelo medo.

Ao convite para salvar a própria vida, convite repetido durante o interrogatório (V,4), à acusação de não amar esta vida, de "ter pressa de morrer" (XX,5), Piônio replica: "Afirmo também eu que é belo viver, mas é melhor aquela vida a que aspiramos. [...] Não é que queiramos ir para o exílio, por ansiedade de morrer ou por ódio das obras de Deus, mas conhecemos a magnificência de outras e sublimes coisas" (V,4-5). Aqui, como em outras narrações de martírio da segunda metade do século III (Cipriano de Cartago, Filea de Tmuis), aflora uma discussão sobre a natureza do martírio e sobre sua "desejabilidade".

Se, em alguns casos, algumas expressões podem fazer pensar numa ansiedade escatológica e numa "fuga" deste mundo, fica cada vez mais claro que no cristão não há desejo de morte, nem desprezo deste mundo. A aceitação da morte intervém como última instância para não negar o senhorio libertador de Jesus. Na alternativa, ela se torna a última palavra a eles concedida, o selo do anúncio que foi tarefa não renunciável da vida deles. Enquanto é possível, Cipriano de Cartago, como Dionísio de Alexandria, bem como Policarpo de Esmirna, tomam o caminho da fuga, inspirando-se na palavra de Jesus (Mt 10,23). Clemente Alexandrino, refletindo sobre o nexo entre martírio e perfeição (*Estr.* IV,4-8), já havia observado que o testemunho é dado pelo modo de viver, pela vida inteira: "O martírio é perfeição não porque o mártir chegou ao fim da vida como os outros, mas porque manifestou uma perfeita obra de amor" (*Estr.* IV,14,4). Nessa linha, recomendava que se reduzisse a exposição durante a perseguição, que se fugisse de atitudes de exibição, como uma autodenúncia (*Estr.* IV,4,17,1). Cipriano encarrega-se de esclarecer que "não são os mártires que fazem o Evangelho, mas os mártires se tornam tais graças ao Evangelho" (*Carta*, 27,3,3). Agostinho resumirá no adágio, que depois se tornou tradicional: "Não a pena, mas a causa faz o mártir" (*En. In Ps* 34,d 2,13).

É o **valor testemunhal** que confere significado à morte sofrida. A morte torna-se martírio porque na circunstância concreta que se vem a criar é a única possibilidade de manter a própria fé. E se entende que para as comunidades cristãs tenha sido importante discernir e guardar tal valor. Assim, tomou corpo na reflexão das Igrejas a elaboração de uma espiritualidade e teologia do martírio, voltada para a indicação do significado "segundo o Evangelho" (cf. *Martírio de Policarpo* I,1; XIX,1). Se testemunhos como o de Sócrates e dos sete irmãos macabeus são, às vezes, evocados pelos cristãos, para tornar compreensível a própria posição durante o debate processual, se se pode também levar em consideração uma "moldura teatral" na qual ocorre a execução da sentença, ligada à sugestão da exemplaridade da pena por parte dos inquisidores (cf. A. Carfora, *I cristiani al leone. I martiri cristiani nel contesto mediatico dei giochi gladiatori*, Trapani, Il Pozzo de Giacobbe, 2009), não se foge, porém, à singularidade da posição cristã, ligada ao apreço pelo que o Evangelho oferece para todos como possibilidade de vida nova. Ao prefeito Culciano, que lhe objeta: "Queres morrer assim, sem razão", o bispo Filea responde: "Não sem razão, mas por Deus e pela verdade" (8-9). O nexo que na situação concreta se instaura entre profissão de fé, martírio e amor pelos irmãos, por todos, aparece como o fio que guia a conduta a ser mantida, fio que as comunidades cristãs reúnem como herança.

Tampouco pode ser esquecida a outra coordenada constitutiva — e talvez central — da teologia primitiva do martírio: a característica profética e escatológica do evento martirial. Com base nas palavras atribuídas a Jesus já por *Marcos* 13,9-11 (mas com paralelos significativos também em Mateus e Lucas), o discípulo exposto ao processo torna-se portador de profecia, uma vez que a sua defesa é tida como descida diretamente do céu e ele, mesmo durante as fases mais cruentas do suplício, muitas vezes é até descrito como em êxtase ("Outro estará em mim e sofrerá no meu lugar": afirma Felicidade na *Paixão de Piônio* 15), de modo que a dimensão histórica do evento é percebida transbordante de Espírito e de profecia. Mais ainda, o evento martirial constitui-se como uma nova Páscoa sacramental (cf. Cacitti, *Grande sabato*): enquanto Policarpo queima na fogueira, os cristãos percebem um perfume do pão que coze, com transparente conotação eucarística do corpo sacrificado do mártir. A dimensão profética com a qual se caracteriza o mártir carrega consigo também a leitura tipológica de cada fase do processo, do interrogatório à execução: assim, o debate judiciário torna-se prefiguração da corte celeste, na qual os mártires se sentarão ao lado do juiz. Por isso, não é raro que o imputado ameace o juiz durante o interrogatório "histórico": o juízo torna-se uma simulação diabólica do juízo final, que, como tal, não pode constituir uma ameaça real para o mártir, que muitas vezes dele zomba abertamente. Enfim, a luta a que o mártir se vê exposto antecipa as fases do choque apocalíptico entre as fileiras da cidade terrena e as da Jerusalém celeste. Dentro dessa moldura, compreende-se por que o espaço concedido à lembrança, à memória e à celebração do martírio tenha tido uma dimensão notabilíssima até pelo menos o final do século IV.

Os estudos recentes têm interesse em chegar a uma ulterior pergunta a partir das vicissitudes das perseguições, bem como dos testemunhos dos mártires: o que tornou possível o fato de o cristianismo, ao ter se tornado "religião oficial", ter passado, às vezes, para o lado do opressor (Filoramo, *La croce e il potere*; Cardini, *Cristiani perseguitati e persecutori*; Baslez, *Chrétiens persécuteurs*)? É útil por isso pesquisar a fundo também as motivações dos perseguidores (e as oscilações deles), para trazer a lume pressupostos não atribuíveis a predisposições pessoais (às vezes até magnânimas), mas de raízes culturais e de dinâmicas sociais que podem sub-repticiamente passar de um campo a outro, mal as circunstâncias mudam. Nos debates processuais mantidos entre cristãos e autoridades imperiais havia maior implicação do que aquilo que aparece à primeira vista e não se diz que terminamos de compreendê-lo. "Por Deus e a verdade", atestava o bispo Filea, por isso "não sem razão". O caminho para compor num todo o que essas simples palavras querem dizer revela-se um caminho não fácil nem para as Igrejas nem para as gerações cristãs futuras. Os mártires dão testemunho de um apreço que indica um bem precioso. A elaboração de um modo de regular a sociedade que pretenda respeitar as convicções da consciência e, ao mesmo tempo, proteger de pretensões despóticas de uma "verdade" — que precisa da liberdade para ser procurada e encontrada — é um longo caminho, não, decerto, concluído.

Inserção 1
As perseguições: documentos, fatos, interpretações

Os estudos sobre as repressões contra os cristãos nos primeiros três séculos abordam o tema mediante um crivo já comprovado: significado do *termo* perseguição, *tipologia* (locais, gerais, por editos, a grande perseguição), *motivações* (políticas-religiosas), *resultados* (conquista da tolerância, liberdade religiosa). Pode servir de início ao tema a observação de que o termo "perseguição", utilizado correntemente para designar as repressões contra os cristãos nos primeiros séculos (e dali em diante), não é neutro: carrega consigo uma implícita nuança negativa, subentendendo que se trata de ações violentas, injustas, não motivadas, como já procuravam demonstrar os apologistas. Isso leva logo a uma premissa importante: as fontes sobre as quais podemos nos basear são quase exclusivamente por parte dos cristãos (como, de resto, já para a condenação e morte de Jesus) e nos apresentam os fatos dentro de uma moldura interpretativa que temos de levar em consideração, pois tem influência sobre a seleção que fizeram e sobre as ênfases dadas a particulares ou a pessoas. É difundida a convicção, endossada por Eusébio na sua HE, de que os episódios de hostilidade de que os cristãos são objeto fazem parte de um conflito global entre Deus e o Adversário (o maligno, o Anticristo, os demônios). Dessa luta se serve a pedagogia de Deus para chamar os discípulos de Jesus à autenticidade da profissão da fé, sempre exposta à ameaça de ceder a compromissos com o mundo. Como a heresia e o cisma dentro das Igrejas, assim a perseguição por parte do Império romano documenta a ação do maligno, até que, com Constantino, o Reino de Deus, realizado e levado a todos por Jesus Cristo, recebe acolhimento "público" no mundo, e a Igreja, que se torna "universal" no Império cristão, pode ser entendida como a "fase terrena do reino de Deus". No âmbito latino, Lactâncio dá destaque à mensagem que nos fala da época da perseguição: Deus "é paciente", de modo que dos "grandes exemplos dos justos" se conclua que há um único Deus e que, se a sua justiça tarda, chega, todavia "severa" na morte dos perseguidores. Deus, com efeito, truncou agora o poder dos tiranos e fez com que "uma paz jucunda e serena alegre, finalmente, os corações de todos" (Lactâncio, *A morte dos perseguidores* I,3-9). Colocando-se no sulco dessa leitura teológica das perseguições, Sulpício Severo vale-se da tipologia das dez pragas do Egito (Ex 7–11), para estabelecer em dez o número das perseguições: nove são as que já ocorreram (Nero, o *iniciador*, já rotulado assim por Tertuliano em *Apol.* 5,3, Domiciano, Trajano, Adriano, Marco Aurélio, Septímio Severo, Décio, Valeriano, Diocleciano, autor da perseguição mais violenta: "Por dez longos anos enfureci-me contra o povo de Deus"); a décima ocorrerá na vinda do Anticristo (*Crônicas* II,28,1-29). A Igreja viveria agora, portanto, entre o tempo "dos mártires" e o fim dos tempos, quando as forças adversas ao Evangelho terão um último tempo de ação.

Na época moderna, livre dessa leitura teológica, a interpretação das perseguições anticristãs transforma-se no quesito sobre o caráter tolerante ou intolerante da sociedade romana, ou também sobre a matriz predominantemente política ou religiosa do fenômeno. Para cada uma dessas interrogações podem-se fazer valer diversas referências, como o caráter vinculante do culto público em razão da *pax deorum* a ser preservada ou a persuasão da natureza livre do ato religioso para que possa ser agradável à divindade. É preciso, porém, ter presente que o mundo antigo não tinha uma concepção da tolerância baseada na igualdade fundamental dos homens e no direito da consciência, assim como também não tinha conhecimento da separação entre a esfera da política e a da religião (talvez a existente entre público e privado). Isso permite explicar como a tradição romana pode ter sido amplamente disponível a aceitar cultos diversos desde que se deixassem situar dentro do quadro de uma divindade suprema, avalista do poder romano. O cristianismo, de fato, resistia à *interpretatio romana* do fato religioso. O seu caráter irredutível e universal dava a impressão à cultura da época de uma pretensão exagerada que induzia a comportamentos irracionais, até a exposição à morte "por hábito", ou seja, por fanatismo (Epiteto, Marco Aurélio). Mais do que num choque entre Império romano e Igreja, as perseguições têm sua causa na dificuldade de um mundo, de uma mentalidade em situar a novidade cristã dentro da convivência social como era correntemente praticada e imaginada. Trata-se da dificuldade bem evidenciada pelo edito de Galério, de 311 (cap. 4, item 18.1). Nesse sentido, as perseguições têm, ao mesmo tempo, causa política, religiosa e cultural.

Uma observação histórica mais pontual leva a reconhecer que o termo perseguição remete, de fato, nos três primeiros séculos da Igreja, a acontecimentos diferentes entre si: até a metade do século III há repressões locais, ligadas frequentemente a circunstâncias ocasionais que acendiam a antipatia por parte da população em relação aos cristãos (por exemplo, porque se abstinham dos espetáculos ou de aspectos ligados ao culto, como adquirir a carne dos sacrifícios), ou a intervenções de algum governador de modo isolado ou magistrados que eram levados a avaliar como subversiva a linguagem cristã, porquanto afastava de comportamentos obrigatórios segundo a tradição romana, como a participação no culto público. Valer-se nesses casos das normas que regulavam os *collegia*, as livres associações, era discricionariedade dos responsáveis pela coisa pública. Ocorre a mudança nesse ritmo, como vimos (item 13.1), com a perseguição de Décio e, mais ainda, com a de Valeriano (item 13.2), quando a repressão anticristã é guiada por medidas emanadas da autoridade imperial. Enfim, "sob os imperadores Diocleciano e Maximiano, explodiu a perseguição mais violenta que, por longos dez anos, enfureceu-se contra o povo de Deus" (Sulpício Severo XXXII,2). Um olhar de conjunto leva a dizer que o objetivo perseguido era, em geral, o de induzir os cristãos a adaptar a prática da própria fé ao quadro da vida pública do Império, com frequência por meio das punições exemplares para comportamentos que pareciam desvirtuados. As perseguições de Décio, Valeriano e Diocleciano fizerem, decerto, um número considerável de vítimas, cujo número é, todavia, dificilmente passível de avaliação, mesmo que seja de modo aproximado. Eusébio fornece, ao todo, os nomes próprios de cerca de 150 pessoas (homens e mulheres), fala, às vezes, de grupos inteiros, até numerosos, de mártires anônimos, cujos nomes só são de conhecimento de Deus (expressão frequente em lápides nas catacumbas). Os *Atos* e *Paixões dos mártires* fazem quase sempre referência a pequenos grupos (de algumas unidades a cerca de vinte) de cristãos condenados à morte. Os anos de Galério e de Maximino Daia, no Oriente, devem ter sido particularmente duros. O fato de a chegada de Constantino ter sido logo interpretada e celebrada por parte dos cristãos como sinal de benevolência divina que concede alívio e liberdade dá a entender como a mudança por ele introduzida tenha sido profunda.

Faz-se necessário lembrar que na Antiguidade os cristãos conheceram perseguição até para além das fronteiras do Império romano, na Pérsia entre 340 e 383 (onde os cristãos eram suspeitos de aliança com o Império romano cristão), na

Armênia, anexada ao Império sassânida e submetida, entre 451 e 485, à tentativa de anexação forçada ao masdeísmo. A resistência armênia obteve, afinal, o reconhecimento de que ninguém pode ser forçado a mudar de religião e deve ser julgado somente por suas ações.

Os estudos recentes sobre o tema levam-nos para, pelo menos, duas direções: de um lado, é preciso prestar atenção a cada fato e contexto, às suas particularidades, evitando generalizações apressadas (como a que identificava os imperadores perseguidores com os piores da história romana, tendo Nero na função de modelo negativo) e, de outro, a pesquisa tem interesse na relação entre credos religiosos e violência (o título "monoteísmo(s) e violência" é recorrente), entre poder e esfera da experiência religiosa (discussões em torno da "teologia política"). Dentro desses campos de reflexão, a opressão em razão de fé, a presença e a experiência de mártires são razões profundas de questionamento e de inquietude para a consciência humana e motivo de meditação sobre a natureza irredutível do Evangelho. Essa é a razão profunda, explica Eusébio, pela qual perseguição e martírio fazem parte daquilo que deve ser lembrado pela história da Igreja: "Quanto, como e em que momentos os gentios combateram contra a palavra divina e quem foram os que, em diversos períodos, em defesa dela enfrentaram uma tremenda batalha, chegando até a derramar por ela o próprio sangue e enfrentar tremendos suplícios" (HE I,1,2).

Nota bibliográfica

BASLEZ, M.-F. *Le persecuzioni nell'antichità*. Bréscia: Paideia, 2016.

BAUMEISTER, Th. *La teologia del martirio nella chiesa antica*. Traditio Christiana 3. Turim: SEI, 1995.

CACITTI, R. *Grande sabato. Il contesto pasquale quartodecimano nella formazione della teologia del martirio*. Milão: Vita e Pensiero, 1994.

CARFORA, A. *I cristiani al leone. I martiri cristiani nel contesto mediatico dei giochi gladiatori*. Trapani: Il Pozzo di Giacobbe, 2009.

FREYBURGER, G.; PERNOT, L. (ed.). *Du Héros païen au Saint chrétien*. Paris: Institut d'Études Augustiniennes, 1997.

JOSSA, G. I cristiani e l'impero romano. In: DAL COVOLO, E.; UGLIONE, R. (ed.). *Cristianesimo e istituzioni politiche. Da Augusto a Costantino*. Roma: LAS, 1995, 125-136.

LAMBERIGTS, M.; REEKMANS, L.; VAN DEN, P. (ed.). *Moitgrimmin multidisciplinary perspectives*. Lovaina: University Press, 1995.

MANDOUZE, A. Le persecuzioni nei primi secoli della chiesa. In: DELUMEAU, J. *Storia vissuta del popolo cristiano*. Turim: SEI, 1985, 33-60.

MATEO DONET, M. AMPARO. Los dos focos de persecución cristiana en el Imperio romano: el Norte de África y Asia Menor. *Gregorianum*, 96 (2015) 551-570.

MOREAU, J. *La persecuzione del cristianesimo nell'impero romano*. Bréscia: Paideia, 1977 [ed. or. Paris, 1956].

RUGGERO, F. *La follia dei cristiani. La reazione pagana al cristianesimo nei secoli I-V*. Roma: Città Nuova, 2002.

> SAULNIER, Ch. La persécution des chrétiens et la théologie du pouvoir à Rome (Ier-IVe s.). *Revue des Sciences Religieuses*, 58 (1984) 251-279.

14. As "fronteiras" da Igreja: debates a respeito da penitência e do batismo

1. As trocas epistolares contidas na coleção de cartas de Cipriano (um conjunto de 81 cartas, 59 pessoais do bispo de Cartago, 6 sinodais, redigidas por ele, 16 endereçadas a ele ou ao clero de Cartago) dão-nos informação sobre o debate ocorrido em Cartago e em Roma em torno da questão da **readmissão dos *lapsi*** ("os caídos", ou seja, os que tinham se dado por vencidos, durante a perseguição) na comunhão da Igreja. Sobre a mesma matéria trocam correspondência entre si Dionísio de Alexandria e Fábio de Antioquia, segundo a documentação reunida por Eusébio (HE VI,43). A situação apresentava-se complexa: muitos que, durante a perseguição, tinham se sujeitado a tomar parte no sacrifício, ou simplesmente estando presentes, ou conseguindo adquirir o *libellus*, pediam para poder participar da eucaristia, incluindo nisso o pedido de perdão por sua fraqueza e infidelidade.

O tema não era totalmente novo. O pedido sobre uma "segunda penitência" (*poenitentia secunda*), ou seja, sobre uma possibilidade de perdão/reconciliação por uma culpa grave depois do batismo, surgira bem cedo nas comunidades cristãs, como documentam o *Pastor de Hermas* (pouco antes da metade do segundo século), e fora elaborado nos inícios do século III de modo particular por Tertuliano, em Cartago, e por Hipólito, em Roma, em discussão com o bispo romano Calisto, acusado de laxismo (*Philosophumena* 9,12). O tema será reproposto com vigor depois da perseguição de Diocleciano e está na base do cisma donatista.

Diante dos pedidos de reconciliação propostos pelos *lapsi*, surgiram desde logo posições diferentes: em Cartago, o presbítero Novato e o diácono Felicíssimo e, sucessivamente, Fortunato, eleito bispo em oposição a Cipriano, fizeram-se porta-vozes de quem estava por uma readmissão sem condições, ou com base numa simples recomendação de um mártir ou confessor (*libelli pacis*). Em Roma, Novaciano, depois da eleição de Cornélio como bispo (251), assumiu uma posição intransigente, negando a possibilidade de readmissão na Igreja para os apóstatas. A Igreja podia unicamente confiá-los à misericórdia de Deus, num estado de penitentes por toda a vida. Tendo conseguido se eleger bispo de Roma em oposição a Cornélio, Novaciano encontrou pouco depois, surpreendentemente, aliança em Novato, que chegara de Cartago, e procurou adesões em muitas Igrejas. À questão disciplinar misturavam-se, provavelmente, motivos pessoais. Tendo voltado do exílio e voltando à sua sede, Cipriano organizou um sínodo no verão de 251, reiterado nos três anos seguintes. A posição amadurecida é amplamente exposta e motivada na *Carta* 55 e no *De lapsis*. Podem ser resumidos em três pontos sobre os quais convergem, com diversas nuanças, a posição de Cornélio, em Roma, expressa por um sínodo em 251, e a de Dionísio, em Alexandria. Em primeiro lugar, a readmissão à eucaristia deve estar subordinada à penitência, sob a orientação do bispo, avalista da *ecclesiastica disciplina*, da qualidade evangélica da vida cristã (*Cartas* 3,1; 33,1; 34,3; 41,2; 43,5 etc.). Em segundo lugar, somente na iminência da morte a reconciliação podia ser concedida imediatamente, ao passo que ordinariamente a penitência implicava o reconhecimento da culpa, a contrição do coração (*confessio*), um caminho de conversão (*poenitentiam agere*), graduado segundo a gravidade da culpa, a readmissão à eucaristia mediante a imposição das mãos do bispo. Por último, para os presbíteros e bispos a readmissão à Igreja significava ser aceito no estado laical, enquanto para todos os readmitidos valia a proibição de acesso ao sacerdócio. Em 254, Cipriano aplicou essa orientação a dois bispos espanhóis, Basílides de Lião (Legio) Astorga e Marcial de Mérida, apesar do recurso deles a Estêvão de Roma.

Não foi fácil harmonizar as diferentes posições, que reapareceram por várias vezes. Para além dos conflitos pessoais (que, todavia, não devem ser subestimados), emergem diversos modos de entender a identidade da Igreja na história, entre a exigência de manter em destaque a qualidade da vida nova que brota do Evangelho e a compreensão pela fragilidade a que os homens se veem expostos. Para os **rigoristas**, como Novaciano, a Igreja é a Igreja dos "puros"; ela é a "mãe" que anuncia a misericórdia de Deus ao longo do percurso catecumenal, mas o batismo sanciona o ingresso na Igreja fiel "virgem", vinculada no seu modo de viver à novidade do Evangelho, que não pode ser exposta a ambiguidades. A Igreja é "a santa reunião de todos os que vivem na justiça" (Hipólito, *In Dan.* 1,7), "a virgem esposa perfeita e completa em tudo, incorrupta e intacta, graças à santidade da virgindade perpétua" (Novaciano, *Tr.* 29,16,172).

Na frente oposta, aqueles que ofereciam a reconciliação com base no simples pedido consideravam que a Igreja vive na história sob a incondicional misericórdia de Deus e por ela é regenerada, toda vez que a falibilidade do homem prevalece. O rótulo de "**laxistas**" com o qual os defensores dessa posição são correntemente indicados deveria ser submetido, pelo menos em alguns casos, à revisão, fazendo distinção entre a intenção deles e os efeitos, que a Cipriano pareciam inaceitáveis. De fato, trata-se, em geral, de confessores, como Luciano (Cipriano, *Cartas* 21,22,23), que não têm a intenção de subestimar as exigências do Evangelho, mas, sim, atestar que a perseverança até o martírio é graça do Senhor, capaz de realizar até a conversão dos caídos. A experiência que têm da graça da perseverança colocava-os numa condição carismática que os habilitava a fazer o papel de intercessores para os fracos, exprimindo em relação a eles uma espécie de "patronato espiritual". Os pastores perseguiam a procura de um caminho que mantivesse juntas a dupla instância da proposta da vida nova e da misericórdia; é necessário "não sacrificar nem a disciplina nem a misericórdia" (Cipriano, *Carta* 18,19), evitar seja a *prava facilitas*, seja a *dura crudelitas* (*Carta* 30,8). A Igreja não é apenas o fruto da salvação, mas também o ambiente no qual ela é permanentemente operante. Com essa base ajusta-se o caminho penitencial que conduz à reconciliação. Ele conhece variações ligadas às circunstâncias que dão diferente peso às culpas e podem acentuar a urgência da reconciliação (por exemplo, diante da ameaça de uma nova perseguição). Depois que cessou a perseguição de Diocleciano, será reproposta a mesma problemática e se imporá uma prática pastoral análoga em ambiente alexandrino, em contraste com o rigorismo de Melécio e em ambiente cartaginense, diante da intransigência dos donatistas. Para a área siríaca é a *Didascália*, texto dos primeiros decênios do século III, que nos dará informações sobre uma prática penitencial semelhante, sob a orientação do bispo, chamado a traduzir em relação aos pecadores o agir do bom Pastor. A prática de exclusão-readmissão na comunidade revela surpreendentes analogias com a da sinagoga, deixando entender uma herança judeu-cristã.

Assim, nas comunidades cristãs, ao caminho catecumenal que conduz à fé batismal, ajudando a superar a distância entre a vida do mundo e a vida segundo o Evangelho na comunidade cristã, junta-se o caminho penitencial como oferecimento de recuperação: trata-se da "**segunda penitência**". É denominada penitência pública ou canônica, porquanto regulada por determinações dos bispos ou de sínodos regionais. A esses caminhos dedicam sua atenção não somente os bispos, mas mestres de vida espiritual, como Tertuliano e Orígenes, o qual, para esse objetivo, comenta muitas páginas bíblicas, especialmente do ciclo do êxodo. Catecumenato e penitência delineiam a posição da Igreja no mundo, expressam sua "diferença", a distância que separa o modo de viver cristão do modo corrente no mundo, distância que é preciso ultrapassar para pertencer à Igreja ou para recuperar o pertencimento a ela (item 16).

2. A convergência registrada entre as sedes de Cartago, Roma e Alexandria sobre a questão dos *lapsi* não se verificou, porém, em torno de outro problema aguçado pelas perseguições. Trata-se da validade ou não do **batismo** conferido numa comunidade cismática. A questão já havia se apresentado no século II relativamente ao batismo, por parte de heréticos. Roma e as Igrejas da Palestina e do Egito limitavam-se a um rito de reconciliação: a imposição das mãos por parte do bispo. Já na África e na Ásia Menor, o batismo conferido por um ministro indigno era considerado inválido e era preciso reiterá-lo, ou, antes, conferir o "**batismo único**". Dionísio de Alexandria parece atestar que o uso da sua Igreja era o de não rebatizar, mas considerava também oportuno não interferir na prática das Igrejas que se atinham a práticas e tradições diferentes. Do que Eusébio refere por diversas vezes (HE VII,2-9), parece que ele compreendia as razões das duas partes, sem encontrar motivo coercivo para considerar que um dos dois modos de agir fosse o único correto. Cada uma das Igrejas, aliás, fazia referência a deliberações anteriores a respeito: Cipriano apelava para uma reunião sinodal que um seu predecessor, Agripino, tinha presidido em Cartago, por volta de 220 (*Cartas* 71,4,1; 73,3,1), sobre a qual pôde ter influência a opinião abalizada de Tertuliano (*O Batismo* 15). Firmiliano de Cesareia da Capadócia, interlocutor de Cipriano sobre a questão, remetia-se a sínodos ocorridos em Icônio e Sínada por volta de 235 (HE VII,7).

Todos concordavam sobre a "unicidade" do batismo, mas era diferente sua interpretação, o que levou a um confronto, às vezes áspero, **Estêvão de Roma** e **Cipriano de Cartago,** entre os anos 254 e 257. Para Estêvão, o batismo é único, porquanto dado no nome de Jesus, nome que assegura sua eficácia. Segundo ele, essa é a tradição da sua Igreja à qual todos devem se ater. Para Cipriano, a unicidade do batismo é guardada somente pela Igreja, pertence a ela enquanto lugar do Espírito, não aos heréticos. De modo que "os que provêm da heresia não são batizados pela segunda vez, mas batizados" (*Carta* 71,1-3). Diferente era a situação dos que tinham sido batizados na Igreja, dela tinham se separado e, enfim, a ela retornavam; esses deviam apenas ser reconciliados com a imposição das mãos, como eram reconciliados os penitentes (*Cartas*

71,2,1-2; 74,12). Essa posição teve o aval de três sínodos realizados entre 254 e 256 em Cartago (P. Bernardini, *Un solo battesimo, una sola chiesa. Il concilio di Cartagine del settembre 256*, Bolonha, Il Mulino, 2009) e sobre ela Cipriano pôde registrar o consenso de Firmiliano de Cesareia, como se lê em sua carta aceita no epistolário do cartaginense (*Carta 75*). Preocupação pela unidade da Igreja, apelo à tradição da própria Igreja, relações entre sedes episcopais, temperamentos pessoais, reflexão sobre os dados das Escrituras, tudo isso se cruza na disputa que chega, às vezes, a momentos de grande tensão, até a ameaças feitas por Estêvão de exclusão da comunhão. Até os instrumentos da comunicação são postos à prova, entre práticas sinodais em cada região e dossiês epistolares enviados como informação. Se os processos podiam encontrar inspiração na prática do senado romano ou da chancelaria imperial, emerge também a exigência entre as Igrejas de encontrar uma via adequada às suas peculiaridades, à natureza delas e às fontes da fé.

A morte, com pouco espaço de tempo, de Estêvão (agosto de 257) e de Cipriano (setembro de 258) abrandou os tons da discussão. É bem legível no pano de fundo uma perspectiva eclesiológica diferente que não tardará a reflorescer (questão donatista). A ligação entre **Igreja e Espírito** parece a Cipriano estreita e exclusiva: daí deriva que somente a Igreja está habilitada a conferir o batismo. A única Igreja é "jardim fechado, fonte selada, um paraíso de árvores frutíferas"; somente ela tem o encargo do batismo único. Entre Igreja e batismo não pode haver separação (*Cartas* 70,1,2; 73,25,2). Censurava Estêvão por se ater a um costume que contém um velho erro (*Cartas* 69,2,1; 74,9,2). Estêvão julgava que não podia ser abandonado o uso mantido na Igreja de Roma, que refletia a tradição em vigor desde o início e vinculava a eficácia do batismo à "majestade" do nome de Jesus (HE VII,2-3).

No concílio de Arles (314), nos inícios da controvérsia donatista (cap. 5, item 27.2), decretou-se que, se um herético se dirige à Igreja, deve ser interrogado sobre o símbolo e, se tiver sido batizado no Pai, no Filho e no Espírito Santo, devem ser impostas a ele as mãos, sem que lhe seja pedido mais nada, mas, se interrogado sobre o símbolo não confessar essa Trindade, deveria com razão ser batizado (cân. 9). Desse modo, a validade do batismo está ligada à reta profissão de fé. Agostinho tornará comum essa perspectiva.

As duas disputas sobre a penitência e sobre o batismo, ocorridas em situações de emergência e tendo já precedentes, indicam uma Igreja empenhada em definir os seus limites com o mundo e com o que se consideram desvios ou contrafações (heresia, cisma). Essa tarefa envolve também, como já se referiu, o confronto entre diversas instâncias de autoridade na Igreja: a tradição, os bispos, os guias carismáticos, como os confessores, a prática sinodal, com o confronto frequente entre os responsáveis pelas Igrejas de diversas áreas geográficas e teológicas. O confronto com as variegadas situações nas quais se encontravam as diferentes Igrejas implicou um recorrente questionamento da fé por elas professadas e das suas fontes fidedignas e, por isso, a necessidade de precisar a figura e a identidade da Igreja na história.

15. As áreas teológicas: temas e figuras

1. Se no período dos apologistas (150-200) (cap. 2, item 8) é dominante a preocupação de "se explicar" aos de fora, ou seja, de mostrar as razões do cristianismo ao mundo greco-romano e ao judaísmo que se seguiu à segunda guerra judaica (132-135), o objetivo, no século III, que vai emergindo cada vez mais é definir a própria identidade internamente. A progressiva inserção nos quadros religiosos e culturais do mundo helenístico-romano pede que as Igrejas tornem culturalmente aceitável a fé cristã, que exponham seus conteúdos, seus significados e coerência, aceitando as perguntas que a cultura põe, adotando, pelo menos em parte, seus instrumentos expressivos, agregando-lhes, eventualmente, novos valores, para veicular a mensagem guardada pelas Escrituras e celebrada na liturgia. Ao mesmo tempo, a exposição da fé devia poder mostrar o seu enraizamento no patrimônio transmitido pelas origens e resumido na regra de fé. A tarefa não se limitava às doutrinas, mas implicava os modos de celebrar e de viver, a regulação da vida cotidiana, filtrando quanto era corrente no próprio ambiente com base nas escolhas contidas na *actio* batismal. Dirigindo-se aos neobatizados, Clemente Alexandrino lembra-lhes a missão recebida e como ela deva se refletir nos usos de cada dia, até mesmo na escolha das figuras do próprio selo (no uso corrente, uma espécie de "assinatura"). Tais figuras devem evocar agora a mudança de ideais produzida pela graça batismal, pela "pedagogia" do *Logos* Jesus: "É preciso que toda a nossa vida — estar de pé, mover-se, caminhar, vestir-se e tudo o mais — torne-se, o mais possível, digna de uma pessoa livre [...]. Quanto às figuras sobre nosso selo, sejam uma pomba, ou um peixe, ou uma nave impulsionada pelo vento, ou uma lira musical, como a que tinha Polícrates, ou uma âncora de navio, como o sinal de nascença que Seleuco portava, ou, enfim, se alguém é pescador há de se lembrar do apóstolo e das crianças salvas das águas. Não se devem gravar nos selos faces de ídolos, aos quais é proibido dirigir a mente, nem uma espada ou um arco, porque procuramos a paz, nem uma taça, porque queremos ser sóbrios" (Clemente Alexandrino, *Pedagogo* III,59,1-2). Os exemplos, sob forma de contraposição, postos sob o signo da liberdade dos filhos de Deus, remete claramente ao "creio" e ao "renuncio" batismal e dá a entender que eles são motivo de práticas de sinal diferente.

A elaboração dos **significados da fé**, da **coerência** e da **fundamentação** deles, bem como de sua incidência sobre a vida, acontece segundo sensibilidades e instrumentos culturais diversos, ligados às múltiplas heranças e tendências culturais do mundo antigo em que os cristãos habitavam e, ainda, a urgências e problemas diferentes ou de diversos modos percebidos nas diversas áreas eclesiais. Segundo uma esquematização que teve sucesso a partir dos estudos de Manlio Simonetti e Antonio Orbe, dos anos 70 do século passado, podem-se distinguir três áreas eclesiais-teológicas, *a asiática*, *a latina* e *a alexandrina*, com características próprias que, ao entrar em contato entre si, estimulam-se mutuamente, dando lugar a confrontos fecundos e, às vezes, a tensões iluminadoras para os debates seguintes. A trilogia de Jean Daniélou, *A teologia do judeu-cristianismo* (or. francês de 1958), *Mensagem evangélica e cultura helenística* (or. de 1961), *As origens do cristianismo latino* (or. de 1978), pode ser considerada um antecedente importante. A etiquetagem faz referência a áreas geográficas; mas é preciso levar em consideração a relativa facilidade de deslocamento das pessoas e, ainda mais, a circulação das ideias, da contaminação do pensamento, por afinidade ou por contraste.

Do quadro interpretativo dado por esse esquema é útil mencionar, desde já, uma vantagem de não pouca importância e um limite, de conhecimento dos estudiosos citados e dos que seguiram seu caminho. Ele é capaz de dar a episódios à primeira vista díspares uma compreensão unitária, propondo-os como momentos diferentes do laborioso confronto entre enfoques teológicos diversos, entre o asiático e o alexandrino, de modo especial, confronto que beira, às vezes, os tons do conflito, em cuja base está o recurso deles a *humus* culturais diferentes. São episódios de não pouca importância, pois, como fez observar Emanuela Prinzivalli (*Magister Ecclesiae. Il dibattito su Origene fra III e IV secolo*, Roma, 2002, 12-20), dizem respeito a problemáticas estritamente concernentes a três artigos do credo: **a unidade de Deus** (episódio "dos dois

Dionísios"), **a humanidade e a divindade de Jesus** (destituição de Paulo de Samósata e condenação de Luciano de Antioquia), **a escatologia** (debate entre Dionísio de Alexandria e os milenaristas de Arsínoe). Retomaremos mais adiante essas questões (item 17). O limite que não se deve perder de vista está ligado ao fato de que não raramente somos obrigados a reconstruir episódios e discussões mediante fontes que chegaram até nós de modo fragmentário, na forma de citações de cartas ou de informações redigidas sob o ponto de vista de sucessivos amadurecimentos e não facilmente neutros. O todo nos põe diante de uma época de procura, na qual diferentes instâncias se confrontam e pedem que se encontre segurança: a conservação da fé transmitida, a urgência de mostrá-la capaz de dialogar com os questionamentos da cultura, de modo a torná-la capaz de nutrir o modo de compreender a realidade e de oferecer uma interpretação que permita aos cristãos situarem-se com responsabilidade em seu mundo, por força de sua fé. Segundo uma expressão de Clemente Alexandrino, era preciso dizer como "é belo o risco de desertar para passar a Deus" (*Protréptico* X,9,31). A iluminação oferecida pelo Verbo feito carne é tal que, como um canto novo de inédita qualidade (*Protréptico* I,1-6), estimula a sair de comprovados hábitos, porque "o Senhor se ligou à carne, [...] inclinou-se, e o homem se elevou" (*Protréptico* XI,2-3). Porém, justamente nessa saída, é dado carregar consigo "espólios dos egípcios" e deles se servir, ou seja, da filosofia e, mais em geral, da *enkyklios paideia* (no sentido de curso de estudos com a finalidade de oferecer uma formação completa), para aprofundar a fé, como fora permitido aos filhos de Israel no êxodo do Egito (Orígenes, *Carta a Gregório* 2-3; Clemente em *Estr.* I,5,28,1. 30,1). É proposto agora um rápido esboço das principais características de cada uma das três áreas eclesiais-teológicas.

2. *A área asiática*. Essa designação faz referência a um espaço geográfico, a Ásia romana, com os seus centros de excelência em Éfeso, Sardes e Esmirna. Se o florescimento desse enfoque se coloca nos últimos decênios do século II (**Melitão de Sardes, Teófilo de Antioquia, Irineu, nascido em Esmirna**, depois bispo de Lião na Gália), ele encontra continuação no século III em linhas de pensamento teológico que insistem particularmente sobre a unidade de Deus (monarquianismo) e sobre a concreta e íntegra humanidade de Jesus (contra qualquer redução docetista) e sobre a salvação da carne. Caracterizam-no uma acentuada influência judaica (persistência do judeu-cristianismo) — evidenciada também pela prática pascal quartodecimana e pelo

milenarismo em escatologia, pelo destaque dado à história como campo da liberdade do homem (contra o fatalismo) —, a filosofia estoica como inspiração e matriz de instrumentos de pensamento em que se inspirar para desenvolver a reflexão e, no todo, como *humus* básico, a atenção ao concreto, ao "material". A abordagem das Escrituras vale-se de bom grado da tipologia (a cujo serviço são elaborados dossiês temáticos, *testimonia*) que permite reconhecer as grandes etapas da história da salvação, a qual encontra em Cristo o seu cumprimento e nele está aberta a todos os homens. A Igreja configura-se como "herdeira" de Israel enquanto povo de Deus, pois nele, graças à efusão do Espírito, está disponível a salvação para todos os homens.

Deve ser ressaltada a figura de Metódio de Olimpo, do fim do século III. Seu pertencimento à área asiática já está bastante contagiado pela influência origeniana, de modo a fazer dele uma ponte cultural. Embora crítico em relação a alguns traços platonizantes das posições de Orígenes, Metódio faz frutificar o discurso, tornando-se, desse modo, referência para vários aspectos das elaborações doutrinais e ascéticas do século IV (como acontecerá com Gregório de Nissa).

A área latina. O latim, até a metade do século III, tem a sua pátria de eleição na África cartaginense. **Tertuliano** (particularmente atuante entre 197 e 220) levou-o rapidamente a grande expressão teológica, aperfeiçoando uma linguagem que pudesse expressar a peculiaridade do monoteísmo trinitário (*una substantia, tres personae*), o estatuto único de Jesus Cristo (*una persona, duae substantiae*), o caráter paradoxal da Igreja (*corpus-spiritus*), a coerência entre criação e salvação até a escatologia (*caro salutis cardo*). Cipriano concentrou a atenção sobre a figura concreta da Igreja, sobre a instância imprescindível da unidade, eco da de Deus (*sacramentum unitatis*), sobre o fundamento de Pedro-apóstolos, que se reflete na unidade do episcopado de que todo bispo participa na sua Igreja e por ela. Novaciano, em Roma, na metade do século, compõe o primeiro *De Trinitate* latino. O seu rigorismo, em linha com o de Tertuliano, parece ligado a uma matriz estoica. No conjunto, a reflexão latina desenvolve o interesse pela coerência dos diversos aspectos da realidade, dos artigos da fé contidos na *regula fidei*, pela forma concreta e organizada da vida cristã, na comunidade e em confronto e tensão com a organização da *civitas romana*. Entende-se que essa atenção à figura concreta das coisas e da vida eclesial tenha tornado a teologia latina particularmente sensível e próxima a algumas linhas de tendência da teologia asiática.

A área alexandrina. O elemento de destaque, logo em evidência, é aqui a *forma mentis* platônica acostumada a ler qualquer realidade, distribuindo-a em dois planos, o do visível e o do invisível, da cópia e do arquétipo, do material e do inteligível/espiritual, onde o primeiro está ao mesmo tempo em condição de inferioridade e de atração em relação ao segundo. Essa dominante platônica favorece, em Alexandria, a retomada da categoria de *Logos* em referência a Jesus iniciada pelos apologistas (Justino em especial) e a preocupação de assegurar uma real distinção entre Pai, Filho e Espírito, atribuindo-lhes "hipóstases"/*ousiai* próprias. A posição fontal da paternidade de Deus e o caráter subordinado do Filho e do Espírito (que não induz necessariamente à inferioridade) serve de fundamento à unidade da divindade. A exegese das Escrituras acha como que espontâneo desenvolver-se como investigação dos diversos níveis de significado: literal, espiritual, anagógico. O instrumento da alegoria torna-se corrente. A insistência na excelência do "espiritual" traduz-se em instância de preferência dada à interioridade: a Igreja verdadeira é a que nasce no coração dos fiéis pela obra da Palavra, a cada tarefa devem corresponder atitudes espirituais adequadas. O invisível, o interior, o espiritual, anima o visível, o exterior, as formas institucionais. O homem vale, antes de tudo, pela alma, lugar do espírito. **Clemente Alexandrino** e o gênio de **Orígenes** levam essa teologia a níveis notáveis, a ponto de, na segunda metade do século III, tornar-se a teologia dominante, pelo menos no Oriente, a qual terá grande influência no florescimento teológico e nos debates do século IV e no movimento monástico, que tem no Egito a sua primeira pátria (cap. 5, item 29).

3. Esboçadas as três áreas eclesiais-teológicas, pode ser identificada, a título de rápida exemplificação, uma série de **pontos de confronto** e, às vezes, de tensão, que fornecem um ensaio de suas diferentes perspectivas (levando em consideração que sempre têm peso também as circunstâncias e a genialidade das personalidades envolvidas).

A urgência de dar voz à peculiaridade do **monoteísmo cristão**, qualificado pela revelação de Jesus, Filho único de Deus, toma dois rumos diferentes que se ressentem claramente das linhas de tendência das áreas referidas. O ambiente asiático insiste sobre a unidade de Deus, procurando depois ilustrar a posição de Jesus Filho ou com o recurso ao esquema das teofanias, que chega na encarnação a seu ápice (Jesus é o visível de Deus invisível), ou remetendo-se à experiência profética (Jesus é o homem que recebe a plenitude do Espírito, o

Filho que Deus reconhece como o seu único, o predileto). Os asiáticos Práxeas e Noeto são expoentes da primeira solução (monarquianismo dinâmico) e os dois Teódotos, um de Bizâncio (ou o "coureiro"), que teve um continuador em Artemão, e o outro, o "banqueiro", expoentes da segunda (monarquismo adocionista). Mais complexa se apresenta a posição de Paulo de Samósata (item 17.4). A dificuldade dessa linha teológica torna-se clara na posição que o século IV tomará o hábito de qualificar como modalismo, atribuindo sua paternidade ao líbico Sabélio (o único Deus se manifesta em modos/rostos diferentes nas suas várias ações por nós; Pai na criação, Filho na encarnação para a nossa salvação, Espírito Santo para a santificação). É significativo que, em Roma, Novaciano, embora afirmando claramente que o Verbo está desde sempre junto ao Pai, enquanto gerado por ele, e tratando do Espírito Santo segundo a regra da fé, não faça nunca uso do termo "trindade", já utilizado antes por Tertuliano e por Hipólito. O ambiente alexandrino movimenta-se com base na categoria de *Logos* aplicada a Jesus, evidencia seu caráter de "mediador" como característica constitutiva, que precede a encarnação e procura assegurar a unidade de Deus, reconhecendo que o Pai é a fonte do *Logos*-Filho e do Espírito. O elemento de subordinação que esse esquema de reflexão carrega consigo pode assumir diversas nuanças, até relevantes, a ponto de, no século IV, poderem se referir a ele, que é atribuído principalmente a Orígenes, tanto Ário e seguidores, como antiarianos e até os capadócios. Esse enfoque diferente ajuda a entender o que está por trás do episódio chamado de os "dois Dionísios". Por volta de 265, Dionísio de Alexandria é acusado perante seu homônimo de Roma por "dividir" o Filho do Pai; em sua defesa, responde garantindo que sua urgência tinha como objetivo não confundir o Filho em relação ao Pai. Como a acusação ao alexandrino vinha de ambientes líbicos (Sabélio), é plausível considerar que o suspeito tenha sido induzido por uma abordagem diferente do tema da unidade-trindade de Deus (item 17.4).

A **dupla constituição humana e divina de Jesus** gera também dois percursos explicativos. Os asiáticos, atentos, antes de tudo, à concretude humana de Jesus, atribuem a sua aptidão reveladora e de mediação, em primeiro lugar, à sua consistência humana. A tendência é de pensar que o *Logos*/sabedoria de Deus adquire caráter "pessoal" mediante a habitação no homem Jesus. Jesus é a imagem do Deus invisível (Cl 1,15) enquanto homem, enquanto vindo na carne. Os alexandrinos atribuem a sua capacidade reveladora à sua consistência de *Logos*, desde sempre junto ao Pai, como seu "pensamento" e "palavra". Ele é imagem fiel ao arquétipo, ao Pai; portanto, antes de tudo, enquanto invisível, antes da encarnação, ele é revelação do Pai mediante a sua múltipla ação na criação e nas manifestações aos homens segundo a economia bíblica e também distribuindo a sua luz (iluminação) aos que procuram a verdade e a vida boa (filósofos, a sabedoria dos gentios). É provável que a acusação de erro cristológico dirigida a Paulo de Samósata, bispo de Antioquia, deposto por volta de 268, tenha nas suas premissas, além das possíveis razões pessoais e de conduta, a tensão facilmente compreensível entre os dois enfoques, o asiático e o alexandrino. A dificuldade de Dionísio de Alexandria na circunstância poderia estar também ligada à inteligência que ele tinha das diferentes abordagens, sem que uma devesse soar inevitavelmente como desqualificação da outra (item 17.4).

Também no campo da **antropologia** é possível registrar o eco das diferentes genialidades teológicas, sem que isso leve a conflitos ou tensões. O marcador da diversidade pode ser encontrado na exegese de Gn 1,26 e 2,7. Enquanto para os asiáticos (e os latinos) os dois textos fazem referência ao mesmo ato da criação pelo qual o homem criado por Deus é o homem de alma e corpo — o corpo animado pelo sopro do Espírito —, para os alexandrinos a natureza efetiva do homem está mostrada em Gn 1,26: o homem é imagem de Deus pelo seu componente imaterial, a alma, que o Verbo ilumina (*Protréptico* XI,2; cf. Orígenes, *Os princípios*, introdução), e que o corpo é depois designado a exprimir e a marcar na sucessiva condição de decadência, de pecado, como "corpo pesado".

Motivo de confronto e de discussão é também a elaboração da **temática escatológica**. A teologia asiática revela-se aqui herdeira direta do judeu-cristianismo, adotando a perspectiva milenarista, com diferentes nuanças. Antes do ingresso na eternidade, o nosso mundo conhecerá, em correspondência ao sétimo dia da criação e ao repouso sabático (Gn 2,2-3), uma era de "mil anos" (Ap 20,4-6, mas não somente; cf. Irineu, AH V,33-36), onde os justos viverão com o Senhor ressuscitado, gozando a prosperidade do mundo, os frutos da criação, realização das promessas messiânicas, recuperação da condição paradisíaca. O Sl 89,4 — "a teus olhos mil anos são como um dia" — permitia traduzir em sete milênios a duração do mundo, colocando na metade do sexto milênio a encarnação do Verbo, segundo Adão, em correspondência com a criação do homem, primeiro Adão, no sexto dia. O tempo da Igreja adquire por essa via uma clara condição liminar, carregada de expectativa escatológica. Daí o nexo frequente, embora com diversas modalidades, com instâncias sociais e políticas, em especial com a exigência de justiça retributiva para os pobres, os oprimidos, os mártires. A teologia alexandrina censura de bom grado essa concepção, apontando-a como "materialista", bloqueada na letra das páginas bíblicas, e aperfeiçoa de preferência uma escatologia apoiada na alma imortal chamada à visão de Deus na união com o *Logos* (assimilação a Deus, divinização). O corpo unir-se-á a essa visão, mediante a ressurreição, no final dos tempos. O esclarecimento dado por Dionísio de Alexandria na comunidade de Arsínoe (HE VII,24) é momento significativo do confronto entre as duas posições (item 17.3). Sabe-se que ainda Agostinho se verá diante dessa problemática, descartando o milenarismo, mas também acolhendo, afinal, algumas de suas instâncias, como a valorização do corpo, da diferença sexual, nos últimos livros do *De Civitate Dei*.

16. Os desenvolvimentos das instituições

A primeira metade do século III registra uma clara aceleração do desenvolvimento dos aspectos organizativos e institucionais das comunidades cristãs. O consistente aumento numérico dos membros, a necessidade de ter representação na sociedade mediante a figura de responsáveis dignos de crédito, a gestão dos recursos e a organização das formas de solidariedade estão entre os fatores que impulsionam nessa direção. Sintoma dessa exigência no âmbito dos textos é o aparecimento de um novo gênero literário, constituído por textos canônico-litúrgicos, como a *Tradição apostólica* (denominação corrente de um texto composto de não fácil atribuição), a *Didascália* (ambos atribuídos à primeira metade do século III) e as *Constituições eclesiásticas* (pouco depois da metade do século IV reúnem os dois textos citados, inserindo no livro VII a *Didaquê*), que reúnem e propõem de forma descritivo-prescritiva as normas e as motivações da estrutura ministerial e das práticas eclesiais. Trata-se de uma "literatura viva", que cresce e evolui de uma geração a outra e de um ambiente a outro, com revisão e adaptações que tornam difícil recuperar sua redação mais antiga. Três âmbitos se prestam a ressaltar o fenômeno: o do acesso à fé e da liturgia, o da organização ministerial e o da gestão econômico-caritativa, com o desenvolvimento edil e a arte cristã.

1. *O catecumenato, o batismo e a eucaristia.* Tornou-se citação comum o aforismo de Tertuliano: "**ninguém nasce cristão, torna-se**" (*Apol.* XVIII,4).

Não é o pertencimento sociocultural apoiado no nascimento que dá início à vida cristã, mas o próprio consenso pessoal ao Evangelho que é anunciado. Os escritos de Tertuliano e de Cipriano para a área cartaginesa, a chamada *Tradição apostólica* para o ambiente de Roma, Clemente Alexandrino e Orígenes para a Igreja alexandrina, a *Didascália* para o ambiente siríaco, atentam-nos a consolidação de uma prática bem semelhante para conduzir ao batismo quem, tocado por um primeiro anúncio, manifesta o propósito de aderir ao Evangelho, tornando-se membro da comunidade cristã. A união entre Igreja e novos interessados na fé é obra de cristãos que fazem o papel de testemunhas da seriedade de intenção dos candidatos e de acompanhantes no caminho para o batismo. São, provavelmente, os mesmos que inseriram a proposta da fé na rede das relações cotidianas. Algumas analogias com a prática social do patronato e, talvez, a sugestão da paternidade espiritual os qualificará, a seguir, como "padrinhos". Torna-se corrente uma terminologia para indicar o grupo dos que postulam o batismo (**catecúmenos**, ouvintes), que por um prolongado tempo, três anos, segundo a *Tradição apostólica*, marcado por etapas, sob a orientação de uma pluralidade de ministérios (doutores, presbíteros, diáconos, diaconisas, bispo) são introduzidos na fé e na prática cristã, até a profissão batismal. O termo catecúmenos-ouvintes expressa a centralidade da Palavra no processo que leva à fé. Por isso, está prevista no início uma verificação das condições efetivas de escuta, considerando os destaques necessários que o Evangelho exige, com relação a modos de viver aprovados pelo ambiente; por exemplo, ligados a profissões ou papéis sociais, como a organização dos jogos de gladiadores (e os gladiadores), os atores de teatro, os magistrados que detêm poder de vida e de morte (TA 16; Orígenes, *Contra Celso* III,51,2). Caso particularmente delicado é o da profissão militar. Segundo a *Tradição apostólica* 16, o soldado que pede o batismo deve se empenhar para não matar e não prestar juramento. A escolha de viver como soldado é incompatível com a solicitação do batismo (ver a discussão do tema em Zocca, *Militari cristiani*).

O acesso à fé implica sempre conversão. O **catecumenato** é tempo de poda, em vista de boa frutificação (Orígenes, *Comentário a* Jo 6,28). O percurso conhece uma gradação, uma sequência de etapas, que Tertuliano indica como *auditorum tirocinia* (*Pen* VI,1 e 14), como *accedere ad fidem, ingredi in fidem, signare fidem* (*De Idol.* XXIV,3). Orígenes vê nas narrações bíblicas do caminho de Israel, saindo da escravidão do Egito para a terra prometida através do deserto, uma referência abalizada que sugere o sentido do catecumenato: pratica-se o distanciamento da idolatria, a escuta dos "oráculos celestes", as "leis divinas", o combate contra as tentações. Corre-se, assim, para a "terra prometida" (*Homilias sobre Js* IV,1; *sobre Nm* XXVI). Segundo Cipriano, vai-se à Igreja para aprender e se aprende para viver (*Carta* 73,3,2). Nesse percurso, o ministério dos *doctores audientium*, progressivamente reservado aos presbíteros e aos diáconos (Cipriano, *Carta* 29,2,3b), assume grande relevo. A esse serviço Orígenes dedicou parte notável do seu trabalho. O século IV nos entregará coletâneas de catequeses dirigidas aos catecúmenos e aos neobatizados, conservadas até porque consideradas exemplares (cap. 5, item 27), e Agostinho escreverá o *De catechizandis rudibus* (*Catequese aos principiantes*) para ilustrar seu método. A entrega do símbolo de fé, o credo, e do *Pater* (atestada explicitamente nas catequeses e nos ritos da segunda metade do século IV), resume o sentido do caminho: trata-se de elaborar a própria adesão pessoal ao anúncio cristão, que se exprime no pertencimento à Igreja, na oração e no teor de vida que a ele se segue. Conclui-se o catecumenato com uma verificação dos frutos do percurso que predispõe à celebração batismal, reservada a uma vigília, com clara preferência pela pascal ou no período de pentecostes. É possível, todavia, batizar em qualquer período, pois "a graça do Senhor não tem nenhum limite de calendário" (Tertuliano, *O Batismo* XIX,1-3). O rito tem agora elementos-chave fixos: a profissão de fé ligada à imersão na água (TA 21; Tertuliano, *A Coroa* III,2-3) é precedida pela renúncia a Satanás, acompanhada por uma unção com óleo sobre o qual foi pronunciada uma oração de exorcismo. Após a saída da água, segue a unção com o crisma e a *signatio*. O presidente é o bispo, que se serve da colaboração de presbíteros e diáconos. A *Didascália* prevê explicitamente o ministério das diaconisas para a unção das mulheres, cujo ministério, porém, se estende também ao campo do anúncio, da caridade e do acolhimento (in *Constituições apostólicas* III,19,1-7).

Ao batismo segue-se a celebração eucarística, cuja escansão a *Tradição apostólica* nos apresenta: apresentação das ofertas, oração eucarística (da qual o ritual da ordenação do bispo apresenta uma forma já fixa), comunhão, despedida. O mesmo escrito propõe depois uma série de indicações que visam ajudar os neobatizados a transcrever nos ritmos da vida cotidiana o potencial de vida nova recebido no batismo e na eucaristia. De particular destaque é a indicação dos tempos da oração cotidiana, relacionados às horas da paixão do Senhor (n. 41), e a ilustração do valor do "sinal da cruz" (n. 42). Tertuliano e Orígenes escrevem tratados sobre a oração que ilustram seus motivos e modalidades.

A *oratio dominica*, ou seja, o *Pater*, é comentada (Tertuliano, Cipriano, Orígenes) e indicada como oração paradigmática. Também os gestos são sugeridos: voltados para o Oriente, de onde veio o "sol da justiça" e de onde um dia voltará. Pode-se orar em pé com os braços estendidos, evocando a posição de Cristo na cruz.

Até o final do século II, a celebração da eucaristia fica reservada aos domingos; nos primeiros anos do século III, ganha espaço em Cartago uma celebração cotidiana. Em outras Igrejas havia uma assembleia de manhã, que incluía uma leitura contínua das Escrituras, seguida por uma homilia. Em Cesareia, Orígenes pregava todas as manhãs sobre o Antigo Testamento ou sobre o Novo (neste caso, às quartas-feiras, sextas-feiras e domingos). Por trás desse conjunto descritivo-prescritivo, reconhece-se facilmente uma Igreja consciente da distância entre vida corrente e vida cristã, uma Igreja chamada a não conferir o batismo de modo leviano (Tertuliano, *Bat.* XVIII,1. 6). Ela está numa posição liminar, entre este mundo e o Reino de Deus, e sua missão é indicar a todos o caminho (Cipriano).

2. *A estruturação dos ministérios.* Na primeira metade do século III, a figura dos ministérios eclesiais transforma-se sensivelmente segundo um duplo processo de **hierarquização** e **sacerdotização**. A importância da transformação conclui-se, até mesmo à primeira vista, de uma simples comparação com a terminologia corrente ainda no fim do século II, na qual presbíteros-bispos são frequentemente qualificações que podem indicar as próprias pessoas e em que o bispo pode ser indicado como o titular da missão (*leitourgia* ou *diaconia*) do episcopado (Irineu, AH III,3,3; *Paixão dos mártires de Lião e Vienne*, in Eusébio, HE V,1,29). Tertuliano mostra estar bem consciente da mudança em andamento, quando, para explicar que também os leigos podem batizar, pede retoricamente a eventuais objetores "se se pode fazer acreditar que os discípulos do Senhor já então se faziam chamar de bispos ou de presbíteros ou de diáconos" (*O Batismo* XVII,2). Cada Igreja é presidida por um bispo (monoepiscopado), que é coadjuvado pelo colégio dos presbíteros e pelos diáconos. No ambiente antioqueno, o diaconato é ministério conferido também às mulheres (*Didascália*). A noção de "**clero**" serve cada vez mais correntemente para agrupar no mesmo estatuto essa tríade (*ordo,* gr. *taxis*). Em meados do século passa a abraçar quase que toda a gama dos ministérios presentes nas Igrejas, com a nítida tendência a dispô-los segundo uma gradação que conduz de baixo para o vértice episcopal. Essa estrutura pode também ser utilizada como campo de prova e de discernimento para as tarefas mais elevadas, como atesta Cipriano no caso de Cornélio, eleito bispo de Roma (*Carta* 55,8,2).

Em Cipriano, a referência ao estatuto dos sacerdotes e dos levitas do Antigo Testamento é frequente para denominar como *sacerdos, summus sacerdos* o bispo e, às vezes, os presbíteros, ao passo que aos levitas correspondem os outros ministérios de grau inferior. O hábito da leitura tipológica favoreceu, decerto, esse vocabulário. Sem esconder a novidade da referência decisiva a Jesus Cristo, o quadro do *Levítico* serve, todavia, para explicar certa "profissionalização" do ministério que comporta uma abstenção das "moléstias seculares", para uma plena dedicação ao culto e ao serviço eclesial (Cipriano, *Carta* 1). A *Tradição apostólica* fornece os primeiros exemplares de orações de ordenação do bispo, presbíteros e diáconos que ilustram as tarefas que a graça concede e as virtudes que ela estimula para que sejam idôneos no exercício do ministério. O acesso ao episcopado comporta momentos distintos: a escolha do candidato, ou eleição, que exige o consenso da comunidade (do povo) e o consenso do clero, a ordenação por parte dos bispos das Igrejas vizinhas (assim também em Cipriano, *Cartas* 55,8; 67,5), a confirmação por parte dos bispos mediante a troca de cartas, que ratifica a aceitação no colégio. A ordenação dos presbíteros e diáconos compete ao bispo, bem como a instituição nos outros ministérios (subdiáconos, leitores, viúvas etc.). Particularmente interessante é o que a *Tradição apostólica* prevê no caso do confessor (cristão que esteve no cárcere ou sofreu a tortura pela fé): sobre ele deverão se impor as mãos somente para o episcopado, "porque pela sua confissão possui a honra do presbiterado" (n. 9). A uma prática análoga alude várias vezes Cipriano. O vocabulário corrente para indicar a autoridade (*auctoritas, potestas, dignitas, honor*) torna-se também corrente em referência ao bispo e aos presbíteros. Orígenes observa criticamente que, se na Igreja o bispo recebe agora a qualificação de "príncipe", é preciso que ele esteja consciente de que a sua missão o põe numa posição superior, para lhe lembrar a exigência de preceder o seu povo na virtude e que todo aquele que é chamado ao episcopado não é chamado a dominar, mas a servir (*Comentário a Mt*, homilia 61).

Essa configuração dos ministérios reflete-se na repartição dos espaços na assembleia litúrgica: o lugar do clero é junto ao altar, em torno do bispo; é bem diferente do lugar para o povo, com ulterior distinção para as mulheres e para os homens (*Didascália* 2,5). Catecúmenos e penitentes têm também espaços reservados a eles: podem participar da liturgia da palavra, saindo da assembleia antes do beijo da paz. Faz parte das tarefas do diácono vigiar para que esses lugares sejam respeitados.

A consolidação da figura única do bispo à frente das Igrejas parece encontrar um elemento de equilíbrio no desenvolvimento da **prática sinodal** atestada, no âmbito regional, na África latina (Cipriano), em Roma (Cornélio), em Alexandria (Dionísio) e no Oriente (Firmiliano). Se os procedimentos podem ter encontrado modelos de referência na prática das assembleias citadinas ou do senado, as razões fundamentais vêm da convicção de que, na troca e na escuta recíproca entre as Igrejas, é-lhes dado ouvir a voz do Espírito, que as guarda na reta fé e na unidade. O apelo às Escrituras serve para elaborar as motivações, e a revisitação e o confronto das respectivas tradições ajudam a identificar o que vem da herança apostólica. Uma passagem de Cipriano que se tornou citação frequente deixa transparecer a consciência da densidade comunicativa que habita as Igrejas: "Desde o início do meu episcopado, decidi não fazer nada com base na minha opinião pessoal, sem o vosso conselho (= dos presbíteros) e o consenso do povo" (*Carta* 14,4). A prática documentada permite, todavia, verificar que, com frequência cada vez maior, a sinodalidade diz respeito ao corpo dos bispos no âmbito da região e do clero com o bispo dentro da mesma Igreja.

3. *Gestão dos recursos e prática da caridade, com desenvolvimento edil e a arte cristã.* A reserva de **edifícios** específicos para o **culto**, costume em crescimento ao longo do século III, a aquisição de áreas cemiteriais (a primeira parece ser a de Calisto, no primeiro vintênio do século III) e as listas de pobres a serem assistidos informam-nos sobre o desenvolvimento do patrimônio da Igreja, que não é de pouca importância. Uma passagem de uma carta de Cornélio de Roma a Fábio de Antioquia, que Eusébio nos conservou, informa-nos sobre a composição ministerial da comunidade e, a seguir, sobre os pobres a serem assistidos: "Mais de mil e quinhentas viúvas e pessoas necessitadas, todas nutridas pela graça e pela bondade de Deus" (HE VI,43,7-17). O nexo tradicional entre eucaristia e solicitude pelos pobres (Justino, *1Apol.* 67,6-7) recebe um desenvolvimento organizativo numa espécie de "caixa comum" alimentada por uma oferta mensal ou segundo as possibilidades de cada um (Tertuliano, *Apol.* 39,5-6). A *Didascália* (2,4-5,1-3; 2,27) e o epistolário de Cipriano atestam que a guia da ação de socorro está também entre as tarefas do bispo, que se vale da ação dos diáconos e das viúvas. A peste e a carestia que campeia na África e no Egito, entre 250 e 253, veem o desdobrar-se da caridade dos cristãos não somente em relação a seus irmãos, mas para com todos os oprimidos pela necessidade. Dionísio de Alexandria vê nessa generosidade um claro distintivo cristão, "em nada inferior ao martírio" (HE VII,22,7-10-10). O mesmo é mencionado durante a perseguição de Maximino Daia (HE IX,8,14). Cipriano, em nome da comunidade de Cartago, envia 100 mil sestércios a uma comunidade saqueada; organiza uma coleta para as comunidades da Numídia (*Cartas* 62; 76-79).

A Igreja de Roma tornou-se várias vezes benemérita pelo **socorro** em relação a comunidades em dificuldade. Segundo Dionísio de Alexandria, ela fazia chegar ajudas regulares às Igrejas da Arábia e da Síria (HE IV,23,10). Também Basílio de Cesareia lembra que na Capadócia haviam chegado de Roma somas de dinheiro destinado ao resgate de prisioneiros cristãos caídos nas mãos de pagãos (Basílio, *Carta* 70). A decisão de Valeriano de confiscar os bens das Igrejas e diversas disputas, desde a que girou em torno da administração de Calisto de Roma até as críticas movidas a Paulo de Samósata, em Antioquia, expressam a relevância desse aspecto na vida das Igrejas. As múltiplas admoestações de Cipriano a bispos e presbíteros para que se mantivessem longe do apego ao dinheiro dão a entender que presidir Igrejas implicava com frequência administrar recursos de não pouca monta.

O desenvolvimento edilício de ambientes destinados ao culto deu ocasião à prática de uma **arte cristã**. Ao lado da reutilização de motivos tradicionais cristianizados (como a imagem do pastor, de Orfeu, em referência a Cristo), o peixe pelo valor acrônimo do grego *ichthys* e a representação de personagens e cenas bíblicas são patrimônio requintadamente cristão que provavelmente busca inspiração na prática litúrgica da *lectio* bíblica, habituada a se apoiar na aproximação tipológica do Antigo Testamento e Novo Testamento (ciclo de Jonas, de Noé e a arca, o batismo de Jesus, a adoração dos magos, a multiplicação dos pães etc.). Trata-se de uma arte que não se contenta em reproduzir em imagens o texto bíblico, mas o interpreta, expressa seu sentido salvífico em referência à vida dos fiéis. Não é por acaso que o primeiro lugar que a documenta é constituído por áreas cemiteriais (catacumbas de São Calisto, Priscila, Pretextato e Domitila), onde é testemunhado o *novum* da esperança cristã, a salvação oferecida por Cristo, bom pastor que carrega nos ombros a ovelha encontrada. O que é representado vale como exemplificação da salvação, como percurso que mantém aberta sua saída (a profissão de fé, o batismo, a eucaristia).

Como observa Gabriele Pelizzari — no estudo, por vários aspectos, pioneiro, *Vedere la Parola, Celebrare l'Attesa* —, a figura paleocristã não tem tanto o poder ilustrativo, quanto hermenêutico, ou seja, pretende veicular os significados de uma história elaborada mediante a interpretação das Escrituras e codificada em imagens. A arte cristã primitiva não nasceu para satisfazer uma exigência estética, nem para enriquecer e decorar os lugares de encontro da comunidade cristã. Como a produção literária, ela foi empregada como código expressivo, capaz de conceber autênticas e originais "declarações de fé" iconográficas, nas quais a vivência dos fiéis (a do martírio, em especial) ficava imersa no plano providencial com o qual Deus tinha orientado e dirigido a história da salvação. Esses documentos tomam vida dentro das comunidades cristãs, em especial da liturgia, que as reúne em assembleia e se torna lugar contínuo de elaboração das convicções e atitudes delas. São para nós uma possibilidade de acesso não secundário à vivência das Igrejas. Ao selecionar nesse patrimônio representativo corrente motivos e sujeitos aos quais podiam atribuir um significado especificamente cristão (o bom pastor, o novo Orfeu...), cruzando-o com o que provém da história bíblica, as comunidades cristãs dão vida a um novo conjunto expressivo, que documenta a nova fé no espaço da cultura, das artes figurativas. As Igrejas aprendem a falar com a linguagem da arte.

17. Duas figuras emblemáticas: Dionísio de Alexandria e Paulo de Samósata

1. O último quarentênio do século III recebeu nos estudos correntes a denominação de "**pequena paz da Igreja**", antecipação da "paz definitiva" instaurada entre Império e Igreja por Constantino: "Desde então, nós gozamos a paz, na tranquilidade, e acreditamos que não haverá mais perseguições, exceto a que desencadeará o Anticristo, no fim do mundo" (Sulpício Severo, *Crônicas* II,33,2). Pode parecer surpreendente que as fontes à nossa disposição sejam bem parcas nas informações sobre esse período, apertado entre as duas perseguições de Décio-Valeriano e a grande perseguição de Diocleciano, que marca a abertura do século IV. Eusébio de Cesareia, referindo-se a essa época, declara que se vale quase que exclusivamente de informações que pode atingir **Dionísio bispo de Alexandria**, ao qual confere a qualificação de "grande": "No sétimo livro da *História Eclesiástica*, Dionísio, o grande bispo de Alexandria, ajudar-nos-á ainda com as suas próprias palavras, dado que ele faz conhecer, nas cartas que nos deixou, cada um dos fatos ocorridos no seu tempo" (HE VII, introdução). Com efeito, a figura de Dionísio, mediante amplas citações que Eusébio tira de seus escritos, revela-se uma espécie de encruzilhada dos eventos e das problemáticas em torno dos anos 260, oferecendo muitas vezes premissas importantes para entender questões que ocuparão depois a primeira parte do século IV e além (entre todas, a questão trinitária). Talvez o caráter de procura que marcou muitas reflexões desse período (Orígenes manifesta plena consciência disso) e certa adaptação da vida cristã ao mundo, adaptação que o próprio Eusébio denuncia como "efeito da demasiada liberdade de que se gozava" (HE VIII,1,7-8), podem ter feito em parte reticente sua lembrança. Já no seu fim, o episcopado de Dionísio entrelaça-se com o de Paulo de Samósata, bispo de Antioquia, deposto em 268. Ambos se tornam, por diversos motivos, memórias discutidas na primeira parte do século IV, dentro da controvérsia ariana. Essas duas figuras podem, portanto, oferecer-nos indicações de relevo, para a vida da Igreja do último quarentênio do século III.

Eusébio refere do bispo alexandrino **cinco dossiês epistolares** concernentes à questão penitencial relativa ao cisma novaciano (HE VI,45-46), à questão batismal (pelo menos 5 cartas; numa delas aparece também a problemática sabeliana), às perseguições de Décio (HE VI,40-42) e de Valeriano (HE VII,10-11), à celebração pascal (Dionísio está no início do uso alexandrino das "cartas festais") e à questão trinitária suscitada pelo líbico Sabélio, feita objeto de trocas epistolares múltiplas, com Dionísio de Roma em particular, ao qual enviou sobre o tema "quatro escritos" (HE VII,26,1). Uma última carta, em resposta ao convite para participar de um sínodo em Antioquia, em 264, é dedicada ao caso de Paulo de Samósata. Além disso, tem amplo destaque uma citação da obra *Sobre as promessas*, em que Dionísio se ocupa do milenarismo de Nepote, bispo de Arsínoe, apoiado na interpretação do *Apocalipse* (HE VII,24-25). A impressão que se tira desse conjunto de correspondência é que a sede alexandrina gozava de uma posição de grande destaque na comunicação entre Ocidente e Oriente e que Dionísio interpretara a sua missão como facilitadora de compreensão entre dialogantes não facilmente conscientes das premissas do outro. A perseguição que o atingiu por duas vezes exigiu que explicasse qual o correto comportamento cristão diante da ameaça. Dionísio teve também de se defender da acusação de ter se subtraído pela fuga. O seu relatório não é somente uma memória defensiva, mas também um testemunho de como a sua linha mestra era o cumprimento da própria missão, que, decerto, implicava o testemunho da fé, também diante da autoridade, levando em consideração, porém, o fato de que ela não estava nada interessada nisso, senão pela implicação da negativa da participação no ato público do culto. Daí um comportamento, ao mesmo tempo, de franqueza e prudência, capaz de levar em consideração também as compreensíveis reações das pessoas, às vezes interessadas em mostrar a sua força, inclusive às autoridades, jogando com a esperteza e com o próprio conhecimento dos lugares.

2. Uma primeira série de intervenções de Dionísio de Alexandria referiram-se à **questão penitencial e batismal** (HE VI,45-46), imbuídas de preocupação pela unidade das Igrejas. Dirigindo-se a Novaciano de Roma, recomenda-lhe que evite lacerações na comunidade cristã: "É preciso suportar tudo, mais que realizar uma divisão dentro da Igreja de Deus, e o testemunho dado para não provocar o cisma seria até maior do que o testemunho dado por não ter sacrificado aos ídolos". Em muitas outras intervenções que Eusébio relaciona, Dionísio dá a entender que era preciso preparar um caminho diferente de reconciliação, de acordo com a gravidade das culpas, do condicionamento sofrido, da esperança a ser restituída a cada um, especialmente na iminência ou na ameaça de morte.

Na questão batismal (validade do batismo conferido por heréticos), a troca epistolar diz respeito de modo particular à Igreja de Roma. Dionísio expõe as diversas posições (*Carta a Sisto*, HE VII,5,3) e atesta que a Igreja alexandrina — a referência é a seu predecessor Héraclas — concorda com a prática de não rebatizar (numa carta a Dionísio de Roma partilha da recusa da posição de Novaciano); atesta também, todavia, a dificuldade para as Igrejas em reconstruir de modo seguro a própria tradição a respeito: trata-se, de fato, de um problema em boa parte novo. O nexo com a questão sabeliana dá a entender que, segundo Dionísio, o tema da fé correta continha também a resposta ao debate em torno do batismo. Urge-lhe, afinal, ressaltar que a paz agora concedida à Igreja continha um convite implícito a não exasperar o debate, arriscando lacerações internas. A sua sabedoria sugeria-lhe exortar a não transformar em oposições a falta de clareza sobre o tema.

Uma segunda **questão**, a **sabeliana**, exigiu de Dionísio particular trabalho. Sobre o conteúdo da controvérsia, Eusébio é surpreendentemente reticente, limita-se a dizer que "expôs por escrito a sua opinião sobre a questão" (HE

VII,27). As informações vêm de Atanásio (*Carta sobre a fé de Niceia* V,25,3-26,7), que, ao apresentar as razões da fé nicena, pretende mostrar que ela pertence à tradição da Igreja alexandrina. Nesse quadro, faz referência a uma acusação formulada por líbicos em relação a Dionísio de Alexandria junto a seu homônimo de Roma (daí a classificação de "controvérsia dos dois Dionísios"). A acusação considerava que o modo com o qual Dionísio de Alexandria ilustrava a relação entre o *Logos* e o Pai, "feito, que se tornou", comprometia a unidade divina, chegando a um distanciamento do Filho em relação ao Pai. A suspeita agravava-se pelo fato de que, segundo os acusadores, o bispo de Alexandria não recorria à categoria de "consubstancial". O Alexandrino defende-se, explicando que o seu objetivo era dar expressão a duas exigências inseparáveis: garantir o pertencimento do Pai e do *Logos* "ao mesmo gênero" e a diferença deles (precisamente como entre gerador-gerado, como nascente e rio). Atanásio se apressa em nos apresentar também o trecho central da réplica de Dionísio de Roma, o qual protesta contra os sabelianos e, ao mesmo tempo, contra quem quisesse separar as hipóstases: segundo as Escrituras, deve-se pregar a "tríade" sem dividir a "mônada divina" e sem rebaixar a grandeza do Senhor e do Espírito Santo. A síntese atanasiana da controvérsia dá a entender uma situação na qual orientações teológicas diferentes, asiática e alexandrina (item 15.3), ocupavam-se de instâncias diferentes do credo, unidade de Deus e verdade da encarnação do Filho, e estavam à procura de categorias capazes de as compor. O debate ariano implicava a revisitação das tradições teológicas das Igrejas (cap. 5, item 24).

3. Por meio de um extrato da obra *Sobre as promessas*, Eusébio dá informação não somente sobre outra **problemática** teológica, a **escatológica**, mas esboça também uma característica fundamental do exercício da função episcopal, com a tendência de apresentá-la como "ideal". Na Igreja de Arsínoe (Fayoun), com base na pregação de um bispo que morrera havia pouco, Nepote, cultivava-se a escatologia segundo traços marcadamente milenaristas. Um tal Coracion assumia o papel de seu porta-voz. Com base em Ap 20–21, representava-se a vida dos justos, após a morte, como um milênio de banquetes e de gozos de todo tipo, opondo-se a uma interpretação "espiritual", que se inspirava, com toda probabilidade, no magistério de Orígenes. A qualificação de Nepote e de um outro, Hierace, destinatário de uma carta festiva (VII,21,2) como "bispos dos egípcios", permite termos alguma indicação sobre a penetração do cristianismo na *khôra* alexandrina (o território de apoio da metrópole), onde o processo de helenização podia ter sido bem menos consistente. É possível que as graves perturbações provocadas pelas perseguições de Décio e de Valeriano tenham incentivado os tons milenaristas, até em chave crítica contra o Império romano.

O relatório dessa assembleia é um ensaio de estilo eclesial promovido por Dionísio, que vai visitar a comunidade: "Tendo-me dirigido ao distrito de Arsínoe, onde, como tu sabes, essa doutrina estava difundida havia muito tempo, a ponto de se terem verificado cismas e apostasias de igrejas inteiras, convoquei os presbíteros e os doutores das irmandades dispersas pelas aldeias e propus fazer publicamente o exame da obra, na presença dos irmãos que quisessem estar presentes. Eles tinham me apresentado esse livro como uma arma e um baluarte inexpugnável: sentei-me, pois, com eles por três dias seguidos, da manhã à noite, esforçando-me por corrigir o que ali estava escrito. Fiquei muito admirado ao constatar o equilíbrio, o desejo de aprender, a facilidade em acompanhar e a inteligência daqueles irmãos. Em ordem e com calma, estabelecemos as perguntas, as dificuldades, os pontos de consenso. Exortamo-nos mutuamente a não nos deixarmos condicionar de modo algum por espírito de contenda, pelas opiniões tidas no passado, embora isso não parecesse certo, sem escondermos, todavia, as dificuldades. Na medida do possível, esforçamo-nos por enfrentar as questões propostas e dominá-las, sem nos envergonharmos, se a razão assim pedia, por mudar de opinião e por reconhecer as razões dos outros. Com reta consciência e sem hipocrisia, com o coração voltado para Deus, aceitamos as conclusões estabelecidas com base nos argumentos e nos ensinamentos tirados das Sagradas Escrituras. No final, o maior representante e propagador dessa doutrina, de nome Coracion, confessou, de modo a ser ouvido por todos os irmãos presentes, e atestou diante de nós que não haveria mais de aderir [a essa doutrina], não mais a discutiria, nem a lembraria nem a ensinaria, porquanto suficientemente convencido pelos argumentos a ela contrários. Quanto aos outros irmãos, alguns ficaram contentes com a conferência, devido ao acordo e assentimento com todos" (HE VII,24,6-9). Esse relatório da assembleia é também, provavelmente, uma sua idealização; mesmo assim é uma proposta de estilo eclesial que permite ver uma consciência de não pouca importância. De forma narrativa, é apresentada uma série ordenada de operações e de atitudes capazes de enfrentar de modo eclesial o problema que se apresentou. É uma prática de sinodalidade numa Igreja local estimulada pela autoridade do bispo da Igreja "maior".

Em primeiro lugar, é formulado o problema que pede a atenção e o empenho de toda a comunidade. Trata-se de uma doutrina que cria lacerações nas comunidades cristãs. O bispo Dionísio convoca a assembleia dos responsáveis, presbíteros e doutores, aos quais podem se juntar todos os irmãos que o desejarem. O problema torna-se tema de procura e de reflexão por três dias. Segue-se um modo de proceder preciso: identificam-se as questões (as perguntas), as dificuldades, os pontos sobre os quais progressivamente se chega a um consenso. Ajudam-se todos a proceder sem preconceitos, sem alinhamentos prévios, mas com a disponibilidade para mudar de parecer quando a razão, iluminada pela palavra de Deus, leva a agir assim. Dá-se muita atenção às atitudes do equilíbrio, do desejo de aprender e de construir juntos o caminho da compreensão do tema. O objetivo de todos é a abertura a Deus, verificada pela aceitação das conclusões que a fidelidade à Sagrada Escritura e o seu aprofundamento permitem atingir. No fim, é aceito o amadurecimento de um irmão, Coracion, que, mais do que outros, acreditara ter de defender a posição milenarista. A alegria pelo consenso fraterno conseguido entre todos indica o bom resultado da assembleia eclesial.

Esse breve relatório mostra a natureza fraterna e ministerial que é ativada para resolver um problema que prejudica a partilha da mensagem das Escrituras e, assim, a coesão eclesial. O método escolhido mostra que a Igreja tem consciência das suas fontes, a Palavra de Deus nas Escrituras que interpela a inteligência do crente, e da sua natureza fraterna e ministerial, que mostra espaço de procura, de reflexão, de revisão e de amadurecimento. Se o contexto externo é o da "pequena paz", inaugurada pela medida tomada por Galiano (260, notificada em Alexandria em 262), não se pode excluir do relatório um rumo apologético diante da autoridade pública: as Igrejas são *collegia*, confiáveis, sabem compor pacificamente suas dissensões internas, fazendo frutificar do melhor modo os processos de análise das questões e da decisão. Propõem-se discretamente como presença positiva, capaz de contribuir para a coesão social. Dizer que é uma proposta de colaboração oferecida à autoridade imperial é, provavelmente, um acaso, que, todavia, os tempos de Constantino, não muito distantes, mostrarão reconhecer e aceitar.

4. O dossiê eusebiano relativo a Dionísio de Alexandria conclui-se com o aceno a uma carta enviada, em substituição à própria presença, a um sínodo de Antioquia de 264, relativo ao bispo dessa sede, **Paulo de Samósata**. Dionísio justifica a ausência, alegando os achaques da idade, e expõe a sua opinião sobre a questão, opinião cujo conteúdo Eusébio não refere (EH VII,27). Informa-nos, porém, a seguir, sobre outro sínodo, que determina, depois de prolongada e cansativa discussão, a condenação e deposição de Paulo, até sua expulsão da "casa do bispo", sob intervenção do imperador Aureliano (HE VII,29-30-18). O episcopado antioqueno de Paulo, originário de Samósata, que sucedeu a Demetriano (HE VII,27,1), situa-se no decênio do reino de Palmira, que deu vida a uma espécie de domínio autônomo da região sob Zenóbia e depois o filho Vabolato e que os romanos toleraram em chave antipersa (260-272). Segundo Eusébio, houve contra ele pelo menos dois sínodos em Antioquia, o primeiro em 264, o último — que decretou sua excomunhão e chamou para sucedê-lo Domno, filho do "beato Demetriano" —, em 268 (HE VII,30,17).

As acusações levantadas contra ele condensam-se em torno de dois capítulos: a conduta e a doutrina. Censura-se Paulo por viver mais como príncipe do que como bispo. Tendo se tornado rico, após modestas origens, teria mantido seu estilo de vida também como bispo, unindo a responsabilidade eclesial a um cargo na administração imperial (*ducenarius*), ou talvez reproduzindo seu modo de viver. As acusações, um tanto estereotipadas, são as de "tratar a religião como fonte de ganhos", construindo por meio de seus favores um consenso que beira a adulação. Ele parece interpretar e gerir a missão de bispo como título que o coloca entre os notáveis da cidade e lhe permite um teor de vida semelhante. Se dermos ouvido às críticas de Orígenes em relação de quem assume tarefas ministeriais, episcopais em especial (*Com. sobre Mt* XVI,8), Paulo não seria o único bispo a adotar esse modo de vida.

As acusações de tipo doutrinal pareceriam configurar a posição de Paulo como "conservadora". A acusação de "ter um pensamento baixo de Jesus Cristo", considerando-o um simples homem, pode significar, no contexto, que ele era movido por uma dupla preocupação: garantir a humanidade de Jesus, de um lado, e uma rigorosa monarquia divina, de outro. A seus olhos, Jesus seria filho de Deus no sentido de que nele veio habitar a plenitude da sabedoria divina, do *Logos* de Deus, que não seria distinto no próprio Deus, mas se tornaria "outro de Deus", distinto, no momento da sua inabitação no homem Jesus. Paulo tende a distinguir Jesus Cristo do *Logos* de Deus, sem dividi-lo totalmente. Gostaria, assim, de garantir, de um lado, a integridade da humanidade de Jesus e, de outro, a plenitude da divindade do *Logos* junto de Deus (não diferente de modo a ser "outro"). Haveria aqui a persistência de uma cristologia judeu-cristã, provavelmente apoiada num fundo cultural estoico ou, todavia, distante do platonismo, se, como atesta Basílio (*Carta* 52), Paulo tivesse rejeitado o uso do "consubstancial" (*homoousios*), porque o termo implicaria a divisão da substância divina, como o bronze é separado pelas moedas que com ele se cunham. Paulo teria tido dificuldade em pensar uma substância totalmente privada de elementos materiais. O seu enfoque acabaria se chocando com o enfoque mais recente, de cunho alexandrino, que distingue com cuidado Pai, Filho e Espírito Santo como três hipóstases divinas. É provável que seja essa a posição que lhe é oposta pelo presbítero Malquião, que é o portador da acusação contra Paulo, no sínodo de 268. A insistência de Eusébio sobre a dificuldade do debate, sobre as "dissimulações" de Paulo, daria a entender, mais que esperteza, a dificuldade de oferecer explicações satisfatórias para a outra parte, partindo de uma linguagem de diferente cepo. Haveria com Paulo e Malquião uma antecipação do conflito cristológico que oporá Antioquia e Alexandria, nos inícios do século V.

A figura de Paulo seria duplamente significativa: de um lado, por sua perspectiva doutrinal parece fazer eco a uma tendência arcaica, judeu-cristã; de outro, o seu modo de interpretar o papel de bispo é, antecipadamente, o que ocorrerá com frequência no século IV, numa Igreja nos quadros do Império cristão. Além disso, as instâncias e as dificuldades da sua cristologia parecem constituir um anel, embora não tão estreito, para reconhecer uma conexão entre a posição cristológica que toma corpo na área antioquena no início do século V e elementos e instâncias teológicas da sua tradição. Isso ajuda a entender por que a sua personalidade, embora tão discutida, tenha ficado como passagem histórica significativa.

Por diferente motivo, Dionísio de Alexandria (primeiro bispo alexandrino de quem temos escritos, embora em estado fragmentário) e Paulo, bispo de Antioquia, são referências qualificadas para lançar um olhar sobre um período, a segunda metade do século III, por tantos aspectos fluido: é fluido pela reflexão teológica interna às Igrejas, pelos ajustes nas relações com o Império, em crise dramática com Décio e Valeriano e, depois, no início do século IV, com Diocleciano, mas próximo de um acordo como nunca houvera com o edito de Galiano e os quarenta anos seguintes. As trocas frequentes entre Alexandria, Roma e Antioquia, as tensões que as caracterizam dão também a entender a progressiva organização da Igreja em escala regional e a emergência dos bispos dessas sedes como portadores de particular representatividade e autoridade. O século IV registrará a respeito desses aspectos novos desdobramentos que provavelmente tornaram depois interessante e parcial a releitura e a transmissão da memória.

> **Inserção 2**
> **O protocatolicismo**
>
> A categoria de *protocatolicismo* (*Frühkatholizismus* em alemão) foi utilizada em diversos contextos e com valores diferentes para ressaltar que o cristianismo das origens até os inícios do século terceiro tomou forma mediante uma série de passagens, de fases que documentam sua sensível evolução. Esse dado é susceptível de duas avaliações diferentes, histórica ou teológica (eclesiológica): a primeira interessa à reconstrução do percurso e procura das suas razões, a segunda submete a uma avaliação a fidelidade da Igreja ou do acolhimento da mensagem evangélica às suas origens, Jesus e o seu Evangelho. A quase inevitável mescla das duas vertentes torna delicada a utilização do mesmo termo, protocatolicismo, para ambos. O interesse pelo aspecto histórico remonta à época dos lumes e requer uma pesquisa histórica sobre a Igreja antiga livre de pressupostos confessionais. A interrogação eclesiológica tomou corpo no âmbito das disputas confessionais (de Adolf von Harnack a Ernst Käsemann) para se transferirem recentemente nos diálogos ecumênicos (por exemplo, nas pesquisas sobre a formação e sentido do cânon, sobre os ministérios, sobre os sacramentos e sobre o direito na Igreja).
>
> Mantendo-nos na vertente histórica, o dado que nos interessa aqui é fácil de formular: nenhuma das instituições que configuram a Igreja entre o fim do século II e a primeira metade do século III remonta tal e qual ao período apostólico: cânon das Escrituras, hierarquização dos ministérios sob a autoridade do bispo como intérprete abalizado da tradição, formas da celebração, formulações doutrinais. Harnack já indicava esses capítulos como os nós do *Frühkatholizismus*. Como ocorreu a formação delas, quais fatores a promoveram (ou frearam), quais foram suas premissas e consequências? Para recorrer a uma linguagem rapidamente evocativa: que nexo se deve reconhecer, subindo até o cristianismo das origens (*Urchristentum*) e descendo com a Igreja do Império romano (*Reichkirche*)? É correto procurar, a partir de um determinado desenvolvimento ou resultado, premissas numa época anterior e num contexto diferente (a que o prefixo "proto" ["*früh*" em alemão] da categoria protocatolicismo alude)? O historiador parte do pressuposto de que nada cai totalmente do céu (e, portanto, pode ser encontrado em germen), mas deve também levar em conta que não há desenvolvimentos automáticos e retilíneos segundo o esquema premissas-consequências. O binômio continuidade/ruptura para avaliar um processo histórico é chamado a levar em consideração as

variantes que interferem e as mudanças de situação, de contexto, que podem indicar continuidade sob mudanças de superfície e descontinuidade sob aparentes homogeneidades. Levando em consideração essas observações elementares, podemos lembrar algumas passagens, algumas variações vistosas, que marcam o caminho da Igreja até a época de Irineu († 202), de Tertuliano (em atividade até pouco depois de 220) e de Cipriano († 258).

Aconteceu-nos várias vezes relevar a pluralidade que caracteriza as origens cristãs (bem além da redução ao binômio judeu-cristãos/pagão-cristãos ou da linha paulina/petrina): é compreensível que o confronto entre diversos modos de fazer valer a referência a Jesus Senhor e à sua mensagem tenha induzido a contaminações e reflexões entre os diversos grupos dos discípulos de Jesus. A saída do útero judaico e o transplante para o mundo helenístico romano, com o judaísmo da diáspora e a procura filosófica em função de elementos-ponte, bem como o contato com a organização da *civitas romana* (da sua dimensão doméstica à imperial) são fatores que influenciaram não pouco na elaboração das formas de organização das comunidades cristãs, no modo de se situar no mundo (lembremo-nos da função do ambiente doméstico e do modelo dos *collegia*). Além disso, a distância das origens, com a exigência de garantir com elas a harmonia, levou a desdobramentos de grande importância referentes à elaboração do cânon das Escrituras, a evolução dos ministérios na direção do monoepiscopado, o aperfeiçoamento da regra de fé e o desenvolvimento da categoria de tradição.

Por último (para o arco de tempo que estamos considerando), não se pode subestimar que o aumento numérico das comunidades e a necessidade de ganhar crédito no campo das religiões como *religio licita* levaram a introduzir a terminologia sacerdotal em relação aos ministérios e ao sagrado no que diz respeito à prática cultual (por exemplo, o vocabulário do sacrifício, das condições de "pureza" para a ele ter acesso). Ambos os processos, vistosos no âmbito latino no período que vai de Tertuliano a Cipriano, acontecem mediante o recurso tipológico ao Antigo Testamento. Tal recurso implica, decerto, ao lado de uma continuidade, uma novidade garantida pela referência decisiva a Jesus Cristo, a quem se reconhece a qualidade de cumprimento. Essa passagem, à qual se junta um processo de profissionalização do ministério (documentado também na área síria na *Didascália*) estará entre as premissas que permitirão ao cristianismo, no século IV, assumir as funções de religião do Estado (por certo, com "distinções" de não pouca monta).

A interrogação em torno das razões e do sentido dessas passagens leva a reconhecer que não é possível identificar um cristianismo no estado puro, isolado como essência abstrata, sem um conjunto de mediações históricas que têm também valor sociológico e jurídico. Harnack reconheceu, por um lado, que a inserção do cristianismo na cultura é exigida pelo próprio Evangelho; por outro lado, considera negativa, sob certos aspectos, a maneira como ela ocorreu no cristianismo;

tal modalidade teria a sua premissa enquanto ocorrido nos primeiros dois séculos (protocatolicismo), com a identificação entre a essência do Evangelho e as concretas formas históricas daquele período (identificação que a Reforma protestante propõe-se remover). Para Harnack, o catolicismo antigo não é senão o cristianismo que conseguiu incorporar a herança cultural e política do mundo clássico, com o resultado positivo de uma "cristianização do helenismo" e, ao mesmo tempo, com o aspecto negativo de uma "helenização do cristianismo". Käsemann observou, por sua vez, que o Novo Testamento já contém elementos que permitem às diferentes confissões cristãs encontrar nele antecipações das próprias posições. A seus olhos, o Novo Testamento contém premissas para a pluralidade das Igrejas (das confissões). Historicamente, decerto, vale também a observação de que o cristianismo nascente (e o Novo Testamento) carrega consigo fortes recursos centrípetos que explicam o caminho de troca, de integração, de sinodalidade entre comunidades cristãs até levar à "grande Igreja" do século III. Além disso, é verdade que a demanda de "vida ordenada", própria do gênio romano e exigida pelo aumento numérico e pela necessidade de se credenciar na sociedade como recurso confiável funcionou mais de uma vez como razão de redução da variedade dos carismas e, em particular, de subordinação das mulheres nas comunidades cristãs.

Esse complexo de elementos fornece a chave para entender como na Igreja o apelo à fidelidade à tradição esteja junto com o da reforma e deixe espaço para o florescimento de novas formas de vida cristã, como a monástica do século IV, irredutível a um único modelo.

A pesquisa histórica registra os fatos, as evoluções, procura entender as razões das transições. Os critérios de avaliação da pertinência delas, da sua coerência ou de sua incoerência com as "origens" remetem a opções teológicas e filosóficas que extrapolam o trabalho do historiador, salvo a lembrança de que ninguém parte de terreno neutro. Todavia, vale a observação fundamental de que o cristianismo carrega dentro de si a instância da reforma, porque a referência ao Senhor Jesus, que é seu fundamento, continua para as Igrejas permanentemente como instância crítica, sempre excedente e jamais totalmente cumprida. Como observaram várias vozes que se fatigaram em torno do "protocatolicismo", o cristianismo não é compreensível se fica isolado da instância escatológica que o habita constitutivamente. Também essa consciência, percebida em termos ora agudos, ora mitigados, pertence à sua vivência histórica.

Nota bibliográfica

Fusco, V. *La discussione sul protocattolicesimo nel Nuovo Testamento. Un capitolo di storia dell'esegesi*. Aufstieg und Niedergang der Römische Welt, II.26.2 (1995) 1645-1691 (ampla resenha bibliográfica).

_____. Sul concetto di Protocattolicesimo. *Rivista Biblica*, 30 (1982) 401-434.

KÄSEMANN, E. *Saggi esegetici*. Casale Monferrato: Piemme, 1985.
KRETSCHMAR, G. Frühkatholizismus. Die Beurteilung theologischer Entwiklungen im späten ersten und in zweiten Jahrhundert nach Christus. In: BRANTSCHEN, J.; SELVATICO, P. (ed.). *Unterwegs zur Einheit*, (Festschrift für Heinrich Stirnimann). Friburg (Breisgau): Universitätsverlag Freiburg (Schweiz), 1980, 573-587.
NEUFELD, K. H. Frühkatholizismus-systematisch. *Gregorianum*, 62 (1981) 431-466.
ROGGE, J.; SCHILLE, G. (ed.). *Frühkatholizismus im ökumenischen Gespräch. Aus der Arbeit des ökumenisch-theologischen Arbeitskreises in der DDR*. Berlim: 1983.
SABOURIN, L. *Protocatholicisme et ministères. Commentaire bibliografique*. Québec: Bellarmin, 1989.
TRILLING, W. Bemerkungen zu Thema "Frühkatholizismus". Eine Skizze. *Cristianesimo nella Storia*, 2 (1981) 329-340.

Bibliografia

Fontes

AH = BELLINI, E. (org.). *Ireneo di Lione. Contro le eresie e gli altri scritti*. Milão: Jaca Book, 1981.

HE = MIGLIORE, F.; QUACQUARELLI, A. (orgs.). *Eusebio di Cesarea. Storia ecclesiastica*. Roma: Città Nuova, 2001, 2 vol.

TA = PERETTO, E. (org.). *Pseudo-Ippolito. Tradizione apostolica*. Roma: Città Nuova, 1996.

BENOIT, A.; MUNIER, C. (ed.). *Le baptême dans l'Eglise ancienne (Ier-IIIe siècles)*. Traditio Christiana 9. Berna: P. Lang, 1994.

FUNK, F. X. (ed.). *Didascalia et Constitutiones Apostolorum*. Turim: Bottega d'Erasmo, 1979 [reimpressão anastática da edição Paderborn: 1905].

GIRGENTI, G.; MUSCOLINO, G. (orgs.). *Porfirio. Filosofia rivelata dagli oracoli. Con tutti i frammenti di magia, stregoneria, teosofia e teurgia*. Testi greci e latini a fronte. Milão: Bompiani, 2011.

KARPP, H. (ed.). *La Penitenza. Fonti sull'origine della penitenza nella chiesa antica*. Traditio Christiana 1. Turim: SEI, 1975.

MORESCHINI, C. (org.). *Cipriano, Lettere 1-50; 51-81*. Scrittori cristiani dell'Africa romana. Roma: Città Nuova, 2006-2007, 5,1 e 5,2.

MUSCOLINO, M. (org.). *Porfirio. Contro i cristiani*. Milão: Bompiani, 2009.

PORTA, G. (org.). *Scrittori della Storia Augusta*. Bolonha: Zanichelli, 1990, 2 vol.

Estudos

ANDREI, O. Il provvedimento anticristiano di Settimio Severo (SHA, Sev. 17,1): una tappa della divisione delle vie fra giudaismo e cristianesimo. *Henoch*, 23 (2001) 43-79.

ARAGIONE, G.; NORELLI, E. (ed.). *Des évêques, des écoles et des hérétiques*. Genebra: Du Zebre, 2011.

BARZANÒ, A. *Il cristianesimo nelle leggi di Roma imperiale*. Milão: Paoline, 1996.

_____. *Il cristianesimo nell'impero romano da Tiberio a Costantino*. Turim: Lindau, 2013.

BASLEZ, M.-F. (ed.). *Chrétiens persécuteurs. Destructions, exclusions, violences religieuses au IVe siècle*. Paris: A. Michel, 2014.

_____. *Le persecuzioni nell'antichità*. Bréscia: Paideia, 2016.

BATS, M.; BENOIST, S.; LEFEVRE, S. *L'empire romain au IIIe siècle*. Tournai: Atlande, 1997.

BERARDI, C. C. La persecuzione di Decio negli scritti di Cipriano. *Auctores Nostri*, 1 (2004) 41-60.

CAMPLANI, A. Le trasformazioni del cristianesimo orientale: monoepiscopato e sinodi (II-IV secolo). *Annali di Storia dell'Esegesi*, 23, 1, (2006) 67-114.

CARDINI, F. *Cristiani perseguitati e persecutori*. Roma: Salerno Editrice, 2011.

CATTANEO, E. *I ministeri nella chiesa antica. Testi Patristici dei primi tre secoli*. Milão: Paoline, 1997.

DAGUET-GAGEY, A. Septime Sévère, un empereur persécuteur des chrétiens? *Revue des Études Augustiniennes*, 47 (2001) 3-32.

DAL COVOLO, E.; RINALDI, G. (ed.). *Gli imperatori Severi*. Roma: LAS, 1999.

DI BERARDINO, A. *Nuovo Dizionario Patristico e di Antichità Cristiane* (NDPAC). Gênova: Marietti, 2008.

FAIVRE, A. *Chrétiens et Églises. Des identités en construction. Acteurs, structures, frontières du champ religieux chrétien*. Paris: Du Cerf, 2011.

FILORAMO, G. Alla ricerca di una identità cristiana. In: FILORAMO, G.; MENOZZI, D. (orgs.). *Storia del cristianesimo*. Bari: Laterza, 1997, v. 1: L'Antichità, 139-271.

_____. *La croce e il potere. I cristiani da martiri a persecutori*. Bari: Laterza, 2011.

FISCHER, J. A.; LUMPE, A. *Die Synoden von den Anfängen bis zum Vorabend des Nicaenus*. Paderborn-Mônaco-Viena-Zurique: F. Schöningh, 1997.

GONZÁLEZ SALIMERO, R. *Le persecuzioni contro i cristiani nell'impero romano*. Monocalzati (AV): Graphe.it, 2009.

GUASTINI, D. (ed.). *Genealogia dell'immagine cristiana. Studi sul cristianesimo antico e le sue raffigurazioni*. Lucca, ed. La casa Usher, 2014.

MARAVAL, P. *Les persécutions durant les quatre premiers siècles du christianisme*. Paris: Desclée, 1992.

Meunier, B. *Les premiers conciles de l'Église. Un ministère d'unité.* Lião: Profac, 2003.

Navascués, P. de. *Pablo de Samosata y sus adversarios. Estudio histórico-teológico del cristianismo antioqueno en el s. III.* Roma: Institutum Patristicum Augustinianum, 2004.

Pelizzari, G. *Vedere la Parola, Celebrare l'Attesa. Scritture, iconografia e culto nel cristianesimo delle origini.* Milão: San Paolo, 2013.

Perrone, L. L'enigma di Paolo di Samosata. Dogma, chiesa e società nella Siria del III secolo: prospettive di un ventennio di studi. *Cristianesimo nella storia*, XIII, 2 (1992) 253-327.

Pietri, Ch. e L. (org.). La nascita della cristianità. In: Mayeur, J.-M. et al. (dir.). *Storia del cristianesimo.* Roma: Borla-Città Nuova, 2003, v. 2.

Prinzivalli, E. *Questioni di storia del cristianesimo antico I-IV sec.* (com ensaio de Crepaldi, M. G.). Roma: Nuova Cultura, 2009.

_____; Simonetti, M. *La teologia degli antichi cristiani (secoli I-V).* Bréscia: Morcelliana, 2012.

Rinaldi, G. Bibbia, esegesi e politica: Dionigi di Alessandria e l'imperatore Gallieno. *Annali di Storia dell'Esegesi*, 32, 2 (2015) 485-507.

_____. *Pagani e cristiani. La storia di un conflito (secoli I-IV).* Roma: Carocci, 2016.

Selinger, R. *Die Religionspolitik des Kaisers Decius. Anatomie einer Christenverfolgung.* Frankfurt am Main: Peter Lang, 1994.

_____. *The mid-third century persecutions of Decius and Valerian.* Frankfurt am Main-Berlim-Berna-Bruxelas-Nova York-Oxford-Viena: 2002.

Simonetti, M. *Studi sulla cristologia del II e III secolo.* Roma: Institutum Patristicum Augustinianum, 1993.

_____. Sulla corrispondenza tra Dionigi di Alessandria e Paolo di Samosata. *Augustinianum*, 47 (2007) 321-334.

Sordi, M. *I cristiani e l'impero romano.* Milão: Jaca Book, 1984.

Wilken, R. L. *I cristiani visti dai romani.* Bréscia: Paideia, 2007 [or. 2003].

Zocca, E. Militari cristiani e pace imperiale in età precostantiniana. *Studi e Materiali di Storia delle Religioni*, 73 (2007) 305-319.

capítulo quarto

O século IV:
a Igreja no império cristão e além das fronteiras

Na literatura que se ocupa do cristianismo antigo, das suas instituições e da relativa literatura, o século IV é constantemente indicado como uma cesura. A mudança epocal que se registra na vida das Igrejas está ligada à mudança das relações com o Império romano: sob esse ponto de vista, poder-se-ia falar, como se fez para o século XX, de um "século breve", contido entre os editos de 311/313 (Galério e Constantino) e o de Tessalônica de 380 (Teodósio). Se os primeiros marcam o fim oficial da clandestinidade para as comunidades cristãs, situação que conhecera também pontas de violência e de perseguição, o edito de Tessalônica de 380 proclama o cristianismo como religião oficial do Império. Nesse sentido, a mudança, com frequência indicada como "reviravolta constantiniana", mais que representável num evento pontual, configura-se como uma série de orientações que vão de intervenções legislativas e tutelas públicas em relação à comunidade eclesial a amplas mudanças no costume e na cultura. Esse novo horizonte político-religioso envolve aspectos nitidamente eclesiais, como as disputas trinitárias, a organização do catecumenato, o fenômeno monástico. Todas essas dimensões são de tal modo relevantes que, embora lembradas em parte neste capítulo (por exemplo, no estudo dos sínodos promovidos pelo imperador nos quais vão se esclarecendo conteúdos e modalidades para professar a fé trinitária, com terminologias técnicas a que ainda hoje se faz referência). serão abordadas de maneira específica no capítulo seguinte.

Todavia, é importante destacar que as Igrejas não estão somente dentro das fronteiras do Império, embora as vicissitudes dos cristãos em outras zonas de influência política não sejam totalmente independentes das mudanças que ocorrem entre os "romanos": as vicissitudes das Igrejas da Armênia, da Etiópia e da Pérsia não exaurem o quadro, mas ajudam a precisá-lo. No mesmo sentido, o capítulo aborda também a própria ideia de uma Igreja dos godos e abre uma janela sobre múltiplas relações com os povos que irromperam na cena de maneira mais evidente no século V, mas estão há muito presentes nas fronteiras e dentro do Império.

18. A mudança da relação entre Igreja e Império: os editos imperiais e a legislação, de Constantino a Teodósio

1. O objeto deste item é a mudança de relações entre **Igreja e Império** a partir do início do século IV. Como é compreensível, trata-se de uma sucessão de eventos, em boa parte inéditos, mas também precedidos por outros sinais de distensão — lembremo-nos do edito de Galiano, de 260-262, do qual, segundo Eusébio, foram enviadas cópias também aos bispos — confirmados e tornados efetivos pelo desenvolvimento nos âmbitos político e legislativo. A parábola dessa relação vai, idealmente, dos "**editos de tolerância**" (311) e do "**edito de Milão**" (313) em que o cristianismo é reconhecido como *religio licita*, num quadro de afirmada livre adesão a um ou a outro culto, até o edito *Cunctos populos*, de Tessalônica (380), que apresenta a fé cristã católica como religião oficial do Império. As trajetórias segundo as quais esse período exige ser lido são múltiplas e, ao lado das vicissitudes das sucessões no vértice do Império, ressaltam-se não somente os editos de que se falou, mas também os procedimentos legislativos a favor do cristianismo e promotores de um progressivo distanciamento da religião tradicional, bem como as intervenções diretas da parte imperial sobre os episódios eclesiásticos. Estas últimas são entendidas no quadro da jurisdição imperial em assunto religioso, porquanto ele era considerado parte do bem-estar público, e são particularmente relevantes, sobretudo na medida em que o Imperador se faz promotor dos sínodos (item 19) e do apoio da fórmula de fé neles promulgada com relativo exílio — que, de fato, tem um valor político — da parte anatematizada. Para seguir em sentido diacrônico esse desenvolvimento nas suas linhas fundamentais, é útil reunir num esquema sintético o desdobramento dos episódios no período que vai de Diocleciano a Teodósio e se concentrar na reforma do Império feita por Diocleciano, com as suas consequências tanto políticas, como religiosas.

O primeiro momento do período que analisaremos vai da tetrarquia iniciada por Diocleciano até chegar à ascensão de Constantino, em 312, que ficará, em seguida, como único imperador, de 325 a 337. Depois dele, os seus filhos Constantino, Constante e Constâncio dividem entre si o Império, até o decênio 351-361, quando Constâncio reúne novamente na sua pessoa o governo todo, assumindo o nome de Constâncio II. Com a sua morte, registra-se o breve parêntese de Juliano, conhecido como o Apóstata e quando ele morre, em 363, na batalha contra os persas, depois do reino de poucos meses de Joviano, é proclamado imperador Valentiniano, que se associa ao irmão Valente. Com a morte de Valentiniano, em 375, sucede-o Graciano, adolescente. Valente morre na batalha de Adrianópolis (378) contra os godos e em seu lugar Graciano designa o espanhol Teodósio, que, a seguir e pela última vez, reúne as duas partes do Império, confiado, na sua morte (395) aos filhos Arcádio (Oriente) e Honório (Ocidente).

No âmbito das fontes, para conhecer o período que foi delineado, há à disposição as obras dos cristãos Eusébio (Inserção 3 – *Historiografia cristã*) e Lactâncio, e os escritos do pagão Zósimo, por sua vez dependente, para os dados, de Eunápio, bem como os *Breviari ab urbe condita*, de Eutrópio. As *Histórias*, de Amiano Marcelino, que começam de onde parara Tácito, ou seja, desde o principado de Nerva, foram conservadas somente a partir do livro XIV, ou seja, a partir do ano 353. Se se comparam Eusébio e Zósimo, ou seja, duas fontes claramente caracterizadas também sob o ponto de vista religioso, pode-se encontrar um esquema fundamentalmente semelhante: o curso da história depende do favor da divindade e do correto culto em relação a ela; portanto, o sucesso para Eusébio depende do favor do Deus dos cristãos, ao passo que para Zósimo a prosperidade do Império durou enquanto os deuses foram corretamente honrados. Uma utilização respeitosa desses valiosos documentos deve ter presente esse quadro interpretativo e historiográfico. Utilizam-se, além disso, em subordinação, talvez, mas de modo importante, outros tipos de dados: em particular, as coleções legislativas, mas também a arqueologia — por exemplo, o arco de Constantino ou os restos das basílicas paleocristãs — e a numismática, como as moedas com o sinal cristão e a escrita *pontifex maximus*. Também textos literários e panfletos polêmicos fornecem importantes informações.

O nome de Diocleciano, ilírico de nascimento e militar por profissão, está ligado à reforma do Império, mediante a criação da **tetrarquia** (293), a reorganização do território imperial segundo unidades administrativas, em especial por meio da introdução de doze dioceses com novos grupos de províncias, e a reforma econômica, com a cunhagem do *denarius* e o decreto sobre os preços para conter a desvalorização e a consequente crise. Desse programa geral fez também parte a emanação dos decretos de perseguição em relação aos cristãos e a aplicação deles lembrada nas fontes eclesiásticas como a "grande perseguição".

O sistema da tetrarquia, institucionalizando a adoção, devia servir para evitar os danos provindos da sucessão dinástica e, ao mesmo tempo, permitia subdividir o governo do Império; desde 285, Diocleciano, embora mantendo um papel proeminente, já associara a si Maximiano para o controle da parte ocidental do Império. Unindo em subordem dois césares, respectivamente Galério e Constâncio Cloro, obtinha-se uma ulterior subdivisão das zonas sob controle direto e, ao mesmo tempo, se deveria começar de ofício a sucessão, pois o sistema previa que, depois de no máximo vinte anos, os dois augustos abdicassem a favor dos respectivos césares. Assim aconteceu em maio de 305, quando ocorreram a abdicação de Diocleciano a favor de Galério, que associou a si como césar Maximino Daia, e a de Maximiano, a favor de Constâncio (chamado Cloro devido à palidez do rosto), que associou a si Severo, dando início a um período crucial para a história do cristianismo.

No Ocidente, Constâncio Cloro morreu apenas um ano após sua posse como augusto e desde então os episódios políticos giraram em torno de personagens da sua família e da do augusto, não mais no cargo, Maximiano. Filho do primeiro matrimônio de Constâncio (e de Helena, estalajadeira da Bitínia, destinada depois a grande fama após a sorte do filho) e futuro esposo da filha de Maximiano, Fausta, é, de fato, o Constantino destinado a ligar o próprio nome à cristianização do Império, aclamado augusto em 306 por suas tropas, em Eboraco (York) e, portanto, sucessor de Constâncio Cloro no Ocidente. No mesmo ano de 306, Maxêncio, filho de Maximiano, apoiado pelas milícias pretorianas toma o poder na Itália e na África, eliminando fisicamente o césar no cargo, Severo. Desde a morte de Constâncio Cloro, abrira-se, por isso, novamente, um período de guerras civis, justamente o que o sistema adotado pela tetrarquia gostaria de evitar. Diocleciano e Maximiano, embora tivessem formalmente abdicado, encontraram-se, em 308, confirmando Galério para o Oriente e pondo a seu lado como augusto também Licínio, um militar. Na mesma ocasião, aceitaram como césares Constantino para o Ocidente e Maximino Daia para o Oriente. Agora, todavia, as questões não eram mais resolvidas por decisões desse tipo, mas por meio de acordos a que se chegava de longe, pacatamente, entre as partes em causa, porque o conflito era aberto e complexo, especialmente no Ocidente.

Esses atribulados episódios de sucessões e de guerras civis envolvem também a política em relação aos cristãos. Eusébio, embora interessado em ressaltar sobretudo a figura de Constantino e em atribuir a ele o mérito da mudança de política religiosa, não pode deixar de lembrar também a relação de Maxêncio com o cristianismo, mesmo que a interprete como ostentada ficção: "Maxêncio, que tinha instaurado a tirania em Roma, inicialmente por complacência e adulação em relação ao povo romano, simulou aderir à nossa fé e, fingindo obséquio à nossa religião, ordenou aos súbditos que cessassem as perseguições contra os cristãos, para parecer desse modo mais benévolo e manso do que seus predecessores" (HE VIII,14,1).

Em todo caso, as regiões ocidentais do Império viram postos em prática somente de modo parcial e por breve tempo os editos persecutórios de Diocleciano. Constâncio Cloro não os tinha aplicado senão raramente e Lactâncio refere que desde 306 também nos territórios sob o comando de Constantino os cristãos "foram restituídos a seu culto e a seu Deus" (MP 24,9). É diferente a situação no Oriente, onde Galério, segundo Eusébio, inspirador da política anticristã de Diocleciano, tinha um césar particularmente hostil aos cristãos, Maximino Daia: a repressão dos cristãos foi prolongada e cruenta, mas revelou-se bem cedo inútil, mesmo aos olhos do próprio Galério, que, gravemente doente, redigiu, em Sárdica (Sofia), em 311, um edito, depois publicado no dia 30 de abril na sede imperial de Nicomédia. Lactâncio refere uma sua versão latina (MP 34,1-5), Eusébio, uma em língua grega, que afirma ter traduzido de próprio punho, enriquecida com prescrito com os nomes dos imperadores.

O texto segundo a versão de Eusébio reza: "Nós [o augusto Galério e o césar Licínio, N. do R. italiano] quisemos, nas disposições que emanamos para a utilidade e o proveito do Estado, que, em primeiro lugar, tudo fosse conforme às antigas leis e às públicas instituições romanas. Por isso, tomamos medidas a fim de que também os cristãos, que tinham abandonado a religião de seus antepassados, retornassem com oportuna decisão, mas eles, por algum modo de pensar próprio deles, foram tomados por essa soberba e loucura, ou seja, não seguiram mais as tradições dos antigos, tradições essas que foram instituídas, talvez, por seus próprios antepassados, mas, ao arbítrio deles, como cada qual julgava, fizeram leis para si próprios e as conservavam; além disso, reuniam em vários lugares algumas multidões. Por esse motivo, foi emanado por nós um edito, a fim de que voltassem às instituições dos antepassados; muitos e muitos deles sofreram a pena capital, muitos outros foram torturados e submetidos às mais diferentes formas de morte. Como vimos que a maioria persistia naquela loucura, que eles não tributavam a devida veneração aos deuses celestes e que tampouco honravam o Deus dos cristãos, considerando a nossa benevolência e a constante prática de conceder o perdão a todos, julgamos nosso dever conceder, mesmo nesse caso, o perdão, de modo tal que *haja de novo cristãos e se construam edifícios em que se reúnam*, a fim de que eles não façam nada contra as instituições. Em outra carta daremos aos juízes disposições sobre o que deverão observar. Em conformidade com o que por nós disposto, eles são obrigados a pedir ao Deus deles pela nossa salvação, do Estado e de si mesmos, a fim de que, seja como for, o Estado se mantenha íntegro e eles possam viver serenos em suas casas" (HE VIII,17,6-10).

Com frequência, faz-se referência a esse documento como "edito de tolerância" pela concessão expressa com as palavras "*denuo sint christiani*" (correspondente às expressões mostradas em itálico na tradução acima referida), que reconhece ao cristianismo o estatuto de *religio licita*, com a permissão de os cristãos se reunirem e também de construírem lugares para seu culto. Com a morte de Galério, a *pars orientalis* fica, de fato, nas mãos do césar Maximino Daia, que prossegue num primeiro momento a política anticristã, até se convencer de interrompê-la, devido ao estímulo até mesmo de ambientes pagãos.

2. Entrementes, no Ocidente, Maxêncio não renuncia à ordem e Constantino lhe move guerra, perseguindo-o até a cidade de Roma, onde o derrota junto à **Ponte Mílvia** (28 de outubro de 312). Constantino agora está efetivamente no comando do Ocidente como augusto. Insere-se nesse contexto e nessa série de intervenções o documento — formalmente, um "rescrito", ou seja, uma carta oficial de resposta a uma instância — no qual se faz referência a acordos feitos entre Constantino e Licínio. Segundo Lactâncio, trata-se de um texto enviado por Licínio ao governador da Bitínia e publicado em Nicomédia no dia 15 de junho de 313. O texto latino de Lactâncio (MP 48,2ss) e o que Eusébio afirma "ter traduzido do latim, de próprio punho" (HE X,5,2-3), diferem em relação a algumas passagens e à extensão do documento, de modo a fazer pensar, talvez, em duas fontes não idênticas, mas convergem sobre o significado geral, identificável no fim das restrições contra os cristãos e na afirmação da liberdade de culto para todos. Na *praescriptio* referida por Eusébio, os dois temas são enunciados com clareza: "Faz tempo, fortalecido pela convicção de que a liberdade de religião não pode ser negada, mas que deve ser dada à inteligência e à vontade de cada um a faculdade de se interessar pelas coisas divinas, segundo a própria livre escolha, tínhamos ordenado que também os cristãos observassem a fé de sua seita e de seu culto. Mas, como parece que naquele rescrito em que essa faculdade lhes foi concedida foram acrescentadas muitas e diferentes condições, pode ter acontecido de alguns deles, pouco depois, terem sido impedidos na observância de tal culto".

Esse rescrito faz referência a um encontro ocorrido em Milão entre os dois augustos, ou seja, Licínio e Constantino, bem como a editos, ou seja, medidas legislativas gerais, que eles tinham a intenção de promulgar e, por esse motivo, é mais conhecido como "**edito de Milão**": "Quando nós, Constantino Augusto e Licínio Augusto, sob feliz proteção, chegamos a Milão e avaliamos o que seria de utilidade e benefício público, estabelecemos, entre outras coisas que pareciam sob muitos aspectos ser vantajosas para todos, antes de tudo e de modo especial, emanar editos, com os quais fosse assegurado a todos o respeito e a veneração da Divindade, ou seja, dar aos cristãos e a todos livre faculdade de seguir o culto que quisessem, de modo que todo poder divino e celeste, fosse qual fosse, pudesse ser benévolo em relação a nós e a todos quantos vivem sob a nossa autoridade" (HE X,5,4).

Como é compreensível, dada a vontade de revocar as disposições anteriores, a atenção é dirigida de modo particular aos cristãos e ao culto deles. Todavia, isso é expresso no quadro inusitado de uma liberdade de culto e de religião, posta em primeiro lugar no horizonte segundo o qual a *pax temporum* (HE X,5,8) depende da *pax deorum*. Pode-se observar que o paradigma em que prevalece o justo tributo à divindade em relação à escolha pessoal, é, no fundo, o mesmo que permitirá a sucessiva passagem de progressiva assunção do cristianismo, com prejuízo dos outros cultos. Todavia, nesse texto, o assunto é formulado também como tutela da escolha de cada um, que, se não pode ser entendida no sentido contemporâneo da liberdade da consciência, não está totalmente distante da tolerância afirmada modernamente, que reconhece uma pluralidade de confissões religiosas dentro de uma mesma sociedade (vol. III, cap. 6, itens 26.4-5). Eis, pois, o teor do texto em questão: "A ninguém é negada a faculdade de escolher a observância ou o culto dos cristãos; e a cada um é dada a faculdade de se aplicar ao culto que julga adequado a si mesmo, de modo que a divindade possa nos conceder em tudo a sua costumeira solicitude e a sua benevolência. [...] A tua devoção compreenda que, como isso lhes foi concedido de modo absoluto, deve-se entender que também a outros, que assim quiserem, foi dada a faculdade de observar a própria religião e o próprio culto. Tudo isso é clara consequência da paz dos nossos tempos. De modo que cada qual tenha faculdade de escolher e observar qualquer religião que queira. Isso é realizado por nós, para que a ninguém pareça que algum rito ou culto tenha sido de algum modo diminuído por nós" (HE X,5,5.8).

A formulação do edito, que, de fato, não só estende, mas também modifica a tolerância de 311, mostra claramente, como se disse, a intenção de revogação dos decretos precedentes que não somente obrigavam ao culto, com consequentes penas para os renitentes, mas previam a confiscação dos bens, em especial dos imóveis. A esse projeto corresponde a continuação do documento: "Além disso, estabelecemos também em relação aos cristãos: os locais deles nos quais anteriormente tinham o hábito de se reunir e para os quais fora estabelecida antes outra norma nas cartas enviadas à tua [o governador da Bitínia, na contextualização de Lactâncio, N. do R. italiano] devoção, se ficar claro que alguém os tenha adquirido do nosso fisco ou de qualquer outro, que sejam restituídos aos mesmos cristãos, gratuitamente e sem exigir pagamentos, sem nenhuma negligência e sem hesitação. E se, por acaso, alguém tiver recebido como presente esses locais, que os restitua o mais rápido possível aos mesmos cristãos" (HE X,5,9).

O item seguinte, que omitimos aqui, confirma o que foi decretado e indica a modalidade de apelo eventual ao prefeito local, bem como de indenização para quem deva restituir aos proprietários anteriores os bens que tinham sido confiscados. Vale a pena, porém, dar ainda espaço ao que segue, pela informação que indiretamente fornece sobre as propriedades coletivas das comunidades cristãs, reconhecidas como tais: "Como se sabe que os mesmos cristãos possuíam não apenas os locais em que costumavam se reunir, mas também outros, de propriedade não do indivíduo, mas da comunidade deles, ou seja, dos cristãos, ordenarás que todas elas sejam restituídas, com base na supracitada lei e sem nenhuma contestação, aos mesmos cristãos, ou seja, à comunidade deles e a cada uma das assembleias, naturalmente observando a supracitada disposição, ou seja, que aqueles que lhe restituem sem compensação aguardem da nossa benevolência, como dissemos acima, sua indenização" (HE X,5,11).

Também o edito de Milão, com a orientação que representa — mediante a afirmação da liberdade de honrar a divindade segundo a própria livre escolha e, portanto, com uma posição não unicamente aberta ao cristianismo —, vem, na realidade, se definir como uma reviravolta à medida que, sucessivamente, se desenvolvem uma **produção legislativa** e uma **prática política** de progressivo benefício em relação aos cristãos. A coletânea de documentos que compõe o livro X da *História eclesiástica*, de Eusébio, já reúne alguns dados interessantes a esse propósito: os bispos devem chegar a um acordo e, por isso, ordena-se convocar um sínodo, as Igrejas podem receber doações e legados, o clero deve ser isento de "liturgias" e de "foros" — que os termos não enganem; trata-se de obrigações fiscais, pagáveis em dinheiro ou com trabalho. Às reconstruções dos historiadores juntam-se a esse propósito as fontes legislativas: a legislação contida no *Códice teodosiano* (uma coletânea jurídica do século V, assim chamada porque feita compilar por Teodósio II) mostra algumas disposições que encaminham em sentido progressivamente cada vez mais filocristão a posição pessoal de Constantino (Inserção I – *A religião do imperador: Constantino e Juliano*), levando a mudanças das relações entre Igreja e Império destinadas a marcar de maneira definitiva a recíproca posição.

Constantino desentender-se-á com Licínio, em 324, ficando como **único imperador**, mas já do período anterior recordam-se várias constituições que na sua qualidade de leis gerais valiam para todo o Império; deve-se, porém, prestar atenção para não confundir a prescrição com a descrição do estado de fato, no sentido de que à publicação de uma lei, como é compreensível, não se segue imediatamente a sua aplicação geral; com maior razão se as autoridades de governo da região não a partilham, como se viu oportunamente (cap. 3, item 13) no caso dos editos de perseguição.

Em 315, portanto, é abolida a crucificação como modalidade de execução capital e se proíbe marcar os escravizados no rosto, que "tem a semelhança com Deus" (CT IX,40,2). No período que vai de 316 a 321, registram-se dois tipos de disposições, testemunhadas por mais de uma constituição do *Códice teodosiano* e por escritos de outro gênero de autores cristãos, destinadas a ter um grande impacto não somente nas relações com as instituições públicas, mas também na prática ministerial dentro da comunidade. Trata-se da *manumissio in ecclesia* e da *episcopalis audientia*. A primeira refere-se à disposição para a emancipação dos escravizados, que era, evidentemente, regida por normas e necessitava de uma transcrição pública. Agora (321), para tornar livre um escravizado basta a declaração nesse sentido do bispo da cidade (CT IV,7,1) e quando isso ocorre, inclusive numa reunião cristã, provavelmente uma liturgia dominical, adquire imediatamente valor civil. A *episcopalis audientia* indica a arbitragem do bispo nas controvérsias civis: segundo o *Códice teodosiano*, num primeiro momento (CT 1,27,1, por volta de 318) impõe-se que ambas as partes estejam de acordo em recorrer ao juízo eclesiástico, mesmo com a causa iniciada; em 333, segundo um rescrito referido em outra coletânea jurídica conhecida como *Constituições sirmondianas*, uma parte pode decidir independentemente do consenso da outra, se debater a causa diante do bispo e o juízo eclesiástico for inapelável (CS 1). Em 321, o domingo é declarado dia de público repouso e, progressivamente, torna-se dia festivo do calendário romano (CT II,8,1; CJ III,12,2) e é evidente que a escansão pública do tempo é um fator de primeiro plano no estabelecimento de uma sociedade.

Sob o ponto de vista econômico nesse período, reconhece-se às Igrejas o privilégio da anona, ou seja, a distribuição pública de bens alimentares e, em continuação do dado precocemente indicado por Eusébio, são publicadas diversas constituições a favor das comunidades cristãs: elas permitem os legados hereditários — "seja livre o estilo da última vontade" — à Igreja (CT 16,2,4, de 321) e estabelecem isenções dos tributos fiscais (CT 16,2,2, de 319; 16,2,7, de 330). Em consequência deste último tipo de disposição, uma constituição veda às pessoas de patrimônio elevado, sujeitas, portanto, a obrigações onerosas em termos de dinheiro e de serviços, ter acesso ao ministério cristão, para não perder a contribuição deles ao erário público (CT 16,2,3, de 320; 16,2,6, de 329). Aqui, é preciso dizer desde já, embora o assunto mereça uma reflexão mais ampla, que são emanadas uma depois da outra leis que excluem "heréticos" e "cismáticos" desse tipo de benefício ("quanto aos heréticos e aos cismáticos, não somente queremos que eles sejam estranhos a esses privilégios, mas também que sejam vinculados e submetidos a diversas obrigações": CT 16,5,1, de 326); isso, por um lado, indica inédita atenção pública a posicionamentos doutrinais indicados como heréticos, provavelmente recorrendo à distinção que havia entre *factio* e *corpus* (ou seja, entre grupos não reconhecidos tachados como "facciosos" e associações consideradas legítimas) e, por outro lado, testemunha como os debates internos às Igrejas em âmbito disciplinar e teológico se encarregam inevitavelmente de aspectos econômicos e políticos.

Paralelamente a esse tipo de intervenção, inserem-se prescrições restritivas em relação às religiões tradicionais, uma vez que, em 319-320, Constantino proíbe decididamente o exercício da haruspicação privada, ao passo que conserva e regulamente a pública, à qual podem recorrer também os particulares (CT 16,10,1). Progressivamente, são limitadas ou subtraídas as rendas dos templos. É significativo observar que, em 324, numa carta aos súditos da Palestina (VC 2,24-40), na qual ordena que se restituam aos cristãos os bens confiscados, Constantino chama de *errantes* os não cristãos. Os direitos adquiridos pelo judaísmo são mantidos (Inserção 2 – *A sinagoga de Calínico*), mas se impõem proibições de diversos tipos; por exemplo, com relação à possibilidade de ter escravizados cristãos (não vale, evidentemente, o contrário) e em relação aos matrimônios mistos.

Ao indicador significativo da codificação do período constantiniano juntam-se práticas pessoais e políticas, que vão da procura de conselheiros cristãos — como Ósio de Córdoba e o próprio Eusébio de Cesareia — à construção de basílicas cristãs (item 20.1) e à fundação da Nova Roma/Constantinopla (326-330), cuja implantação urbanística dá espaço prático e simbólico à realidade cristã. De particular importância é a intervenção ativa em questões eclesiásticas, como o cisma donatista e a questão ariana. A importância para a história do cristianismo dessas questões e da nova modalidade de desenvolvimento dos debates, que assumem a forma dos sínodos promovidos pelo imperador (item 19 e cap. 5, item 25) e particularmente o de Niceia, de 325, aceito até hoje pelas Igrejas como primeiro concílio ecumênico, requer um estudo à parte.

3. Com a morte de Constantino, em 337, as disputas dinásticas e o sistema por ele já adotado de eliminar fisicamente não somente os adversários políticos (Maxêncio, Licínio), mas também o filho Crispo e a mulher Fausta prosseguem na prática dos filhos Constantino, Constante e Constâncio, que se hostilizam e combatem até restarem Constante no Ocidente e Constâncio no Oriente. Em 351, porém, Constante é morto pelo general Magnêncio, por sua vez eliminado por Constâncio, que se torna único imperador, assumindo o nome de Constâncio II. No todo, o longo período que vai de 337 a 361 vê a continuação da tendência anterior, com um pico representado pelo decênio do protagonismo de Constâncio, sobretudo sob o ponto de vista das intervenções ativas sobre os episódios internos da Igreja. Em 341, Constâncio proíbe os sacrifícios pagãos (CT 16,10,2), afirmando fazê-lo em obediência aos decretos paternos e, todavia, junto com Constante, promulga, em 342, uma lei (CT 16,10,3) de tutela dos templos situados fora dos muros urbanos, caros à população por antigas tradições. Em 353, porém, uma lei geral promulgada por Constâncio, em Milão (CT 16,10,6), condena à pena de morte quem fosse encontrado fazendo sacrifícios. Prossegue também a política de isenção fiscal dos clérigos "pobres", com a extensão das vantagens também a seus filhos menores (CT 16,2,11), obrigados justamente por isso, segundo um edito de 349 (CT 16,2,9), a assumir, por sua vez, o estado clerical. É instituído também um foro reservado para os bispos (CT 16,2,12, de 355).

Sob o ponto de vista da intervenção direta sobre os episódios eclesiásticos, até 351, a situação se apresenta equilibrada, no sentido de que, se no Ocidente Constante apoia o episcopado substancialmente niceno desse território, o Oriente, mais diversificado, é em geral e por diversos motivos de tendência oposta e Constâncio continua essa opção não nicena, talvez no início sem muito interesse. Quando, porém, teve o governo de todo o Império, não tolerou a divisão das Igrejas, que se tornava um fato público e, por isso, convocou numerosos sínodos (em particular Milão 355, Sírmio e Rimini 359: item 19.3) e impôs as respectivas fórmulas de fé, muito genéricas, mas substancialmente alinhadas com as posições arianas, com consequentes sanções, representadas, novamente, pelos exílios dos bispos não alinhados.

É depois desse tipo de intervenções que foram escritas apologias contra Constâncio, entre as quais a famosa de Hilário de Poitiers, que lamenta a clareza de posições da difícil situação pré-constantiniana: "Oh, se Deus onipotente, criador do Universo e pai do nosso único Senhor Jesus Cristo, apenas tivesse concedido a mim e a este nosso tempo confessar a fé sob Nero e Décio [...], eu não teria tido medo de dar o meu testemunho [...]. Porque, diante dos teus inimigos declarados, a minha luta teria sido aberta, segura, confiante [...], mas o combate que se apresenta hoje põe-nos diante de um perseguidor dissimulado, diante de um inimigo que nos lisonjeia, que não nos açoita as costas, mas nos acaricia o ventre, [...] não nos faz perder a liberdade no cárcere, mas nos torna seus escravizados dentro do seu palácio, não espanca os lombos, mas ocupa nosso coração, não nos corta a cabeça com a espada, mas nos mata a alma com o dinheiro, não nos ameaça publicamente com o fogo, mas condena a nossa alma à geena, privadamente. Não nos vende, contestando-nos, mas nos domina adulando-nos, confessa Cristo, para que seja, na realidade, negado, facilita uma forma de unidade para que não haja paz verdadeira [...], honra os sacerdotes para que não desempenhem, de fato, o papel de bispos, constrói as igrejas para destruir a fé" (Hilário de Poitiers, *Contra Constâncio* 5).

Temos de afirmar que a prática de coerção, que tem origem no papel civil e político assumido pelo cristianismo e na sua estrutura eclesiástica, não diminuirá nos anos seguintes, obviamente de diferentes modos endereçada, segundo as orientações dos imperadores: pagã a de Juliano, ariana a de Valente, niceno-católica a de Teodósio.

Em 360, é aclamado como augusto na Gália o filho de um meio-irmão de Constantino, único sobrevivente das eliminações violentas na família imperial, que Constâncio associara a si como césar, alguns anos antes: trata-se de Juliano, que passou depois para a história pagã como *o filósofo* (Eunápio) e à cristã como *o apóstata*. À notícia da aclamação de Juliano, Constâncio movimenta-se contra ele, mas morre de febre na Ásia Menor e em 361 o jovem augusto assume o governo unitário do Império, que manterá por apenas vinte meses. Juliano, ainda pequeno, quando sua família fora exterminada, crescera em diferentes residências da família imperial, mas sob tutela, numa forma praticamente de reclusão, e ali recebera educação cristã e o batismo — lembremo-nos de que Constâncio, como Constantino, porém, fizera-se batizar somente à beira da morte —, mas tivera ocasião de seguir preceptores e mestres pagãos. Nesses anos, já recusara secretamente a fé cristã, que conhecia bem e associava em sentido negativo também à própria triste história, e tinha aderido com firme convicção e sentido religioso ao culto solar, típico, no passado, da sua família, bem como ao percurso místico da teurgia neoplatônica, na linha de Jâmblico; por isso, ele recebeu dois tipos de iniciação, uma provavelmente aos mistérios de Mitra e uma também aos de Elêusis, pelo menos segundo o testemunho de um companheiro de iniciação, Eunápio, autor da *História* e também de um perfil biográfico-filosófico do jovem: "Ora, justamente quando esses estudos caminhavam bem, Juliano, sentindo que tinha de aprender ainda mais na Grécia junto ao hierofante das duas Deusas, teve pressa em ir se encontrar com ele. Qual o nome do hierofante de então não me é permitido revelar, dado que iniciou nos mistérios o autor desta narrativa" (Eunápio, *Vidas de filósofos e sofistas, Máximo* 3,2-3).

Elevado ao poder, Juliano começa a pôr em prática um projeto de retorno à religião tradicional, que é também político, como os dos predecessores, e que se manifesta, sob o ponto de vista legislativo, num novo "edito de tolerância" e numa série de disposições voltadas a expulsar os cristãos da vida pública, sobretudo do ensino, favorecendo e incrementando os cultos tradicionais. De ambas as iniciativas, das quais não se conservou documentação nas coleções legais, dão notícia não só, amplamente, os autores cristãos, mas também o pagão

Amiano Marcelino: "Admoestava que cada um, deixadas de lado as mútuas discórdias, pudesse seguir, sem que ninguém o impedisse, a própria religião tranquilamente" (*Histórias* 22,5,3). A tolerância, segundo o mesmo autor, não estranha à intuição de que as divisões internas dos "galileus", como Juliano chamava os cristãos, pudessem ser mais destrutivas do que a proscrição, teve como consequência também o retorno dos exilados pela questão ariana, sem diferença de credo trinitário. Assim o lembra um documento anônimo do século IV: "No dia 14 methir [8 de fevereiro de 362] foi dada ao prefeito Jerôncio uma ordem do mesmo Juliano, bem como do vigário Modesto, que ordenava que todos os bispos antes reduzidos à impotência e exilados retornassem às próprias cidades e províncias" (*História acéfala* 10).

Também para as disposições referentes à escola e ao ensinamento, além das vozes alarmantes de cristãos contemporâneos, como Gregório de Nazianzo, temos o testemunho de fontes pagãs, entre as quais ainda Amiano, que julga contrária à clemência professada por Juliano a decisão imperial que proibia "que os mestres de retórica e de gramática cristãos ensinassem, a menos que passassem para oculto dos deuses" (*Histórias* XXV,4,20).

De Juliano conservaram-se também escritos autógrafos (*Cartas*, o *Misopogon*, *Discursos*) que dão testemunho de quão decidida era a sua intenção de retorno à religião tradicional, bruscamente anulado pela sua morte em batalha, numa campanha militar em direção ao Oriente, empreendida à imitação de Alexandre Magno. A derrota contra o reino sassânida da Pérsia, em 363, marca também o fim, de fato, de uma restauração pagã promovida do alto, embora muitos estivessem ligados às tradições em sentido cultural, religioso e político, em diferentes medidas e por diversos aspectos: testemunham isso, a alguns decênios de distância (384), a *relatio* de Quinto Aurélio Símaco, que pede que no Campidoglio fossem novamente recolocados o altar e a estátua da Vitória (item 19.4), ou as observações dos pregadores cristãos sobre os altares pagãos nos poderes dos fiéis (por exemplo, Zenão de Verona), ou o fundo nostálgico e polêmico com que falam de tudo isso historiadores pagãos, como Eunápio, ou, no século seguinte, Zósimo de Panápolis.

4. À morte de Juliano segue-se uma desorientação geral e também um recuo notável das fronteiras orientais do Império, que perde o território de Nísibis (item 21.3). As negociações da paz com os persas são conduzidas por Joviano, que fica como imperador por poucos meses. Em seu lugar, o exército aclama então um militar ilírico, Valentiniano, que bem cedo associa a si, para o Oriente, o irmão Valente. As disposições de Juliano são revogadas em todo o território do Império e, isso é feito por Valentiniano com certo equilíbrio — recebendo por isso os louvores até de Amiano (*Histórias* XXX,9,5) —, seja em relação à religião tradicional, seja em relação às facções cristãs. Comprometido em muitas campanhas militares nas fronteiras, associou a si, em 369, o filho ainda criança, Graciano, que teve com Marina, uma mulher de fé nicena. Com a sua morte, em 375, ele o sucede a título pleno, apesar de ser adolescente, e junto com ele é designado augusto também o outro filho que, na época, tinha quatro anos, Valentiniano II, que teve da segunda mulher Justina, que era ariana. O bispo da sede imperial de Milão é, desde 374, Ambrósio e o seu papel naquela sede não será de pequena monta (item 19.4), num clima complicado e mais uma vez violento: Graciano será morto na Gália, em 383, e será o bispo de Milão que guiará a delegação enviada ao general Magno Máximo para exigir dele e levar os espólios para a Itália.

No Oriente, Valente, que, segundo Amiano Marcelino, não era, de fato, do agrado de ninguém, depois de um período inicial de pouco interesse religioso, segue a linha que fora de Constâncio II e procura impor a profissão de fé ariana. Morre, porém, de modo trágico, na batalha, em 378, dessa vez contra os godos, em Adrianópolis, na Trácia (item 23.1), e Graciano nomeia augusto o espanhol Teodósio, igualmente intervencionista, mas, agora, segundo a perspectiva nicena. Cria-se, assim, uma conjuntura particular que, embora em continuidade com a tendência já salientada nos predecessores, chega a indicar um ponto de não volta: à iniciativa de Teodósio se deve uma lei geral que, enquanto designa o cristianismo como religião do Império, escolhe internamente a fé "de Dâmaso e de Pedro", os bispos nicenos de Roma e de Alexandria; desse modo, são postos, ao mesmo tempo, fora da lei o paganismo e a vertente ariana do cristianismo.

Este é o teor do edito de 380, muitas vezes indicado como "**edito de Tessalônica**", do lugar de sua promulgação, ou *Cunctos populus*, das palavras que lhe dão início: "Os imperadores Graciano, Valentiniano e Teodósio, augustos. Edito ao povo da cidade de Constantinopla. Todos os povos (*cunctos populus*) que são dirigidos pela moderação da nossa clemência, queremos que continuem fiéis à religião que a tradição proclama transmitida aos romanos pelo divino apóstolo Pedro, e que é claro que é seguida pelo pontífice Dâmaso e por Pedro, bispo de Alexandria, homem de santidade apostólica, ou seja, que acreditamos, segundo a disciplina apostólica e a doutrina evangélica, uma só divindade do Pai e do Filho e do Espírito Santo, sob uma igual majestade e sob a pia Trindade. Ordenamos que o nome dos cristãos católicos abrace aqueles que seguem essa lei, ao passo que os outros, loucos e insensatos, que julgam oportuno defender a infâmia do dogma herético e não dar às suas comunidades o nome de igrejas, devam ser atingidos pela punição, em primeiro lugar pela vingança de Deus e, depois, também pelo nosso desprezo, que assumimos como da vontade celeste" (CT 16,1.2).

Também essa medida legislativa, sozinha, não teria sido suficiente para indicar uma verdadeira transição, se não tivesse sido acompanhada por uma inteira constelação de práticas correspondentes, não sendo a última a convocação de um sínodo em Constantinopla, em 381 (cap. 5, item 26), depois aceito como segundo concílio ecumênico, que, pelo menos oficialmente, compõe o debate trinitário numa formulação que, embora confirmando Niceia, teve presente também os demais desdobramentos teológicos. Diversos eventos dão a medida da mudança de paradigma: entre eles, a destruição da sinagoga de Calínico (Inserção 2 – *A sinagoga de Calínico*) e a primeira condenação à morte por heresia, com a execução de Prisciliano e Eucrócia. O valor político e simbólico do edito de Teodósio, todavia, chega a ponto de representar, em certo sentido, o cumprimento da "reviravolta" iniciada a partir do principado de Constantino.

Inserção 1
A religião do imperador: Constantino e Juliano

Se tem sentido comparar os trinta anos de reino de Constantino com os vinte meses de seu sobrinho Juliano, reside ele na importância que os dois deram à religião, tanto que para ambos pôde-se falar de "reviravolta" e de "conversão", de diferentes formas, mas especulares.

A "conversão" de Constantino conheceu avaliações bem diferentes ao longo da história: a Igreja bizantina venerou-o como santo, o contemporâneo Eusébio de Cesareia fez dele o modelo do imperador cristão, ao passo que Zósimo de Panópolis e em geral a resistência pagã dos séculos IV-VI veem no abandono da religião tradicional uma das causas da decadência do Império romano. A narração da batalha de Ponte Mílvia assume progressivamente peso e significado à medida que os eventos dão consistência à nova orientação cristã: Lactâncio, próximo aos fatos, narra que Constantino teria sido exortado em sonho "a fazer marcar os escudos dos seus soldados com os sinais celestes de Deus [...]. Girando e dobrando sobre si mesma a ponta superior da letra grega X, escreveu de modo abreviado Cristo sobre os escudos" (MP 44,3-5). Eusébio, na *Vida de Constantino*, escrita a cerca de vinte anos de distância, estende-se longamente na reflexão interior do imperador, sobre a visão de "um troféu luminoso em forma de cruz que era superior ao sol e ao lado dele um escrito que dizia: 'Com este sinal vences'", sobre o sonho em que Cristo Filho de Deus proclama que com a cruz venceria os inimigos, sobre a descrição do estandarte e da inscrição que, depois, mandou fazer em Roma (VC I,28). Assim é "o imperador caro a Deus", enquanto para Zósimo é aquele que "se abandonava a toda sorte de licença" e deu prova de impiedade, começando pela família, exceto seguir depois um "egípcio que veio da Ibéria" [Ósio, provavelmente] que "lhe assegurou que a religião cristã anulava qualquer culpa" (*História nova* II,29).

Na época moderna, Jacob Burckhardt (1853) propôs a imagem de um Constantino hábil político, religiosamente indiferente — proviria daí sua tolerância —, que se apoia na Igreja por puro cálculo. Relançada por Henri Gregoire, essa imagem jamais convenceu totalmente, pois as fontes documentam uma efetiva evolução religiosa de Constantino (Piganiol, Mazzarino, Calderone), que, na proximidade da morte, pede o batismo. Num homem de Estado do século IV, a contraposição de político e religioso está fora de propósito: Constantino foi movido pela procura do "deus forte" em quem apoiar os destinos do Império e o reconheceu progressivamente no Deus dos cristãos. Convém lembrar que o termo conversão não é sempre assumido com a mesma acepção evangélica, de adesão exclusiva a Jesus Senhor: por isso, a historiografia contemporânea, com mais cautela, prefere falar de "evolução religiosa" de Constantino e de reviravolta constantiniana.

Também Juliano, educado de modo forçado nos princípios e culto cristãos, narra ter tido sonhos e sinais; e até sua figura é objeto de considerações opostas, a partir de seus contemporâneos até hoje. É ele mesmo que fala do seu dissídio interior e da sua exigência de um sinal: "Pedi ao deus que me mostrasse um sinal e ele logo me deixou alegre e me ordenou que cedesse e não me opusesse à vontade do exército [que o aclamava *augusto*, N. do R. italiano]" (*Aos atenienses*, 276; 284bc). Do mesmo modo, por meio de suas cartas e discurso, em especial o *À Mãe dos Deuses* e o *A Hélios Rei*, percebe-se o perfil de uma adesão religiosa que une ao casal celeste da Mãe dos Deuses e do Sol — já divindade da sua família e do próprio Constantino — a dimensão mistérica e ritual da teurgia e a releitura metafísica permitida pelo neoplatonismo, a que não podem ser estranhas reminiscências judaico-cristãs. Mas, à medida que essa adesão interior se torna escolha política, Juliano é para seus contemporâneos "o apóstata" das requisitórias cristãs (Gregório de Nazianzo, Efrém, o Sírio, Cirilo de Alexandria) e para os escritores pagãos "o filósofo" (Eunápio, Eutrópio) cuja iniciação é "princípio da liberdade para a terra" que induz a bendizer "o lugar que acolheu aquela conversão e o curador da sua mente" (Libânio, *Orações* XII,34).

O juízo quase unânime dos escritores eclesiásticos — lembremos, porém, que Prudêncio escreve sobre ele: "Traiu a Deus, mas não ao Império nem à Urbe" — passou à Idade Média, durante a qual floresceram narrações sobre um Juliano ímpio e violento. No drama escrito por Lourenço, o Magnífico, e levado à cena em Florença, em 1489, Juliano é apresentado como hostil aos cristãos, mas para o resto como um bom imperador, abrindo o caminho à sua descoberta como figura trágica e simbólica na Idade Moderna. Entre as muitas obras a ele dedicadas nessa perspectiva, pode-se lembrar *César e Galileu*, drama em dez atos de Henrik Ibsen, com a frase final: "Venceste, Galileu!".

Significativo, por outro lado, é o modo como Dante aborda os dois imperadores: enquanto ignora o *apóstata*, imortaliza a reviravolta do imperador cristão — embora com base na *donatio constantini* (vol. II, cap. 4, Inserção 1 – Constitutum Constantini: *explicação e análise crítica do documento*), falsa, mas não tão distante de uma mais ampla atitude de doações e favores —, no círculo dos simoníacos, onde termina a longa reprimenda dirigida ao papa Nicolau III, com a seguinte exclamação: "Ahi, Costantin, di quanto mal fu matre / non la tua conversion, ma quella dote / che da te prese il primo ricco patre!" (*Inferno*, XIX,115-117). (Oh, Constantino, de quanto mal foi causa, não a tua conversão, mas aquela doação que de ti recebeu o primeiro rico papa!).

Nota bibliográfica

Fontes

AMERISE, M. (org.). *Eusebio. Elogio di Costantino*. Milão: Paoline, 2005.
FONTAINE, J.; PRATO, C.; MARCONE, A. (orgs.) *Giuliano imperatore. Alla madre degli dei e altri discorsi*. Milão: Fondazione Valla-Mondadori, 1987.

Estudos

AMERISE, M. *Il battesimo di Costantino il grande. Storia di una scomoda eredità*. Stuttgart: F. Steiner, 2005.
BARBERO, A. *Costantino il vincitore*. Roma: Salerno Editrice, 2016.
BIDEZ, J. *Vita di Giuliano Imperatore*. Rimini: Il Cerchio, 2004 [or. 1930].
CALDERONE, S. Letteratura costantiniana e "conversione" di Costantino. In: BONAMENTE, G.; FUSCO, F. (orgs.). *Costantino il Grande*. Macerata: 1992, v. 1, 231-252.
TANTILLO, I. *L'Imperatore Giuliano*. Roma-Bari: Laterza, 2001.

19. Os sínodos imperiais e as relações entre as Igrejas e a autoridade imperial

1. Como se viu diversas vezes no item anterior, o período que vai de Constantino a Teodósio é caracterizado por uma série de **sínodos**, graças aos quais não somente são abordadas as questões de caráter eclesial, mas se esclarecem e evoluem as relações entre Igreja e Império. O fenômeno dos sínodos, portanto, é de máxima relevância para a história da Igreja do século IV. Por isso, reserva-se a eles agora um estudo especial.

A prática sinodal é testemunhada desde a época mais antiga e essa modalidade de debate e de discernimento é fundamental também na formação do patrimônio teológico das Igrejas (cap. 6, Inserção 4 – *Os sínodos. Uma perspectiva sintética*). Quando se fala, portanto, de sínodos imperiais não se pretende dizer que a prática tenha começado somente durante a reviravolta filocristã do Império, nem que as reuniões episcopais promovidas e guiadas pelo imperador esgotem a prática sinodal das próprias Igrejas. Antes, o que se quer é delinear o quadro institucional e político dentro do qual, de fato, se desenvolvem debates fundamentais para a vida das Igrejas, quer para melhor compreender seu *setting*, ou seja a forma específica, quer para aprofundar seu alcance teológico de modo não a-histórico (cap. 5, itens 25-26; cap. 6, item 34). No seu significado geral, trata-se, antes de tudo, da relevância que o imperador atribui à unidade da estrutura religiosa eclesiástica, de modo que todo cisma se configura como uma dilaceração ou uma ameaça à unidade da estrutura civil. Nesse quadro, o imperador convoca o sínodo — o termo, feminino em grego, mas não pelo uso estabelecido em português, é, em geral, equivalente a *Concilium* latino — pondo à disposição dos bispos convidados o *cursus publicus*, ou seja, o sistema de transporte dos funcionários públicos, que consistia em *postas* deslocadas ao longo dos caminhos de comunicação em que os viajantes encontravam a troca dos cavalos para prosseguir a viagem. Além disso, em alguns casos importantes, o próprio imperador ou um seu delegado presidia a reunião e, em geral, eram eles que promulgavam e davam validade às decisões. Sirva como exemplo a convicção de Constâncio: "A vontade do soberano deve ser a regra da Igreja".

Sob o ponto de vista eclesial, deve-se, antes de tudo, dizer que os responsáveis pelas Igrejas partilhavam esse mesmo horizonte cultural e institucional; assim, eram eles mesmos que davam início à intervenção pública, solicitando a arbitragem, bem como a intervenção legislativa e coercitiva do imperador. Ela não era, todavia, uma posição unânime: alguns distanciamentos por motivos evangélicos transparecem de documentos, como uma carta de presbíteros romanos da época de Dâmaso (366-384) que afirmam preferir a pobreza da manjedoura ao fausto dos palácios (PL XIII,83) e por boa parte da literatura monástica, obviamente em diversas formas literárias e módulos expressivos.

Além disso, a dura prova do mais grave contencioso eclesial do século, ou seja, o debate trinitário ariano com o investimento imperial na questão, torna mais cuidadosos os eclesiásticos; se, por um lado, se tem testemunho de Igrejas que recusam o transporte e o financiamento púbico, para manter a liberdade — o caso dos bispos da Gália, Aquitânia e Britânia, que quiseram ir ao sínodo de Rimini, de 359, e se alojar à própria custa (Sulpício Severo, *Crônicas* II,41) —, deve-se, por outro lado, a personalidades, como Ambrósio de Milão, a ideia e a prática de uma instituição eclesial, cuja autoridade não depende da do imperador, mas que, antes, se põe diante dele, exigindo sua colaboração, se não até mesmo a obediência, nas questões referentes ao plano religioso. Episódios, como o debate sobre o altar da Vitória em Campidoglio, a sinagoga de Calínico (Inserção 2 – *A sinagoga de Calínico*) e a penitência infligida a Teodósio pelos massacres de Tessalônica, de que se tratará mais adiante, têm todos como pano de fundo também essa constelação de significados.

Vista sinteticamente a questão, sigamos em ordem cronológica os principais eventos nessa dupla perspectiva, ou seja, a política e a eclesial, concentrando a atenção sobre o século IV, embora um esquema semelhante seja reproposto também para os concílios cristológicos do século V. De fato, os sínodos de particular destaque na aceitação eclesial dão vida a uma estrutura dogmática importante: em Gregório Magno (*Carta* 1,24) encontramos como testemunho o uso de comparar Niceia-Constantinopla (325-381: horizonte trinitário) e Éfeso-Calcedônia (341-451: horizonte cristológico) aos *Quatro Evangelhos*. Referindo-nos a eles, utilizaremos, por isso, a seguir, o termo "concílios ecumênicos", mas neste item é importante perceber os aspectos que os unem à atividade sinodal mais amplamente promovida e aprovada pelos imperadores e reservar ao capítulo dedicado ao aprofundamento das temáticas discutidas a terminologia eclesiástica hoje comum.

2. No início da parábola ascendente de Constantino já se apresenta uma situação de conflito eclesial na **África**: não era, decerto, o primeiro conflito da história da Igreja, mas a situação que ia se criando no vértice do Império estimulou alguns dos contendores a solicitar a arbitragem do imperador. Essa questão, chamada donatista segundo o nome de um dos protagonistas, bem cedo guia de um amplo agrupamento eclesial, é uma das situações problemáticas surgidas no fim da grande perseguição de Diocleciano, quando, em 311, fora eleito Ceciliano para a sé episcopal cartaginense. Na cerimônia da sua consagração, entre os bispos que oravam e impunham as mãos sobre ele encontrava-se também Félix de Aptunge, que foi constatado ter sido *traditor*, ou seja, parece que tivesse entregado às autoridades os *Libri* sagrados para ter salva a vida na perseguição. Desses episódios conserva-se ampla documentação, constituída quer por documentos sinodais e atas de mártires, quer pela obra historiográfica de Optato, bispo de Milevi, na Numídia, que, desse modo, conserva também parte dos argumentos de Parmeniano, bispo donatista de Cartago. O cisma está destinado a durar um século inteiro e até Agostinho fornecerá abundante documentação a respeito. Aos motivos disciplinares e teológicos e também às outras instâncias que lhe são próprias dedicaremos espaço mais amplo (cap. 5, item 27.2). Agora, porém, consideramos a questão sob o ponto de vista das relações com o Império: nesse sentido, trata-se de um conflito institucional, no qual a arbitragem do imperador, segundo os próprios contendores, deveria ter levado a uma deliberação oficial, fazendo, depois, que fosse aplicada. Optato refere que os bispos ligados a Donato tinham feito apelo ao procurador da África, Anulino, e que ele tinha feito chegar o apelo a Constantino: a questão não era somente ideal, uma vez que, já em 312, um edito imperial tinha estabelecido restituições e isenções para a Igreja católica em comunhão com Ceciliano, excluindo, consequentemente, os outros.

Constantino, todavia, depois de uma inicial incerteza, decide-se intervir. O próprio Eusébio não se furta à importância da questão, porque, entre os documentos que compõem o X livro da sua *História*, menciona também as cartas de convocação. A primeira delas é datada de maio de 313 — o edito de Milão-Nicomédia tem a data de abril do mesmo ano — e está endereçada a Milcíades de Roma: "Cópia de um rescrito imperial, com o qual se ordena a convocação a Roma de um sínodo de bispos para a unidade e a concórdia das igrejas. Constantino Augusto a Milcíades, bispo de Roma e a Marcos. Vindos de Anulino, ilustríssimo procônsul da África, chegaram até mim muitos atos processuais, nos quais se lê que Ceciliano, bispo da cidade de Cartago, foi objeto de muitas acusações por parte de alguns colegas seus africanos. Parece-me muito grave que nessas províncias, que, por sua condescendência a divina providência entregou à minha devoção e onde é numerosa a população, o povo, como que dividido em dois, se encontre pervertido, e que haja discórdias até entre os bispos. Pareceu-me oportuno que o próprio Ceciliano, junto com dez bispos, entre os que parecem acusá-lo, e dez outros que ele julga solidários à sua causa, vá a Roma, a fim de que possa ser ouvido na vossa presença e diante de Reptício,

Materno e Marino, vossos colegas; a eles ordenei que fossem a Roma com esse objetivo, de modo que possais apurar se Ceciliano se atém à sacrossanta lei. E para que, depois, possais ter pleno conhecimento de todas essas coisas, anexei à minha carta as cópias das atas que me foram enviadas por Anulino. Eu as despachei também para vossos supramencionados colegas. Depois de as terdes lido, a vossa firmeza examinará de que modo se deva cuidadosamente analisar a supracitada causa e vos dar solução segundo o Direito. Não escapa à vossa atenção que eu tenho pela legítima Igreja católica um respeito tal que não desejo que deixeis haver em algum lugar um cisma ou uma contenda. A divindade do grande Deus, ó caríssimo, vos conserve por muitos anos" (HE X,5,18-20).

Como se pode observar, o documento, sem ignorar a terminologia específica — "sacrossanta lei", "legítima Igreja católica" —, aborda a questão em termos de direito, convocando ambas as partes, anexando as atas instrutórias, que compreendem também a *relatio* de quem apelara, e avalia a gravidade da situação na ótica de uma divisão, cujo valor é político. Na assembleia romana deveriam ter se unido três bispos como representantes de outras Igrejas do Ocidente (Autum, Treviri e Arles).

Optato refere que o sínodo, segundo o uso romano e não precisamente como tinha indicado Constantino, realizou-se com 15 bispos italianos, em Roma, na *domus Faustae*, "título" que leva o nome daquela que punha à disposição da Igreja a própria casa. Instruída a causa, foi aprovada a posição de Ceciliano, mas o outro grupo não aceitou a solução. A indefinição levou Constantino a intervir de novo e em escala mais ampla, convocando um sínodo na Gália e assumindo de tal modo a titularidade que pôs à disposição meios de transporte e sustento aos convidados. Eusébio, no seu dossiê, faz referência a uma carta de convite destinada ao bispo de Siracusa (provável fonte do dossiê eusebiano), mas também Optato refere um esquema semelhante.

É este o texto de Eusébio: "Constantino Augusto a Cresto, bispo de Siracusa. Antes, quando alguns, com perversidade e maldade, começaram a se afastar do culto do santo poder celeste e da religião católica, querendo eu pôr fim a tais controvérsias, já estabeleci que, tendo sido enviados da Gália alguns bispos e tendo sido também chamadas da África as partes adversárias, que obstinadamente e com teimosia combatiam entre si, se pudesse concluir, na presença também do bispo de Roma, depois de atento exame e graças à intervenção deles, a questão que parecia ter sido levantada. Mas, como acontece, alguns, esquecidos da própria salvação e da veneração devida à santíssima doutrina, não deixam até hoje de prolongar as próprias inimizades e não querem se sujeitar ao juízo já emitido. Eles afirmam que somente poucos expressaram os próprios juízos e as próprias sentenças; ou que, sem ter examinado com cuidado tudo o que era necessário pesquisar, com muita pressa e com precipitação, continuaram a emitir o pensamento deles. De tudo isso se conclui que aqueles que deveriam ter um entendimento espiritual, fraterno e concorde estão vergonhosamente — ou melhor, abominavelmente — divididos entre si; e dão motivo de zombaria aos homens, cujas almas são estranhas à santíssima religião. Por isso, tive de tomar medidas para que a situação à qual era necessário pôr fim por voluntária decisão, depois da emissão do juízo, possa agora terminar, graças à intervenção de muitos. Ordenamos, então, a numerosos bispos provenientes de muitíssimos e diferentes lugares que se reúnam na cidade de Arles, até as calendas de agosto; e decidimos te escrever para que apanhes o correio público na casa de Latroniano, ilustríssimo *governador* da Sicília. Podes também juntar a ti dois da segunda ordem que te agrade escolher e três jovens, os quais vos servirão durante a viagem, de modo que possas estar no mesmo dia no lugar supracitado" (HE X,5,21-23).

O sínodo de Arles de 314, como fizera o de Roma, reconhece a validade da eleição de Ceciliano, mas o grupo de Donato não aceita e apela novamente. Uma sentença de Constantino, de 317, confirmava novamente a posição de Ceciliano e do grupo em comunhão com Roma e ordenava a restituição das basílicas: sob o comando de Leão e Ursácio, o exército atacou e destruiu três basílicas donatistas, mantando numerosas pessoas, mártires, desta vez, num choque entre cristãos (*Passio Donati et Marculi*). Mas, como nem mesmo isso conseguiu fazer o grupo de resistência mudar de ideia, Constantino teria se convencido, em 321, de promulgar outro edito, segundo o qual os donatistas, embora reprovados, teriam podido, todavia, continuar a utilizar as basílicas que agora usavam: as tentativas de arbitragem e de conciliação não tinham tido êxito, nem pela persuasão nem pela força.

Voltaremos mais adiante (cap. 5, item 27) sobre a continuação desses episódios, mas é importante observar desde já o iter, as soluções adotadas e também as dificuldades experimentadas: apelo por parte de uma ou de ambas as partes eclesiais em contenda, assunção da questão como fato de interesse público, convocação dos responsáveis de muitas Igrejas numa única reunião, e, todavia, não óbvia adesão das partes envolvidas às decisões tomadas pela assembleia eclesial querida pelo imperador.

3. Tudo isso se apresenta poucos anos mais tarde, ampliado nas proporções e até, no fundo, no sucesso muito parcial, na **assembleia conciliar de Niceia**, voltada para a arbitragem do contencioso alexandrino em torno da pregação trinitária de **Ário**. Essa questão havia começado por volta de 320 pela pregação de Ário, em Alexandria, padre líbico encarregado do cuidado pastoral em Baukalis, porto da cidade, o qual fora discípulo de Luciano de Antioquia, junto com outros chamados "colucianistas". Ário apresentava o discurso sobre Deus numa forma que subordinava o Filho/*Logos* ao Pai (cap. 5, item 24.1). Depois de uma incerteza inicial, ou prudência, o bispo Alexandre posicionou-se contra a pregação de Ário, obrigando-o a mudar a própria posição. A polêmica rapidamente se alastrou e não conseguiu aplacá-la a convocação de um sínodo de bispos do Egito e da Líbia, que condenou Ário.

Eusébio refere que foi nesse ponto da controvérsia que Constantino interveio, com uma carta que é referida no panegírico em sua honra (VC II,64) e retomada também pelos historiadores do século V (por exemplo, Sócrates, HE I,7). A carta, cujo portador teria sido o próprio Ósio de Córdoba, estigmatizava como fúteis divergências a diversidade de opiniões dos dois, ideias que teriam podido subsistir como opções pessoais, mas não podiam nem deviam representar um motivo para dividir as Igrejas. A tentativa e a mediação de Ósio não tiveram êxito; antes, ambos os contendores apelaram a Constantino, na Nicomédia. As fontes que referem esses fatos são muitas (Eusébio, Atanásio, Epifânio, além de historiadores do século seguinte, como o ariano Filostórgio e os continuadores de Eusébio), divergentes em parte sobre cada uma das passagens e, sobretudo, sobre o valor da iniciativa, mas convergentes quanto ao resultado: Constantino convoca "todos os bispos" para uma reunião, a se realizar — segundo um fragmento epistolar de Constantino transmitido em siríaco — numa primeira hipótese em Ancira (Ankara), depois deslocada para Niceia, perto de Nicomédia, que era então uma das sedes imperiais, um lugar mais facilmente controlável pelo imperador e mais acessível para os bispos ocidentais. Também nesse caso, como para Arles, o imperador punha à disposição o *cursus publicus* e a hospitalidade para os bispos. Eusébio de Cesareia, que esteve presente no sínodo e até teve nele um papel de destaque, descreve segundo as regras do gênero encomiástico a abertura dos trabalhos, no dia 20 de maio de 325, com o imperador, vestido de púrpura e ouro, no centro da sala do palácio imperial e, em torno dele, os bispos, alguns dos quais (Pafnúncio, Espiridião, Paulo de Neocesareia) carregavam as cicatrizes das torturas sofridas na grande perseguição (VC III,9).

Não foram conservadas *Atas* do Concílio de Niceia e Eusébio tende a pôr em evidência o protagonismo de Constantino, de quem faz o panegírico, como se tivesse presidido todas as reuniões, embora isso pareça superdimensionado e pouco verossímil. Da documentação que sobrou (cap. 5, item 25) conclui-se, todavia, que as decisões tomadas foram, em parte, relativas ao debate trinitário — com um símbolo de fé proposto a todos — e, em parte, disciplinares, por meio da redação de 20 cânones (cap. 5, Inserção 1 – *Símbolos e cânones de Niceia e de Constantinopla*). Questões particulares referiram-se ao cisma egípcio ligado ao caso do bispo Melécio de Licópolis, semelhante na revolta ao donatista, às condições de admissão no clero católico dos novacianos que o pedissem, à data da Páscoa, que estava em discussão desde o século II (cap. 1, item 3). Pode-se verificar a extensão do empenho imperial na questão mediante uma das cartas de Constantino referida pelos historiadores do século V, aqui na versão de Teodoreto: "Constantino Augusto às Igrejas. Uma vez que, pela feliz condição do Estado, fiz experiência de quão grande seja a graça do divino poder, julguei que em primeiro lugar fosse meu dever: cuidar para que na feliz multidão da Igreja católica fosse guardada uma só fé, uma incorrupta caridade e um piedoso culto ao onipotente Deus. Mas, por outro lado, não teria sido possível que isso tivesse uma ordem estável e segura se todos os bispos, ou pelo menos a maior parte, não tivessem se reunido no mesmo lugar e não tivessem examinado cada uma das questões referentes à santíssima religião. Por esse motivo, tendo se reunido quantos era possível e estando eu presente como um de vós (não poderia, com efeito, dizer não ser eu um ministro como vós e não ter disso me alegrado vivamente), todas as questões foram discutidas de modo conveniente até que, unanimemente, foi dada à luz a opinião agradável a Deus, o qual tudo observa do alto: não há, portanto, mais espaço para uma dissensão ou para uma controvérsia a respeito da fé" (Teodoreto, HE I,10,1-3).

Pode-se observar que a carta está endereçada pelo imperador às Igrejas e que o horizonte é o de "uma ordem estável e segura", em que a unanimidade ligada ao *ministério* da autoridade imperial não deixa "mais espaço para uma dissensão ou uma controvérsia a respeito da fé", embora sem entrar nos detalhes da profissão trinitária. O mesmo plano de procura de unidade publicamente verificável está na segunda parte do escrito, muito mais longa do que a primeira, que diz respeito à Páscoa: a conclusão a que chega, não isenta de um pesado juízo sobre o judaísmo, é exatamente o contrário da solução adotada no século II, segundo a qual "a diversidade da prática confirma a unidade da fé" (Irineu a Vítor, em Eusébio, HE XXIV,17). Ora, segundo o Constantino de Teodoreto, trata-se, antes, de uniformar a prática: "Quando se discutiu a questão do dia da santíssima Páscoa, estabeleceu-se, por comum decisão, que era bom celebrá-la todos e por toda a parte num único dia" (Teodoreto, HE I,10,3).

É ainda Teodoreto, logo depois da carta aos ausentes, quem insere um elogio ao "ânimo piedoso" de Constantino, relatando a honra e os banquetes por ele preparados para os bispos, os donativos de trigo e as distribuições de dinheiro e até o respeito que sentia por quem desempenhava os máximos cargos eclesiásticos, a ponto de se comportar como segue: "Homens litigiosos acusaram alguns bispos e entregaram ao imperador acusações escritas. Ele, tendo-as recebido antes de haver a concórdia, reuniu-as, selou-as e ordenou que fossem guardadas. Depois, conseguida a paz, levou-as à presença deles e as fez queimar, tendo jurado que ele não havia lido nada daquilo que estava escrito. Afirmou que não era preciso serem conhecidas da multidão as culpas dos sacerdotes, a fim de que, partindo desse pretexto de escândalo, ela não pecasse impunemente". Resguardando-se, depois, com um "dizem que tenha acrescentado", prossegue, "que, se tivesse sido testemunha ocular da violência em relação a uma mulher de outro homem, por parte de um bispo, ele teria ocultado a si mesmo o ímpio fato com o seu manto de púrpura [...]. Com essa exortação e tendo considerado os sacerdotes dignos de tal honra, remeteu cada qual ao próprio rebanho" (I,11,4-6).

Outro exemplo, também ligado ao período do reino de Constantino, mostra ainda o horizonte já evidenciado e a contrariedade imperial diante do fracionamento que estava se esboçando em vez da esperada unidade. Nesse caso, todavia, a convocação se refere diretamente à atribuição de uma sede episcopal, embora ainda sobre o pano de fundo da questão ariana, com as múltiplas tentativas do próprio Ário de ser reabilitado também em Alexandria. Nesse ínterim, na cidade egípcia, tornara-se bispo Atanásio, anteriormente diácono de Alexandre e presente também em Niceia nessa função. O motivo pelo qual é convocado o sínodo de Tiro (335) é formalmente representado por um dossiê do grupo, referindo-se a Melécio, que acusa Atanásio de irregularidades e violências em relação a eles. Também nesse caso, a intervenção de Constantino é específica e documentada por uma carta referida por Eusébio (VC IV,42), retomada também pelas outras fontes seguintes (Epifânio, Filostórgio, Teodoreto, Rufino, Sócrates, Sozomeno). Conclui-se daí que o imperador convoca os bispos a Tiro, onde os trabalhos sinodais deverão ser presididos e controlados pelo consular Dionísio e que, se alguém — *in primis* evidentemente Atanásio, que, com razão, suspeitava da parcialidade da reunião — não se apresentasse por espontânea vontade, teria sido obrigado a fazê-lo pela força. Dado o andamento que lhe era nitidamente desfavorável, Atanásio abandona Tiro e vai diretamente a Constantinopla, a Constantino, para defender pessoalmente a própria causa. Gesto inútil, que, além disso, agrava ainda mais a situação: o sínodo condena-o por contumácia, alegando até como ponto de acusação justamente a sua ausência. De modo singular, os episódios seguintes, também de caráter doutrinal, estarão caracterizados por esse conflito em torno da pessoa de Atanásio, defendido pelos ocidentais nicenos, tendo à frente a sé romana, que o consideravam deposto de modo preconcebido do sínodo de Tiro. Esse sínodo, todavia, era competente territorialmente e a decisão ali adotada era, portanto, formalmente válida e como tal reconhecida no Oriente.

A essa altura, o roteiro já está escrito e, sobretudo em casos considerados particularmente importantes, como os dos sínodos de Sárdica (343), Sírmio (351), Rimini e Selêucia (359), a sequência prevê o apelo ao imperador de uma ou de outras partes em disputa, a convocação do sínodo e a promulgação das suas conclusões por obra da autoridade imperial. Não muito diferente será a situação devida, no Ocidente, ao nicenismo de Graciano e, depois, com a morte de Valente, ao de Teodósio: nesse quadro institucional particular, compreendem-se melhor o **edito de Tessalônica** (380) (item 18.4) e também a convocação dos **sínodos de Constantinopla e de Aquileia** (381), o primeiro dos quais foi depois aceito (cap. 5, item 26) como segundo concílio ecumênico.

Como se dizia, porém, mesmo na complexidade dos episódios e das relações entre as Igrejas e os grupos de opinião dentro delas, também nesse período e sobretudo depois da morte de Constantino, que vira o retorno de boa parte dos exilados às respectivas sedes, nem toda atividade sinodal se processou no modo descrito. Para exemplificar essa diferente modalidade, pode-se retomar sob outro aspecto as *querelas* em torno da figura de Atanásio: tanto o sínodo por ele convocado em 338 — que reuniu bispos do Egito, da Tebaida, da Líbia e da Pentápole, regiões sufragâneas de Alexandria —, como a iniciativa seguinte (341) de Júlio, em Roma, a quem tinham apelado os dois grupos de contendores, foram por convocação eclesiástica. Também as disposições sinodais que daí provieram — ambas referidas pelo próprio Atanásio (*Apologia contra os Arianos*) — não têm aval imperial.

Teodoreto, depois, coerentemente com a sua intenção de exigir para a sua Igreja do século V maior franqueza diante do poder imperial, não se exime de uma reconstrução do diálogo do papa Libério com Constâncio, que o havia convocado a Milão para ter também a sua aprovação à condenação atanasiana de Tiro. A narração é marcada pela perspectiva do autor, mas apoia-se no fato documentado dos exílios infligidos por Constâncio aos renitentes, entre os quais Eusébio de Vercelli, Hilário de Poitiers, Lucífero de Cagliari e, justamente, Libério de Roma. Pode ser útil, portanto, percorrê-la, pelo menos nos trechos importantes, iniciando pela introdução do próprio Teodoreto a esses episódios: "Quero agora inserir na narração a franca defesa da liberdade por obra do glorioso Libério e seus admiráveis discursos feitos a Constâncio. Eles foram transcritos por homens religiosos daquele tempo e são capazes de incitar vivamente ao zelo os amantes das coisas divinas. Libério dirigiu a igreja de Roma depois de Júlio, que sucedeu a Silvestre". Ao pedido de Constâncio de condenar Atanásio segundo o ditado de Tiro, o "papa Libério respondeu: 'Imperador, os juízos eclesiásticos, convém que eles sejam feitos com grande justiça. Por isso, se à tua piedade parece oportuno, ordena que se estabeleça um tribunal: se o parecer for de que Atanásio é digno de punição, então será pronunciada a sentença contra ele segundo a forma do juízo da igreja. Com efeito, não é possível condenar um homem que não julgamos'. [...] O imperador disse a Libério: 'Quanta parte da terra tu representas, pela qual, sozinho, apoias um homem ímpio e rompes a paz da terra e do mundo inteiro?' Libério: 'O fato de eu estar sozinho não diminui a causa da fé. De fato, no passado, encontravam-se só três que se opuseram à ordem do rei (cf. Dn 3,12-18)'. O eunuco Eusébio: 'Tu fazes de nosso imperador um Nabucodonosor'. Libério: 'De modo algum. Mas tu condenas sem nenhum motivo um homem que nós não julgamos. Por isso, peço em primeiro lugar, que seja convalidada a fé promulgada em Niceia, a fim de que os nossos irmãos sejam chamados do exílio e reconduzidos às suas sedes [...]. Então, vamos todos nos reunir em Alexandria, onde se encontram o acusado, os acusadores e seus defensores, e, tendo sido examinadas as questões, possamos julgá-los'. O bispo Epiteto: 'Os meios de transporte público não bastarão para levar os bispos'. Libério: 'As questões eclesiásticas não têm necessidade do transporte público. As igrejas são capazes de levar até o mar os seus bispos'. [...] O imperador: 'Uma só coisa é que te é pedida. Quero, com efeito, enviar-te de novo a Roma, uma vez que abraçaste a comunhão com as igrejas. Por isso, obedece em paz, assina e volta a Roma'. Libério: 'Já saudei os meus irmãos em Roma. As leis da igreja são mais importantes do que minha permanência em Roma'". Dado que Libério não muda de opinião, Constâncio decreta o seu exílio na Trácia. O imperador faz que lhe entreguem 500 áureos para as despesas, mas Libério os recusa com ironia, dizendo a quem lhe entrega o dinheiro: "Vai, dá-os ao imperador; de fato, ele tem necessidade desse dinheiro para o dar a seus soldados" (Teodoreto, HE II,16).

Um episódio semelhante é referido também entre Modesto, prefeito de Valente, e Basílio: referido por Gregório de Nazianzo (*Or* 43) e mencionado pelo próprio Basílio (*Carta* 79) é narrado por Teodoreto, Rufino, Sócrates e Sozomeno, ao qual, de modo especial, nos referimos aqui. Modesto, vendo o bispo de Cesareia não se dobrar nem mesmo diante de lisonjas e regalias, nem diante de ameaças, teria dito: "'Em toda a minha vida, jamais encontrei tal franqueza'. E Basílio, em resposta: 'Vê-se que nunca viste um bispo!'" (Sozomeno, HE VI,16).

Na mesma perspectiva podem-se reler algumas fontes monásticas, como as que descrevem os protagonistas esnobando decididamente os convites imperiais, como acorre com Pacômio, ou até mesmo como Martinho de Tours, recusando vitoriosamente um embuste demoníaco, porque na aparição Cristo tinha o feitio imperial, e o monge o apostrofa: "Vai embora, reconhecerei o meu Senhor somente quando o vir pobre com os sinais da paixão" (Sulpício Severo, *Vida de Martinho*, 24).

4. Sempre nessa ótica de relações entre a atividade eclesiástica e a autoridade imperial, podem-se ler também outros eventos que se desdobraram fora da atividade sinodal. De fato, convém pelo menos considerar a modalidade com que **Ambrósio de Milão** se comporta com Justina, com Graciano e com quem enfrenta o grande Teodósio, em alguns episódios que surgem como símbolo não só do seu episcopado, mas também da relação Igreja/Império como o bispo milanês pretende enfocá-la. Em ordem cronológica, trata-se do debate em torno do altar e da estátua da *Vitória* no Campidoglio, do caso das basílicas contestadas em Milão com os arianos, do negócio da sinagoga de Calínico (Inserção 2 – *A sinagoga de Calínico*) e, enfim, da penitência infligida a Teodósio pela matança em Tessalônica. Em todas essas questões aparece a capacidade pessoal de Ambrósio, a sua preparação administrativa e jurídica — quando é escolhido para o episcopado (374), era governador da província da Emília e Ligúria: "Fui chamado ao episcopado pelo alarido das lites do tribunal e pelo temido poder da administração pública" (*A penitência*, 8,67) — e também a ideia do papel episcopal que ele encarna.

A questão do altar é reproposta em 384 pelo prefeito de Roma, Quinto Aurélio Símaco; tratava-se de uma questão de primeira ordem, pois o **altar da Vitória** fora colocado na sala do senado, no tempo de Augusto e representava a unidade do Império: diante desse altar juravam fidelidade os senadores. Seguiram-se depois as alternâncias do enfoque religioso do Império, sendo o altar, primeiro, removido por Constâncio II, depois recolocado por Juliano, para ser, a seguir, novamente trasladado por Graciano, no quadro de uma série de disposições contrárias à religião tradicional, entre as quais a abolição de prebendas e de isenções para as vestais e os outros encarregados do culto pagão (Zósimo, *História* IV,36).

Com a morte de Graciano numa emboscada montada pelos seguidores de Magno Máximo, na Gália, o governo ocidental estava a cargo do adolescente Valentiniano II, que residia em Milão com a mãe Justina, de fé ariana. Nesse contexto, Símaco faz, então, uma exposição diante de Valentiniano II, na qual pede que sejam novamente colocados em seus devidos lugares altar e estátua, e faz isso com palavras tocantes, as quais retomam na forma o que fora expresso no edito de Milão/Nicomédia, de 313: "Eu vos rogo, fazei de modo que nós, já idosos, possamos deixar aos pósteros o que em criança recebemos. Grande coisa é o amor pela tradição [...]. Pedimos, pois, paz para os deuses da pátria, para os deuses desta terra. O que todos adoram é justo que seja considerado uma só coisa. Contemplamos os mesmos astros, o céu nos é comum, o mesmo universo nos envolve: que importa qual a doutrina que cada qual segue na procura da verdade? A tão grande mistério não se pode chegar por uma única estrada" (Símaco, *Exposto*, *Carta* 72a no epistolário de Ambrósio).

A articulada resposta de Ambrósio insere-se de maneira própria no tema da tradição, mas não faltam, todavia, argumentos de matriz política nos quais se inclui também a alusão à excomunhão. Seja como for, o altar pagão jamais voltará à sala do senado.

Dois anos depois, deu-se o episódio das **basílicas disputadas**: reunir alguns outros dados sobre o empenho de Ambrósio com a sede imperial milanesa ajuda a compreender o poder institucional e ideal da disputa. Pouco depois da morte de Graciano, Magno Máximo, que fora seu mandante, pede que se possa receber no Treviri a visita do adolescente Valentiniano II, convite esse, evidentemente, muito insidioso e arriscado. Foi então pedido a Ambrósio que fosse a Treviri, até Máximo, para exigir os espólios de Graciano e, ao mesmo tempo, para encontrar um modo diplomático para justificar a recusa de Valentiniano II. Quem fala da delicada missão é o próprio Ambrósio numa carta a Valentiniano II (*Carta* 30), muitas vezes lembrada, até porque, contextualmente, o bispo de Milão exprime a própria desaprovação pela condenação a morte, a primeira ocorrida por acusação de heresia, de Prisciliano e Eucrócia ("Vendo que eu evitava todo contato com os bispos que estavam em comunhão com ele ou que pediam a morte de alguns acusados, embora heréticos, irritado pela minha atitude, ordenou-me que partisse": *Carta* 30 a Valentiniano). Reproduzindo o próprio diálogo com Magno, Ambrósio mostra se movimentar com perícia e argúcia nas relações com a autoridade, mesmo com a do chamado usurpador. Sobre esse pano de fundo, a disputa com Justina sobre as basílicas apresenta-se no seu valor institucional e não como choque pessoal, dado o crédito de Ambrósio na corte e dada também a disponibilidade por ele mostrada nos episódios acima referidos, que não estavam, decerto, diretamente ligados à sua responsabilidade eclesiástica.

Como se disse, a imperatriz era ariana, como grande parte das tropas de origem gótica presentes na cidade; a responsabilidade eclesiástica da parte ariana era de um bispo, que viera de Durostorum (Silistra, Bulgária) a Milão, provavelmente pelas leis antiarianas de Teodósio. O bispo da parte ariana chama-se Auxêncio, como aquele que tinha sido bispo único da cidade — também ele ariano — antes de Ambrósio; segundo este último, o seu nome teria sido Mercurino e teria assumido o outro para se mostrar dentro da linha do predecessor, mas outras fontes (Paládio de Raciária, *Apologia*) chamam-no simplesmente de Auxêncio de Durostorum (item 22.1). Uma lei do mesmo ano (386) (CT XVI,1,4 e 4,1) concedia o direito de culto para todos os que professassem a fé de Rimini e de Constantinopla, desde que não fossem suscitadas contendas. Justina renova, portanto, o pedido de basílicas para o culto ariano. O dossiê ambrosiano relativo à questão compõe-se de uma carta enviada a Valentiniano II, de um discurso pronunciado "contra Auxêncio" no domingo de Ramos, de uma série de cartas trocadas com sua irmã Marcelina (*Cartas* 75/75a/76). O episódio é, além disso um dos três lembrados pelos historiadores eclesiásticos do século V. Ambrósio afirma que não teria dado à imperatriz nem mesmo os terrenos, mas que não teria se oposto se Justina tivesse tomado a iniciativa de os expropriar. Mas as basílicas não, porque "o imperador está dentro da igreja, não sobre a igreja: um bom imperador pede a ajuda da igreja, não a recusa. Tudo isso, como o dizemos com humildade, assim o expomos com firmeza" (*Contra Auxêncio* = *Carta* 75a).

Remonta, porém, a 390 o episódio da **penitência** canônica infligida por Ambrósio a Teodósio: também esse episódio tem o conforto de uma fonte ambrosiana, uma carta enviada a Teodósio (*Carta* 51 para os Maurinos/indicada também como *extra col.* 11), e depois as narrações dos historiadores do século V, notavelmente amplificadas, sobretudo por Sozomeno e ainda mais por Teodoreto (HE V,17,18). Na cidade de Tessalônica (Salônica), um famoso auriga que deveria ter participado de uma competição no circo fora preso por imoralidade cometida com o escudeiro do comandante godo das tropas, Buterique. Numa revolta é morto justamente o comandante e, então, as tropas, com o aval do consistório imperial e de Teodósio, matam, por represália, talvez dentro do próprio circo uma multidão de cidadãos inermes, os quais de "muitíssimos" tornam-se para Teodoreto "sete mil". Ambrósio, informado do fato, excomunga Teodósio, que, nesse ínterim, tinha ido a Milão: "Ambrósio, tendo saído do vestíbulo, ao encontro do imperador que viera a Milão e que queria entrar, segundo seu hábito, no templo de Deus, proibiu-o de ultrapassar as sagradas colunas, dizendo a ele tais palavras: 'Nem mesmo depois que cessou a ira, a tua razão reconheceu o que ousaste fazer. Quem está seduzido pelas vestes de púrpura não deve ignorar a fraqueza do corpo que por elas está coberto. Tu, ó imperador, reinas sobre homens da tua mesma natureza e, por isso, também teus companheiros de servidão. Um só, com efeito, é Senhor e rei de todos: o Criador do Universo'". O imperador aceita a penitência e se afasta, mas depois de oito meses, pelo Natal, apresenta-se e pede para "ser absolvido" da excomunhão. No fim, Ambrósio o readmite, pedindo-lhe, como sinal, que promulgue uma lei segundo a qual toda disposição que comporte a morte do culpado deveria ficar suspensa por pelo menos 30 dias.

Ainda Teodoreto reconstrói também a segunda parte da celebração eucarística em que Teodósio foi reconciliado: depois de ter apresentado as ofertas, "parou, como costumava, dentro, junto das cancelas. Mas, de novo, o grande Ambrósio não se calou e mostrou a diferença dos lugares. Primeiro, perguntou-lhe se tinha necessidade de alguma coisa; tendo ele respondido que esperava participar dos divinos mistérios, com a ajuda do protodiácono, lhe disse: 'Ó imperador, a parte interna é acessível somente aos sacerdotes, para todos os outros é inacessível e intocável. Sai, portanto, e junta-te aos outros da multidão. A púrpura, com efeito, faz reis, não sacerdotes'". Tendo voltado a Constantinopla, teria se comportado do mesmo modo, e, diante do pedido espantado de explicação por parte do patriarca Netário, teria respondido: "Há pouco aprendi a diferença entre imperador e sacerdote; há pouco encontrei um mestre da verdade. Sei que somente Ambrósio é chamado, com toda a razão, de bispo" (HE V,18).

A singular e hábil conduta política de Ambrósio manifesta-se também em outras situações, como o modo discreto com que, em 392, não ofereceu o próprio apoio a Valentiniano II, que lhe fazia pedido da Gália, onde morreu pouco tempo depois, provavelmente assassinado (Ambrósio, *De obitu Valentiniani* 24), e, sobretudo, os episódios de seu afastamento tático de Milão, em 393 — foi, naquela ocasião, para Bolonha e Florença —, no ensejo da visita de Eugênio, que tinha sido proclamado augusto do Ocidente pelo general franco Arbogaste. Aclamado como tal também na Itália, recebera uma carta do prelado milanês que a ele se dirigia como *"clementissime imperator"* (*Carta extra col.* 10,1), mas se mantinha, em todo caso, distante de qualquer envolvimento direto. A seguir, depois da vitória de Teodósio sobre Eugênio, junto ao rio Frígido (afluente do Isonzo, hoje denominado Vipaco), em setembro de 394, narrada pelos historiadores bizantinos sem nenhuma menção de Ambrósio, este se congratula com Teodósio e lhe comunica ter inserido numa celebração eucarística a mensagem que narrava a sua vitória (*Carta extra col.* 2).

A lente fornecida, portanto, pela prática de Ambrósio, bispo de distinta personalidade e responsável por uma sede prestigiosa, a mais importante das residências imperiais do Ocidente, une-se ao que já foi observado sobre o desenvolvimento dos sínodos durante o século IV e permite compreender melhor as complexas relações entre as Igrejas e a autoridade imperial. Algumas dessas características podem ser observadas também no século seguinte, embora num contexto de marcada transição, sobretudo no Ocidente.

Inserção 2
A sinagoga de Calínico

O século IV marca uma etapa importante também nas relações entre judeus e cristãos: a complexidade de tais relações é visível sobretudo nas formas extremas, que vão do conflito até violento com o sincretismo e se encontra refletida na legislação imperial, de modo que é útil cruzar esse tipo de dados.

O *Codex Theodosianus* é uma coleção de leis concluída em 437 por encargo de Teodósio II. Esse códice, promulgado e difundido no Império nos meses seguintes, reúne as constituições emanadas de Constantino em diante, com o objetivo de tornar mais fácil seu conhecimento e mais simples sua aplicação. Os anos nos quais essa coleta legislativa é completada coincidem praticamente com o fim do patriarcado judaico (425). Lá pelo final do século IV é também completado o *Talmud* palestinense e por volta de 430 morre Rav Ashi, o iniciador do *Talmud* babilônico: de agora em diante, o centro de gravidade do judaísmo estará na Mesopotâmia, fora do Império. É, portanto, um período crucial. As leis do Teodosiano estão ordenadas em títulos, segundo o assunto: a maioria das que se referem aos judeus está reunida nos títulos 8 e 9 do livro XVI, respectivamente "*De Iudaeis, caelicolis et Samaritanis*" e "*Ne Christianum mancipium Iudaeus habeat*" (ou seja, referentes às diferentes denominações dos grupos judaicos no Império e a proibição para eles de ter escravizados cristãos). A terminologia utilizada em tais constituições é depreciativa em relação aos judeus, mas do conjunto deles conclui-se que eles são considerados parte da comunidade civil e sujeitos de direitos. De modo eficaz e sintético exprime-se uma constituição de Teodósio I, de 393: "O grupo religioso dos judeus não é proibido por nenhuma lei" (CT 16.8.9). Os assuntos abordados no Códice são os privilégios concedidos às autoridades religiosas judaicas e a jurisdição deles sobre as respectivas comunidades; a abolição da taxa chamada *aureum coronarium*; algumas leis globalmente voltadas a impedir a expansão do judaísmo de qualquer forma que fosse, como a proibição dos matrimônios mistos, a proibição de que um judeu tenha um escravizado cristão, a proibição da circuncisão de não judeus.

A quantidade e a reiteração das leis são índice da amplitude do problema e isso é evidente sobretudo na legislação de proteção das sinagogas. As muitas constituições do Teodosiano em defesa das sinagogas indicam, com efeito, que não eram raros os episódios de violência contra elas, especialmente nas províncias orientais. Em 388, a sinagoga da pequena estação militar de Calínico, no Eufrates, atual ar-Raqqa, na Síria, na fronteira do Império, fora queimada por um grupo de cristãos, incentivados a fazer isso por seu bispo, pelo menos segundo o relatório que o magistrado responsável pela região, o *comes Orientis*, fez vir. O imperador **Teodósio** tinha considerado ilícita a operação e, de Milão, onde se encontrava, tinha ordenado que os responsáveis fossem punidos e a sinagoga reconstruída à custa da comunidade cristã. Numa carta endereçada ao imperador, é o bispo Ambrósio que lembra o ocorrido: "Foi referido no relatório do *comes* do Oriente que a sinagoga do espaço militar fora incendiada e que o responsável pelo acontecido fora o bispo. Tu ordenaste que se procedesse com rigor em relação aos outros e que se fizesse reconstruir a sinagoga pelo próprio bispo" (*Carta* 74,6).

A tal decisão de Teodósio opõe-se Ambrósio de modo decidido, sustentando que não é digno de um imperador cristão impor a reconstrução de um edifício que era "*perfidiae locus, impietatis domus, amentiae receptaculum*" (*Carta* 74,14). De resto, nem mesmo os judeus tinham reconstruído as igrejas destruídas durante o governo de Juliano, em Damasco, em Gaza, em Ascalon, em Berito. Uma carta que Ambrósio envia à sua irmã Marcelina lembra novamente o episódio, referindo a homilia proferida por ocasião do seu encontro seguinte com Teodósio, bem como parte do diálogo deles. Segundo essa carta, o imperador ter-se-ia deixado convencer a "perdoar" os cristãos de Calínico, revogando a sanção e pagando à própria custa a reconstrução da sinagoga. No próprio contexto, com linguagem colorida, o *comes* afirma que "monges cometem muitos delitos". Ambrósio, na carta à sua irmã, diz-se convencido do sucesso do seu pedido ao imperador. Teodósio, tenha ele revogado ou não as punições para os culpados de Calínico, não mudou, todavia, a sua orientação fundamental, como mostra a primeira lei sobre o assunto referida no Teodosiano, dada em Constantinopla ao *comes* das milícias para o Oriente, em 393, cinco anos depois do episódio de Calínico. Essa constituição começa afirmando que para o Império ser judeu não é crime e, por esse motivo, o imperador não pode aceitar que lhes seja impedido reunirem-se e terem os próprios lugares para o culto: "Por isso, estamos fortemente irritados pelo fato de que em alguns lugares tenham sido proibidas as reuniões deles". É esclarecido que essa referência não é genérica, mas se refere a episódios precisos, nos quais sinagogas foram destruídas e depredadas: "Portanto, a tua excelente autoridade, recebida essa minha ordem, reprimirá com adequada severidade a perfídia daqueles que, tomando como pretexto a religião cristã, tornam-se culpados de ações ilícitas e tentam destruir e depredar as sinagogas" (CT 16.8.9).

Essa intervenção de Teodósio é particularmente significativa justamente porque acontece poucos anos depois do citado episódio de Calínico. Também a legislação seguinte mantém fechada essa posição. Em 397, Arcádio ordena ao prefeito do Ilírico que esteja atento a fim de que não se faça injustiça aos judeus e de que se deixem em paz as sinagogas deles. No ano anterior, o mesmo imperador tinha feito saber que quem tivesse ofendido os patriarcas haveria de ser punido. À defesa das sinagogas é dedicada também CT 16.8.20, dada em Ravena por Honório, em 412.

As constituições emanadas de Teodósio II têm a característica de, ao mesmo tempo, afirmar a defesa das sinagogas diante das ações vandálicas dos cristãos, mas também de convidar os judeus a se absterem de realizar ações injuriosas em relação aos cristãos e à religião cristã. Às quatro leis supracitadas podem ser juntadas também 16.8.18 (dada em Constantinopla em 408, quando Teodósio era criança) e 16.8.22 (de 415). A primeira proíbe utilizar de modo desrespeitoso, na festa de Purim, o sinal cristão da cruz, a segunda opõe-se à ousadia do patriarca da Palestina, Gamaliel VI, que, contra as disposições, tinha construído novas sinagogas, exercido a jurisdição também sobre os cristãos e mantido consigo escravizados cristãos.

Nos inícios do século V, portanto, a legislação a respeito das sinagogas prevê que sejam defendidas daqueles que as destroem e as incendeiam, mas se apressa também a reafirmar que não podem ser construídas novas sinagogas, em consonância com as outras disposições, já lembradas, voltadas a impedir a expansão da religião judaica. Essa constituição de Teodósio II resume bem a posição: "Que se confirme o que recentemente estabelecemos a respeito dos judeus e de suas sinagogas, ou seja, que não lhes seja permitido de modo algum construir novas sinagogas, nem devam, por outro lado, temer serem expropriados em relação às que já possuem".

No fundo, pois, há uma relação de conflito, que se manifesta de maneira evidente nos episódios de violência, como as destruições dos respectivos lugares de culto. No que diz respeito ao Império, que se torna cada vez mais "confessional", pode-se observar uma tensão entre manter a posição tradicional de defesa da população judaica e das sinagogas e o se alinhar em favor da parte "cristã". No que diz respeito às comunidades cristãs, deve-se reconhecer, decerto, uma diferença entre os grupos de fanáticos violentos que materialmente destroem as sinagogas, como ocorreu em Calínico, e posições como a de Ambrósio, em cuja cidade os judeus parecem ter sido numerosos e aparentemente, pelo menos no século IV, não molestados.

Todavia, não se pode subestimar o ar sinistro que acompanha o episódio de Calínico, historicamente distante do aberto antissemitismo dos séculos seguintes e, todavia, situável também naquela triste sequência, de modo que os textos ambrosianos transmitem ao mesmo tempo a comparação entre os cristãos violentos de Calínico e a mulher pecadora na casa de Simão (Lc 7,36-50) e as afirmações sobre a sinagoga como lugar "de perfídia, impiedade, loucura". São textos que, querendo ou não, permanecerão disponíveis para futuras prevaricações.

Nota bibliográfica

BARZANÒ, A. *Il cristianesimo nelle leggi di Roma imperiale*. Milão: Paoline, 1996.
BOUCHERON, P.; GIOANNI, S. (ed.). *La memoria di Ambrogio di Milano. Usi politici di una autorità patristica (secc. V-XVIII)*. Paris-Roma: École Française de Rome, 2015.
FILORAMO, G.; GIANOTTO, C. (orgs.). *Verus Israel, Nuove prospettive sul giudeocristianesimo*. Bréscia: Paideia, 2001.
GAUDEMET, J.; SINISCALCO, P.; FALCHI, G. L. *Legislazione imperiale e religione nel secolo IV*. Roma: Istituto Patristico Augustinianum, 2000.
PASINI, C. *Ambrogio di Milano. Azione e pensiero di un vescovo*. Cinisello Balsamo: San Paolo, 1996.
STEFANI, P. *L'antigiudaismo. Storia di un'idea*. Roma-Bari: Laterza, 2004.

20. Costume, cultura e Evangelho

1. O anúncio do Evangelho não deixa imutável o contexto em que se realiza, dando vida a formas práticas que interceptam suas instâncias e possibilidades. Ao mesmo tempo, exatamente as mesmas práticas e categorias culturais mediante as quais se desenvolvem e são compreendidas leem em certo sentido o Evangelho e lhe restituem hermenêuticas diferentes, que esclarecem algumas potencialidades suas e obscurecem outras. Isso vale para todas as épocas, mas assume um valor todo particular para as Igrejas que se encontram dentro do Império, no século IV, por causa das condições peculiares que foram postas em evidências nos itens anteriores: criam-se oportunidades inéditas de conferir valores políticos, jurídicos, institucionais a algumas instâncias cristãs, mas, ao mesmo tempo, se apresentam novas tentações. No fundo, como é óbvio, há as representações ideais e práticas de que uma sociedade vive, imaginários que se mantêm também durante as mudanças e que, todavia, evoluem muito mais lentamente do que os eventos verificáveis: das estruturas de gênero e sociais, das representações concretas e ideais, quer do poder, quer do âmbito religioso e cultural. A perspectiva de leitura que seguimos neste item quer, pois, se ocupar de tais questões, relacionadas sem a pretensão de as expor em ordem de importância nem em forma exaustiva.

O primeiro aspecto prático e tangível é representado pela construção de **lugares para o culto** cristão, que, além de permitir a plena visibilidade do grupo religioso, marca o território. Como já foi possível observar, não se pode dizer que antes não existissem posses comunitárias, inclusive edifícios próprios de modo especial para as reuniões litúrgicas: além das descobertas arqueológicas relativas às *domus ecclesiae*, como a famosa de Dura Europo, bem como dos testemunhos sobre "a casa da igreja em Edessa", destruída pelo aluvião no início do século III (item 21.3) ou do rescrito de Aureliano que, em 272, dispõe que seja restituída ao legítimo titular "a casa da igreja" de Samósata (Eusébio, HE VII,30,19), bastariam para testemunhá-lo os editos do início do século que estabelecem a restituição de edifícios e posses comunitárias confiscados. De resto, Roma, no início do século IV, contava com vinte e cinco *títulos*, ou seja, lugares em nome daquele ou daquela que hospedava na própria casa as reuniões litúrgicas e cuja lembrança está agora nos nomes de santos e santas a que são dedicadas muitas paróquias. Todavia, o aumento exponencial das construções no século IV, predominantemente com traçados de basílica, e as estruturas urbanas que daí derivam não têm comparação com os séculos anteriores. Mais uma vez, a precocidade do fenômeno é testemunhada por Eusébio de Cesareia, que, entre os benefícios trazidos pelos novos tempos, insere reconstruções e novas construções, comparando a convergência de homens e de mulheres de todas as partes aos ossos áridos que na profecia revivem: "Os templos de novo surgiam dos fundamentos até atingirem uma altura imensa e assumiam um esplendor de longe maior do que os que outrora eram postos abaixo [...], deu-se, além disso, um espetáculo por todos ambicionado e desejado: festas de dedicação em todas as cidades, consagrações de igrejas de nova construção, reuniões de bispos com esse objetivo, concurso de gente de regiões distantes [...]. Por toda a parte, realizavam-se cerimônias perfeitas de chefes de igrejas, ritos sagrados de sacerdotes, instituições divinas da igreja" (HE X,2-3).

Eusébio considera tão importante esse fenômeno que reproduz o panegírico para a dedicação da basílica de Tiro, com provável data em 315-316: embora não se proclame o autor, a tradição sempre considerou que na forma estereotipada que oculta o nome — "um homem de grande mérito" — se deve reconhecer o próprio bispo de Cesareia, pregador na grande ocasião. O discurso foi muito lido e estudado, sobretudo porque contém algumas das páginas mais explícitas sobre a sua visão providencial da história e sobre concepções dos detentores da autoridade — o imperador, o bispo — como imagem da imagem, ou seja, como ícone do *Logos*, imagem de Deus com todo direito. Desse modo, a leitura trinitária e cristológica se esclarece em perspectiva soteriológica com traços de andamento litúrgico, de modo a fazer pensar num esboço anafórico (= da oração eucarística: cf. HE X,10-12). Interessa-nos aqui pôr em evidência sobretudo a descrição do lugar, verdadeiro manifesto de arquitetura religiosa com uma teoria precisa, ligada à relação entre arquétipo e realização, com uma relação semelhante à existente entre promessa profética e cumprimento histórico: "Fechou, pois, todo o território e fortificou o circuito externo com um muro que o circunda por inteiro, a fim de que fosse uma defesa seguríssima. E abriu um vestíbulo grande e de notável altura, voltado para os raios do sol nascente e ofereceu uma ampla vista do edifício interno aos que estão fora do vestíbulo sagrado, atraindo o olhar para as primeiras entradas, até mesmo o olhar dos que são estranhos à nossa fé" (HE X,37-38). A descrição prossegue com o detalhe do quadripórtico à frente da basílica, lugar para os catecúmenos (para os quais são depois construídos também outros locais) e todos os não batizados, sustentado por muitas colunas, com os espaços entre uma e outra, ocupados por grades de madeira. No centro, fontes e tanques, para permitir — simbólica e praticamente — a purificação, porque "não é permitido entrar no templo com os pés impuros e não lavados", ao passo que "no meio deixou um átrio, para permitir a vista do céu, permitindo, assim, um ar límpido, iluminado pelos raios da luz".

Das "entradas através de altos vestíbulos" tem particular significado o lado voltado para Oriente, com três portas, das quais a central é muito maior do que as outras duas: não oculto símbolo trinitário, na forma moderadamente subordinada, típica do autor. A parte interior é ricamente ornada e substitui os símbolos da presença imperial pelos sinais do culto cristão: "Levada assim a efeito a construção do templo cristão, ele o adornou com tronos muito elevados, na ordem dos prelados e com bancos dispostos segundo a ordem conveniente para todos os outros. No centro pôs o altar, o Santo dos Santos, e, para que fosse inacessível à multidão, cercou-o com cancelas de madeira, em rede e decoradas até em cima com fina arte, de modo que oferecesse uma esplêndida vista a todos que para elas olhassem" (HE X,44). A suntuosidade do lugar é ressaltada também pela profusão dos mármores, bem como pela rica arquitetura externa: "Não negligenciou nem mesmo o pavimento, mas o tornou esplendoroso e belo, com todos os tipos de mármore. Voltou-se depois para a parte externa do templo e de ambos os lados edificou com fina arte êxedras e grandes edifícios, ligados uns aos outros dos lados da basílica e unidos mediante parte do edifício central" (HE X,45).

Essa descrição sobre a qual valia a pena nos prolongarmos um pouco é a descrição de uma instalação de basílica, ou seja, inspirada no lugar de reunião civil em uso desde a época republicana. Ali era administrada a justiça, ali se reuniam os conselhos civis e no mesmo edifício, na época imperial, o trono indicava a presença do imperador: pessoalmente, quando ali estava sentado ou evocado pela imagem que sobressaía acima da poltrona. A basílica cristã de Treviri, cuja fundação é da época de Constantino, está construída no local de uma basílica palatina anterior e permite ainda, apesar de remanejamentos, perceber sua estrutura originária. A primeira basílica feita construir por Constantino foi, todavia, a de Latrão, no lugar em que, segundo Optato, se realizara o sínodo (item 19.2) de 313 para a incipiente questão donatista: o edifício suntuosamente decorado tinha até mesmo cinco naves, tinha o comprimento de 76 metros e o trono para o bispo no fundo da nave central.

Se essa é a arquitetura e a concepção de cada basílica, a estrutura urbanística dá forma a um autêntico novo mapa da cidade, sobretudo das imperiais:

no final do século, Roma, embora conservando a estrutura anterior e a presença dos templos pagãos, contava com oito basílicas; até Constantinopla, "nova Roma", era contornada por basílicas cristãs, a mais importante das quais, terminada por Constâncio, a *Haghia Sophia*, é hoje importante mesquita da cidade. Para Milão — suntuosa residência imperial da época da diarquia (286) até a época de Honório, que transferiu, em 402, a própria sede de forma estável para Ravena — também por esse aspecto é particularmente significativa a época de Ambrósio. Além da basílica central, com um conjunto anexo para os catecúmenos e batistério (tudo isso situado na área atualmente ocupada pela Catedral), havia outras igrejas, erigidas com planimetrias diversificadas, dispostas sobre os caminhos de acesso à cidade — são Lourenço, São Nazário, *Basilica Martyrum* (= Santo Ambrósio), *Basilica Virginum* (= São Simpliciano) — de modo que quase não era possível ter acesso a elas sem perceber que se estava num espaço cristão.

Nessa nova configuração dos lugares realiza-se, portanto, uma passagem semântica dos símbolos e não numa única direção. Pode-se tomar como exemplo o altar e a sede e, obviamente, a cruz. Viu-se que em Tiro, como em Latrão, são colocados no lugar do trono imperial. Nessa ótica, pode-se ler também a renovação do léxico eclesiástico: para nos limitarmos aos elementos mais vistosos, a púrpura e a mitra eram símbolos do poder imperial, assim como o consistório era o conselho do imperador. A cruz encontra, pelo menos nos relatórios eusebianos da parábola constantiniana, uma aplicação militar impensável anteriormente, pois na *Vida de Constantino* são referidas as palavras sobre o troféu em forma de cruz, com a promessa de vitória e, no sonho da noite seguinte, o Cristo em pessoa ordena que se construa um sinal de cruz que protegerá na batalha "com os inimigos" (VC I,28-30; cf. I,40). O mesmo horizonte se tem quando, falando da festividade proclamada no dia do sol, o autor afirma que é concedido a todos um dia de repouso, porque, assim, todos, cristãos ou não, possam orar pela vitória (VC IV,18-20).

2. Nessas formas, decerto, a inerme **cruz**, a mesa do sacrifício incruento e a memória da ressurreição do Crucificado são submetidos a uma torsão semântica de não pouca importância. Poderíamos, de outro lado, perguntar quanto do conteúdo cristão está conexo, e como, a esses símbolos, de modo que o poder imperial e a organização militar pudessem assumir um rosto mitigado: talvez se poderiam investigar nesse sentido as missões de paz desempenhadas também por bispos — e já tivemos ocasião de citar Ambrósio e faremos referência a João Crisóstomo nesse sentido (item 22.3) — ou também a excomunhão imposta a Teodósio pela matança de Tessalônica, ainda que, como se viu, houvesse no fundo outras questões, além da simples sanção da violência. Provavelmente, todavia, o material sobre o qual refletir nesse sentido não é muito e é necessário nos limitarmos a registrar, quando houver, o distanciamento eclesial das formas violentas do poder, renunciando a procurar documentação de uma mudança do horizonte imperial e militar. Para as posições eclesiais valham nesse sentido também os módulos monásticos de fuga do fausto e do imperador, como a já citada *Vida de Martinho*, de Sulpício Severo, com a passagem de soldado imperial a *miles Christi*, servidor do próprio subalterno; ou as *Vidas* de Pacômio (cap. 5, item 29.2) em que o futuro fundador monástico é evangelizado por uma acolhida desarmada e desinteressada, que será depois a forma da própria fraternidade pacomiana.

Outros resultados emergem quando se interroga sobre a consequência civil de práticas ligadas aos lugares de culto e ao dia dominical. Em primeiro lugar, deve-se considerar a ressemantização do **direito de asilo**: o termo deriva do grego *asylon*, que significa inviolável, e a instituição, ligada à ideia de sacralidade dos lugares e da proteção oferecida pela divindade titular, estava em uso em certos santuários pagãos, sobretudo na Grécia. Plutarco, nas *Vidas paralelas*, atribui a instituição dele à fundação de Roma, com expressões até hoje muito citadas: "Quando a cidade teve seu primeiro assentamento, instituíram um lugar sagrado para acolher os fugitivos e puseram sob a proteção do deus Asilo: ali recebiam todos, não restituindo o escravizado ao patrão, nem o pobre aos credores, nem o homicida aos juízes; antes, proclamavam que depois de uma resposta do oráculo de Delfos, concederiam a todos o direito de asilo" (Plutarco, *Vida de Rômulo*, 23,1-3). A prática é, primeiro, estendida e, depois, transferida às igrejas e aos lugares sagrados cristãos, como os cemitérios, e se liga também à intercessão que o bispo pode exercer junto ao imperador. O *Códice teodosiano* dedica uma seção (= *titulus de iis qui a ecclesiam confugiunt*: X,45) a esse instituto, de tal modo difundido que, no fim do século, algumas leis procuravam não somente disciplina-lo, como também limitá-lo drasticamente. O seu significado é posto em relação com a ideia de misericórdia, de acolhimento, de perdão, embora se torne, ao mesmo tempo, motivo de advertência e de reflexão: exemplo evidente é o caso constantinopolitano de Eutrópio, o poderoso ministro de Arcádio e Eudóxia, que, em 398, tinha contribuído para a eleição de João Crisóstomo e, depois, para as sucessivas polêmicas a respeito, inclusive a limitação do direito eclesiástico de asilo. Tendo caído em desgraça e tendo sido ameaçado de morte, Eutrópio refugia-se na igreja e João prega: "Vaidade das vaidades, tudo é vaidade [...] onde está agora a magnificência esplêndida do consolado? Onde estão as tochas esplêndidas, onde os aplausos e os coros, onde os festins e os discursos de elogio?" Afinal, ao lado da estigmatização da ostentada riqueza e do exercício arbitrário do poder, enuncia também a importância do direito de asilo e pede que tenha compaixão do poderoso ministro, agora reduzido a um procurado qualquer.

Outro elemento de interesse na mesma direção mostra-se claramente na relação entre a festa dominical e o seu significado até civil, que não se limita ao que foi acima lembrado sobre a oração pela vitória: da legislação parece que há ações proibidas, porquanto indignas desse dia, e ações permitidas, porque particularmente adequadas. As ações proibidas são as que, na visão e na tradição cristã, são consideradas indignas da lógica evangélica, porquanto violentas, como litígios, contendas e jogos de circo. No que diz respeito aos jogos de circo, não é difícil compreender sua razão e é bem conhecida a posição de contrariedade expressa nos ambientes eclesiais antigos; valha para todos a menção do escrito *Sobre espetáculos*, de Tertuliano. Poderia causar admiração que a atividade judiciária seja posta entre as ações indignas do dia do Senhor; vale a pena, todavia, lembrar que em *Tradição apostólica* 16, 42 (século III), entre as profissões e ocupações que deviam ser abandonadas por quem pedia o batismo, aparecia também a atividade dos magistrados, no sentido de quem têm poder de vida e de morte sobre as pessoas. É, porém, interessante ressaltar a exceção representada pelo ato jurídico (*manumissio*) com o qual é concedida a liberdade aos escravizados. A formulação do edito relativo deixa também perceber algo sobre a prática já em uso nas Igrejas: de fato, diz-se, muitos já tinham agido assim, analogamente ao que se fazia para reconhecer a cidadania romana. A lei foi, por isso, antecipada, exigida, de certo modo, por uma prática de liberdade, a de, na assembleia reunida, declarar livres os escravizados; e essa assembleia era uma reunião dominical, provavelmente eucarística.

Poder-se-ia, por isso, supor que o perfil representado pela atividade legislativa de Constantino se ligue à prática seguinte na qual o "dia do Senhor" é "protegido" para que seja possível participar do culto cristão e para que, todavia, consiga ainda dizer alguma outra coisa, mostrando que a tradição recebida dos pais exigia outro respeito do dia do Senhor, como dia em que afastar litígios e violências, condenar o extrapoder sobre a vida dos seres humanos, na forma de jogos do circo, dos juízos com poder de vida e de morte e, em especial, da **escravidão**. Tenha-se presente que estamos aqui diante de um dos aspectos enunciados no início deste item: as representações sociais, como as de gênero, são tão profundamente esculpidas que interagem lentamente com as mudanças de mentalidade, mesmo quando são consideradas repentinas, como as apoiadas por uma conversão religiosa ou por uma ideologia revolucionária. Assim, essa prática da *manumissio* é coerente com uma pregação que, fortalecendo de motivos cristãos os valores estoicos baseados na comum natureza humana, afirma a falta de humanidade da escravidão; mas as referências cristãs e as estoicas podem conviver também nas mesmas pessoas com a manutenção de escravizados nas próprias propriedades familiares. Tal poderia ser o caso dos irmãos Basílio de Cesareia e Gregório de Nissa: na *família* deles encontram-se muitos escravizados, ainda que Gregório afirme que a escravidão é inumana e contraria o ensinamento bíblico (*Homilias eclesiásticas* IV,1) — e os exemplos nesse sentido poderiam se multiplicar e se estender até na pregação contra a injustiça e a defesa dos pobres. Como para a escravidão e mais do que para ela, conservaram-se inflamadas pregações contra o acúmulo de grandes riquezas. Cita-se com frequência a esse propósito a pregação capadócia (ainda Basílio e Gregório, por exemplo), a ação de reforma na Igreja e de oposição ao fausto da corte de João Crisóstomo, mas se pode lembrar também a pregação ambrosiana sobre Nabot: "Por que, ó ricos, arrogais um direito exclusivo sobre o solo? [...] tu, ó rico, não dás do que é teu ao pobre quando lhe fazes caridade, mas lhe dás o que é dele; com efeito, a propriedade comum, que foi dada a todos, tu apenas a usas" (Ambrósio, *De Nabuthe*, 1,2 e 12,53). Assim como se podem lembrar novamente os padres romanos que se opõem ao luxo de Damasco e até quem tenha pensado em transcrever e conservar a opinião deles: dado este não desprezível, uma vez que não é nem óbvio nem frequente encontrarem-se registradas também as posições críticas sem que sejam tachadas de cismáticas.

Com respeito a essas situações, o ponto de vista das Igrejas não se limita à palavra, a qual, todavia, tem um peso público próprio — prático e transformador —, mas se torna também ação de **acolhimento e solidariedade**. A esse propósito, pode-se citar ainda a situação de Basílio, cuja fraternidade *monástica* [utilizamos o termo na acepção mais frequente, diferentemente de Basílio, que fala sempre de irmãos e de fraternidade (cap. 5, item 29.3)] se organizou na periferia de Cesareia da Capadócia num verdadeiro quarteirão, chamado de

"Basilíade" na sua morte (Gregório de Nazianzo, *Oração* 43,63). Ou lembrar a carta consolatória de Jerônimo pela morte de uma nobre romana, Fabíola, que, após complexos episódios pessoais, sobre os quais haverá ocasião de voltar em breve, tinha dado vida a "um hospital para nele abrigar todos os doentes que encontrava nas praças e para alívio dos membros daqueles pobrezinhos, consumidos pelas doenças e pelas privações [...] e muitas vezes ela pessoalmente carregava nas costas aqueles doentes acometidos de lepra e de gangrena [...] e lhes dava de comer com suas mãos e fazia com que aqueles cadáveres vivos sorvessem xícaras de sopa" (Jerônimo, *Carta* 77 a Oceano). De maior interesse ainda, porque isenta da exaltação da virtude típica dos panegíricos, é a prova fornecida da atividade de reforma do imperador Juliano, o qual, para suplantar as Igrejas, imitava não somente sua organização interna, mas também a atividade de solidariedade e de assistência: "Estava pronto [...] a edificar albergues e alojamentos, lugares de purificação e casa de virgens e lugares de meditação; promover a filantropia em relação aos necessitados e a outra [atividade] que consiste nas cartas de recomendação com as quais nós assistimos aqueles que têm necessidade, de uma província à outra" (Gregório de Nazianzo, *Or.* IV,5).

Também Pamáquio, cristão romano de classe senatorial, que ficara viúvo, dedicara-se à assistência, abrindo uma *xenodoquia*, ou seja, um lugar de acolhimento para viajantes e estrangeiros. Também a esse propósito temos de lembrar que as taxinomias com as quais o mundo é organizado e segundo as quais o estrangeiro e o bárbaro são colocados em posição de inferioridade e onerados com um estigma negativo, estão também elas entre os elementos que evoluem mais lentamente; encontram-se assim visões estereotipadas do bárbaro, muitas vezes associadas a uma leitura simbólica que, em parte, as atenua, mas, em parte, lhes dá força, perpetuando-as, também em pessoas prontas, sob outros aspectos, a derrubar as representações mais frequentes. Valha como exemplo o caso de Sinésio, que, mesmo quando já era bispo de Cirene, tinha a ousadia de escrever à filósofa neoplatônica Hipátia, chamando-a de "Tu, mãe, irmã e mestra" (*Carta* 16), ao passo que mostrava grande desprezo em relação aos godos.

3. Citar **Hipátia** quer dizer cruzar uma série de questões em termos até de atualidade, pela recente e recorrente presença da sua figura na cinematografia e na publicidade. Hipátia é, antes de tudo, um caso historiográfico, porque, ao lado do epistolário de Sinésio, estão, sobretudo, os historiadores cristãos de

Constantinopla que transmitem os episódios dela, alexandrina, filha do matemático Theon e ativa, por sua vez, como filósofa, matemática e astrônoma, entre o fim do século IV e início do século V. Quando Sócrates refere com tons dramáticos a morte dela, não poupa uma feroz crítica pela ação, afirmando que o fato "proporcionou não pequena reprovação a Cirilo e à igreja de Alexandria. Com efeito, massacres, lutas e ações semelhantes a essas são totalmente estranhas aos que meditam as palavras de Cristo" (Sócrates, HE V,15).

Em segundo lugar, é um ponto de vista sobre a geografia religiosa e sobre a emergência de episódios de uma violência (Inserção 2 – *A sinagoga de Calínico*) que se pretende em base cristã, sobre o pano de fundo da transmissão muitas vezes evocada: por volta de 390, em Alexandria, grupos de cristãos, estimulados também pelo clima cada vez mais antipagão e pela pregação do bispo Teófilo, tinham destruído o *Serapeu*, o templo símbolo religioso da cidade pagã. Em 415, ano da morte de Hipátia, sucedem-se episódios cada vez mais graves de violência, pois Cirilo, sobrinho do bispo Teófilo, que, por sua vez, se tornou bispo, expulsa da cidade todos os judeus, depois que alguns deles tinham matado alguns cristãos; vive, por outro lado, uma forte contraposição com o prefeito Orestes, cristão, mas descrente da política eclesiástica do patriarcado alexandrino. O caso de Hipátia é, além disso, extraordinário observatório para uma consideração de gênero que significa, nessa acepção, encontrar figuras de **mulheres** e o imaginário ligado ao feminino, mas também pensar nos **homens** enquanto tais e no imaginário ligado ao masculino (cap. 2, Inserção 2 – *As mulheres na Igreja antiga*). Nesse caso, portanto, não se trata somente de considerar a realidade, bastante excepcional, de uma mulher mestra e filósofa, mas também a atitude de seu pai, que a educa para a ciência ou lhe permite seguir tal percurso; a mentalidade daqueles homens cristãos que a fazem em pedaços sobre o altar, depois de lhe terem rasgado a roupa, mas também a masculinidade respeitosa e segura do bispo Sinésio, que não sofre humilhação ao declarar ter sido discípulo de uma mulher. Vale a pena deixar novamente a palavra, como exemplo, a Sócrates: "Em Alexandria vivia uma mulher de nome Hipátia. Era filha do filósofo Theon. Ela chegou a tal grau de cultura que superou de longe todos os filósofos seus contemporâneos, herdou a escola platônica que fora referida em vida por Plotino; explicava todas as ciências filosóficas aos que o desejassem. Por isso, aqueles que desejavam pensar de modo filosófico corriam até ela de todas as partes. Pela magnífica liberdade de palavras e ação (*parrhêsia*) que lhe vinha da sua cultura, dirigia-se com muito juízo até mesmo diante dos chefes da cidade e não era motivo de vergonha para ela estar no meio dos homens. Com efeito, por causa de sua extraordinária sabedoria, todos a respeitavam profundamente e sentiam em relação a ela um temor reverencial" (Sócrates, HE V,15).

É ainda Sócrates que narra o episódio da morte dela, atribuindo-a ao fanatismo dos monges da Nítria que, "guiados por um leitor de nome Pedro [...], puseram-se de acordo e ficaram à espreita para surpreender a mulher quando ela retornava para casa. Tendo-a tirado do carro, arrastaram-na até a igreja que tinha o nome de Cesário: ali, tendo tirado as vestes dela, mataram-na com cacos de barro. Depois de a terem esquartejado, membro a membro, e tendo transportado aqueles pedaços ao chamado Cinerário, destruíram todos os vestígios dela com o fogo". O episódio é de um eloquente e dramático simbolismo: é morta "no mês de março, no período do jejum", ou seja, na quaresma, e é reduzida a pedaços, segundo essa narração, sobre o altar da igreja patriarcal.

A violência desse imaginário diz respeito a um caso não ordinário, embora não único. Basta pensar nos massacres nas igrejas constantinopolitanas, com a morte em massa dos godos (item 23), bem como nas violências que acompanham o exílio de Crisóstomo. Mais frequentes, todavia, são outras condições, outros vínculos, outros imaginários e com eles entra ordinariamente em dialética o pensamento cristão. Dois exemplos ligados à Igreja de Milão e, em especial, à ação de Ambrósio, permitem abordar outros aspectos da questão. O primeiro caso diz respeito a uma lei publicada no dia 24 de abril de 380, em Milão, por Graciano, com Teodósio associado, havia pouco, ao principado, constituição na qual é provável entrever a inspiração de Ambrósio: devem ser livres, se cristãs, "as mulheres que, nascidas de origem humilde, são mantidas a serviço dos espetáculos e quando, tendo abandonado os papéis cênicos, estejam destinadas aos serviços teatrais" (CT 15,7,4). A outra situação diz respeito a uma "virgem" da Igreja veronense, de nome Indícia, que tinha recebido o véu sob o bispo Zenão. A seguir, foi acusada, não se sabe se com ou sem razão, de relações ilícitas e de uma gravidez oculta, e o sucessor de Zenão, Siágrio, a envia a Milão para que Ambrósio a mande se submeter, na presença da irmã Marcelina, a uma *inspectio*, a consulta obstétrica difundida em toda a bacia mediterrânea, com o objetivo de controle. Ambrósio (*Carta* 56) responde que Marcelina opôs-se radicalmente a isso e que na Igreja delas, seja como for que estivessem as coisas, visitas humilhantes desse gênero não seriam feitas.

Ambos os exemplos oferecem motivos de reflexão: por um lado, pode-se ver um ponto de vista cristão que interfere com papéis e imaginários reconhecidos como *naturais*, no primeiro caso associados também a uma visão social, que une o nascimento humilde à condição de atriz/prostituta pública, ou, em casos semelhantes, de trabalhadora coagida nas manufaturas imperiais (= *gynecei*) — fazendo-as evoluir para uma modalidade de respeito pelas mulheres. Ao mesmo tempo, essa ação corajosa não consegue eliminar o fundo sobre o qual se desenvolve e que, em parte, continua também a partilhar. Essas questões estão evidentemente implicadas na visão do matrimônio e no *éthos* familiar, sobre as quais concentramos agora a nossa atenção de maneira específica.

4. Muitos estudos foram dedicados, no século passado, a pesquisar as recíprocas influências entre perspectiva romana, chamada clássica, e **matrimônio dos cristãos**. Diante do fato de que o instituto familiar nas suas diferentes formas é parte essencial de uma sociedade, é compreensível que as convergências sejam muitas, assim como é evidente que as transformações deveriam ser verificadas num período cronológico mais amplo, estendido pelo menos até a produção jurídica do século VI, em particular às *Novelas* (= leis novas) de Justiniano. Os pontos de maior importância, todavia, dizem respeito à concepção mesma do matrimônio, com o *conubium* (= capacidade de contrair matrimônio legítimo), com a *affectio maritalis* e com o consenso; às temáticas relativas ao repúdio e ao divórcio e às sanções penais para os célibes, bem como aos impedimentos à sucessão para os casais sem filhos; às disposições sobre os matrimônios mistos; à importância do afeto conjugal e, enfim, ao exercício da *patria potestas* sobre filhos e servos.

Com respeito à capacidade jurídica de contrair matrimônio do qual nasçam filhos legítimos, precisamente o *conubium*, as vozes cristãs tinham se feito ouvir já no século III e, de forma explosiva com relação ao ordenamento social, porquanto o bispo de Roma, Calisto (217-222), um liberto que tinha experimentado pessoalmente a condição de servidão, reconhecia como válidas as uniões dos escravizados, mesmo as de um escravizado com uma mulher livre. No mundo romano, isso não era possível e era um dos casos mais claros — ao lado de outros, como o de quem não era cidadão romano — em que também as uniões duradouras não poderiam jamais ser consideradas matrimônios. Também na época de Constantino parece ter permanecido em vigor um "senatoconsulto" que remontava ao século I, durante o principado de Cláudio, segundo o qual uma mulher livre que vivesse com um escravizado de alguém corria o risco de se tornar a escravizada do patrão do seu companheiro. Para avaliar ainda quanto a ideia era amplamente partilhada, considere-se que a iniciativa de Calisto nos é conhecida porque um teólogo da própria Igreja romana — conhecido também como Hipólito, mas é discutível seu nome — critica rudemente a prática do bispo não só no âmbito penitencial, mas também pela aprovação desse tipo de conúbio (*Confutação de todas as heresias*, IX,31).

Essa estrutura social ajuda a compreender por que muitas uniões estáveis não fossem consideradas matrimônio, ou seja, em primeiro lugar, pelo fato de que um ou ambos os cônjuges não eram titulares do direito de contraí-lo. É preciso também que estejamos atentos em considerar que as fontes jurídicas, quer legislativas, quer jurisprudenciais, referem-se respectivamente a casos que devem ser regulamentados e a situações que devem ser resolvidas e não se podem identificar simplesmente com o costume, embora digam muito a respeito. É necessário esse esclarecimento quando nos encontramos diante da chamada visão possessória do matrimônio romano: o que significa que o ponto de vista do qual é visto é o de uma espécie de passagem de bens, de que resta vestígio na etimologia de *coemptio* (*emere* = adquirir), um dos modos para indicar o contrato matrimonial. Daí também a importante distinção entre, por um lado, matrimônio em que há passagem de pertencimento da mulher da subordinação ao próprio pai ao poder (= *manus* e, portanto, matrimônio *sub manu*) do *pater* da família do esposo e, por outro lado, a coabitação *sine manu*, em que isso não ocorre. No segundo caso, a convivência podia, com o tempo, se houvesse vontade para tanto, tornar-se por *usus* (= continuada *utilização*, como a *usucapião*) também *sub manu*, ou seja, um matrimônio com passagem de poder.

Nesse quadro, no qual se inserem as práticas matrimoniais dos cristãos, deve ser feita também a pesquisa de testemunhos relativos a um rito específico (cap. 5, Inserção 3 – *Joviniano: defesa do matrimônio e eclesiologia*) e se insere também a questão tanto da consciência de ser marido e mulher, como do consenso: "Não é a relação sexual que constitui o matrimônio, mas a *affectio maritalis* (= consideração recíproca como marido e mulher) [...] e o *consenso*" (Ulpiano, *Digesto* 24,1.32,13; 35,1.15). Ambos os termos indicam que a dimensão econômica é o quadro patrimonial dentro do qual são tratadas as questões matrimoniais, mas não as exaure. É preciso esclarecer que o consenso, diferentemente da compreensão moderna do conceito, é, em primeiro lugar, representado pelo acordo dos chefes de família — enquanto o *pater* estava vivo nem mesmo os filhos homens eram *sui juris*, ou seja, sujeitos detentores de direitos, independentemente da idade — que não pode faltar na "passagem de mão", embora se exija predominantemente que também o casal seja consenciente (cf. Paulo, *Digesto* 23,2,2). São muitas as intervenções eclesiásticas que se opõem à prática dos matrimônios combinados pelas famílias. Embora isso aconteça muitas vezes para reivindicar a liberdade das mulheres cristãs de esposar correligionários e não pagãos, essa tendência, em todo caso, dará um grande impulso à ideia de uma determinação pessoal, até feminina. Sobre o alcance subversivo, além disso, da escolha de muitos cristãos em não contrair matrimônio, quer no celibato masculino, quer na virgindade feminina, deveremos nos deter mais adiante, mas é evidente que esse é um horizonte no qual se confrontam e se reformulam instâncias de livre determinação e esquemas de obediência familiar e submissão social, mais uma vez não numa única direção.

Voltando ao consenso e à recíproca consideração como marido e mulher, é nessa frente que se instaura também um dos aspectos mais vistosos da legislação romano-cristã: enquanto no mundo romano o consenso matrimonial era entendido como continuativo e, caso cessasse, havia, em determinadas e regulamentadas condições, repúdio e divórcio, no Império tardio instaura-se a ideia de que o consenso inicial era suficiente para constituir uma união, por seu estatuto, duradoura. A *Novela* 22 de Justiniano parece representar um dos ápices desse processo, pois a lei limita muito as causas de repúdio legítimo, estabelecendo sanções para os casos considerados ilegítimos. Essas sanções no Oriente têm também um aspecto eclesiástico e configuram a **prática penitencial das segundas núpcias**, seja de viúvos, seja após o fracasso da primeira união, segundo as diretivas dadas por Basílio a Anfilóquio, bispo de Icônio, nas *Cartas* 188, 199 e 217, que foram inseridas nas coleções canônicas orientais como *Cânones (85) de Basílio*. De fato, a pregação invoca unanimemente um único matrimônio, cujo valor não é subtraído, mas confirmado pela prática penitencial — *kat'oikonomian*, dir-se-á a seguir na linguagem oriental, ou seja, segundo a misericórdia — que pode conciliar de modo oneroso, mas misericordiosamente também os *dígamos*, como se conclui também do cânon 8 de Niceia (cap. 5, Inserção 1 – *Símbolos e cânones de Niceia e de Constantinopla*). Nos séculos seguintes, tem-se uma diferente evolução na prática oriental e ocidental; no Oriente substancialmente completada no século IX com a prática penitencial das segundas núpcias, ao passo que no Ocidente as segundas núpcias são aceitas somente se com viúvos, como testemunham as decretais pontifícias e a coleção canônica chamada de Elvira, na qual confluem, todavia, diferentes documentos, redigidos entre os séculos IV e VI e não estranhos a influências rigoristas.

Sob o ponto de vista da fidelidade e das relações extraconjugais, a pregação eclesiástica é coerente ao criticar a diferença de concepção segundo a qual seria permitido aos homens qualquer abuso; sob esse ponto de vista, é nítida a sanção do adultério mesmo masculino e mesmo da liberdade sexual dos homens com suas escravizadas e seus escravizados. São particularmente iluminadoras as observações de Jerônimo na carta, já citada acima, pela morte de Fabíola (pertencente ao grupo dos penitentes porque tinha contraído segundas núpcias), dado o personagem nada indulgente: "As normas que valem para os homens valem também para as mulheres; em outras palavras, não se pode pensar que uma mulher possa ser repudiada porque adúltera e que uma mulher seja obrigada a seguir com um marido depravado [...]. No códice [romano], pode-se dizer que não há um freio à imoralidade dos homens [...]. No nosso códice há plena paridade: se uma coisa não é lícita às mulheres, tampouco é lícita aos homens; e, como são de igual condição, o vínculo imposto é o mesmo" (*Carta* 77).

Talvez o tema menos óbvio, se enfrentado fora de uma perspectiva apologética, é precisamente o que identifica como fundamentais as expressões de **afeto recíproco**; apesar da proximidade entre a visão de contrato do matrimônio romano e a legislação sobre a posse dos bens, a que já se fez referência, são, com efeito, muitos os sinais que remetem, na mentalidade romana, à importância do afeto mútuo dos cônjuges, enquanto nos textos cristãos parece haver uma maior reticência ou, talvez, um senso de pudor a respeito. Podem ser lembradas as reflexões de autores de cunho estoico, como Musônio Rufo: "No matrimônio, deve haver plena comunhão de vida e de atenção recíproca entre marido e mulher, na boa saúde, nas doenças e em qualquer circunstância; cada um [dos cônjuges] casa-se porque deseja ardentemente esse [tipo de relação], bem como gerar filhos" (Musônio Rufo, *Diss.* 13 A, tr. I. Ramelli). É interessante também o seguinte texto de Plutarco: "É bom que a mulher tenha os mesmos sentimentos do marido e o marido, os da mulher, a fim de que, como os nós ficam mais fortes se apertados de ambos os lados, assim, se cada um dá ao outro o seu afeto, a união se mantém firme, graças à contribuição de ambos" (*Preceitos conjugais* 20, tr. C. Soraci). Esse quadro, do qual poderiam ser referidos muitos exemplos, não põe, todavia, em discussão a ideia e a prática da submissão da mulher ao homem, como ocorre, aliás, nos textos cristãos. A concepção do amor e da recíproca submissão expressa em *Efésios* 5, por exemplo, embora alta, transmite também uma nítida hierarquização de gênero, uma vez que compara os homens a Cristo e as mulheres à Igreja: a relação assim estabelecida do mais alto respeito e dom de si do homem à mulher, embora sendo tema original e profundo, não atenua, mas, de fato, contribui para transmitir tal assimetria.

De grande importância parece, aliás, a contribuição cristã para a evolução do papel parental e da concepção da **patria potestas**, tendo presente que na tradição romana o *pater familias* tomava as decisões, até sobre a vida dos recém-nascidos, e tinha direito de vida e de morte sobre todos, mulher, filhos/as com genros, noras e servos. Também nesse caso, todavia, o recurso aos textos legislativos é iluminador, mas não restitui a situação toda, que era provavelmente menos drástica. Pensemos, por exemplo, na narrativa do martírio de Perpétua (Cartago, 203) no qual o pai pagão suplica-lhe, pelo menos num primeiro momento, que desista de sua profissão cristã, chamando-a "*domina filia*", ou na tocante correspondência da mulher de Salviano de Marselha com os próprios pais pagãos, na qual ela diz: "Me chamáveis de vossa pequenina gralha" (Salviano, *Carta* 4). Nos documentos cristãos, todavia, desde os mais antigos testemunhos, os pequenos são defendidos e há uma oposição vigorosa à prática da exposição dos recém-nascidos, que eram, com mais frequência, meninas. Muitos autores cristãos convidam a falar mais de *patria pietas* e procuram atenuar essa concepção autoritária da paternidade (cf. Agostinho, *Cartas* 254; 255), sem imaginar totalmente, todavia, um quadro diferente.

Uma observação distinta merece o debate em torno das leis augustas *caducárias* contra o celibato, a *Lex Julia* e *Papia Poppaea*, cujo conteúdo se conhece, mas cujo texto não foi conservado. Essas providências nasciam no quadro de uma política demográfica voltada a impedir a queda dos nascimentos legítimos e para sancionar o hábito masculino de ter relacionamentos e relações sem compromisso e sem prole reconhecida. Boa parte da classe aristocrática forçava a ab-rogação dessas leis, que não lhes eram favoráveis no plano pessoal, patrimonial e fiscal, uma vez que sanciona, por exemplo, a incapacidade sucessória dos célibes. Certamente, também os ambientes cristãos lhes eram adversos, pelo crescente peso que tinha na comunidade cristã a escolha de continência por parte de homens e de mulheres, que era desse modo sancionada. Já em 320, Constantino publica um *edito ao povo* (CT 8,16,1, de 320) que ab-roga pelo menos parcialmente tais leis.

5. Uma última janela diz respeito à atitude cristã em relação à **cultura clássica**. Também ela não é unívoca e alguns escritos dão a entender um grande debate interno, com posições articuladas. A educação médio-alta, segundo o modelo da *paideia* clássica (cap. 2, Inserção 1 – *Helenismo e cristianismo*), previa uma formação literária e retórica de primeira ordem, evidente em muitos autores cristãos, que, todavia, a vivem às vezes com certo embaraço. Um exemplo pode ser o de Jerônimo, que refere à jovem Eustóquio uma visão na qual Cristo o teria censurado pela muito estreita adesão aos paradigmas clássicos: "És ciceroniano, não cristão!" (*Carta* 22). Podem ser lembrados também alguns trechos que Agostinho escreve em suas *Confissões*: em primeiro lugar, a sua originária paixão pela literatura e a seguinte "conversão" à filosofia, depois da leitura do *Hortênsio*, obra com que Cícero convidava os jovens a se apaixonarem pela filosofia (*Conf.* III,4); emblemático, além disso, é a desapontamento que o próprio Agostinho refere ter sentido diante da leitura da página bíblica, que lhe parecia escrita sem cuidado estilístico e literário, justamente porque estava habituado à "*tulliana dignitas*" (*Conf.* III,5), como indicava a periodização ampla e sintática de Marco Túlio Cícero.

É interessante a esse propósito o debate sobre o tema que se pode acompanhar em Basílio, *Discurso aos jovens*, em que o autor retoma e recomenda a prática do *curriculum* de estudos comuns na Antiguidade clássica — a *enklykos paideia* — e propõe abordá-la mediante a chave hermenêutica da *utilidade* e da *conveniência*, ou seja, diríamos hoje, por meio de uma abordagem crítica. Não esqueçamos que essa leitura, ampla e substancialmente confiante na cultura clássica, retoma a posição dos apologistas do século II (cap. 2, item 8) e, de certo modo, antecipa a prática amanuense medieval, que nos deram não somente escritos religiosos, mas também clássicos gregos e latinos.

Devem ser lembrados também os modelos historiográficos utilizados pelos historiadores eclesiásticos (Inserção 3 – *Historiografia cristã*) e a presença das *Antiguidades* de Varrão até na agostiniana *Cidade de Deus*. Voltaremos a seguir sobre as categorias filosóficas utilizadas em forma crítica no debate trinitário (cap. 5, item 26), ao passo que aqui deveremos mencionar pelo menos os modelos físicos e médicos presentes no *Hexâmeron*, de Basílio ou nas obras antropológicas de Gregório de Nissa e Nemésio de Emesa, mas presentes também antes, como os tratados médicos de Sorano de Éfeso (*Anima* e *Gynecologia*), bem conhecidos no século III por Tertuliano, que os utiliza como fontes para os próprios escritos.

21. A Igreja na Armênia, na Etiópia e no Império sassânida

1. A difusão do cristianismo **fora das fronteiras do Império romano** é coextensiva à sua existência, embora uma visão mais ou menos inconscientemente eurocêntrica leve muitas vezes a negligenciar a realidade e a não levar em consideração os relativos dados históricos. Este item não pode preencher totalmente essa lacuna, mas quer dar uma explicação, indicando pelo menos a situação das Igrejas em três importantes áreas culturais e geográficas durante aquele mesmo século IV, cujos episódios em geral o capítulo segue, ampliando o arco cronológico somente à medida que pareça necessário para compreender a situação.

Mais ou menos no mesmo momento em que, com Galério, Constantino e Licínio, a relação entre Igreja e Império romano se desdobrava entre editos de perseguição, revogação deles e declaração de liberdade de culto, Tirídates III declarava o cristianismo religião oficial da **Armênia** (301-302 ou 314), com uma antecipação sobre outros reinos, que levou a comunidade armênia a festejar em 2001 seu XVII centenário. Já a oscilação da datação proposta aponta para uma dificuldade relativa às fontes: os historiadores latinos e bizantinos lembram certamente os eventos relativos à disputa do solo armênio entre o Império romano e o sassânida da Pérsia, mas não a vertente religiosa da dinastia armeno-arsácida, aliada e "cliente" de Roma. A literatura em língua armênia (um idioma de cepa indo-europeia), com o respectivo alfabeto, começa no século V por obra, diz-se, de um monge, Mesrobes Mastósio, encorajado no empreendimento tanto pelo *katholicos* (assim se chama quem está na direção da Igreja armênia), como pelo rei Vram Sapor, justamente para traduzir a Bíblia e outros escritos cristãos. Alguns escritos patrísticos — por exemplo, a *Demonstração apostólica*, de Irineu, ou o *Comentário ao Diatessaron*, em que Efrém (século IV) glosa o texto de Taciano (século II) — são conhecidos somente em tradução armênia. Obviamente, há também uma importante literatura autônoma, na qual se distinguem, para o período mais antigo, escritores como Eliseu "Armênio" (Ełišē de Amadunia) e Nersete. No século XIX, um padre veneziano, Giuseppe Cappelletti (1803-1876), historiador e amigo dos monges mequitaristas da ilha de San Lazzaro na lagoa veneziana, traduziu com a ajuda deles alguns desses escritos e os mandou imprimir junto com um livro de história e cultura, *A Armênia*, contribuindo, desse modo incomum na época, para o conhecimento na Itália da história armênia, dramaticamente marcada por conflitos e genocídios. Hoje há à disposição muitas outras contribuições de armenistas, mas isso não tira o significado cultural e ecumênico da obra do padre veneziano.

Outro escritor antigo, Agatângelo — armênio, a despeito do declarado nascimento romano e do nome grego —, apresenta-se como secretário de Tirídates III "da terra dos haicanos" (Armênia é heterodenominação que, todavia, continuaremos a usar). É o seu escrito, de cunho hagiográfico e encomiástico, que atribui a evangelização da Armênia e a conversão de Tirídates à ação de Gregório, o Iluminador — o São Gregório Armênio de Nápoles —, que teria vivido por muito tempo em Cesareia da Capadócia, onde estava refugiado, depois da falência de uma conjuração. Tendo voltado à Armênia, teria sido preso pelo rei Cosrov, contra cuja vida teria atentado. A essa altura, a história insere um grupo de mulheres; com efeito, narra as vicissitudes de quarenta virgens cristãs, guiadas por Hrip'sime e Gayanê (provável transliteração para Crispina e Gaia) postas em fuga pela perseguição, que, nesse caso, se configurava também como propósito de estupro de Diocleciano em relação a Hrip'sime. Tendo chegado à Armênia, a moça teve de enfrentar os mesmos desejos também por parte de Tirídates, que sucedera ao pai; diante da recusa de Crispina, o rei manda matá-la juntamente com suas companheiras. Na morte delas, o rei é atingido por uma grave e rara doença, descrita como licantropia, e pelos conselhos da própria irmã dirige-se a Gregório para ser curado; nasce daí a sua conversão e a assunção do cristianismo como religião do reino "antes de Constantino". A narração tem traços de romance, mas não tão diferentes dos das narrativas sobre a conversão de Constantino por ocasião da batalha na Ponte Mílvia, embora o Ocidente esteja até por demais habituado a essa segunda versão.

Indica-se, portanto, dessa forma, dada a propensão cultural e política da dinastia reinante que Agatângelo expressa, também a relação eclesiástica da Armênia com a Igreja da Capadócia, embora diversos indícios — usos litúrgicos, por exemplo — façam pensar também numa diretriz de evangelização a partir do Sul, por parte dos cristãos de proveniência siríaca. A particularidade dessa narração historiográfica faz com que a consideremos com cautela (van Esbroeck), mas também com atenção: a decidida estrutura hagiográfica não pode fazer ignorar a importância do escrito, que deve ser considerado, como sugere Boghos Levon Zekiyan, um "modelo" e, portanto, indício da consciência e da convicção de quem escreve, tanto quanto matriz de uma visão armênia do mundo. A mesma consideração vale também para a origem apostólica dessa Igreja, como, aliás, para a maioria das outras, uma vez que os escritores armênios do século V fazem remontar a primeira evangelização aos apóstolos Bartolomeu e Tadeu, chamado Adai, de acordo com a tradição siríaca.

Sob o ponto de vista dos autores eclesiásticos de proveniência ocidental, com exceção de uma variante do texto latino dos *Atos dos Apóstolos* utilizada por Tertuliano no início do século III (At 2,9-11 em *Contra os judeus* 7,4-5), que insere entre os povos os armênios, colocando-os de maneira correta sob o ponto de vista geográfico entre a Mesopotâmia e a Frígia, a primeira documentação da existência de uma comunidade eclesial organizada é relativa à correspondência de Dionísio de Alexandria (247-265) "aos irmãos da Armênia, da qual era bispo Meruzane", referida por Eusébio no dossiê epistolar relativo à penitência (HE VI,19,2). Ainda Eusébio, quando fala de Maximino Daia (item 18.1), afirma que ele transformou os armênios de aliados em inimigos e como eram cristãos enfureceu-se particularmente contra eles, obrigando-os a sacrificar (HE IX,8,2). Uma menção especial merece a Igreja de Sebaste (hoje Sivas, Turquia), que era capital da *Armenia prima*, ao longo de uma via de grande comunicação e, portanto, também de encontro de culturas, marcada por forte ligação tanto com a Capadócia, como com o Oriente; é emblemática a figura de Eustácio, que foi seu bispo, bem como personagem-chave de um monaquismo ascético, mestre espiritual de Basílio de Cesareia, embora, depois, tenha ocorrido entre os dois uma ruptura, quer teológica, quer de relações pessoais.

A partir da adesão oficial ao cristianismo, no século IV, desenvolve-se uma identidade armênia político-religiosa na qual o rei, *primus inter pares* entre os *naxarar*, nobres sátrapas, reconhecia e confirmava a dinastia episcopal: a direção da Igreja armênia passa de pai para filho até a morte de Sahak, o Grande (438). O *katholicos* desde a época de Gregório até o longo governo de Nersete (353-373) era consagrado em Cesareia da Capadócia; segundo essa diretriz eclesial, Aristakes (320-327), filho de Gregório, é lembrado entre os bispos reunidos em Niceia. Não há notícias, porém, de nenhum armênio no Concílio de Éfeso, de 431 (cap. 6, item 34), nem no de Calcedônia, de 451; a Igreja armênia é em todo caso pré-calcedonense (cap. 6, item 35). Naquele mesmo ano, 2 de junho de 451, o povo armênio travará em Avarair uma dramática batalha para não deixar que a dinastia sassânida persa (item 21.3) lhe impusesse a religião masdeísta. Eliseu narra que, antes da refrega, Vardan Mamicoian, que guiava os armênios, disse: "Verão que o cristianismo para nós não é apenas uma vestimenta, mas a nossa própria pele" (Eliseu, *História de Vardan e dos mártires armênios*, 25). Depois de cerca de trinta anos de resistência, Teodósio II e Sapor III estipularam, em 485, um tratado de tolerância, conhecido também como "edito de Milão armênio", segundo o qual tanto os cristãos da Pérsia, como os masdeístas do Império bizantino poderiam professar livremente as respectivas religiões.

2. Também para a **Etiópia**, a historiografia do século IV marca de modo hagiográfico uma presença cristã oficial no reino de Axum, à margem ocidental do Mar Vermelho. Nesse caso, é Rufino quem, no primeiro dos dois livros com que dá sequência à *História* de Eusébio, coloca entre a história de Helena, mãe de Constantino, e a de Constância, filha de Constantino e da primeira mulher, Fausta, a história da conversão de duas regiões: a história da Ibéria, ou seja, a Geórgia subcaucasiana, por obra de uma corajosa escravizada, venerada depois como santa Nino ou Cristiana (Rufino, HE 9,11) e a história, mais longa e com divisões, da conversão da *Índia ulterior*, termo com que o historiador designa a Etiópia (Rufino, HE 9,9-10; cf. Teodoreto, HE I,23). Detemo-nos sobre esta última história, que contém correspondência de modo menos legendário num escrito de Constâncio ao rei 'Êzânâ de Axum, referido por Atanásio (*Apologia* 31). Rufino, por sua vez, afirma ter tirado suas próprias informações de um dos dois evangelizadores siríacos da região: "Os desenvolvimentos dos fatos [...] não os obtivemos da opinião do povo, mas nos foram contados pelo próprio Edésio de Tiro, que se tornou a seguir presbítero da mesma igreja, ele que, antes, fora companheiro de Frumêncio" (Rufino, HE 9,10).

A história assim narrada segue um módulo bíblico e parece calcada na história de José no Egito. Segundo o que refere Rufino, portanto, dois irmãos siríacos, provindos das regiões da Síria, chegaram à Etiópia e foram feitos prisioneiros sob o rei Ella Amida. Depois da morte do rei, a rainha faz-se ajudar pelo sábio Frumêncio: ela e o filho 'Êzânâ tornam-se cristãos, envolvendo todo o reino nessa conversão. Por diversos anos, os dois irmãos detêm-se no país, simplesmente evangelizando e formando a comunidade cristã; depois, o protagonista, Frumêncio — venerado na Igreja etíope como Abba Salama —, vai para Alexandria, para junto de Atanásio, para prestar contas da missão evangelizadora deles — "naquele território, embora habitado por bárbaros, já se reuniam os cristãos em grande número e já tinham sido construídas igrejas" — e se pôr em comunhão com ele, pedindo-lhe que enviasse um bispo. A essa petição Atanásio, "ouvido o conselho dos seus bispos", consagra para esse papel o próprio Frumêncio.

Desse modo, a história dos dois santos desdobra-se entre Síria e Egito, terminando no vínculo eclesiástico da Igreja da Etiópia com a de Alexandria; nessa dupla direção desenvolver-se-ão também os episódios seguintes, depois das controvérsias cristológicas (cap. 6, item 35). De resto, a Igreja da Etiópia traz na memória das próprias origens um enraizamento bíblico que é também cultural, pois, por um lado, não tem necessidade de narrativas apócrifas — pensemos na grande parte que tem, porém, esse tipo de tradição no ciclo apostólico de Pedro, a partir do célebre *quo vadis* — para fazer remontar a própria relação com a mensagem cristã a At 8, em que se fala do etíope, funcionário da rainha Candace (o termo significa em etíope "rei"); por outro lado, interpreta a própria relação com o judaísmo como herança direta de Salomão e da rainha de Sabá, pais do primeiro rei, Menelik. De resto, lembremo-nos que são semíticas não somente diversas línguas (amárico, tigrínia) faladas na região, mas também a língua litúrgica e das traduções bíblicas, que é o *ge'ez*: nessa língua foram conservados, aliás, o ciclo de Henoc (muitas vezes indicado como *Pentateuco henoquiano*) e a *Ascensão de Isaías*, ambos inseridos nas listas canônicas ou considerados veneráveis nessa Igreja.

Outra documentação, como referido acima, é fornecida pela carta que Constâncio II envia ao rei de Axum, 'Êzânâ, e a Šeʾâzânâ para que mandem Frumêncio a Alexandria, para que assinale com isso a própria comunhão submissa com o novo bispo, o ariano Jorge, que o imperador impõe à sede episcopal (356-357), no lugar de Atanásio; de fato, é este último que na *Apologia* 31 apresenta um trecho do escrito a que já nos referimos, contribuindo, assim, de maneira decisiva para a documentação histórica sobre a Igreja da Etiópia do século IV.

3. No confronto/embate secular entre Oriente e Ocidente, o grande antagonista do mundo greco-romano é o **Império persa**, no qual, na primeira metade do século III, Ardashir dos Sassan dá vida a uma dinastia neopersa que, substituído o reino pártico anterior, permanece no poder até a conquista árabe do século VII, assumindo de forma decisiva a religião zoroastriana (do nome de Zoroastro, o fundador dessa religião, que, diz-se, viveu entre os séculos VII a.C. e VI a.C.) conhecida também como mazda (do nome dado à divindade, Ahura Mazda), marcada pela contraposição de dois princípios de bem e de mal (Angra Mainyu) e regulada por uma casta sacerdotal hereditária, chamada dos *magos*. Na região estão presentes muitos judeus — pensemos no patriarcado judaico da Babilônia, onde será organizada uma das duas versões do *Talmud* — e durante o século III desenvolvera-se, por obra de Mani, uma forma de sincretismo com elementos judaicos, cristãos, zoroastrianos e até budistas: o maniqueísmo retomava traços que eram comuns à experiência gnóstica do século anterior (cap. 2, item 9.2), dele se destacando, porém, aliás, por uma forte organização, semelhante à das Igrejas (cap. 6, item 31.2). Havia também uma presença significativa de cristãos, alguns dos quais provinham do Ocidente, parte como ex-prisioneiros do outro Império, parte como refugiados, porque em fuga das ondas persecutórias romanas.

Pode-se, portanto, entender que, a cada arrocho de oficialização zoroastriana, quem aderia às outras religiões via-se em sérias dificuldades e, sobretudo, que essa pressão sobre os cristãos tenha se acentuado à medida que o Império greco-romano se apresentava ao mundo justamente como cristão. Eusébio refere uma carta de Constantino a Sapor II, na qual o imperador afirmava honrar o Deus do céu e pedia consideração para os cristãos da Pérsia, admoestando o rei a não os perseguir (VC 4,9-14. Cf. Teodoreto, HE I,25, 1-15; Sozomeno, HE II,15,2-4). Com a morte de Constantino (337), todavia, o rei sassânida tenta um movimento de expansão para o Ocidente e, ao mesmo tempo, dá início a uma política de aberta perseguição em relação aos cristãos, com um pico nos anos 40 daquele mesmo século. Afraates, na coleção de escritos conhecidos como *Demonstrações*, insere uma sinodal endereçada pela Igreja de Nínive à de Selêucia Ctesifonte, com data no rodapé "no mês Shebat, do ano 655 do reino de Alexandre, filho de Filipe, o Macedônio — ano 35 de Sapor, rei da Pérsia", correspondente ao ano 344 da era vulgar. O *incipit* do escrito apresenta remetentes e destinatários: "Enquanto estavam reunidos, veio-nos a ideia de escrever esta carta a todos os nossos irmãos, os membros da Igreja, aqui ou alhures — (nós) bispos, presbíteros, diáconos e toda a Igreja de Deus, com todos os seus filhos, daqui ou provenientes de outros lugares que se encontram junto de nós [...] aos nossos irmãos diletos e caros, bispos, presbíteros e diáconos, com todos os filhos da Igreja que se encontram junto a vós, e todo o povo de Deus que se encontra em Selêucia e Ctesifonte, aqui e alhures, por meio do nosso Senhor, nosso Deus e dador de vida, que nos deu a vida por meio do Messias que nos apresentou a ele, saúde a vós!" (14,1).

Com o estilo típico da coletânea, atravessada por frequentes alusões e citações bíblicas, descreve-se uma situação de grave crise entre as duas Igrejas, provavelmente referente aos episódios de Simeão Bar Sabas, patriarca de

Selêucia-Ctesifonte, que, inicialmente se mostrara próximo de Sapor e disposto a recolher tributos por sua conta: a isso poder-se-iam se referir as frequentes acusações de cobiça e de distanciamento da lógica evangélica que Nínive dirige ao "pastor" de Selêucia Ctesifonte. A seguir, o patriarca foi condenado à morte pelo rei, quando não foi mais capaz de garantir o valor de dinheiro combinado, talvez por causa da rebelião de comunidades, como a representada por esse escrito. Mas existem também fontes favoráveis a Simeão, que o descrevem como um mártir, confirmando, assim, para além da diferente interpretação, a veracidade do episódio.

Um discurso à parte merece a situação de Nísibis e da sua Igreja: a cidade, hoje Nusaybin, na Turquia, encontra-se a leste do Eufrates, junto a um curso de águas — o Migdônio que se lança no Kabur, afluente do *Grande Rio* — que a torna verdejante, e representou um lugar de trânsito e parada das caravanas que se deslocavam na linha Oriente/Ocidente na "via real dos persas". Uma inscrição tumular do século II, o *Epitáfio de Abércio*, encontrada na Frígia, no século XIX, e atualmente conservada nos Museus Vaticanos, descreve as viagens de comunhão do finado bispo de Hierápolis, tanto no Ocidente ("em Roma, para admirar a cidade soberana"), como no Oriente: "Vi a planície da síria e todas as cidades, e Nísibis, para além do Eufrates". A posição estratégica fez muitas vezes de Nísibis objeto de disputa entre os dois Impérios e fulcro do delicado equilíbrio de fronteira entre eles, permanecendo símbolo da presença romana a oriente até a morte de Juliano em batalha (363) e do acordo com que logo depois Joviano renuncia à cidade. Amiano Marcelino, que tinha acompanhado as tropas romanas na campanha contra os sassânidas, refere com tons vivos e dramáticos o mal-estar dos habitantes da cidade: enquanto Constâncio tinha mantido as fronteiras, "Joviano, no início do seu reino, retirava-se dos muros das províncias que desde a Antiguidade tinham constituído seu mais seguro baluarte" (*Histórias*, XXV,9,3). O imperador, porém, não se deixa convencer e o escrito prossegue com a descrição do desespero dos desterrados, obrigados a abandonar a cidade e seus numes familiares: "Destacamentos de soldados foram, por isso, encarregados de expulsá-los para fora dos muros da cidade, ameaçando de morte quem se atrasasse. Assim, dentro dos muros ouviam-se choros misturados a lamentações, e em toda parte da cidade era uma só a voz dos que se queixavam de seu destino e as matronas forçadas a se exilarem desgrenhavam seus penteados, depois de terem sido arrancadas de seus Lares, onde tinham nascido e crescido, arrebatadas de seus Manes" (*Histórias*, XXV,9,5).

A descrição de Amiano não faz referência à presença de cristãos; todavia, a existência deles naquela circunstância é documentada de maneira excepcional na história de Efrém, "o Sírio". Exegeta e cantor da Igreja de Nísibis, de que era diácono, faz parte dos exilados junto com o grande número de fiéis, aterrorizados pelo risco de passar sob o domínio sassânida numa época de perseguição anticristã. Transferem-se, por isso, para Edessa (hoje Şanliurfa, Turquia), onde dão vida à chamada "escola dos sírios", enriquecendo, assim, com outra importante experiência cristã a cidade que mantinha a memória do apóstolo Tomé, da correspondência de Abgar com Jesus — o escrito *apócrifo* é lembrado por Eusébio (HE I,13) e também da peregrina Egéria, no *Itinerarium* — e de um lugar adequado para o culto cristão, cuja destruição a *Crônica de Edessa* documenta, depois de um aluvião em 201.

Foi lembrado acima, a propósito da Armênia, o tratado de recíproca tolerância estipulado entre Teodósio II e Ardasher, em 485. No conjunto, todavia, as Igrejas da Mesopotâmia e da Pérsia, tanto no século IV, como no século V, seguiram a distância e com dificuldade, por motivos políticos, mais que linguísticos, as vicissitudes teológicas que envolvem e agitam as outras Igrejas e, consequentemente, terão dificuldade até de compreender o valor em jogo nas questões trinitárias, antes, e cristológicas, depois. A esse propósito, pode-se considerar o fato de que Maruta, bispo de Maiphercat (hoje Silvan, na Turquia, denominada em curdo *Meyafarqin*, em armênio *Np'rkert* e no martirológio bizantino *Martyropolis*), exige a convocação de um sínodo geral, realizado depois, em 410, em Selêucia-Ctesifonte, não distante da atual Bagdá, e naquela ocasião são oficialmente apresentados e aprovados tanto o símbolo, como os cânones de Niceia, de 325.

O patriarcado de Selêucia-Ctesifonte é muito importante na história da Igreja e haverá ocasião de voltar sobre as vicissitudes a ele relativas, seja pela posição das Igrejas mesopotâmicas nos episódios cristológicos (cap. 6, item 35), seja pela pujante expansão por elas promovida para Oriente (cap. 6, item 36.2), para a Índia e para a China.

22. Wulfila, bispo dos godos

1. Na cidade Uppsala está conservado um valioso manuscrito, ou seja, o **Codex argenteus**, valioso trabalho manufaturado de Ravena, do século VI, que contém a tradução de parte do Novo Testamento em língua gótica atribuída a Wulfila (= pequeno lobo): é muito mais que uma curiosidade lembrar que Edith Stein leu pela primeira vez o Evangelho naquela tradução, no curso dos seus estudos de linguística.

A figura do tradutor tem uma densidade histórica de certa importância, ainda que os detalhes da biografia sejam transmitidos num gênero literário que, como se pode imaginar, os amplifica, enquanto os magnifica. Uma das fontes mais amplas, com efeito, é uma espécie de *vida* englobada na *Dissertatio Maximini contra Ambrosium*, conservada naquele mesmo manuscrito (*Paris lat* 8907 — editado por Gryson como *Escólios arianos sobre o concílio de Aquileia*) que contém também uma versão dos *Atos de Aquileia* (381) e a *Apologia* de Paládio de Raciária (junto ao atual Archar, Bulgária), bispo ariano deposto naquele sínodo. A *Vida* é atribuída ao Mercurino/Auxêncio de Durostorum (Silistra, Bulgária), a quem se fez referência a propósito do contencioso com Ambrósio para a atribuição das basílicas (item 19.4): Auxêncio apresenta-se como discípulo de Wulfila e narra a fé dele, o zelo missionário e a consagração episcopal por parte de Eusébio de Nicomédia, em 341. A atividade do bispo dos godos teve também seu alcance institucional notável porque, segundo Sócrates (HE II,41) e Sozomeno (HE IV,24), esteve presente no sínodo que, em 360, em Constantinopla, sancionava a linha de Rimini e Selêucia do ano anterior (embora um documento do arquivo constantinopolitano, o *Chronicon pascal*, não o insira na lista dos bispos) e acompanhante de Paládio, em 383, quando ele foi até Teodósio (*Dissertatio Maximini*) para solicitar, em vão, a revogação da própria excomunhão. Por isso, se se deve aceitar esta última indicação, a atividade episcopal de Wulfila teria se estendido por mais de quatro decênios.

Trata-se de um dossiê, portanto, de grande respeito e de cujo conjunto se conclui que Wulfila provinha de uma família de origem capadócia, a qual fora feita prisioneira dos godos no tempo de Valeriano, talvez depois ligada por via matrimonial à população junto à qual residia; com efeito, o pai parece que seria godo. Wulfila era trilíngue, uma vez que falava, além da língua gótica, o latim e o grego, e estudara retórica em Constantinopla; aí, depois de ter sido leitor daquela Igreja, decidira, com o aval de Eusébio de Nicomédia, dedicar-se à evangelização do próprio povo — de nascimento, de adoção, de eleição. Por esse vínculo originário a Constantinopla e pelos seguintes, ou seja, sobretudo a lealdade em relação a Constâncio e à profissão de fé de Rimini e Selêucia, a sua posição trinitária foi ariana radical, e, também mediante a sua grande obra missionária e o seu prestígio, boa parte das populações góticas — como, aliás, as vandálicas e longobardas — aproximou-se assim do cristianismo.

Depois de uma ação de difusão do cristianismo durante alguns anos, o chefe godo Atanarico expulsou, em 348, os missionários e praticou uma perseguição após a qual Wulfila, com um grupo de fiéis, se retirou a Nicópolis (hoje Veliko Tarnovo, na Bulgária) na antiga Mésia. Refere Auxêncio que, como ele próprio tinha sido confiado a Wulfila pelos pais para ser instruído nas letras e na fé, assim muitos "romanos" levavam ao bispo seus filhos para que os educasse. Constâncio, que aprovara a missão dele, acolheu de bom grado o grupo de Wulfila no próprio território. Mesmo nesse caso, as dinâmicas religiosas têm um importante vínculo com a política imperial: em 369, o imperador Valentiniano concluiu uma aliança com Atanarico, que se apresentava como chefe e relator de mais grupos, cujas alianças eram móveis e em cuja orientação sucediam-se diversos comandantes. Entre eles, deve-se lembrar Winkurich, que deu início por conta própria a uma perseguição anticristã, a que se refere a *Paixão de São Saba* e o *Martirológio gótico*, do qual se falará em breve, e Fritigerno, que guiava outra coalizão de tribos, que, por sua vez, procurou aliança com o Império, até contra o grupo de Atanarico. O historiador eclesiástico Sócrates afirma que justamente durante essas mobilíssimas e frágeis alianças, Fritigerno aliou-se com o oriental Valente, a ponto de assumir também sua religião, convertendo-se ao cristianismo, sempre em forma ariana (HE IV,33). Significativo é o fato de que, quando, por causa do incentivo de outras populações provenientes do Nordeste, esses grupos se amontoaram nas margens do Danúbio e, depois, tendo atravessado o rio, acabaram, afinal (378), por combater na batalha de Adrianópolis (item 23.1), o historiador pagão Amiano Marcelino atesta que, na iminência do embate, Fritigerno mandou que se tratasse com Valente um *presbyter christiani ritus* (*Histórias* XXXI,12,8).

2. Wulfila, portanto, com a sua história pessoal e eclesial, com a sua atividade missionária de pregação e de tradução, permite ter um ponto de vista suficientemente delimitado e confiável para poder jogar luz sobre uma "**Igreja de Góthia**", na linha do que foi delineado no item anterior, para a Armênia, Etiópia e Pérsia. Como no caso daquelas realidades, é importante estar atento à situação das fontes e do léxico que lhes é próprio: os termos "godos" e "romanos" que nelas são utilizados podem só parcialmente ser interpretados em sentido étnico e geográfico, como seria espontâneo hoje. Com "romanos", referimo-nos a todos aqueles que, depois da constituição de Caracala, de 212, tinham essa cidadania, como se o pomério (= o perímetro da cidade) fosse idealmente estendido para compreender povos com usos, formas religiosas e línguas parcialmente diferentes e toleradas, no quadro de uma unidade substancial baseada no culto público e em algumas instituições jurídico-administrativas. "Graças a essa forma de experiência passada, os cidadãos do Império puderam por muito tempo considerar-se com todo o direito 'romanos' e manter suas particularidades locais. Eram homens e mulheres de origem céltica, ilírica, ibérica, africana, siríaca, grega e muito mais, mas também de origem germânica e árabe" (Guidetti, 13). Sobre o significado e a extensão do termo "godos" voltaremos mais amplamente no próximo item. Basta antecipar aqui que a história de Wulfila atravessa confins políticos e culturais: se, por um lado, permite falar de realidades cristãs além do Danúbio, convida, na mesma medida, a levar em consideração a contribuição gótica ao cristianismo dentro das fronteiras do Império.

Quanto ao primeiro aspecto, pode-se observar que no fragmento de Filostórgio, referido por Fócio na *Biblioteca*, afirma-se que Wulfila foi consagrado bispo "dos cristãos que viviam na terra dos godos", indicando, assim, que antes da sua obra já havia cristãos lá: as regiões de interseção — em sentido cultural e não somente geográfico — por motivos econômico-comerciais e de incursões e saques com prisioneiros, tinham sido também lugares de difusão do cristianismo a leste e ao norte do *limes*. O *Martirológio gótico*, publicado por Delehaye, no início do século passado, refere, como já se mencionou acima, o martírio de vários cristãos no tempo de Valentiniano. O arco cronológico é o mesmo que vê Wulfila se estabelecer em Mésia e registra as alternadas alianças entre Império e os grupos respectivamente de Atanarico e Fritigerno. Se, sob esse ponto de vista, portanto, o texto não acrescenta outros dados aos já mostrados, somente percorrer os nomes desses homens e dessas mulheres deixa indicações — tragicamente, como todos os textos martiriais — de um contexto eclesial que não se reconstrói somente com os nomes de bispos, chefes de tribo e imperadores. As diferentes proveniências étnicas, reunidas pelo redator sob o comum pertencimento "gótico", são referidas pela forma dos nomes, que lhes guarda a memória. Eis um trecho: "No mesmo dia [29 de outubro], é lembrada a santa luta dos mártires da Góthia, entre os quais há dois sacerdotes, Bathouses e Werkas, com dois filhos e duas filhas, e o monge Arpulas; entre os leigos Abippas, Hagias, Ruias, Egathrax, Eskoes, Silas, Sigetzas, Swerilas, Swemblas, Thergas, Philgas; e entre as mulheres Ana, Alas, Baren, Moiko, Amika, Weko e Anemais. Eles viveram no tempo de Winkurich, rei dos godos, e de Valentiniano, Valente e Graciano, imperadores dos romanos. Por causa da confissão deles em Cristo, eles receberam das mãos de Winkurich a coroa do martírio com o fogo, que incendiou a igreja dos cristãos onde os santos mártires foram queimados" (*Martirológio gótico*, tr. Guidetti, 73).

Quanto ao elã missionário, convém pelo menos acrescentar ao dossiê referente a Wulfila e companheiros a amizade que liga a comunidade de Paulino de Bordeaux, na época residente em Nola, da qual em seguida será bispo, ao "venerável e doutíssimo Nicetas, que viera da **Dácia** para ser merecidamente admirado pelos romanos" (Paulino, *Carta* 29, 14, *a Severo*). Trata-se de Nicetas de Remesiana — na época, cidade sufragânea de Sárdica (Sofia), hoje Bela Palanka, na Sérvia oriental — que, no fim do século, movia-se frequentemente entre a Itália suburbicária e as suas regiões de origem, onde dirigia uma comunidade e anunciava o Evangelho. A ele e à obra dele Paulino dedica poesias (os *carmes* 17 e 27), para que o acompanhem na viagem: "Tu já partes, porque, de longe, chama-te a terra que tu amas" (c. 17,1). No carme não faltam os preconceitos galo-romanos em relação aos povos do Danúbio, bem como o motivo do contraste lobos/cordeiros; todavia, a geografia fraterna, lenta mas inexoravelmente, substitui o limite do preconceito, de modo que se pode imaginar ser, por motivos evangélicos, "cidadãos de muitas terras": "Agora, vai contente, mas, mesmo ao se ir, volta sempre a nós com o coração; fica conosco, mesmo quando tiveres chegado à cidade pátria. De fato, Deus não te quer mestre de um só povo, nem cidadão de uma só terra; também a nossa pátria te quer para ela. Agora, com igual piedade distribuis os teus afetos a uns e outros e — a nós com o amor, com a face a teus concidadãos — sê cidadão de ambas as terras" (c. 17,316-329).

Quanto à presença de um cristianismo gótico dentro do Império, deve-se, antes de tudo, lembrar que, com muita frequência, as tropas empregadas também nas zonas internas — e não somente nas fronteiras — contavam com cristãos: os episódios do contencioso milanês para as basílicas não têm apenas um aspecto institucional e confessional, mas também étnico no sentido em que estamos utilizando aqui essa chave interpretativa. Com uma expressão colorida, Ambrósio afirma, aliás, que "os godos, como costumavam ter as casas sobre os carros, têm sobre os carros as igrejas" (*Carta* 76,12).

O lema, que na boca do bispo de Milão não é propriamente um cumprimento, revela-se interessante não somente como confirmação da presença de godos cristãos arianos, mas também pela afirmação da existência de cristãos itinerantes; apesar de a equiparação nomadismo/ferocidade ser uma constante do imaginário das populações permanentes e poderia, portanto, representar somente um estigma negativo, também outras fontes referem o uso gótico de santuários nômades itinerantes — como fora a Arca para o povo hebreu — que podem ter dado lugar a uma situação cristã. Como é compreensível, todavia, a inserção num contexto completamente permanente leva a procurar lugares de culto específicos. Assim, o caso testemunhado em Milão, já comentado na descrição do episcopado de Ambrósio, é análogo ao que é documentado para Constantinopla na passagem do século, em dupla visão: uma basílica na qual é permitido o culto não ariano em língua gótica e a solicitação, sem êxito, de um lugar destinado ao culto cristão ariano por parte do comandante Gainas.

3. Ambas as situações envolvem o cuidado pastoral de João Crisóstomo. De João *Boca de Ouro* conserva-se uma homilia pronunciada "**depois da pregação de um sacerdote godo**": "Ninguém, pois, julgue que seja vergonha para a igreja o fato de termos disposto que dois bárbaros se levantem no meio da celebração e falem: esta é, com efeito, a beleza, este é o decoro da igreja, esta é a demonstração da *virtus* inerente à fé. [...] É o que hoje vedes aqui: todos os que eram bárbaros diante de todos os homens estão com a grei da igreja, usam os mesmos pastos e o mesmo ovil, e uma só mesa é preparada para todos [...]. Não consideramos, pois, a presença dos bárbaros na igreja uma razão de vergonha, mas sim razão de grande honra; de fato, o próprio Senhor nosso Jesus Cristo, quando veio à terra, chamou em primeiro lugar os bárbaros [os magos da Pérside]" (*Homilia* VIII *depois da pregação de um sacerdote godo*, PG 63,499-510, *passim*: tr. Guidetti, 84-85).

Embora o imaginário da transformação dos lobos em cordeiros, que a homilia tem em comum com muitos outros autores romanos da época, não seja preliminarmente favorável aos bárbaros, a lógica evangélica leva para a ideia de uma única Igreja na qual podem ressoar diversas expressões. Quando o próprio Crisóstomo, segundo a narrativa de Teodoreto, se opõe à concessão de uma basílica a Gainas, não se baseia num motivo étnico, mas numa consideração de tipo confessional. Naqueles capítulos, o historiador tinha referido missões no Cílio promovidas por Crisóstomo, descrevendo, depois, a situação criada na capital. Gainas tinha combatido ao lado de Teodósio e era *magister militum*, "de estirpe cita, de índole bastante bárbara" e de fé ariana. Tendo se apresentado a Arcádio, pediu "ao imperador que lhe desse uma igreja de Deus". Dando um tempo, Arcádio interpelou João e, depois, convocou ambos à corte. Gainas apresentou novamente o pedido e João respondeu: "'Para ti, toda casa do Senhor permanece aberta e ninguém te impedirá de orar, se queres'. Gainas então disse: 'Mas eu estou entre os seguidores de um outro partido e peço ter junto com eles um templo divino e o peço com razão, dado que afronto muitas fadigas de guerra pelos romanos'" (Teodoreto, HE V,32,5-6). João na ocasião mostrou-se irremovível e a basílica não foi concedida.

Votaremos em breve à parábola de Gainas. Mas a realidade da Igreja de Constantinopla reserva também outras surpresas. Parece que se pode atribuir àquela cidade a experiência de dois correspondentes de Jerônimo, provavelmente parte de uma comunidade monástica "mista", ou seja, de diferente pertencimento étnico e linguístico. Na *Carta* 106, com efeito, Jerônimo responde aos godos Sunnia e Fretela que submeteram a eles numerosas divergências entre a versão grega *comum* — uma revisão do saltério chamada *lucianea* porque feita por Luciano de Antioquia — e uma das latinas preparadas por Jerônimo, realizada sobre o texto héxapla, depois conhecida como *Saltério galicano*. Gostariam de saber qual das duas versões é mais próxima do texto hebraico, por amor de precisão ou, talvez, também para preparar, por sua vez, uma tradução: "Quem acreditaria? A linguagem bárbara dos godos à procura do texto hebraico autêntico! Enquanto os gregos dormem, ou melhor, se perdem em polêmicas, justo a Alemanha quer perscrutar a fundo o que o Espírito Santo disse" (*Carta* 106,1).

É interessante observar que Teodoreto refere também uma notícia segundo a qual, anos depois, quando Gainas se rebelara e fazia incursões armadas na Trácia, de modo que todos o temiam e ninguém queria encontrá-lo, somente o bispo João aceitou levar uma embaixada e sem medo foi até ele: "Ele, tendo reconhecido o velho, considerando a sua franqueza na defesa da ortodoxia, foi rápido, de longe, a seu encontro, aproximou a mão direita dele dos próprios olhos e fez que se aproximassem os próprios filhos do colo dele" (HE V,33). A história de Gainas, todavia, tem um epílogo dramático, que envolve também essa fraternidade, sempre frágil e ameaçada: no auge da hostilidade, Gainas, por volta de 400, aproxima-se de Constantinopla, pensando poder lá entrar facilmente. Dentro das muralhas da cidade há grande população gótica e, visto o clima de guerra que se criara, fecham-se os muros da cidade, enquanto as famílias dos godos, que tinham se refugiado na igreja deles, são trucidadas.

O relatório que a respeito fornece o pagão Zósimo faz-nos arrepiar, até pelos símbolos cristãos evocados: "Os bárbaros — eram mais de sete mil, rodeados por aqueles que estavam dentro — ocuparam a igreja dos cristãos que está próxima do palácio, tentando com esse refúgio a salvação. Mas o imperador [Arcádio] deu ordens para que fossem mortos lá mesmo e que o local não lhes permitisse evitar a justa punição por aquilo que tinham cometido. O imperador dava essas ordens, mas ninguém tinha a coragem de lhes pôr as mãos em cima e arrastá-los para fora do lugar de abrigo do templo, por temor de que eles se defendessem. Portanto, pareceu oportuno descobrir o teto acima da mesa chamada altar (*hê trapezês tou logomenou thysasthriou*) e permitir aos homens encarregados disso de lançar troncos ardentes contra os bárbaros e, repetindo por várias vezes esse ato, envolver em chamas todos eles. Desse modo, matou os bárbaros, mas os cristãos mais devotos pensaram que a cidade tinha sofrido um grave sacrilégio" (Zósimo, *História Nova* V,19,1-5).

O episódio dramático e, infelizmente, não tão excepcional pode suscitar reflexões de vários gêneros, a partir da reflexão sobre o direito de asilo (item 20.3) com as suas potencialidades e as suas fragilidades. A hipótese de leitura à procura também das experiências eclesiais góticas leva a formular perguntas que não encontram resposta, mas nem por isso são menos importantes: os monges Sunnia e Fretela, que escreviam a Jerônimo naqueles mesmos anos, presenciaram esse episódio? E como o viveram? Segundo a cronologia relativa ao epistolário de Jerônimo, poderiam ter sido testemunhas também de outras violências dentro de igrejas, como as relativas ao exílio de João Crisóstomo (cap. 6, Inserção 1 – *O episcopado de João Crisóstomo*), logo no início do novo século (403): mas nem mesmo dessa ocorrência temos ecos deles nem em outros documentos semelhantes.

Nessa mesma ótica, que quer dar espaço a fontes e vozes diferentes, é importante relevar, ao lado dos elementos conflitantes, também algum traço de contiguidade e de fraternidade; se das experiências familiares temos respostas somente mediante os episódios de alguns personagens importantes, que são filhos de matrimônios mistos — Wulfila para todos, mas veja-se o matrimônio excelente do general e *magister militum* Estilicão com Serena, filha de Teodósio, o Grande — e também da legislação contrária aos matrimônios mistos (CT III,14,1), que, *e converso*, testemunha sua existência, as experiências monásticas, como a lembrada acima, conservam também vestígios interessantes. Nelas, mesmo nos séculos seguintes, na Europa que muda ou nos mosteiros bi/trilíngues da Palestina, o ministério da tradução torna-se *limes* pacífico de encontro cultural. Valha como pequena antecipação disso a página com que nos *Diálogos* atribuídos a Gregório Magno (início do século VII) (vol. II, cap. 3, item 9.4) é descrito o não óbvio acolhimento de um godo na *domus fratrum* de Bento: "Um godo de ânimo simples veio para se juntar aos monges e Bento o acolheu de bom grado". Depois do episódio de uma foice quebrada pelo godo desajeitado e do milagre de Bento, que, como o profeta bíblico, devolve-a a ele inteira, a palavra de bênção que o *vir domini benedictus* lhe dirige é promessa de vida comum possível: "É isso; trabalha e não fiques triste" (*Diálogos* II,6).

23. Adrianópolis: O *limes* danubiano, entre *melting pot* e conflitos

1. Amiano Marcelino dedica o último dos seus 31 *Libri rerum gestarum* aos episódios que veem o Império contraposto a "godos, hunos e alanos", até a **batalha de Adrianópolis**, de 378, na qual encontra a morte também o imperador Valente (item 18.4). Uma vez que de Eunápio restam apenas fragmentos, a narração de Amiano é a fonte principal dessas vicissitudes e está muito mais interessada nas batalhas ocorridas naquela parte da Trácia, atualmente ponta europeia da Turquia, do que estão as narrativas dos historiadores eclesiásticos. Rufino, por exemplo, dedica à questão poucas linhas, embora ressaltando seu significado epocal: "Marcou então e para o futuro o início da ruína do Império romano" (HE II,13). Reunimos seus antecedentes e desdobramento, sem perder a ocasião de utilizar as páginas de Amiano até para abordar o tema sob um ponto de vista antropológico cultural e concluir, depois, com uma breve perspectiva sobre o desenvolvimento das alianças até o saque de Roma, em 410.

A batalha, cujo alcance histórico e simbólico percebe-se hoje e bem mais do que Rufino, tem como antecedente imediato o que hoje se chamaria de "afluxo repentino de exilados nas fronteiras do Império" (Barbero), populações góticas impelidas pela chegada de povos da estepe asiática, hunos sobretudo.

Em anos anteriores, Constantino tinha criado uma situação de equilíbrio sobre o *limes* danubiano, que Eutrópio descreve em poucas linhas, segundo o seu estilo: "Depois da guerra civil, celebrou para os pósteros uma paz com os godos, da qual os povos bárbaros têm grata e reverente memória" (*Breviário* X,7). A situação fora semelhante também com Constâncio, embora tal equilíbrio, obtido com ações de guerra e alianças, tivesse em si muitos elementos de fragilidade. Mas com Valente as coisas mudaram: na capital Constantinopla um general com parentesco com os constantinopolitanos, Procópio, tentou um golpe de mão, e diversas tribos estabelecidas na fronteira danubiana correram em sua ajuda. Com a chegada deles, porém, Valente já tinha posto fim à revolta urbana e, portanto, levou à prisão, antes, e à escravidão, depois, todos os guerreiros, organizando depois uma série de incursões armadas (369), com relativos saques nos territórios além do Danúbio.

As populações, entrementes, tinham empobrecido e, decerto, não tinham boa disposição em relação ao Império, embora a rivalidade entre os próprios chefes bárbaros — por exemplo, entre Atanarico e Fritigerno, de quem se falou no item anterior — estivesse, no momento, em favor dos romanos. O elemento novo que se apresenta em 376 é, portanto, a chegada de povos provenientes das estepes norte-orientais, um acontecimento que obrigou as populações seminômades e permanentes a se deslocarem, comprimindo-se às margens do Danúbio. A pressão do medo e da fome forçou seus chefes a mandar pedir a Valente, que se encontrava em Antioquia da Síria, a possibilidade de atravessar o rio e entrar nos territórios imperiais.

Depois de longo tempo, devido à distância e a incerteza do caso, o imperador com o consistório, ou seja, o seu conselho, dão aprovação ao acolhimento e encarregam dois generais, Lupicínio e Máximo, de tratar do assunto. Enquanto se organizam lentamente as pontes de barco, alguns começam a passar por iniciativa própria; depois, a ordem, segundo os fragmentos restantes da *Crônica*, de Eunápio, parece ter sido de fazer passar os jovens e os guerreiros desarmados, mas parece que, mediante pagamento, todos fizeram com que todos passassem, em grandíssimo número, contudo. No fim, grupos inteiros — pensemos que, até nas batalhas, os godos levavam seus carros, com as famílias, e os guerreiros se posicionavam em torno deles — atravessaram o rio e, no início do inverno de 376-377, estabeleceram-se na Trácia, à espera das subvenções que o imperador havia prometido.

Na realidade, as doações de trigo e de víveres não chegavam; por desorganização, por desacordo sobre a oportunidade de matar a fome daquelas populações e até por provável corrupção dos encarregados, como sugere Amiano. A situação, contudo, escapou ao controle de todas as instâncias envolvidas, civis e militares. As caravanas, que aumentavam continuamente, dirigiram-se para Marcianópolis (hoje, Devnja, Bulgária), mas a cidade não os deixou entrar e até alguns guerreiros foram mortos, enquanto seus chefes, entre os quais

Fritigerno, banqueteavam-se dentro, com o general romano Lupicínio. A essa altura, era uma guerra aberta e logo parte da população dos colonos da Trácia, ali sediados depois de semelhantes episódios anteriores, uniu-se ao grupo dos que tinham atravessado o rio nos últimos meses e junto com eles se reuniram também tropas mercenárias a serviço de Valente, guiadas pelos chefes Suerido e Colias, de semelhante pertencimento étnico.

Um primeiro embate ocorreu num lugar chamado *ad salices*, no delta do Danúbio, na atual Dobruja romena, em 377. Seguiu-se um ano de batalhas, com altos e baixos, cujo resultado foi divisões da região da Trácia e ulterior aumento de presenças góticas naqueles territórios. Assim, por um lado, Fritigerno pensou em se aliar aos hunos e, por outro, Valente decidiu intervir pessoalmente como chefe do próprio exército. Então, em agosto de 378, na planície de Adrianópolis, provavelmente no local em que hoje surge Maratalis, onde a Turquia europeia confina com a atual Bulgária — rejeitada a proposta de aliança feita por Fritigerno por meio da embaixada guiada por um presbítero cristão (item 22.1) —, teve início o choque, desastroso para os romanos todos e, decerto, para Valente, que morreu precisamente naquela batalha. Assim, Amiano Marcelino comenta o evento: "De todo o exército, ao que sabemos, pôde se salvar apenas a terça parte. Tampouco é lembrada nos anais, com exceção da batalha de Canas, uma carnificina semelhante a essa, embora os romanos, enganados, às vezes, pela Sorte contrária, tenham cedido às adversidades das guerras e sobre muitas batalhas tenham chorado os míticos choros fúnebres dos gregos" (Amiano, *Histórias* XXXI,13,18-19).

Foi esse, pois, em extrema síntese, o desdobramento dos acontecimentos. Antes de ver seus outros resultados, é oportuno pesquisar outros seus elementos. A narrativa de Amiano é, com efeito, um ponto de vista interessante não somente pelas dinâmicas do choque militar, mas também pelas denominações dos grupos bárbaros, porque dá amplo espaço a descrições estereotipadas, úteis para compreender o imaginário romano — no sentido amplo do termo sobre o qual já nos detivemos — e, todavia, deixa também entrever alguns dos termos com que os clãs que tinham atravessado a fronteira do Danúbio indicavam a si mesmos: os *autônimos*, com efeito, aparecem, como é compreensível em transliterações muito desajeitadas, mas são úteis, todavia, como úteis indicadores de uma realidade que, de outro modo, nos escaparia completamente.

Quanto ao primeiro aspecto, ou seja, o imaginário romano sobre as novas populações, é emblemática a evocação do Outro, o *bárbaro/estrangeiro*, cuja ferocidade é significativamente representada pelo nomadismo, pela falta de confiança moral e pelo modo de vestir e de comer. É famosa nesse sentido a descrição dos hunos (*Histórias* XXXI,2), ótimo campo para o estudo da antropologia cultural como foi se configurando na segunda metade do século passado: clássico é o estudo de Mary Douglas em que as categorias de interno/externo correspondem também às de limpo/sujo. Assim Amiano: "O povo dos hunos, pouco conhecido aos historiadores antigos, estabeleceram-se ao longo do oceano glacial para além dos pântanos meóticos e se distingue pela ferocidade entre os outros bárbaros. É costume deles fazer profundas incisões com ferro na face dos meninos apenas nascidos, para que, com feridas cicatrizadas, o vigor da barba se enfraqueça, quando começar a aparecer; por isso, envelhecem imberbes, sem beleza e semelhantes a eunucos. Têm membros robustos e atarracados, pescoço amplo e o aspecto deles é tão feio e estranho que parecem animais bípedes [...]. Embora tendo figura humana, embora tão desgraciosa, levam uma vida tão selvagem que não têm necessidade nem de fogo nem de carnes cozidas, mas se nutrem de raízes de ervas selvagens e de carne semicrua de qualquer animal, as quais eles esquentam mantendo-as um pouco de tempo entre as coxas e o dorso do cavalo. Não têm casas onde descansar, mas as evitam como sepulcros [...]. E jamais, quando estão em viagem, entram numa casa, a menos que a isso os obrigue uma extrema necessidade, pois não se sentem seguros sob um teto".

Quanto à nomenclatura dos grupos, pode-se observar que nos séculos anteriores existiam para os romanos somente "gauleses" e "citas", aos quais, depois, se juntam os "germanos"; este último termo aparece pela primeira vez em Júlio César, para o qual indica todos os povos para além do Reno e é depois relançado pela obra de Tácito, de 98 d.C., *De origine et situ germanorum*. Nos séculos III e IV, encontra amplo emprego o termo "godos", para indicar povos para além do Danúbio, equiparados pelos romanos aos "citas", mas cuja língua "alto-germânica" é a única (se se excetuam as inscrições rúnicas) da qual restou um documento antigo, o Novo Testamento traduzido por Wulfila, a quem já nos referimos (item 22.1). Trata-se sempre, todavia, de heterônimos e até a tardia *Historia getorum*, de Jordanes (século VI), redigida em latim e dependente de Orósio e de uma perdida obra de Cassiodoro, ressente-se de dados e módulos historiográficos clássicos e não é de grande ajuda para uma reconstrução sob o ponto de vista interno dos grupos descritos, nem para a nomenclatura nem para a organização social. Por esse motivo, são interessantes as transliterações tentadas por Amiano, que fala, por exemplo, de "teruingos", o grupo principal guiado por Fritigerno, e de "greutungos", guiados por Alateu e Safrax (*Histórias* XXXI,12-13), ao lado dos mais conhecidos alanos e hunos.

2. Sobre o pano de fundo dessa taxonomia de povos e da narração das suas alianças, intui-se uma estrutura de grandes grupos de famílias, associadas de diversos modos entre si e "abertas a vivos processos de contaminação e de troca recíproca e sempre prontas a dar vida a novos agrupamentos" (Azzara); a tudo isso, em primeiro lugar, adapta-se, desde que se tenha o cuidado de não pensá-la de forma romântica e acrítica, a ideia de "crisol" (*melting pot*) hoje utilizada para indicar as sociedades multiétnicas. Nessa perspectiva, outra útil aquisição das ciências etnográficas recentes é aquela segundo a qual "um indivíduo pertence a uma etnia quando adquire consciência de ser membro dela" (Azzara) e não na base de critérios genéticos ou linguísticos.

Nesse sentido, pode-se julgar que tendam lentamente para o *melting pot* também as múltiplas formas de interação com os romanos. Entre elas, assumem relevo especial as dos colonos e as dos aliados militares. No primeiro grupo entram os *dediticii* (assim chamados porque tinham se entregado, *sese dederunt*) e a ampla tipologia dos *laeti*, termo de etimologia incerta; trata-se de grupos provenientes de além-fronteiras estabelecidos em zonas ocidentais do Império, nas quais havia necessidade de repovoamento e de mão de obra, como a Itália na região do rio Pó: "Depois de ter matado vários deles [de Alamanos] mandou para a Itália, por ordem do soberano, todos os que tinham sido feitos prisioneiros. Aí foram atribuídas a eles férteis zonas e vivem na qualidade de tributários ao longo do Pó" (Amiano, *Histórias* XXVIII,5,15). Ainda segundo Amiano, também os "taifalos", grupo em que a ideologia militar dava lugar a rituais homossexuais, tendo sido vencidos, foram destinados "a cultivar os campos em Modena, Reggio e Parma, cidades italianas" (*Histórias* XXXI,9).

Embora o termo *laeti* apareça no século IV, sobretudo referido à Itália e à Gália, a prática é bem mais antiga: Dião Cássio lembra que Marco Aurélio (161-180) concedeu terras a tribos derrotadas. A condição dos *laeti* estava submetida a um regime jurídico específico: "Como de muitas tribos chegaram ao nosso império homens que anseiam pela felicidade romana, aos quais é necessário atribuir terras segundo o regime próprio dos *laeti*, nenhum deles receba lotes de terra senão com um nosso rescrito" (Honório ao prefeito Messala, dada em Milão no dia 5 de abril de 399: CT XIII,11,10). Se estivermos atentos às dinâmicas para a composição dos exércitos, nota-se que ao *foederati*, constituídos de inteiros grupos militares *etnici* guiados pelos respectivos chefes, junta-se a notável presença nas fileiras do exército de indivíduos ou de grupos de homens recrutados como soldados, cujo sucesso é confirmado pela carreira de generais de ponta, como Fravita e Gainas, ligados às vicissitudes de Constantinopla, bem como do franco Arbogaste, aliado do *usurpador* Eugênio, no Ocidente, e de Estilicão, filho de um vândalo, que se eleva a posições de destaque, no século V, casando-se com Serena, sobrinha e filha adotiva de Teodósio.

Dessa maneira e de outros modos mais vagos, entre os quais emerge a livre atividade comercial e a coagida condição dos prisioneiros de uma e de outra parte, a fronteira não é somente uma linha de separação e de defesa, mas é também espaço de frequentação e de troca, lugar de permeável contaminação. E isso, como se disse acima, vale também para o aspecto religioso, que dá vida a um crisol cultural particular e duradouro. Como se viu também no item dedicado a Wulfila, isso comporta a conversão ao cristianismo de muitos grupos godos segundo a vertente ariana, que permanece como caráter distintivo até bem além do edito de Teodósio (380) e das soluções conciliares de Constantinopla (381). Outras populações nórdicas e norte-orientais permaneceram pagãs por muito tempo, manifestando depois a tendência a uma conversão grupal, quando o clã inteiro aderia à religião escolhida pelo chefe. Em todo caso, as concepções jurídico-consuetudinárias, familiares e religiosas que unem tais populações não deixarão de permanecer vivas no cristianismo dos séculos seguintes, no qual, ao lado dos núcleos evangélicos e doutrinais, há crenças, rituais e ideias de várias proveniências pré-cristãs, sejam elas greco-romana ou germânica.

Voltando ao desdobramento dos episódios que se seguem a Adrianópolis, temos de lembrar que a política levada a efeito por Teodósio, novo augusto do Oriente, em relação aos chefes godos, é muito mais hábil e prudente do que a anterior e isso permite um renovado equilíbrio, do qual fazem parte também as novas e numerosas presenças e, sobretudo, as tropas sob o comando de generais bárbaros, como aquele aos quais nos referimos há pouco. Entre os generais no comendo de Estilicão há um cujo nome é muito conhecido no Ocidente: Alarico, que foi por muito tempo general a serviço do Império no Ilírico. Quando, afinal, os tributos e os víveres não pareciam mais adequados, passou para a Itália, até chegar a Roma. O "saque de Roma", de 410, representa outro evento de alcance epocal, percebido como dramaticidade: o dálmata romano Jerônimo afirma, de Belém, "numa cidade caiu o mundo inteiro". Por sua vez, o norte-africano Agostinho escreve nessa mesma ocasião a *Cidade de Deus*, na qual lê numa ótica geral a parábola de um Império, afirmando que Roma foi devorada pela própria "*libido dominandi*". Dois modos diferentes de se confrontar com um mundo que muda e com os novos equilíbrios que, com dificuldade, vão se criando e do qual, num percurso nem breve nem fácil, mas cativante e instrutivo, nasce a Europa dos séculos seguintes (vol. II, cap. 1, item 2).

Inserção 3
Historiografia cristã

No prólogo da *História eclesiástica*, Rufino de Concórdia afirma responder ao respeitável convite de Cromácio de Aquileia: como os tempos são difíceis, até pela chegada de novos povos e, sobretudo, dos godos de Alarico, há necessidade, para enfrentar o presente com dedicação e esperança, de memória tenta e de pacífica meditação. Por isso, Rufino traduz para o latim a obra de Eusébio, acrescentando-lhe dois livros para cobrir um maior período. Desse modo, evidencia-se não só a importância do erudito bispo de Cesareia, como "pai da historiografia eclesiástica", mas também o caráter edificante e militante que esses escritos partilham com a historiografia clássica.

Eusébio de Cesareia, com efeito, ocupa, com boas razões, um lugar proeminente na historiografia eclesiástica, pela composição dos dez livros da *Eklêsiastikê hystoria*, terminados em 325. O caráter inovador por ele mesmo reivindicado no prefácio da obra vem do fato de que não consta uma narração sistemática anterior que tivesse como objeto o passado da Igreja, entendida como realidade unitária, embora nas várias componentes locais. As reconstruções historiográficas gregas e latinas tinham por objeto, com efeito, a história de um povo ou de povos, como no caso de Políbio, mas a Igreja se apresenta como realidade não caracterizada em sentido étnico-geográfico e o termo "novo povo" (*ethnos*) a ela reservado (HE I,4,2), usual no léxico cristão, representa uma novidade para a historiografia. Com base nessa peculiaridade, esclarecem-se as demais características compositivas: o modo criativo de retomar modelos anteriores — pagãos e judaicos, mas também cristãos —, a utilização das fontes documentárias e, para a parte a ele contemporânea reunida nos livros 8-10, o recurso ao testemunho pessoal (*autopsia*).

Como enunciado no prólogo, o objetivo a que o autor se propõe reúne-se em torno de alguns nós: o desenvolvimento de uma linha apostólica, as listas de sucessões episcopais, o duplo registro dos testemunhos da Palavra e dos heréticos, a sorte dos judeus e a hostilidade mostrada pelos pagãos, até a exposição da prática martirial (HE I,1,1-2). A isso antepõe a exposição da economia e *theologia* (encarnação e *natureza* divina) de Cristo e, depois, acrescenta a atenção aos livros da Escritura. Esses interesses, reunidos numa única narrativa ordenada segundo a cronologia dos imperadores e desenvolvidos mediante o frequente recurso a textos presentes na biblioteca de Cesareia, permitem identificar as duas peculiaridades da própria obra: documentada com precisão (indicam-se o autor, a obra e, muitas vezes, o lugar de onde provém a citação) e conscientemente apologética. Portanto, a *História eclesiástica* é "passagem obrigatória para o estudo do cristianismo antigo" (Perrone), e tão mais útil quanto mais se tem o cuidado de perceber suas parcialidades e seus anacronismos, particularmente evidentes no esquema eclesiástico do autor, decididamente limitado com relação à fluidez das origens cristãs.

Para os modelos anteriores, Políbio e Diodoro Sículo podem representar exemplos de reconstrução histórica que queira ser universal, ao passo que Alexandre Polistor escrevia recolhendo citações documentárias; na historiografia judaica emerge a obra de Flávio Josefo, de quem Eusébio retoma, ou com quem partilha, a dimensão religiosa e o gosto pelas narrativas biográficas, alternando cenas (narrações mais amplas) e sumários; sob o ponto de vista cristão, além dos *Atos dos Apóstolos*, é importante lembrar Hegésipo — de cinco livros de *hypomnêmata* seus se tem notícia na HE e na *Biblioteca* do patriarca Fócio, sobretudo a respeito das listas episcopais e dos catálogos de heresias — e a experiência da cronografia de Júlio Africano (século III) e do próprio Eusébio. O interesse cristão pelas cronografias nasce, sobretudo, para demonstrar a prioridade cronológica do sistema judaico-cristão com respeito à filosofia helenística e, no caso de Júlio Africano, com a intenção de calcular a breve distância que separa os tempos correntes do reino milenário dos justos (milenarismo). O Africano parece ter utilizado sobretudo tabelas de cronologia bíblica, comparando-as, quando possível, com o cálculo realizado por meio das Olimpíadas. As *Crônicas* de Eusébio, porém, utilizavam muito mais amplamente os sincronismos entre diversos sistemas de cálculo, realizando macrotabelas nas quais apareciam dados provenientes de múltiplas fontes e tradições — uma "imagem da história", como teve ocasião de defini-la Cassiodoro, no século VI.

A *História eclesiástica* retoma, pois, tradições anteriores, inovando-as, e se torna, por sua vez, um feliz modelo, evidente, sobretudo, nos escritores que, no século V, se põem explicitamente no seu sulco, declarando-se "continuadores de Eusébio": Sócrates e Sozomeno de Constantinopla — cuja narração parte de 312 —, bem como o sírio Teodoreto de Cirro, que dá início à narração da história das Igrejas com o surgimento da problemática ariana. Muitas vezes utilizados simplesmente como fontes indiferenciadas para os episódios dos séculos IV e V, cada um deles tem finalidades e perspectivas dignas de atenção: Teodoreto, por exemplo, está atento a mostrar a independência e a *parrhêsia* dos bispos em relação aos imperadores e particularmente interessado nas partes iniciais da *querela* cristológica dele contemporânea (cap. 6, item 34). Antes dessa trilogia de fé nicena, além disso, fora redigida por Filostórgio a história caracterizada em sentido ariano, da qual restam apenas fragmentos referidos por Fócio.

Nota bibliográfica

CAROTENUTO, E. *Tradizione e innovazione nella Historia ecclesiastica di Eusebio di Cesarea*. Milão: il Mulino, 2001.

GRAFTON, A.; WILLIAMS, A.-M. *Come il cristianesimo ha trasformato il libro*. Milão: Carocci, 2011 [or. 2006].

PERRONE, L.; VILLANI, A. (orgs.). La *Storia ecclesiastica* di Eusebio: alle origini della storiografia cristiana. *Adamantius*, 16 (2010) 6-124.

SIMONETTI, M. Tra innovazione e tradizione: la storiografia cristiana. *Vetera christianorum*, 34 (1997) 51-65.

Bibliografia

Fontes

CJ = *Corpus Iuris Civilis*. Disponível em: <http://www.thelatinlibrary.com/justinian.html>.

COD = ALBERIGO, G. et al. *Conciliorum Oecumenicorum Decreta*. Bolonha: EDB, 1991.

CS = *Costituzioni Sirmondiane*. Disponível em: <http://ancientrome.ru/ius/library/codex/theod/tituli.htm>.

CT = *Codice Teodosiano*. Disponível em: <http://ancientrome.ru/ius/library/codex/theod/tituli.htm>.

HE = MIGLIORE, F.; QUACQUARELLI, A. (orgs.). *Eusebio di Cesarea. Storia ecclesiastica*. Roma: Città Nuova, 2001, 2 vol.

MP = SPINELLI, M. (org.). *Lattanzio. Come muoiono i persecutori*. Roma: Città Nuova, 2005.

VC = FRANCO, L. (org.). *Eusebio. Vita di Costantino*. Lado a lado com texto grego, Milão: BUR, 2009.

BETTALLI, M. *Plutarco. Vite parallele (Teseo e Romolo)*. Milão: Rizzoli, 2003.

CONCA, F. (org.). *Zosimo di Panapoli. Storia Nuova*. Milão: Rizzoli, 2007.

GALLICO, A. (org.). *Teorodoreto di Ciro. Storia ecclesiastica* (HE). Roma: Città Nuova, 2000.

PANE, R. (org.). *Ełisē. Storia di Vardan e dei martiri armeni*. Roma: Città Nuova, 2005.

RESTA BARRILE, A. (org.). *Ammiano Marcelino. Istorie*. Bolonha: Zanichelli, 1973-1976, 4 vol.

Socrate de Costantinople. Historia Ecclesiastica (HE). *Histoire ecclesiastique* Sources chrétiennes, n. 477, 493, 505, 506. Paris: Du Cerf, 2003-2007, 4 vol.

Sozomène. Historia Ecclesiastica (HE): *Histoire Ecclesiastique*. Sources chrétiennes, n. 306, 418, 495, 516. Paris: Du Cerf, 1983-2008, 4 vol.

Spinelli, M. (org.). *Sulpicio Severo. Vita di Martino*. Milão: Paoline, 1995.

Estudos

Andreau, J.; Descat, R. *Gli schiavi nel mondo greco e romano*. Bolonha: il Mulino, 2009.

Azzara, C. *Le invasioni barbariche*. Bolonha: il Mulino, 1999.

Barbero, A. *Costantino il vincitore*. Roma: Salerno Editrice, 2016.

_____. *9 agosto 378. Il giorno dei barbari*. Roma-Bari: Laterza, 2005.

Barzanò, A. *Il cristianesimo nelle leggi imperiali*. Milão: Paoline, 1996.

Beretta, G. *Ipazia di Alessandria*. Roma: Editori riuniti, 1993.

Cappelletti, G. *L'Armenia*. Florença: 1845 (está disponível uma versão e-book dessa obra, o seu valor está também no testemunho do interesse e da erudição desse autor oitocentista).

Chuvin, P. *Cronaca degli ultimi pagani*. Trad. integral da 3ª ed. fr. 2009. Bréscia: Paideia, 2012.

Dédéyan, G. (ed.). *Storia degli Armeni*. Ed. it.: Arslan, A.; Zekiyan, B. L. (orgs.) Milão: Guerini e Associati, 2002.

Douglas, M. *Purezza e pericolo. Un'analisi dei concetti di contaminazione e tabù*. Bolonha: il Mulino, 2014 [or. 1970].

Filoramo, G.; Menozzi, D. (orgs.). *Storia del cristianesimo*. Bari: Laterza, 1997, v. 1: L'Antichitá.

Guidetti, M. *Vivere tra i barbari. Vivere con i romani. Germani e arabi nella società tardoantica IV-VI secolo*. Milão: Jaca Book, 2007.

Il matrimonio dei cristiani: esegesi biblica e diritto romano. XXVII Incontro di studiosi dell'antichità cristiana. Roma: Institutum Patristicum Augustinianum, 2009.

Kaufmann, T. et al. *Storia ecumenica della chiesa*. Nova edição. Bréscia: Queriniana, 2009, v. 1: Dagli inizi al Medioevo.

Leppin, H. *Teodosio il Grande*. Roma: Salerno Editrice, 2008.

Munkhammar, L. *La Bibbia di Goti. Ravenna e Teodorico. Un antico manoscritto il Codex Argenteus*. Ed. it.: Carile, M.-C. (org.). Ravenna: Longo Editore, 2016 [ed. or. 2011].

Pane, R. *La chiesa Armena. Storia, Spiritualità e Istituzioni*. Bolonha: ESD, 2005.

PFEILSCHIFTER, R. *Il Tardoantico. Il Dio unico e molti sovrani*. Turim: Einaudi, 2015.

PIETTRI, Ch. e L. (org.). La nascita della cristianità. In: MAYEUR, J.-M. et al. (dir.). *Storia del cristianesimo*. Roma: Borla-Città Nuova, 2003, v. 2.

PRINZIVALLI, E. (org.). *Storia del cristianesimo*. Roma: Carocci, 2015, v. 1: L'età antica.

RINALDI, G. *Cristianesimi nell' Antichità. Sviluppi storici e contesti geografici*. Roma: GBU, 2008.

SAGGIORO, A. (org.). *Diritto romano e identità cristiana. Definizioni storico-religiose e confronti interdisciplinari*. Roma: Carocci, 2005.

SIMONETTI, M. *Romani e barbari. Le lettere latine all'origine dell'Europa*. Roma: Carocci, 2006.

SINISCALCO, P. et al. *Le antiche chiese orientali*. Roma: Città Nuova, 2005.

VALERIO, A. *Donne e Chiesa. Una storia di genere*. Roma: Carocci, 2016.

capítulo quinto
A vida interna das Igrejas no século IV

A reconstrução da vida interna das Igrejas no século IV é muitas vezes monopolizada pelo debate trinitário na chamada "questão ariana", que o atravessa de fato em toda a sua amplitude. Não faltam, decerto, motivos para explicar essa situação, como a efetiva amplitude do debate, agigantado pela arbitragem imperial, e a importância que as Igrejas, mesmo hoje, reconhecem às soluções sobre as quais, afinal, converge boa parte do consenso, graças às decisões tomadas nos Concílios de Niceia (325) e de Constantinopla I (381). Ao mesmo tempo, todavia, esse século é também indicado como o "século de ouro" da patrologia ou, quando o discurso se desloca para a iniciação cristã, o "século de ouro" do catecumenato, e também como época da explosão e difusão da vida monástica. Neste capítulo se quer explicar, portanto, o debate trinitário nas suas fases e nas suas aquisições, sem, todavia, negligenciar a apresentação de outros importantes aspectos da vida cristã e das fontes literárias que dele dão testemunho: por isso, serão apresentados também os documentos inerentes aos ciclos catecumenais e à experiência monástica, bem como, mediante as isenções de aprofundamento, o debate sobre ascetismo e matrimônio e as vicissitudes das versões latinas da Escritura.

24. A questão ariana: Ário, as razões arianas e a resposta de Alexandre

1. O debate trinitário do século IV, que se desdobrou no quadro de relações entre as Igrejas e o Império como foi se configurando na chamada "reviravolta constantiniana" (cap. 4, item 18.2), leva o nome de um presbítero de origem líbica, **Ário**. Depois de um período de formação retórica e teológica com Luciano de Antioquia — os seus discípulos costumavam chamar-se "colucianistas", tão forte era a ligação deles —, Ário desempenhou o próprio ministério na segunda década do século no bairro periférico de Baucalis, em Alexandria, com a intenção de difundir a mensagem cristã no contexto fortemente helenizado da cidade. Uma das suas obras, que permaneceu somente em fragmentos, intitulava-se *Thalia* (= Banquete), e era a tentativa de apresentar a mensagem cristã em versos populares, acessíveis por forma e conteúdo.

Nesse contexto, portanto, Ário, com a finalidade de preservar a transcendência do único Deus, propõe uma visão trinitária segundo a qual o Filho, embora divino em relação a nós, não é do mesmo nível de Deus, o Pai. Tinha, de sua parte, a tradição alexandrina como linguagem e a teologia do *Logos* como horizonte: esta, utilizando um esquematismo medioplatônico, tendia a subordinar o *Logos*/Filho, interpretado como realidade intermédia entre Deus e as criaturas; de ambas essas raízes, todavia, exasperava e radicalizava as instâncias, enrijecendo-as na grade filosófica identificada. Além disso, a formação na escola de Luciano levava a temer muito a visão trinitária *monarquianista* (cap. 2, item 11) que tinha visto em Paulo de Samósata, condenado em 268, um expoente agudo e determinado. O problema não era desconhecido, aliás, nem mesmo em Alexandria, como testemunha a remanescente troca epistolar entre "os dois Dionísios" (cap. 3, item 16), citado também por Ário na carta endereçada a seu bispo Alexandre.

Dos escritos de Ário não ficou muito, visto que a sua posição foi logo censurada. Do período que precede o Concílio de Niceia foram, conservados respectivamente por Teodoreto (HE I,5) e por Atanásio (Sínodos 16), na prática, além dos dois fragmentos de *Thalia* já citados, duas únicas cartas, uma endereçada a Eusébio de Nicomédia "colucianista" e uma em resposta ao bispo Alexandre, depois que ele o tinha condenado num primeiro sínodo local e num seguinte (todos esses episódios anteriores ao Concílio de Niceia não são facilmente datáveis, mas são, certamente, posteriores a 320) "com os bispos do Egito e da Líbia em número de cem" (Alexandre, *Carta* 1), a que se seguiu uma importante carta sinodal.

É dessa documentação restante que se tiram quer a ideia geral, quer as expressões que a sintetizam: para defender o monoteísmo e, portanto, a ideia de que Deus é gerado e sem princípio, Ário se sente, com efeito, na obrigação de afirmar que o Filho tem princípio, afirmando que, "antes de ser gerado, criado, definido, fundado, não existia" e que "o Filho tem princípio, ao passo que Deus é sem princípio [...], provém do nada" (*Carta* 1 a Eusébio de Nicomédia). O Concílio de Niceia condenará algumas dessas expressões, inserindo-as nos anatematismos. Pode-se observar que a primeira das citações referidas é uma paráfrase de *Provérbios* 8,22-25: essa passagem bíblica, já tradicional na doutrina do *Logos*, torna-se muito importante na controvérsia, tanto que também a carta arbitral de Constantino a Ário e Alexandre, citada por Eusébio de Cesareia (VC II,64), faz referência a esse tipo de exegese.

O **dossiê bíblico ariano** amplia-se no curso dos debates a outras citações veterotestamentárias lidas em referência a Cristo, para depois integrar muitas passagens do Novo Testamento, mediante afirmações como "o Pai é maior" (Jo 10,28) e "Quanto àquele dia e hora, ninguém sabe, nem os anjos do céu nem o Filho, mas somente o Pai" (Mc 13,32); em geral, é posto em destaque todo o horizonte de abaixamento e fragilidade do Verbo encarnado: uma vez que sofre a fraqueza humana, deverá, consequentemente, ser de nível inferior ao do sumo Deus. A carta de Alexandre testemunha precocemente esse modo de proceder: "Reúnem todas as expressões referentes à sua economia salvífica e a seu abaixamento por nós e, com essas expressões, tentam unificar a ímpia pregação deles, subvertendo as afirmações sobre a sua divindade originária e a sua glória inefável junto ao Pai" (Alexandre, *Carta* 2,4).

Aparece desde o início, além disso, a terminologia técnica que estará no centro do confronto e que já tinha uma história: Ário exclui que o Filho seja "da mesma substância (*ousia*) do Pai" (*Thalia*, fragm. em Atanásio, *Sínodos* 15,15). Com efeito, reconduz essa expressão a proposições gnósticas e sabelianas (Ário, *Carta* 1,3 a Alexandre), interpretando-a, pois, como emanação, com perda de um fragmento de substância. Utiliza, porém, *hypostasis*, segundo o uso origeniano: "Portanto, há três hipóstases. E Deus, que é causa de tudo, é o único que é sem princípio" (Ário, *Carta* 1,4 a Alexandre). Alexandre, por sua vez, na documentação que nos resta, utiliza o termo hipóstase, mas evita "substância" (*ousia*), preferindo "natureza": "Por isso, precisamente, o nosso Senhor, que é Filho do Pai por natureza, é adorado por todos, ao passo que aqueles que renunciaram ao espírito da escravidão tornam-se filhos por adoção, tendo sido beneficiados mediante aquele que é Filho por natureza" (Alexandre, *Carta* 2,32).

2. Uma vez que Ário tinha obtido o apoio do influente Eusébio de Nicomédia — na época, uma das sedes imperiais —, o **bispo Alexandre**, como já se disse, fez seguir à primeira condenação um sínodo provincial, realizado por volta de 420 (Egito e Líbia), que, por sua vez, se expressou numa carta sinodal. Nesse escrito, como na carta seguinte, endereçada a Alexandre de Bizâncio (ou Tessalônica, segundo outra recensão), mas na realidade imaginada para atingir outros irmãos, o bispo alexandrino responde com o tríplice aspecto: especulativo, bíblico e soteriológico. Quanto ao primeiro, a geração do Filho é *ab aeterno*, embora os conceitos à disposição tornem difícil exprimir essa realidade; sobre o aspecto bíblico, fornece a interpretação tradicional das passagens adotadas por Ário. É importante, enfim, destacar a perspectiva soteriológica: o Filho é tal *katá physin*, por natureza, e por isso podemos sê-lo *katá charin, katá hyothesian*, por graça e adoção filial. O léxico é paulino e revela o seu enraizamento batismal: "Para Alexandre [porém], o centro de interesse é salvar a grandeza da esperança cristã, anunciada no batismo, tornando, assim, os homens filhos de Deus. Esse acontecimento, realizado por Cristo no batismo, é uma nova criação, uma regeneração que pressupõe em Cristo um poder divino em sentido próprio. Os homens podem se tornar filhos de Deus — e, de fato, se tornam — porquanto o Filho de Deus, que desde sempre está ao lado do Pai, enquanto é por ele eternamente gerado, veio habitar entre os homens na plenitude dos tempos. Somente porque é Filho de Deus por natureza é que Cristo permite aos homens tornarem-se filhos por adoção" (Bellini).

3. Tratava-se, portanto, não somente de diversas concepções, mas também de diversos pontos de vista, mais especulativo o primeiro, ou seja, o de Ário, ao passo que, posto mais no plano prático e soteriológico, o segundo, o defendido pelo bispo de Alexandria. Em todo caso, os dois discursos eram destinados a não se encontrarem nem se compreenderem, até que a questão se tornou um fato público e político que exigiu a convocação de um sínodo, realizado em 325, em Niceia e, depois, aceito pelas Igrejas como o primeiro concílio ecumênico. No decorrer do século, as posições arianas assumem traços mais específicos, não somente, tem-se dito, formulando um mais amplo dossiê de *testimonia* bíblicos como demonstração do estatuto de inferioridade do Filho, mas também radicalizando a doutrina, antes de tudo por obra de Astério, o Sofista (de cujo *Syntagmation* restam fragmentos contestados por Atanásio e Marcelo de Ancira), mas, ainda mais, por volta da metade do século, mediante Aécio e Eunômio de Cízico (item 26.2), conhecidos como **anomeus** (= o Filho é de diferente *ousia*). Além disso, é oportuno lembrar que por meio de Wulfila (cap. 4, item 22.1), ordenado por Eusébio de Nicomédia em 343, as populações góticas que se converteram ao cristianismo fizeram-no em grande parte na forma ariana, que conservaram por muito tempo.

25. Niceia, entre consenso e conflito

1. A convocação do **Concílio de Niceia** por iniciativa de Constantino (cap. 4, item 19.3), por provável sugestão de Ósio de Córdoba, levou, viu-se, à condenação de Ário mediante uma solução rápida, mas apressada: a incerteza dessa solução devia nos anos seguintes se manifestar num conflito de alcance inédito. Não existem as atas do concílio, mas revestem-se de caráter de oficialidade o texto do símbolo, uma carta sinodal e duas cartas de Constantino, uma sobre a data da Páscoa e uma endereçada à Igreja alexandrina sobre as consequências das decisões tomadas a respeito de Ário. De notável importância revestem-se também os relatórios de Atanásio (*Sobre os sínodos* 19-20), embora escritos a distância no tempo e por pessoa que, decerto, estava plenamente envolvida na polêmica. São atribuídos ao concílio também vinte cânones que regulamentam a vida do clero, a obrigação para os bispos de residirem na sede designada, algumas normas relativas aos resultados das perseguições e do cisma de Paulo de Samósata e Novaciano (Inserção 1 – *Símbolos e cânones de Niceia e de Constantinopla*).

Quanto ao debate teológico, a solução tomada foi inserir um termo técnico dentro de um **símbolo de fé batismal**, talvez o da própria Igreja de Cesareia, da qual era bispo Eusébio: o texto, com efeito, é referido por uma carta de Eusébio à própria Igreja (*Carta* 3) escrita logo depois do concílio, carta que foi incluída na *História Eclesiástica*, de Sócrates (I,8) e Teodoreto (I,12) (Inserção 1 – *Símbolos e cânones de Niceia e de Constantinopla*). No símbolo, depois de "gerado pelo Pai, unigênito", está inserido: "ou seja, da mesma substância (*ousia*) do Pai", expressão que, depois, evolui para "gerado, não feito (criado), da **mesma substância do Pai** (*homo-ousion tôi Patri*)". O peso da confutação de Ário acaba caindo, portanto, na distinção entre criação e geração e, depois, no termo "*homo-ousios*" (= da mesma essência/substância), que fora recusado por Ário e ignorado por Alexandre.

Motivos de ambiguidade não faltavam: na mesma questão dos dois Dionísios no século anterior, o termo fora rejeitado por Dionísio de Alexandria, porque não bíblico e porque suspeito de monarquianismo, ou seja, não adequado para indicar, além do nível da unidade, o da distinção, atenção esta última fundamental para o monoteísmo trinitário e particularmente desenvolvida pela tradição origeniana. Além disso, em 268, a expressão fora condenada em Paulo de Samósata (cap. 3, item 15.3 e item 17.4), que parece tê-la empregado para negar ao Filho subsistência pessoal. Em todo caso, seja *ousia*, seja o relativo composto, eram termos abertos e mais significativos: podiam se referir à essência divina comum, mas também ser empregados em sentido individualizante (depois, porém, para indicar esse sentido serão utilizados os termos *hypostaseis*/pessoas, distintos de *ousia*/substância), e isso os tornava tanto politicamente úteis para criar consenso, quanto muito ambíguos no plano doutrinal para tornar estável e duradouro aquele acordo. Os anatematismos que completam o símbolo para excluir com dupla força a posição censurada contribuem para essa incerteza. Com efeito, depois das três expressões típicas da posição ariana, tiradas dos escritos do próprio Ário (= "a Igreja católica condena aqueles que afirmam 'houve um tempo em que não existia' e 'antes de ter sido gerado não existia' ou 'o Filho de Deus foi feito do nada'"), aparece uma quarta, que condena quem afirma que o Filho seja "de outra *ousia* ou *hypostasis* do Pai".

De per si, o anatematismo retoma a ambiguidade já indicada, estendendo-a, porém, a compreender no mesmo sentido sinônimo e aberto também *hipóstase*, que já era usado desde o século anterior na tradição alexandrina e especificamente origeniana, predominantemente para indicar a distinção na unidade divina, em sentido antimonarquianista. A sua inserção conseguia, assim, tanto confirmar as tendências monarquianistas, mais ou menos acentuadas, como criar distância e desapontamento em não pequeno número de teólogos que, mesmo sem serem arianos, eram propensos a utilizar *hipóstase* para a distinção na unidade. Deve-se acrescentar que, seja como for que se possa entender o termo e o significado que lhe atribuíam aqueles que o introduziram, o texto no seu conjunto não previa, em todo caso, nenhum corretivo a essa estrutura nem mostrava nenhum interesse em identificar alguma modalidade para indicar a distância.

2. Segundo Sozomeno, o termo foi logo contestado, embora seu relatório se ressinta provavelmente de uma leitura distante no tempo e deva ser atenuado. A questão mais importante sob o ponto de vista das relações entre as Igrejas e com o imperador foi, em primeiro lugar, a progressiva mudança de atitude de Constantino, que, provavelmente, fosse qual fosse a doutrina, deseja o fim do cisma. Temos de observar também que Ósio de Córdoba, que poderia ter tido uma parte importante também no surgimento da terminologia específica, voltará ao Ocidente em 327, deixando ampla margem de influência aos dois Eusébios, o de Cesareia da Palestina e o de Nicomédia, na época uma das sedes imperiais; ambos eram antimonarquianistas convictos e não negavam sequer, por diversos motivos, seu apoio a Ário. Os historiadores do século V atribuem a mudança de opinião do imperador à influência das mulheres da corte, a partir da mãe Helena, para prosseguir numa longa teoria: trata-se provavelmente de um lugar comum cuja utilização é muito difundida, mesmo no texto bíblico (pensemos nas mulheres de Salomão, que o levam à idolatria), embora não se possa negar que Helena tivesse contatos com os ambientes colucianistas (item 24.1) de onde provinha Ário e também ligações de parentela com Eusébio de Nicomédia.

A primeira reação a Niceia levou, por um lado, à **reabilitação de Ário**, cujo exílio foi revogado, e, por outro, à condenação dos principais defensores do concílio. Nesse segundo caso, porém, à parte Marcelo de Ancira, sobre o qual dá informações uma obra inteira de Eusébio de Cesareia e que se revela efetivamente monarquianista, para os demais — Asclépio de Gaza, Eustácio de Antioquia e, sobretudo, Atanásio de Alexandria —, os motivos da deposição e das sanções são de tipo disciplinar e político, não doutrinal. Como se viu, a **deposição de Atanásio** no sínodo de Tiro, com o consequente exílio em Treviri, em 335 (cap. 4, item 19.3), marca em certo sentido a verdadeira reviravolta. A situação que se criou confirma, com efeito, a fé nicena dos ocidentais e a estima pelo próprio Atanásio, difundindo a ideia de que os orientais, que se mostravam contra Atanásio, fossem por isso mesmo também arianos. Por outro lado, o apoio dos ocidentais a um bispo que estava deposto fazia-os aparecer no Oriente prevaricadores e confirmava a fama monarquianista que os acompanhava.

Essa abordagem à questão acompanha também o desenvolvimento seguinte, dando base teórica e disciplinar às dificuldades práticas criadas pelo envolvimento imperial no debate, nos sínodos, nas destituições e relativos exílios. Exemplo disso é o desenvolvimento dos fatos entre 341 e 343: o sínodo romano convocado por Júlio e não pelo imperador ocupou-se da questão das exonerações, pedindo a revisão do julgamento sobre Atanásio. Em resposta, o imperador convocou um sínodo em Antioquia, que rejeitou a acusação de arianismo e propôs a esse respeito uma fórmula destinada a ser retomada também a seguir, na qual se fala de três *hipóstases* na única harmonia (*symphonia*). Pode-se observar, talvez com o risco de certa simplificação, que os ocidentais estavam preocupados, em primeiro lugar, com a questão das deposições e das sedes e, depois, com o aprofundamento doutrinal, ao passo que para os orientais a perspectiva era oposta.

A abordagem diferente apresenta-se de maneira macroscópica ao sínodo convocado a pedido ocidental, em Sárdica (hoje Sofia, na Bulgária), em 343: as delegações ocidental e oriental, com base nos diferentes pressupostos, acabaram por se reunir somente em separado. Os ocidentais, com efeito, queriam no sínodo também aqueles que tinham sido depostos, em primeiro lugar Atanásio, cujo caso, segundo eles, devia ser reaberto e discutido na sua presença; os orientais julgaram não poder aceitar esse enfoque. Da sessão ocidental, todavia, conservou-se uma sinodal que, além de reconstruir os fatos do sínodo, atribuindo a responsabilidade do fracasso à fuga dos orientais, pintados substancialmente como arianos, propõe uma fórmula de fé, que é importante considerar por vários motivos. Antes de tudo, depois da adesão em Niceia, esse é o primeiro pronunciamento de tipo doutrinal da parte ocidental; em segundo lugar, essa fórmula não utiliza o termo *homo-ousios*, demonstrando, assim, que será somente numa segunda fase da questão que se tornará termo imprescindível de confronto; enfim e sobretudo, porque ela revela uma parte consistente do problema: na tradução grega soa, com efeito, como condenado quem afirma três *hipóstases* divididas (*hypostaseis kechôrismenai*), afirmando, ao contrário, uma só hipóstase trinitária, a do Filho e do Pai, a única. A afirmação, no seu duplo aspecto, ou seja, enquanto exclui as três hipóstases — que indica, porém, como "divididas", termo muito mais forte do que "distintas" — para afirmar depois sua unicidade, parece inaceitável no contexto grego. Deve-se, porém, considerar que a passagem do latim para o grego contém outra insídia: de fato, em latim, o termo utilizado era *sub-stantia*, que está bem calcado em *hypostasis*, mas era utilizado provavelmente por muitos em sentido não individualizante. Esse fora também, aliás, o uso que dele tinha feito Tertuliano, embora, na época, não pareça que se tenha feito referência ao teólogo cartaginês, que teria podido sugerir também o vocabulário da distinção, mediante o — embora discutido — termo *persona*.

Parece terem tido uma intuição desse tipo os redatores de uma fórmula conhecida como *Ekthesis makrostichos*, apresentada em Milão, em 345, por uma delegação oriental: visava-se, em especial, alertar o Ocidente com relação ao período da indistinção defendida de forma adocionista por Fotino (antes, diácono de Marcelo de Ancira, mas, depois, bispo de Sírmio), acrescentava uma nova proposta que se caracterizava pela confirmação da "unidade de divindade e de harmonia", como em 341, mas utiliza para a distinção não mais hipóstase, mas *prosôpon*, mais próximo do uso latino de *persona*. O texto, referido por Atanásio e por Sócrates, tem provavelmente origem numa pequena frente oriental decidida a trabalhar pela reconciliação e a encontrar fórmulas adequadas para sair do impasse.

Entre essas pessoas, podemos lembrar Eusébio de Emesa, cuja coletânea de homilias foi logo traduzida para o latim (tanto que no período seguinte foram atribuídos a seu nome também textos da área ocidental, na coleção conhecida como *Eusébio galicano*). No conjunto, tem-se um exemplo de pregação que procura a concretude sem subtilezas e persegue a reconciliação, chamando de *fratres* também os que têm diferente opinião e reservando o epíteto de herético apenas para os gnósticos e maniqueus; portanto, não aos protagonistas do debate trinitário em andamento. Outro nome significativo é o de Cirilo de Jerusalém, bispo desde cerca da metade do século 387, antiariano convicto, mas do mesmo modo e com a mesma convicção pouco propenso à terminologia "da mesma substância" e contrariado pelo conflito em andamento; sob o seu nome, foi transmitido um ciclo inteiro de catequeses pré-batismais e mistagógicas (item 28), que mostram que também em períodos muito críticos não se interrompeu a prática ordinária de anúncio da vida cristã ou de introdução a ela.

3. O decênio que se segue à morte do imperador Constante (350) (cap. 4, item 19.3) vê, depois do breve episódio do governo ocidental de Magnêncio, **Constâncio** como imperador único, decidido a pôr fim às discussões. A essa intenção dele devem-se referir episódios como o do sínodo de Milão, de 355, e as repetidas tentativas (Sírmio em 357, Rimini e Selêucia em 359) de fazer adotar uma terminologia de compromisso, aquela segundo a qual se deveria ter evitado o obstáculo dos termos sobre os quais versava o desacordo e falar de maneira genérica de "semelhança"; por isso se costuma falar de posição *homea*. A intenção parece ter sido poder fazer convergir, dada a indeterminação do termo, tanto os defensores, como os opositores de Niceia, mas a essas alturas o estado do debate não permitia uma operação dessas, tanto mais que os sínodos já lembrados deixavam ampla margem à posição ariana mais radical, a *anomea* (item 24), que falava de Filho dessemelhante do Pai e introduzia no debate também o papel ainda mais subordinado do Espírito.

Segundo a formulação *anomea* da questão, com efeito, ao nome e ao número corresponde a realidade do ser: a utilização de "não gerado" e de "gerado" e nomear um por primeiro e o outro por segundo são indicações que os colocam em diferente posição e gradação também no nível do ser. A essa visão opõem-se diversos autores; em primeiro lugar, a equipe teológica conhecida como padres capadócios, formada por Basílio de Cesareia, Gregório de Nazianzo e Gregório de Nissa. Da elaboração teológica deles e da ação deles, bem como da conjuntura politicamente favorável representada pelo advento ao poder do niceno Teodósio depende a solução proposta no sínodo da primavera de 381, depois aceito como Concílio de Constantinopla I, como se verá no item seguinte.

Atanásio, por sua vez, no escrito *Os decretos do sínodo de Niceia*, tinha novamente feito recurso ao "consubstancial". É por volta desses anos que devem ser colocadas as vexações em relação a Libério de Roma (352-366) (cap. 4, item 19.3), muitos outros exílios, entre os quais os de Eusébio de Vercelli e Hilário de Poitiers, e a posição por parte do episcopado da Gália, que recusou o financiamento público, para manter maior liberdade. Essa situação de crise, todavia, fez andar também um movimento convergente de reflexão, que representa o fundo eclesial e teológico sobre o qual puderam depois se mostrar suficientemente duradouras as decisões da época de Teodósio (item 26.3).

Antes de tudo, alguns teólogos ocidentais, como Febádio de Agen e Gregório de Elvira (a seguir, todavia, ligado de forma intransigente à vertente nicena), recuperaram terminologia e doutrina que tinham sido de Tertuliano e de Novaciano: puderam, assim, superar a ausência de um vocabulário ocidental pela distinção, convergindo para "pessoa". Sob o ponto de vista da reflexão trinitária, é considerável também a reflexão de Mário Vitorino, orador romano que se convertera do paganismo de modo estrondoso por meio de Simpliciano, depois presente em Milão e sucessor de Ambrósio naquela sede episcopal (cap. 6, item 31.1): uma das fórmulas por ele propostas — "como dizem os gregos [...] *de una substantia tres subsistentiae*" — teria nos séculos seguintes grande êxito, mas na época a sua produção, muito filosófica e pouco tradicional, teve pouco sucesso.

Diferente, porém, é o caso de Hilário de Poitiers, exilado na Frígia porque se recusava a subscrever os resultados do sínodo de Milão de 355. Em contato com as Igrejas e os pensadores orientais, teve a benevolência e a perspicácia necessárias para compreender que não estava correta a sumária equivalência orientais/arianos que se difundira no Ocidente. Por isso, enviou à Gália uma coletânea de textos sinodais orientais, ainda hoje valiosa fonte para as diversas fórmulas, que tentava explicar as razões dos que, embora não aderindo ao arianismo em nenhuma das suas vertentes, não podiam aprovar a terminologia nicena, à qual faltava um específico ponto de vista sobre a distinção na unidade.

Entre estes últimos, em particular, viera se formando um grupo, reunido em torno de Basílio de Ancira, que propunha outra terminologia, a de "semelhante na substância" (*homoiousios*), sendo por isso apontados como **homeusianos**. Isso poderia parecer simplesmente a enésima tentativa de contornar o obstáculo, mas, para além da terminologia, foi justamente dentro dessa vasta frente — que rejeitava quer o arianismo, quer a forma indistinta monarquianista, num quadro ligado à linguagem bíblica e atenta ao cuidado pastoral — que pôde se desenvolver nos anos seguintes o movimento que levou ao Concílio de Constantinopla de 381.

26. Constantinopla I: cristianismo e helenismo

1. O Concílio de Calcedônia (451) reconhece como "ecumênicos" três concílios anteriores, o segundo dos quais, o de **Constantinopla, de 381**, foi, de fato, um sínodo de apenas bispos orientais, realizado em maio, ao qual se seguiu um quase análogo sínodo realizado no mês de setembro, em Aquileia, sob a presidência de Ambrósio e, depois, no ano seguinte, um sínodo romano (382), ambos comprometidos na solução da questão ariana, sobretudo no que se referia às pessoas e às sedes. De fato, todavia, apenas o Constantinopolitano, com a profissão de fé e uma sua explicação depois enviada aos ocidentais (Inserção 1 – *Símbolos e cânones de Niceia e de Constantinopla*), estava destinado a ter no tempo uma aceitação particular, seja no Oriente, seja no Ocidente, de modo a obter o reconhecimento de "concílio ecumênico". Como lembrado (cap. 4, item 19.4), em 380, Teodósio, espanhol de origem e niceno por convicção, tinha promulgado em Tessalônica um edito segundo o qual a religião do Império era a religião cristã católica, como a professavam Dâmaso, em Roma, e Pedro, em Alexandria, ou seja, na forma não ariana. Os sínodos de que se falou há

pouco apoiam-se naquele edito e, ao mesmo tempo, determinam seu significado eclesial, fornecendo uma interpretação do símbolo niceno destinada a durar no tempo. Para melhor compreender o significado de tal processo, é oportuno retomar o fio dos acontecimentos a partir dos anos 360.

Os desdobramentos do debate interno às Igrejas, bem como a moratória no envolvimento imperial depois da morte de Constâncio e a breve parábola do governo de Juliano (361-363) (cap. 4, Inserção 1 – *A religião do imperador: Constantino e Juliano*) permitiram uma série de esclarecimentos destinados a produzir resultados importantes. Entre eles, merece especial menção o sínodo de Alexandria, de 362, presidido por Atanásio, que voltara à cidade, depois de sua forçada estada no deserto egípcio. Naquele contexto foram enfrentados problemas de natureza disciplinar, mas foi também reconsiderada a terminologia *ousia/hypostasis*, mediante uma interpretação benévola, em relação seja a quem afirmava uma hipóstase, seja a quem afirmava três, desde que se excluíssem os extremos sabelianos (= monarquianistas) e arianos. No mesmo contexto pode-se observar a emergência da problemática pneumatológica e também a proposta cristológica apresentada por **Apolinário**, destinada a se tornar depois um ponto de debatido acesso.

Quanto aos aspectos disciplinares e aos ligados às sedes episcopais, deve-se observar que foi adotada uma linha conciliatória com aqueles que simplesmente tinham aderido às fórmulas homeanas de Sírmio e Rimini e não tinham contribuído de maneira decisiva para essa formulação. Com relação ao duplo episcopado presente em Antioquia — Melécio e Paulino, este último, com poucos consensos *in loco*, mas apoiado de maneira absoluta pelo Ocidente —, o sínodo de Alexandria tomou decididamente o partido pelo segundo, suscitando mau humor e descontentamento na região. Quanto ao debate em torno da terminologia trinitária, a concessão de Atanásio representa uma tentativa de abertura para as **posições homeusianas**, mas deixa indefinido o quadro conceitual, de modo a não surtir resultado positivo na ocasião. A proposta de Apolinário estava voltada a rejeitar a ideia ariana de inferioridade do Filho, com base no fato de ser submetido a medo e tentação: no quadro da teologia *logos/sarx*, supõe que o *Logos* tenha no homem Jesus o lugar do *hegemonikon*, o princípio diretivo da alma. Desse modo, pretendia resolver, por assim dizer, pela raiz o problema da possível inferioridade no plano moral, representado precisamente pelas tentações e pelo medo, mas tornava-se evidentemente vulnerável a uma cristologia totalmente particular, porque a humanidade do

Filho ficava subvertida e, enfim, anulada. Não valeu a Apolinário a amizade com Atanásio: foi condenado por um sínodo romano (377) e logo confutado, quer por Ambrósio (*O mistério da encarnação do Senhor*), quer por Gregório de Nazianzo (*Carta* 2 a Cledônio). Começa, assim, a se delinear uma questão cristológica verdadeira (cap. 6, item 33), que será objeto específico dos concílios do século V.

2. O debate trinitário suscitado por Ário tinha se desenvolvido no horizonte da teologia do *Logos* e, todavia, não se estendera ao **Espírito Santo**, com respeito ao qual até as profissões de fé — por exemplo, a de Niceia — se limitavam a uma menção ou pouco mais. Na década 350-360, porém, a questão entrou com pleno direito no debate, seja pela vertente *anomea*, seja por um posicionamento dentro do grupo homeusiano. Por um lado, com efeito, Eunômio, que, como foi lembrado, era um dos expoentes de destaque da posição *anomea*, numerava e nomeava em sequência "Pai, Filho e Espírito Santo", fazendo corresponder aos termos e à ordem uma realidade diversificada: o Espírito era, pois, o terceiro na ordem e, por isso, inferior. Por outro lado, também no campo dos homeusianos, alguns — por exemplo Eustácio de Sebaste — sustentavam que devia ser reconhecido ao Espírito um nível diferente em relação ao divino. A estes últimos, conhecidos sobretudo pelas confutações, foi dado o nome de "pneumatômacos" e também "macedonianos", por certa ligação entre eles e o bispo de Constantinopla, justamente Macedônio. O debate apresentava-se, portanto, transversal e não mais procrastinável: no arco de cerca de vinte anos, produziram-se alguns tratados especificamente dedicados ao tema.

O primeiro na ordem do tempo é habitualmente reconhecido nas cartas que Atanásio envia do deserto a Serapião, o bispo de Tmuis, no Egito (item 29.1). Este último o tinha interrogado a respeito de alguns *tropikoi*, teólogos que interpretavam em sentido pouco comprometido as passagens bíblicas referidas ao Espírito — talvez dessa modalidade hermenêutica deriva o nome deles, que não se encontra depois em nenhuma parte. A resposta de Atanásio a um tema que até aquele momento não o tinha interessado muito é praticamente uma coletânea de textos bíblicos. O discurso apresenta-se mais articulado nos escritos *De Spiritu Sancto*, de Basílio de Cesareia e de Dídimo de Alexandria, chamado o Cego, ao qual faz eco no Ocidente um escrito análogo de Ambrósio. Pode-se observar que a documentação adotada e as argumentações desenvolvidas, embora com algumas diferenças entre os diversos autores, tiram os próprios temas da prática eclesial, desenvolvendo-os a partir de alguns percursos espirituais de âmbito monástico e da experiência litúrgica. Com referência a esta última, deve-se observar que entre as dezoito catequeses pré-batismais de Cirilo de Jerusalém, pregadas por volta de 348 e, portanto, cerca de dez anos antes do aparecimento da controvérsia (item 28), pelo menos duas estão inteiramente dedicadas ao Espírito Santo. Não é por acaso, pois, que entre os séculos IV e V, diversas anáforas (= orações eucarísticas) inserem uma epiclese pneumatológica, quer dizer, a invocação ao Espírito para que transforme os dons e aqueles que dele comungam. Os escritos supramencionados, com efeito, têm a finalidade de responder à questão do estatuto trinitário do Espírito, mas no seu desenvolvimento oferecem bem mais, dando vida a uma leitura da experiência batismal, eucarística e de vida cristã em perspectiva pneumatológica.

Entre os teólogos apenas lembrados emerge certamente Basílio de Cesareia, figura-chave do decênio imediatamente anterior ao concílio constantinopolitano. O seu nome, que a tradição acompanhou com a qualificação de Magno, está ligado ao do irmão Gregório de Nissa e ao do amigo Gregório Nazianzeno, de modo que os três são com frequência lembrados simplesmente como "os Capadócios". Basílio esteve presente e foi ativo no grupo homoousiano, perspicaz no debate com a realidade *anomea*, determinado na reconciliação com a frente nicena e, portanto, com interesse em tecer boas relações com o Ocidente. Não prejudicaram sua determinação prática a estrutura teórica, que, depois, os dois Gregórios desenvolveram com maior subtileza ainda, depois da morte dele, ocorrida em 379. Por exemplo, os *Discursos teológicos* que o Nazianzeno pronunciou em Constantinopla ao abrigo do concílio, enquanto guiava a pequena comunidade nicena da capital, representam por precisão e concisão um ponto de vista privilegiado para compreender a teologia capadócia que sobressaiu em Constantinopla I. Essa visão é também chamada de "neonicena", porque permitiu conservar o símbolo de Niceia, interpretando-o, porém, decididamente segundo a teologia das hipóstases.

Cabe a Basílio, todavia, o mérito de ter estabelecido na resposta a Eunômio a questão teológica e também de ter trabalhado assiduamente para reconciliar todos os pertencentes a posições moderadas, quer homeusianos, quer nicenos. É no quadro desses contatos que se insere também a sua correspondência com os ocidentais, cujo resultado naqueles anos não foi muito encorajador, a começar pela missiva de 371 destina a Dâmaso, que jamais deu, porém, sinais de aceitação; com efeito, deveria ser entregue mediante Atanásio, o qual, todavia, não julgou isso oportuno e respondeu enviando, parece que por iniciativa própria, a sinodal *Confidimus quidem*. Esta última tinha sido promulgada antes por Dâmaso e seu sínodo romano: aos orientais pedia-se simplesmente que assinassem, como sinal de aceitação. Seguiram-se outras cartas basilianas, entre as quais uma coletiva (*Carta* 92), com trinta e duas assinaturas, endereçada aos bispos da Itália e da Gália; essas missivas foram devolvidas ao remetente, provavelmente porque Dâmaso julgava, também nesse caso, que os orientais deveriam simplesmente assinar o texto romano anterior. Por esses motivos, embora não parando de escrever, inclusive a Ambrósio, Basílio mostra-se amargurado e desencorajado pela pouca compreensão (*Carta* 239.2). De resto, Dâmaso, que se impusera pela força em relação ao colega rival, Ursino, ao conflito com o qual remonta uma carta de protesto de alguns presbíteros pelos comportamentos e fausto do pontífice (cap. 4, item 19.1), mostrava mão de ferro também dentro da própria Igreja.

Quanto à resposta a Eunômio, Basílio identifica diversos planos de argumentação. Antes de tudo, retoma temas tradicionais, próprios, por exemplo, de Irineu de Lião, para mostrar que, sob o ponto de vista do método, não se devia aplicar à Escritura um raciocínio proveniente de outro horizonte, mas se devia aceitar a lição da **oikonomia**, ou seja, da história da salvação, que impõe considerar que o único Deus nos venha ao encontro como três. Somente a partir desse dado é que se pode tentar dizer algumas coisas sobre a realidade mesma de Deus (= **theologia**): daí a afirmação, que a seguir se tornou axioma: "É a *oikonomia* que nos ensina a *theologia*". Em segundo lugar, responde à ideia de que a cada nome corresponde uma diferente realidade: os nomes podem ser próprios ou comuns, mas os comuns podem ser absolutos ou relativos. Pai e Filho como termos trinitários indicam uma propriedade — são nomes próprios —, mas, ao mesmo tempo, indicam uma relação, ou seja, são também relativos. Portanto, o que os distingue é também o que os mantém em relação. Da realidade trinitária faz parte de pleno direito o Espírito, embora para Basílio o que o caracteriza, quer dizer, a santificação, seja identificado no nível da sua ação em relação a nós e não dentro das relações trinitárias; já Gregório de Nazianzo retomará de Dídimo a lição joanina: o Espírito *ekporeuetai* (= procede) da intimidade divina. A cada específico nome próprio/relativo e, portanto, a toda relação na unidade corresponde também o termo *hypostasis* na única realidade divina, ou seja, na única *ousia*. Basílio não viu o pleno êxito da própria ação, mas o Concílio de Constantinopla, dois anos depois de sua morte, decretou seu sucesso.

3. Não foram transmitidas atas do concílio, mas tem-se delas uma descrição de Gregório de Nazianzo (*Carme histórico* 11), bem como notícias por parte dos historiadores eclesiásticos do século V. Sob o ponto de vista da doutrina trinitária, refere-se a essa sessão a aprovação de **um símbolo** (Inserção 1 – *Símbolos e cânones de Niceia e de Constantinopla*), conhecido como niceno-constantinopolitano; com efeito, conserva amplamente o símbolo niceno e a afirmação de que o Filho é *homoousios* ao Pai (considerando, porém, supérfluo o esclarecimento "ou seja, da substância do Pai", que é omitida) e apresenta um articulado desenvolvimento sobre o Espírito Santo mediante a afirmação "é Senhor e dá a vida, procede do Pai e com o Pai e o Filho é adorado e glorificado". Como se pode observar, não é estendida ao Espírito a afirmação de que é "da mesma substância", mas dela se dá uma espécie de tradução no plano da linguagem bíblica e da experiência litúrgica, com o argumento basiliano chamado da *homo-timia*, ou seja, o Espírito recebe a mesma adoração e glorificação que se dirige a Deus. A relação específica é indicada como "proceder" do Pai; a vantagem imediata é a de poder distinguir as duas relações de origem, pois somente o Filho é gerado, ao passo que o Espírito procede.

A expressão tem, todavia, uma importante história dos efeitos: a reflexão pneumatológica ocidental, nos anos seguintes, desenvolver-se-á de maneira independente e, após também algumas expressões agostinianas não totalmente bem interpretadas, começará a circular uma forma do símbolo adulterada para "*procedit a Patre filioque*" ("procede do Pai e do Filho"). Embora, na época carolíngia, o papa Leão III tenha feito gravar em mesa de prata, no Vaticano (810), a fórmula original, ou seja, sem o *filioque*, a percepção ocidental começou a insinuar que a expressão teria sido propositalmente eliminada pelos orientais, mais que sub-repticiamente acrescentada pelos latinos: essa questão passou a fazer parte do dossiê de excomunhão que provocou o chamado cisma do Oriente de 1054 (vol. II, cap. 5, item 19.3).

A específica e técnica linguagem trinitária não aparece no símbolo, mas foi discutida no concílio, como se pode concluir de uma passagem do *synodicon* com que os orientais, no ano seguinte, declinaram do convite de irem a Roma (Ambrósio, *Carta* 13), enviando apenas o material do encontro anterior deles acompanhado de uma explicação: "Aos muito honrados e reverendíssimos irmãos e colegas Dâmaso, Ambrósio, Britão [...], nós, vós e aqueles que não desvirtuam o discurso da verdadeira fé devemos nos alegrar com ela, que é antiquíssima e conforme o batismo e nos ensina a crer no nome do Pai, do Filho e do Espírito Santo, ou seja, no nome da **única divindade, poder e** *ousia* do Pai, do Filho e do Espírito Santo na mesma dignidade, no seu reino eterno, em **três perfeitas** *hipóstases*, **ou seja, em três perfeitas** *prosopa* **(pessoas)**, de modo que não há lugar para a doença sabeliana da confusão das pessoas ou da eliminação das peculiaridades delas. Não tem força a blasfêmia dos eunomianos, dos arianos, dos pneumatômacos, segundo os quais a *ousia* ou natureza ou divindade é separada e acrescenta à incriada, consubstancial e eterna Trindade uma natureza posterior ou criada ou de diferente substância" (Teodoreto, HE V,9).

Ao concílio são também atribuídos quatro cânones: o primeiro anatematiza uma série de heréticos, entre os quais se insere também Apolinário; o segundo retoma a legislação de Niceia e pede que os bispos limitem a própria ação ao respectivo território e o quarto toma posição sobre a candidatura de Máximo à sede de Constantinopla, negando sua legitimidade. O terceiro tem uma importância particular na complexa questão da relação entre as sedes: "O bispo de Constantinopla, pois ela é a nova Roma, deve ter a primazia da honra depois do bispo de Roma" (cân. 3). Em Calcedônia, no século seguinte (451), o cânon 28 retomará substancialmente essa formulação constantinopolitana, mas a sua aceitação não será nada pacífica, quer da parte ocidental, quer da parte das antigas sedes de Antioquia e de Alexandria (cap. 6, item 30.2).

4. O balanço de todas essas vicissitudes é evidentemente muito pesado, pois as Igrejas — embora, como se observou, tenham continuado a introduzir na fé e tenham conhecido percursos de radicalidade cristã (item 29), cujo poder espiritual chega até nossos dias — ficaram profundamente laceradas por aqueles conflitos. Todavia, as formulações teológicas sobre as quais muitos puderam convergir são uma hermenêutica importante do dado bíblico, que convida a fazer algumas considerações sob vários aspectos: com respeito à relação entre a explicação dogmática e o símbolo da fé, com respeito à necessidade e ao limite da linguagem teológica.

Tanto a discutida formulação nicena, como a ligada depois ao consenso constantinopolitano são oferecidas na forma de um símbolo da fé, que apresenta em síntese a mensagem bíblica segundo uma modalidade narrativa e histórica. O fato de a explicação dogmática estar aí inserida está a indicar que ela é uma tradução, um ponto de vista *segundo* e formulado em resposta a uma discussão específica, nascida, nesse caso, em contexto helenístico. A leitura basiliana da relação entre história da salvação e reflexão teológica vai na mesma direção. Pôs-se também em evidência (Sesboüé) que a cláusula *tout'estin* (= ou seja) que introduz a expressão "da substância", depois caída na formulação seguinte, possa ser entendida como uma "duplicação do sentido", ou seja, como a consciência hermenêutica desse tipo de operação, de interpretação e de tradução. No mesmo sentido, pode-se entender a presença dos dois tipos de linguagem utilizados no niceno-constantinopolitano, o técnico/filosófico (= da mesma substância) para o Filho e o bíblico/litúrgico para o Espírito, pondo, assim, os dois pontos de vista tanto em tensão entre si, como no mesmo plano de valor.

Quanto à relação específica com o helenismo, deve-se, decerto, convir que estamos aqui diante de uma etapa fundamental do percurso que foi definido como "helenização do cristianismo" (cap. 2, Inserção 1 – *Helenismo e cristianismo*), porquanto, depois da utilização da língua grega e da posterior formulação da fé em categorias helenísticas dos séculos anteriores, tem-se aqui uma importante explicação trinitária vinculada a tais categorias. Deve-se também notar, porém, que, se toda a operação se desenvolve dentro de tal forma de pensamento, impõe-lhe, ao mesmo tempo, uma torção fundamental e especificamente no percurso que integra a unicidade da substância com a pluralidade em relação, representada pelas hipóstases. Realiza-se, assim, uma enorme mudança: o *Uno* no pensamento grego não conhece pluralidade, que seria sinal de imperfeição, nem, portanto, poderia integrar na substância primeira a relação (*schesis*), que pertence, antes, ao mudo dos acidentes. No enfoque conciliar neoniceno, porém, a perfeita unidade de Deus é perfeita comunhão, *koinonia kat'ousian*: essa terminologia aparece também na segunda fase de Atanásio, mas é depois atestada plenamente na reflexão capadócia. Pode-se, assim, afirmar que estamos diante de "uma helenização das categorias, mas de uma deselenização do pensamento" (Cantalamessa). Esse processo, aqui exemplificado num momento-chave do desenvolvimento do cristianismo, não é realizado de uma vez por todas: observá-lo na sua gênese pode permitir evitar uma fidelidade ao dado dogmático que ignore sua historicidade e sua forma hermenêutica e se revele, portanto, totalmente inadequada, também para compreender seu significado.

Tudo isso dá vida a **formas específicas de ministério**, cujo exercício é sempre muito delicado: ao lado da explicação magisterial e em relação com ela há, com efeito, a contribuição da teologia. Justamente o trabalhoso percurso do século IV suscitou uma reflexão nesse sentido. Gregório de Nissa aproxima, de fato, do elaborado tecnicismo do *Contra Eunômio* o registro das imagens e dos oximoros dos escritos exegéticos espirituais (*Vida de Moisés, Homilias ao Cântico*); Gregório de Nazianzo, por sua vez, fala de diversas funções da reflexão teológica: a de rejeitar o que parece não côngruo com a lógica da fé, a de fazer afirmações sensatas e a de mostrar que o que afirma é importante, mas parcial, porque a teologia abre para o silêncio e para a adoração. Essas observações de Gregório são muitas vezes mal-entendidas, como se *o Teólogo*, atributo que na tradição acompanha o nome do Nazianzeno, convidasse de modo simplista a evitar as primeiras duas funções para atingir diretamente uma experiência de adoração e de silêncio: o que é, dessa forma, coisa muito inexata. Se não entendida, todavia, nessa modalidade superficial e abreviada, a dimensão *apofática* não anula a fadiga teológica, mas a caracteriza como salutarmente provisória. Esse tipo de reflexão sobre a linguagem teológica tem também importantes retomadas ocidentais, pois Tomás de Aquino afirma que o ato da fé não está dirigido aos enunciados, mas à realidade crida ("*actus credendi non terminatur ad enunciabile sed ad rem*" [*Summa Theologiae* II-II, q. 1, art. 2, ad 2um]).

Inserção 1
Símbolos e cânones de Niceia e de Constantinopla

Dos Concílios de Niceia (325) e de Constantinopla (381) não existem atas; todavia, a eles se referem habitualmente documentos de grande importância para a história do cristianismo. Trata-se, em primeiro lugar, da dupla forma do símbolo, que insere desdobramentos específicos para o debate trinitário na forma de confissão e de narração própria da profissão de fé. Embora ambos os textos já tenham sido comentados neste capítulo, julgamos útil poder lê-los por extenso e de forma sinótica. Aos dois concílios é atribuída, além disso, a elaboração de cânones disciplinares, que também apresentamos nesta inserção.

Os símbolos:

Niceia	Constantinopla I
Acreditamos num só Deus Pai onipotente, criador de todas as coisas visíveis e invisíveis; e num só Senhor, Jesus Cristo, o Filho de Deus, gerado unigênito pelo Pai,	Acreditamos num só Deus, Pai onipotente, criador do céu e da terra, de todas as coisas visíveis e invisíveis; e num só Senhor, Jesus Cristo, o Filho unigênito de Deus, gerado pelo Pai **antes de todos os séculos:**

Niceia	Constantinopla I
ou seja, da substância do Pai, Deus de Deus, luz da luz, Deus verdadeiro de Deus verdadeiro, gerado, não criado, da mesma substância do Pai, por meio do qual foram criadas todas as coisas *no céu e na terra.*	luz da luz, Deus verdadeiro de Deus verdadeiro, gerado, não criado, da mesma substância do Pai, por meio do qual foram criadas todas as coisas.
Ele, por nós homens e pela nossa salvação,	Por nós homens e pela nossa salvação
desceu e se encarnou, fez-se homem,	desceu do céu, encarnou-se **do Espírito Santo e da Virgem Maria** e se fez homem.
sofreu e ressuscitou no terceiro dia,	**Foi crucificado por nós sob Pôncio Pilatos,** sofreu, **foi sepultado,**
subiu ao céu e virá para julgar os vivos e os mortos.	ressuscitou no terceiro dia **segundo as Escrituras,** subiu ao céu e **se senta à direita do Pai, virá novamente na glória** para julgar os vivos e os mortos **e o seu reino não terá fim.**
E no Espírito Santo. (seguem os anatematismos)	E no Espírito Santo, **que é Senhor e dá vida, que procede do Pai, que, junto do Pai e do Filho, é adorado e glorificado, que falou por meio dos profetas. E na Igreja, una, santa, católica, apostólica. Confessamos um só batismo para remissão dos pecados e esperamos a ressurreição dos mortos e a vida do século futuro. Amém.**

O olhar de conjunto oferecido pelo quadro sinótico permite perceber num único olhar o texto-base representado pelo símbolo, provavelmente em uso na Igreja de Cesareia da Palestina, a inserção do termo-chave "da mesma substância" (sublinhado na tabela) e as principais diferenças entre os dois documentos, mostradas na primeira coluna em itálico, na segunda, em negrito. É evidente, assim, o motivo pelo qual o segundo documento, como é referido em Calcedônia (451), é chamado também de "niceno-constantinopolitano", porquanto retoma o anterior com mínimas omissões e o desenvolve de maneira significativa. Mantém, com efeito, a expressão-chave "consubstancial" para a relação entre Filho e Pai, ao passo que insere a respeito do Espírito Santo uma seção nova, que, omitindo a ideia de "substância", transpõe seu significado para termos bíblicos (Senhor e dá a vida) e litúrgicos (adorado e glorificado).

O comentário a esses documentos em seu contexto histórico já foi feito. Restam algumas observações que, embora levando para além dos limites cronológicos deste livro, contribuem para compreender o teor desses textos.

Em primeiro lugar, deve-se destacar uma diferença entre o texto constantinopolitano transmitido pelas atas de Calcedônia (451) e o usado ainda hoje na missa: depois do "procede do Pai" no niceno-constantinopolitano não há o acréscimo "e do Filho", mais conhecido, segundo o texto latino, como *Filioque*. A tradição ocidental independente que ditou esse acréscimo parece ter tido origem na teologia da Gália ou da Espanha visigoda (encontra-se numa versão atribuída ao Sínodo de Toledo, de 589, hoje considerada, porém, como uma interpolação) e se torna motivo de conflito com a Igreja oriental (patriarca Fócio, em 867; inserção na missa latina, em 1014; Grande Cisma de 1054; esclarecimentos do Concílio de Lião, de 1274) e argumento de confronto até o coração do século XX.

A segunda observação obrigatória é que o debate sobre a "geração do Filho" no qual tem origem a forma específica desses símbolos deve ser assumido com um bom senso crítico e teológico: à reflexão sobre a linguagem teológica do século IV dever-se-ia unir pelo menos a reflexão sobre a "analogia" do período medieval, até chegar ao debate sobre o significado de "Pai" e de "onipotente" presente na teologia, pelo menos desde o século passado.

Os cânones. Teodoreto, que inicia a sua *História eclesiástica* precisamente a partir do debate ariano e do Concílio de Niceia, atribui a essa assembleia a promulgação de 20 cânones, sem, porém, os transcrever: "Os bispos aprovaram 20 cânones referentes à administração eclesiástica" (Teodoreto, HE I,8,18). Deles forneceu uma versão grega Gelásio de Cízico (475-480) e uma tradução latina, Rufino (HE I,6 — escrita no início do século V), para a qual os cânones são 22, por causa da duplicação de dois deles: em ambos os casos há, todavia, uma notável distância entre a época do concílio e a da redação dos textos. As outras coletâneas canônicas latinas dão versões diferentes, unindo, muitas vezes sem solução de continuidade, os cânones do sínodo de Sárdica (343: cap. 4, item 19.3). De resto, deve-se considerar que as coletâneas canônicas antigas são um material fluido, cuja redação e transmissão levam em conta não somente sínodos aos quais os cânones são atribuídos, mas também exigências da época em que são transcritos. Embora com esses esclarecimentos, a coletânea tem certa importância, reconhecida também na Antiguidade, por exemplo, na controvérsia entre Cartago e Roma por causa de Apiário de Sica. Este último era um presbítero africano que incorrera em censuras eclesiásticas na pátria, em 418 e em 423, que Roma (os papas Zósimo e, depois, Celestino) tinha querido reabilitar, suscitando as queixas dos africanos e do próprio Agostinho. Nessa ocasião, ambas as Igrejas exibiram os cânones nicenos que disciplinam também situações semelhantes (cân. 5), afirmando que não se deve readmitir sem justo exame quem foi excomungado em outra Igreja; Roma tinha os cânones numa forma que incluía também as normas de Sárdica, os africanos tinham solicitado e recebido os cânones nicenos de Cirilo de Alexandria.

A edição crítica de Alberico privilegia o texto grego de João Escolástico, patriarca de Constantinopla, de 565 a 577, e o latino de Dionísio, o Pequeno, monge cita que viveu em Roma entre os séculos V e VI, bem conhecido pela iniciativa de datar os eventos a partir do nascimento de Cristo. A ordem com que os cânones são referidos nas coleções não é temática; por isso, não podendo transcrevê-los integralmente, os apresentamos aqui agrupados por assunto.

A maior parte deles diz respeito ao clero, desde as condições do recrutamento até a disciplina e as atividades que pode exercer aquele que dele faz parte. Distinguem-se, com efeito (cân. 1), os diversos tipos de castração: se foi feita por motivos médicos ou por violência, o candidato pode ser admitido no clero, ao passo que não é possível se ele voluntariamente se mutilou. Não se deve, além disso, aceitar aqueles que tiverem sido batizados muito pouco tempo atrás (cân. 2), nem aqueles que tiverem cometido graves pecados, nem aqueles que tiverem se dobrado às perseguições (*lapsi*), porque "a igreja quer homens irrepreensíveis" e quando fossem descobertos seriam imediatamente depostos (cân. 9 e 10); diáconos, presbíteros e bispos devem permanecer onde tiverem sido ordenados, porque o costume de vagar de uma diocese para outra causou muitas desordens (cân. 15 e 16); os clérigos que, "levados pela avareza e pelo vulgar desejo de ganho", praticam empréstimo com juros devem ser eliminados do clero (cân. 17); o cânon 3 parece dirigido principalmente aos *syneisactoi*, ou seja, às formas de convivência entre membros do clero e mulheres não da família deles (mães, irmãs, tias ou pessoas de confiança) e deve ser lido junto com o que refere o historiador Sócrates a respeito de uma nova norma que alguns queriam introduzir e que foi rejeitada, ou seja, o pedido do celibato obrigatório para o clero. Como refere o historiador, levantou-se no concílio o venerável Pafnúncio, monge de grande integridade que fora torturado na perseguição (cap. 4, item 19.3), o qual afirmou que essa nova norma tinha de ser rejeitada, porque "chamava de castidade também a relação de um homem com a própria legítima esposa" (Sócrates, HE I,11; Sozomeno, HE I,23).

Outros cânones são dedicados especificamente aos bispos e às sedes episcopais: quantos bispos devem estar presentes numa consagração episcopal (cân. 4) e quão ampla deva ser a jurisdição das sedes episcopais, ou seja, metropolitanas. São reconhecidas com essas características Alexandria, Roma e Antioquia (cân. 6), às quais se junta depois Jerusalém (cân. 7). À estruturação das *ordens* ministeriais refere-se o cân. 18, que esclarece o papel subordinado dos diáconos na liturgia eucarística, em relação aos presbíteros e bispos, ressaltando, todavia, que nem em todos os lugares havia esse comportamento. Outro grupo de normas é relativo à readmissão dos *lapsi* (cân. 12), quer sejam eles catecúmenos, presbíteros readmitidos como leigos (cân. 11), quer se trate de casos particulares, como o dos que, depois de terem deixado a carreira militar para receber o batismo, a retomam, incorrendo na relativa sanção de excomunhão (cân. 12): esses cânones dão a conhecer também a subdivisão dos grupos de penitentes em "audientes" e "aqueles que se prostraram" e também um percurso penitencial longo, mas de duração limitada a alguns anos. Na mesma direção vai o cânon 13, que prescreve reconciliar todos que estão para morrer, sempre, seja como for.

Restam a ser considerados outros três cânones, o que conclui a coleção e obriga a não orar de joelhos no tempo pascal (21) e dois que disciplinam a admissão e as condições de permanência no clero de pessoas provenientes de grupos cismáticos, como os rigoristas novacianos e os seguidores do movimento de Paulo de Samósata, do século anterior. Ambos suscitaram o interesse dos estudiosos no século XX. O cânon 8, com efeito, prescreve que os que provêm do clero entre os que se denominam "puros" (ou seja, *cataroi*, rigoristas) e pedem para entrar em comunhão com a Igreja católica podem ser admitidos, mantendo a função presbiteral, com a condição, porém, de que "comunguem", ou seja, de que aceitem a reconciliação com os *lapsi* e os *digamoi*, ou seja, aqueles que vivem em segundas núpcias. O debate historiográfico do século passado versa sobre a extensão do termo "dígamos", ou seja, se se deva interpretar à luz do desdobramento oriental (segundas núpcias penitenciais, tanto para os viúvos, quanto para os que tinham se divorciado) ou ocidental (segundas núpcias somente para os viúvos): a respeito, podem ser vistas as opiniões de Crouzel e de Cereti. O cânon 19 disciplina, de maneira semelhante, a situação de quem provém do "erro dos paulinistas", grupo caracterizado por uma perspectiva trinitária considerada inadequada. Justamente essa posição doutrinal faz com que os sacramentos deles sejam considerados inválidos: devem ser até mesmo rebatizados e, se estavam antes no clero, podem ser ainda ordenados, depois do batismo católico. Esse modo de agir deve ser mantido com todos os que fazem parte do clero paulinista, inclusive as diaconisas. A esta altura, há ainda outra frase, cuja ligação com a anterior não é totalmente clara, porque enfatiza que as diaconisas que assim foram constituídas "do mesmo modo" não receberam nenhuma imposição das mãos e, portanto, devem ser contadas entre os leigos. As diferentes interpretações, para as quais pode ser consultado o documentado estudo de Scimmi, vão desde as daquelas que restringem essa interpretação às diaconisas paulinistas até as que a estendem a toda forma diaconal feminina, para afirmar que não existira com imposição das mãos; outros fazem uma distinção entre a situação conhecida dos redatores do cânon e a representada pelos ritos de ordenação das diaconisas nas *Constituições Apostólicas* de ambiente antioqueno, difundidas depois também em Constantinopla.

Rufino, enfim, informa também sobre a discussão para a data da Páscoa e enumera como norma independente a segunda parte do cânon 5, que, depois da disciplina para os casos de excomunhão numa Igreja recebidos depois em outra, pede que o sínodo de uma província se reúna duas vezes por ano, até para melhor avaliar as situações polêmicas.

Ao Concílio de Constantinopla I são, porém, referidos somente quatro cânones: o primeiro é doutrinal e anatematiza diferentes heresias e o quarto diz respeito à inválida ordenação de Máximo para a sede de Constantinopla. Mais significativos também para a história seguinte são o segundo e, sobretudo, o terceiro: com efeito, dizem respeito à jurisdição dos bispos das principais sedes, analogamente ao cânon 6 de Niceia, mas acrescentam também a sede de Constantinopla: "O bispo de Constantinopla terá a primazia de honra, depois do bispo de Roma, porque essa cidade é a nova Roma". Essa indicação é repetida quase ao pé da letra no cânon 28 do Concílio de Calcedônia: quando esse cânon calcedonense foi transmitido ao Ocidente, em 451, o papa Leão o recusou, porque o papel primordial não deveria estar dependente do nível político.

Nota bibliográfica

Fontes

ALBERIGO, G. et al. (orgs.). *Conciliorum Oecumenicorum Decreta*. Bolonha: EDB, 1991.

Estudos

CERETI, G. *Divorzio, nuove nozze e penitenza nella Chiesa antica*. Roma: Aracne, 2013.
CROUZEL, H. *L'Église primitive face au divorce*. Paris: Beuchesne, 1971.
FORTE, B. Il "Filioque": aspetti e problemi. *Asprenas*, 30 (1983) 417-432.
GAUDEMET, J. *Les sources du droit de l'Église en Occident du II au VII siècle*. Paris: Du Cerf, 1985.
GREEN, E. *Padre nostro? Dio, genere, genitorialità. Alcune domande*. Turim: Claudiana, 2015.
LOSSKY, V. La processione dello Spirito Santo nella dottrina trinitaria ortodossa. In: _____. *A immagine somiglianza di Dio*. Bolonha: EDB, 1999, 111-136.
SCIMMI, M. *Le antiche diaconesse nella storiografia del XX secolo. Problemi di metodo*. Milão: Glossa, 2004.

27. A Igreja africana e o desafio do donatismo

1. A questão chamada "donatista" caracteriza as Igrejas da África por todo o século IV: apresenta-se como um dos resultados da perseguição de Diocleciano, mas, diferentemente de outras situações semelhantes, dá origem a um cisma de vastas dimensões e de grande alcance, dada também a importância das Igrejas norte-africanas do cristianismo latino (cap. 4, item 19.2). Pode-se considerar que, entre o final do século IV e início do século V, mais da metade dos cristãos da África eram donatistas, enquanto o sucesso da conferência de Cartago, de 411, que obtém uma substancial reconciliação das partes, será em grande medida atribuído à obra e à reflexão de Agostinho de Hipona. Quando, depois de sua morte (430), tem início na África a dominação dos vândalos, há ainda, porém, cristãos pertencentes à Igreja donatista. Entre os séculos V e VI também as Igrejas africanas se inserem na vasta frente de dissensão pela condenação dos padres antioquenos (cap. 6, item 35.2; vol. II, cap. 2, item 5.3) e essa posição eclesiológica deles pode ser posta ainda em relação a esse tipo de herança.

A controvérsia, como se viu no capítulo anterior, produziu ampla documentação, porque as duas partes em conflito aduziam como prova quer textos sinodais, quer *acta* civis: é um exemplo disso o escrito *O cisma dos donatistas*, de Optato de Milevi — na Numídia, atual Mila, a cerca de 50 km a noroeste de Cirta/Constantina —, obra de fundamental importância para a reconstrução do conflito e das respectivas posições teológicas, embora, inevitavelmente, não neutra. Esse escrito, com data provável entre 364 e 367, respondia à obra *Contra a igreja dos traidores*, de Parmeniano, bispo de Cartago, de 361 a 391, considerada a primeira contribuição escrita pelos donatistas. É necessário que se enfatize desde já que o termo "donatistas", assim como de modo especular o de *"traditores"*, nasce como epíteto com o qual uma parte chamava a outra. Ambos os grupos, com efeito, julgavam poder se ornar com o título de *ecclesia catholica*, como se conclui também da discussão na conferência cartaginense de 411. Com esse título, aliás, as constituições imperiais, durante o longo conflito, indicarão a parte a que eram destinadas eventuais concessões e seguras isenções, e a tal denominação era reconhecida a propriedade das basílicas e o apoio do exército. Utilizam-se, todavia, aqui, por praticidade, mas a preço de uma notável simplificação historiográfica, os termos "donatistas"/"católicos", segundo o uso mais comum, para identificar as partes em conflito.

2. O contexto inicial é, portanto, a grande perseguição de Diocleciano, a partir de 303, que seguiu um longo período de paz no qual as Igrejas tinham se revigorado — no número dos fiéis e nas instituições — e tinham também adquirido bens e posses. O bispo Mensúrio de Cartago parecer ter encarnado a atitude prudente que, para além da ênfase de alguns textos martiriais, tinha marcado, também no tempo de Cipriano, as Igrejas africanas. Quando Maxêncio pôs fim à perseguição na África, Mensúrio se encontrava em Roma. Com sua morte, foi eleito e consagrado na sede cartaginense Ceciliano, que fora seu diácono, eleição já de per si controversa também em Cartago, por causa da presença de diversas facções. Optato refere que, no momento da eleição, foi apresentado também o inventário dos bens da Igreja, redigido por Mensúrio, mas alguém já tinha se apropriado deles e mal suportava o controle iniciado por Ceciliano. A mesma fonte enumera diversos grupos no seio da Igreja cartaginense, um dos quais teria feito referência a uma rica matrona, Lucila, que apoiava a linha da dissensão.

Entre 308 e 311, reuniu-se em Cirta/Constantina, na Numídia, um sínodo presidido por Segundo de Tígise, que declarou deposto Ceciliano. Os motivos alegados eram dois: a eleição cartaginense realizara-se sem o primado da Numídia e entre os bispos consagrantes encontrava-se Félix de Aptunge, acusado de ter sido *traditor*, ou seja, de ter entregado os livros sagrados durante a perseguição. No seu lugar a assembleia eclesial indicou o então leitor Maiorino, a quem logo sucedeu Donato, que foi bispo até 355 e gozou de grande prestígio, a ponto de ligar o próprio nome ao cisma na sua totalidade. No apêndice de sua obra, Optato refere documentos sinodais, como os *Gesta apud Zenophilum*, as atas relativas a Félix de Aptunge e a documentação relativa a Cirta: além de fornecer uma documentação de primeira ordem, que, de outro modo, seria ignorada, o escrito de Optato tem o mérito de mostrar que o mapa é extremamente complexo e registra casos de compromisso e entrega dos livros sagrados em ambas as frentes.

Como já se observou, ao apresentar os inícios da relação entre Constantino e a Igreja (cap. 4, item 19.2), o imperador tinha apoiado o grupo de Ceciliano desde 313, convidando, todavia, as partes a esclarecer a questão, uma vez que as comunidades reconhecidas gozavam de benefícios e de isenções fiscais. Para esse objetivo, foi convocada uma comissão arbitral, em Roma, presidida por Milcíades, que a transformou num verdadeiro sínodo, com quinze bispos italianos e alguns legados da Gália: essa assembleia apoia também Ceciliano. A sentença não é aceita e se pede uma nova pesquisa, que se realiza em Arles, na Gália, no ano seguinte, em 314; da carta sinodal enviada a Silvestre, que nesse ínterim ocupava a sede romana, vê-se que, além de confirmar a decisão anterior, é estendida à Igreja africana a prática de não rebatizar, sinal de que também esse problema (cap. 3, item 14) estava bem longe de ser resolvido. O cânon 13 referido na sinodal, aliás, decreta que os membros do clero dos quais se tenham provas de *traditores*, mediante documentação oficial, sejam exonerados de seus ofícios, mas que sejam reconhecidas como válidas as ordenações por eles realizadas nesse ínterim, desde que o neoconsagrado não tenha, por sua vez, problemas disciplinares. Nem mesmo essas decisões sinodais surtiram, porém, o efeito da reconciliação, como tampouco o teve o encontro, em Milão, de Donato e de Ceciliano com o imperador.

Constantino, em 316, promulgou a chamada (Agostinho, *Carta* 105,2,9) *severissima lex*, contrária à Igreja donatista, e a intervenção do exército para fazê-la respeitar foi devastadora, com a destruição de três basílicas, a matança de numerosos fiéis donatistas e a morte de dois bispos deles. Essa característica persecutória, provocada por acusações movidas por uma Igreja em relação a um outro grupo cristão, continuou como uma ferida aberta, ficando mais grave ainda pela *escalation* da violência ocorrida nos anos 340, chamados *tempora macariana* pela repressão praticada pelo *comes* Macário.

A essa altura, surgiram também alguns dos temas da discussão: a **validade dos sacramentos**, em especial do batismo e das ordenações, e a **santidade da Igreja**, quantificada na experiência do martírio. Esses temas, em parte já conhecidos, de modo especial na tradição africana do século anterior, assumem um destaque peculiar, por causa da conjuntura, constituída por coordenadas não somente escolásticas e políticas, mas também étnicas e sociais.

Numa primeira leitura, como se viu, o caso se apresenta como um dos tantos conflitos pelas sucessões episcopais, já conhecidos na forma de eleições controversas — pensemos no dossiê epistolar de Cipriano com Cornélio/Novaciano (cap. 3, item 14) — e multiplicadas no século IV, parte pela proliferação de comunidades não em comunhão entre si, parte como resultado das respostas mais ou menos corajosas dadas durante as perseguições. Pode-se lembrar a situação da Igreja de Antioquia, que, no fim do século, contava diversas facções com outros tantos personagens que dela se consideravam legítimos bispos. Ainda mais pertinente, todavia, é o confronto com o cisma meliciano, no Egito, também ele consequência das diversas posições assumidas na perseguição e não estranho à deposição de Atanásio, em Tiro, em 335. Como precisamente o "caso Atanásio" mostra de maneira emblemática, em cada uma das situações mencionadas os aspectos disciplinares e os temas teológicos se cruzam com problemáticas de outro gênero. Na "questão donatista" têm notável importância os fatores étnicos, econômicos e políticos, que podem ser sintetizados na condição de um território — a Numídia sobretudo — pouco latinizado, que considera filo-imperial e, no conjunto, estrangeira a Igreja africana ligada a

Roma. As condições econômicas representam um fator de ulterior complexidade: amplas agregações de empobrecidos parecem ter confluído sobretudo em torno de grupos chamados *circunceliões*, aos quais as fontes atribuem também ações violentas. Pode-se, porém, deixar em evidência que na documentação que lhes diz respeito pode-se entrever também linguagens ascético-monásticas e forte tensão escatológica, para indicar a complexidade das motivações desse protesto.

O episódio que desencadeou a consagração episcopal de Ceciliano, considerada inválida por causa da presença de um bispo *traditor* entre os concelebrantes, carregava consigo o debate sobre a validade dos sacramentos e sobre o papel de quem presidia a celebração. Mas a questão fundamental de tudo isso era a concepção eclesiológica: o tema da santidade da Igreja/santidade do ministro não é, com efeito, separável da pergunta, de um lado, sobre a relação entre Igreja, sacramentos e ação divina, e da discussão, de outro, sobre a modalidade de pertencer à comunidade eclesial. O debate do século anterior tinha, na prática, sido suspenso pela morte, na perseguição de Valeriano (257), dos dois principais opositores, Cipriano de Cartago e Estêvão de Roma. A posição do cartaginense, decerto mais bem argumentada do que a do colega romano, tinha reunido muitos consensos, talvez até em razão de prestígio de um e de arrogância de outro, em seu comportamento. Em todo caso, a documentação do século III parece convergir majoritariamente sobre a necessidade de (re)batizar quem tivesse pedido a comunhão à Igreja católica, se proveniente da comunidade cismática em relação a ela. O motivo estava ligado a uma concepção eclesiocêntrica: somente a Igreja possuiria o Espírito e, portanto, somente na Igreja poderiam ser válida e eficazmente celebrados os sacramentos: "Ninguém pode dar o que não tem" é um axioma jurídico, muitas vezes usado por Cipriano. Também na anterior e concomitante questão penitencial, além disso, distinguia-se de modo nítido o interior e o exterior da Igreja e se utilizava frequentemente o léxico da contaminação (*pollutio*) para indicar o que não deveria ultrapassar os limites da comunidade.

Para a comunidade donatista não era, pois, difícil apelar para tal herança: a presença de um ministro impuro contaminava a Igreja, chamada à santidade e, portanto, guardiã do paradigma do testemunho martirial, adequado à herança do Senhor (a esse propósito, lembremo-nos da *Paixão de Abitine*: "*Sine dominico non possumus*"). De outro lado, de início, não restava senão mostrar que o mapa das defecções na perseguição era muito mais complexo do que o que se vinha criando como comunidade de pertencimento, reivindicando com razão que, em todo caso, os esforços de Cipriano, à parte a polêmica que ficara suspensa com o bispo de Roma, Estêvão, tinham sido dirigidos para contestar os cismas, em especial o rigorista novaciano, e para procurar a unidade eclesial.

3. Ao primeiro período da questão donatista seguem-se também reflexões mais articuladas, como as já lembradas de Parmeniano e a resposta de Optato, única fonte que nos restou, junto com um texto seguinte de Agostinho (*Contra uma carta de Parmeniano*) dos escritos do bispo donatista. Essa observação permite uma consideração: a instância de seguir também as fontes donatistas para ouvir diretamente o que dizem e não mediante a contestação dos adversários é importante, mas destinada, no estado atual da documentação restante, a permanecer sempre um pouco frustrada, porque os argumentos donatistas são conservados dentro das obras que os confutam, com a exceção parcial, devido ao gênero literário, dos Atos da *Collatio*, ou da conferência de Cartago, de 411. Embora sendo essa a situação, emergem, todavia, diversos nomes de escritores donatistas de certo destaque: além do já lembrado Parmeniano de Cartago, temos de citar pelo menos Petiliano de Cirta, o *grammaticus* Crescônio e a singular figura de Ticônio, que, inicialmente ligado à Igreja donatista, afastou-se dela a seguir, sem entrar, por isso, na comunhão católica. Agostinho cita-o várias vezes com grande estima, declarando-se também devedor de algumas intuições dele.

Quando, pois, Agostinho se torna presbítero (391) e, depois, bispo, em Hipona (hoje Annaba, na Argélia), na Numídia, a situação estava extremamente complicada, até porque a continuação do conflito tinha dado vida a grupos menores, como os ligados aos nomes de Maximiano e Rogato, separados do grupo donatista principal depois das divergências. Mas Agostinho encontra também uma reflexão iniciada: entre os temas de que tirará proveito devem ser lembradas pelo menos as *regulae* hermenêuticas de Ticônio e os desdobramentos eclesiológicos de Optato, como a linguagem da *fraternitas* não anulada pela separação, porque baseada no batismo único e na comunhão na fé (*pax, communio*), e o da distinção entre Dom, Doador e *operarius*. Também a partir dessas bases, Agostinho desenvolverá temas destinados a grande êxito na teologia ocidental: a Igreja como *res permixta*, santa pelos dons de Deus em perspectiva escatológica, mas, na história, ainda em caminho (*peregrina*), à qual se pertence *corpore* e/ou *corde* (com o corpo e/ou o coração) e somente Deus pode ser juiz adequado da autenticidade de tal pertencimento; a distinção entre a *potestas*, que permanece em Cristo, e o *ministerium* confiado aos apóstolos e, portanto, à Igreja e a quem nela exerce um ministério. Que a Igreja, então, não se permita — afirma, por isso, peremptoriamente, escrevendo a Crescônio — antepor-se a Cristo (*Cr* 2,20,26). Essas considerações estão inseridas em todo o horizonte do seu pensamento (cap. 6, item 31), a partir da chamada interioridade agostiniana até interceptar a teologia da graça. Se, pois, a conferência cartaginense de 411 já orientada desde a sua instrução em favor dos católicos pode ser considerada um momento de síntese e, em certo sentido, de conclusão do cisma na sua forma mais evidente, o resultado ideológico e teológico do debate estende-se amplamente aos séculos seguintes, também pelas temáticas e reflexões amadurecidas por Agostinho por ocasião dessa controvérsia.

28. Catecumenato e mistagogia

1. A evolução das relações entre a Igreja e o Império e a complexidade do debate trinitário correm o risco de sequestrar, como já se observou por várias vezes, toda a atenção das leituras históricas, pondo na sombra a cotidianidade da vida eclesial que, todavia, deixou traços verificáveis que não seria sensato omitir. O percurso mediante o qual se tem início na vida cristã é um lugar significativo dessa vida comum das comunidades, em que o eco das vivas controvérsias chega aplacado e redimensionado, pois, em primeiro plano, ressalta-se o empenho em introduzir na vida cristã, na sua globalidade.

Como testemunho dessa atividade há diversas fontes, entre as quais alguns **ciclos catecumenais** fundamentalmente completos, dos quais podem ser deduzidos conteúdos e método de uma instituição que remonta aos séculos anteriores (cap. 3, item 15.1), mas que registra durante o século IV significativas evoluções, paralelas à mudada percepção da relação entre Igreja e mundo circunstante. A mudança mais vistosa, com efeito, consiste na dilatação dos prazos de inscrição genérica para o catecumenato, ou seja, dando o próprio nome, sem realizar uma preparação propriamente dita até, por vezes, na iminência da morte — às vezes até chegar a um batismo "clínico", ou seja, na proximidade da morte, forma considerada inadequada e a ser aperfeiçoada também por Cipriano, que chama tais neófitos de "*non christianos sed clinicos*" (*Carta* 69, 12,2) — e na abreviação do período propriamente dito de preparação para a adesão ritual, ou seja, para a celebração do batismo e da eucaristia. Este último período concentra-se nos cerca de quarenta dias — em analogia com o período de deserto de Jesus e do povo de Israel — que precedem a Páscoa. Esse período intenso em que toda a comunidade está comprometida em acompanhar na oração e no empenho ascético os candidatos ao batismo deu origem à Quaresma. Aqueles que dele tomam parte como candidatos ao batismo assumem diversos nomes (*illuminandi [= fôtizomenoi], competentes, electi*), segundo a nomenclatura em uso nas diversas Igrejas. À celebração pascal segue-se um breve período em que são explicados aos neófitos os ritos de que tinham participado: essa segunda série de pregações é chamada de "homilias mistagógicas".

Antes de descrever as fontes disponíveis, é oportuno dar alguns esclarecimentos terminológicos: as expressões "catecumenato", "iniciação cristã" e "mistagogia" são úteis invólucros para indicar aquilo de que se está falando e derivam da prática antiga e do relativo léxico, mas neles não estão propriamente dessa forma. Por exemplo, encontra-se, tanto em grego, como transliterado em latim, o termo "catecúmeno", mas não o de "catecumenato"; assim como se encontra "iniciado"/"não iniciado", mas não "iniciação cristã", e o adjetivo "mistagógico" tem um uso mais amplo do que o testemunhado pelas homilias pós-batismais. Aceitar, todavia, o uso que já se estabeleceu permite oferecer uma descrição suficientemente fundamentada dessa instituição.

Os ciclos catecumenais quase completos fornecem um quadro geral no qual colocar também outros testemunhos mais fragmentários. Um dos primeiros desses ciclos está constituído pela pregação pré-batismal de Cirilo de Jerusalém, bispo do campo homoousiano, que esteve presente também em Constantinopla I (item 26.2). De elementos internos se deduz uma datação na metade do século, embora a própria coleção contenha também uma série de homilias mistagógicas, que, além do nome de Cirilo, levam também o de João, seu sucessor. Ainda em ambiente hierosolimitano colocam-se as descrições da liturgia da "grande semana" e do percurso catecumenal referidos no *Itinerário*, de Egéria, uma cristã ocidental que foi peregrina em Jerusalém. Também em nome de Teodoro, originário de Antioquia e, depois, bispo de Mopsuéstia, na Cilícia, é transmitido um ciclo constituído por homilias pré-batismais e mistagógicas, originariamente redigido em grego, mas que permaneceu somente em siríaco, devido às controvérsias cristológicas (cap. 6, item 33.2) que envolveram sua memória. Além disso, costuma-se considerar parte do mesmo gênero de documentação também o que resta de Ambrósio de Milão — uma *Exposição da fé* e dois ciclos mistagógicos paralelos (*De sacramentiis/De mysteriis*) — e de João Crisóstomo, embora seja descontínua a série atribuída a este último.

Todavia, se se abandona a ideia de procurar uma série completa, os testemunhos são em maior número, pois podem ser reconstruídos temas batismais e escansões rituais, tanto no âmbito capadócio (sobretudo Gregório de Nissa e Basílio), como na pregação de bispos menos conhecidos, como Zenão de Verona, ou na hinografia de Efrém, o Sírio, e nas coleções homiléticas de Agostinho. Uma menção à parte merecem os escritos de reflexão sobre a catequese ou de explicação do seu significado, como a *Grande catequese*, de Gregório de Nissa, ou a *Catequese aos principiantes*, de Agostinho de Hipona.

2. Do conjunto da documentação que nos restou podem ser extraídas algumas considerações gerais, articuladas sobre as notáveis semelhanças que permitem uma descrição indicativa dessa prática, sem nivelá-la, porém, ignorando as diferenças presentes nos autores e, portanto, nas respectivas Igrejas a que pertencem. Por isso, é útil determo-nos no **ciclo hierosolimitano**, particularmente linear, que pode representar o fundo no qual inserir também os outros escritos.

As dezoito *Homilias pré-batismais* são precedidas por uma homilia de convite, transmitida como *Protocatequese*. Com linguagem direta e cativante, é sugerido aos presentes que tomem uma decisão e se inscrevam, dando o próprio nome para o percurso, mesmo no caso de participarem só por curiosidade ou por obter os benefícios de algum presente. O catequista — naquela ocasião, o próprio bispo — deve desempenhar a função de porteiro: "De fato, nós, como ministros de Cristo, acolhemos cada um de vós e, desempenhando a função de porteiro, deixamos a porta aberta" (*Procat.* 4). O seu ministério consiste precisamente em "deixar entrar", de modo que cada qual possa se ouvir ressoar para si, pessoalmente, a Palavra de Deus.

De modo sugestivo, na mesma catequese é descrita a mudança que ocorre em quem se torna disponível ao percurso. Primeiro, com efeito, como "catecúmeno", caracterizava-se pela superficialidade e, embora frequentasse a comunidade cristã, era como se para ele tudo acontecesse fora. A passagem da exterioridade para a interioridade, da audição superficial à compreensão profunda da esperança cristã, ouvida nas Escrituras e celebrada nos mistérios, realiza-se por obra do Espírito. Também a catequese mais elaborada e cuidadosa não poderia ter nenhuma eficácia sem a obra contínua (*ergazetai*) do Espírito, que habita na interioridade dos crentes e os transforma em "habitações para Deus", em locais abertos à comunhão com o Pai, por Cristo, no Espírito. Também nisso, porém, como em toda a história da salvação, Deus quis dar espaço à obra humana, que se desenvolve em toda a sua grandeza, justamente quando sabe reconhecer a própria relatividade: "Nós, com efeito, que somos homens, anunciamos e ensinamos essas coisas [...]; está em mim falar, em ti, pôr-te a trabalhar, em Deus, levar a cumprimento" (*Procat.* 17). Aos que estão empenhados na catequese cabe a fadiga e a alegria de anunciar, com a consciência de que o Espírito "trabalha" os corações dos crentes e os abre à compreensão.

Todos, portanto, tanto os catequistas como os catecúmenos, tornam-se *enechoumenoi*, ou seja, povo da escuta e da esperança, a qual se tornou crível e possível por um único e mesmo Espírito: "Eras chamado catecúmeno, a [Palavra] ecoava fora de ti: ouvias falar da esperança, mas não a vias; escutavas falar dos mistérios, mas não os entendias; escutavas as Escrituras, mas não vias a profundidade delas" (*Procat.* 6). A Bíblia inspira constantemente os conteúdos e caracteriza também o desenvolvimento das catequeses, que se apresentam como serviço da Palavra: o catequista não pode se permitir ensinar alguma coisa que não esteja fundada e enraizada na Escritura. Por esse motivo, o símbolo, que provém da Escritura, não deve ser mudado, nem mesmo se o próprio bispo propusesse outro (V,12). Também ele, com efeito, não é "profeta", mas ministro da Palavra: "Nós não profetizamos (com efeito, somos disso indignos), mas apresentamos o que está escrito e indicamos os seus sinais" (XV,4).

O percurso que começa é, além disso, apresentado como diferente da mais comum pregação, da qual podia participar também quem não era batizado — é bem conhecido o exemplo de Agostinho, que, em Milão, tinha ouvido a pregação de Ambrósio (Agostinho, *Confissões*, V,13). No período do catecumenato em sentido estrito a vida cristã e as convicções que a acompanham são apresentadas segundo um critério de completude e de ordem, assim como uma árvore se alimenta das raízes e a construção de uma casa tem início pelos fundamentos: "Imagina que a catequese seja como a construção de uma casa: se não cavarmos profundo e não assentarmos os fundamentos, se não mantivermos as justas proporções na sequência da construção [...], não será de nenhuma utilidade nem mesmo o trabalho anterior" (*Procat.* 11). No ciclo hierosolimitano, essa apresentação tendencialmente completa e ordenada ocorre em primeiro lugar por meio de alguns quadros gerais, que anunciam a misericórdia divina ("Deus ama os homens, ama-os não pouco": é o refrão que percorre a II *homilia*) e a história da salvação, com o que comporta aceitar sua graça na própria vida (*homilia* IV,24: *ekklesía* da compaixão, não do desprezo, seja dos monges com referência a quem é casado, seja de quem é casado uma só vez em relação a quem viva segundas núpcias [*digamoi*]).

3. Depois da abertura representada pela protocatequese e pela inscrição de quem realmente quer participar do percurso para o batismo, começam as **homilias pré-batismais** propriamente ditas, que são dedicadas ao símbolo, explicado frase por frase, mediante o recurso à Escritura, lida em chave tipológica segundo o esquema promessa/cumprimento. Alhures, como testemunha, por exemplo, Agostinho, o procedimento, embora semelhante na intenção, tinha uma diferente articulação, uma vez que antes era feita uma narração sintética e global da Escritura (*narratio plena*: "Quando se começa do 'no princípio Deus criou o céu e a terra' e se chega até nossos dias, da igreja": *A catequese aos principiantes*, III,5) e somente na proximidade da celebração dos sacramentos era apresentado e "entregue" o símbolo, que seria depois coração da profissão de fé batismal (*traditio* e *redditio symboli*). Num sermão para a entrega do símbolo assim se exprime Agostinho: "Escrevê-lo-ás na largueza do teu coração, não deixarás nem sequer um fragmento escrito" (s. 212,2). Nesse contexto específico, a memória cumpre diversas funções que estão ligadas em primeiro lugar a condições sociais e culturais, como a oralidade difundida (= conceito mais útil que "analfabetismo", que indica somente a dimensão de privação) e o costume, do qual se quer distanciar, de portar amuletos com fórmulas mágicas. Essa dupla motivação prática, todavia, deixa espaço também a outro significado, porque a memória é lugar antropológico de custódia, espaço da oração do coração (que é denominada também *hesicasmo* e consiste na repetição de uma oração coordenada com a respiração), pressuposto da meditação orante das Escrituras.

Como se antecipou acima, o percurso leva à celebração de batismo/unção (crismação) e eucaristia, de que os neófitos participavam pela primeira vez: isso, segundo a maioria das testemunhas, ocorria na vigília pascal. É emblemático o que afirmava Tertuliano no século anterior: "A Páscoa é o dia mais adequado para a celebração do batismo, porque é o cumprimento da paixão do Senhor, na qual somos batizados [...]; também os cinquenta dias até Pentecostes são *laetissimum spatium* para o lavacro, porque tempo da presença do Ressuscitado, do dom do Espírito, da espera do retorno do Senhor" (*O batismo*

19). Nas Igrejas sírias, todavia, das quais, na segunda metade do século IV, é testemunha Efrém, também a Epifania, que é celebração da manifestação do Senhor e compreende a memória do seu batismo, é contexto batismal, talvez o principal.

4. A experiência da celebração é apresentada como uma surpresa e o seu desenvolvimento é desconhecido a quem dela participa pela primeira vez: "Entraste, viste a água, o bispo, o levita. Por acaso, alguém diga: 'Isso é tudo?' [...] Tu talvez dizes: 'É o meu pão costumeiro'..., mas não é o pão costumeiro!" (Ambrósio, *Os sacramentos*, I,9; IV, 14). As explicações dos "mistérios" (= sacramentos) de que se participou são, de fato, dadas na semana seguinte, em catequeses específicas: é nesse contexto que "**mistagogia**" assume um significado técnico particular, não estranho ao sentido mais geral do termo, mas específico, para indicar as catequeses que se sucedem com regularidade e intensidade — na semana *in albis*, como se usava dizer em alguns contextos latinos, porque os neófitos intervinham com as vestes brancas. Os novos batizados eram convidados a repercorrer a experiência feita na celebração da vigília pascal, passando em resenha cada um dos momentos dos ritos, interpretados com base na tipologia: o evento de salvação, ou seja, a Páscoa do Senhor, está unido à sua pré/figuração veterotestamentária e indicado presente no rito, que é assim interpretado como uma espécie de pós/figuração.

Mesmo nas não pequenas diferenças presentes nos ciclos mistagógicos supramencionados, há uma semelhança de fundo, representada pelo recurso à experiência feita e pela sua interpretação mediante dois instrumentos, utilizados em diferentes proporções, mas fundamentalmente partilhados. Trata-se da estrutura bíblica, reunida, como já foi lembrado, mediante a tipologia, e da sua interpretação com base em categorias filosóficas de fundo platônico. Esse conjunto permite colocar o rito experimentado no horizonte histórico salvífico, mas, ao mesmo tempo, interpretá-lo segundo uma concepção do mundo partilhada. Não se trata, com efeito, de recorrer a uma instrumentalização técnica, mas a uma visão comum, segundo a qual o núcleo importante da realidade, o espiritual, é de tal densidade que deixa sua marca nos outros níveis, entendidos como suas imagens. Quando essa concepção filosófica em sentido lato é aplicada à iniciação cristã e às celebrações em geral, permite explicar, de forma culturalmente partilhável, que o nível da realidade é representado pelo mistério pascal, que dá sua forma tanto às *imagens* veterotestamentárias (*typos*, *figura*), como às *imagens* rituais (*antitypon, figura*). Nesse duplo sentido, as homilias mistagógicas revelam-se valiosas para a história do cristianismo, porque dão a descrição precisa de cada momento dos ritos e contêm uma incipiente teoria sacramental.

> **Inserção 2**
> **Jerônimo e a "hebraica veritas"**
>
> A invenção e difusão da imprensa no século XV tornou a questão do estado dos manuscritos um problema para peritos e filólogos, a ponto de tornar hoje dificilmente compreensível a situação dos séculos anteriores. A fragilidade e a dispendiosa reprodução dos papiros e dos pergaminhos tinham muitas consequências, uma das quais era a proliferação de variantes até nos textos mais controlados e importantes, como as versões da Escritura, quer no âmbito judaico, quer no âmbito cristão. Depois do debate em relação a Marcião (que teria proposto somente textos cristãos e fundamentalmente de matriz paulina) e dos grupos cristão-judaicos que gostariam, ao contrário, de eliminar tal inspiração, os escritos cristãos em língua grega são precedidos nas listas precursoras do Cânon pelos escritos judaicos, dando, assim, vida à divisão da única coleção em Antigo e Novo Testamento. Os códices que apresentam integralmente essa Escritura judaico-cristã (Alexandrino, Sinaítico) são do século V e para o Antigo Testamento privilegiam a versão alexandrina, chamada LXX, segundo a lenda que diz ter sido tradução simultânea de setenta sábios. Essa forma grega é evidentemente anterior à obra dos massoretas, que vocalizaram o texto hebraico a partir do século VIII da era vulgar. Todavia, não é a única tradução grega: Orígenes, no século III d.C., tinha redigido, com a ajuda de copistas, uma sinopse em seis colunas, chamada *Héxapla*, na qual, ao lado de uma coluna em hebraico e uma em hebraico transliterado (ou seja, escrito em caracteres gregos), tinha posto em paralelo quatro diferentes versões gregas (LXX, Áquila, Símaco e Teodocião). As Igrejas, todavia, estavam espalhadas para bem além do âmbito helenístico e, por isso, há muitas traduções, em contexto siríaco (é importante a versão chamada *Peshita*) e latino e, progressivamente, nas línguas copta, etíope *ge'ez*, armênia, georgiana, gótica (cap. 3, item 17 e cap. 4, item 18).
>
> No âmbito latino, em particular, tinham-se difundido traduções próximas a uma versão antioquena, chamada Lucianea, diferente da alexandrina também pela forma amplamente paratática (ou seja, com muitas frases coordenadas em lugar de subordinadas segundo o uso clássico latino e grego), próxima das modalidades semíticas. O conjunto dessas traduções é indicado como *Vetus latina* (frequentemente distinta em *Afra* e *Ítala*), cujos códices mais antigos e não completos são posteriores ao século V. Os autores que, desde o fim do século II, sobretudo

no contexto africano, citam a Escritura em latim fornecem diversos exemplos das várias formas de antiga versão, dando um sentido de grande instabilidade e de incerteza do texto. Dessa dificuldade está consciente também Agostinho (*A doutrina cristã*, II,11,16), mas a abordagem específica que caracterizará a Bíblia latina nos séculos seguintes deve-se, sobretudo, à obra de Jerônimo. Nascido em Estridão, na Dalmácia, Jerônimo adquire uma cultura latina sofisticada, vivida, talvez, com certo sentido de culpa, se se deve aceitar o que ele próprio refere na carta a Eustóquio, segundo a qual o Cristo, em sonho, o teria censurado por ser mais ciceroniano do que cristão. Além disso, conhece muito bem também o grego e se vangloria do conhecimento do hebraico, a ponto de ter merecido a fama de *vir trilinguis*, embora no século XX a amplitude de seu conhecimento das línguas semíticas tenha sido posta em dúvida sobretudo por Nautin, que supunha depender ele mais das traduções apresentadas por Orígenes. Embora redimensionado, esse conhecimento não pode ser totalmente ignorado. Além do que se destaca nos seus trabalhos exegéticos, há testemunho de familiaridade com o hebraico também no epistolário — por exemplo, nas cartas escritas às suas correspondentes do Aventino, em particular a Marcela, mulher de vasta cultura até bíblica, com a qual discute sobre o significado de termos hebraicos e em cuja casa, segundo a epístola 127, os Salmos eram rezados em latim, grego e hebraico (item 29.4).

É sobretudo na colaboração com o papa Dâmaso, todavia, que tem início um articulado trabalho de revisão dos códices bíblicos latinos, que, progressivamente, se amplia até compreender uma complexa relação com os textos hebraicos. Nasce, assim, o projeto que levará à redação da *Vulgata*, que compreende quer a revisão das velhas versões latinas, quer a nova tradução do grego da LXX e do Novo Testamento, quer partes traduzidas do hebraico ou, pelo menos, comparadas com os manuscritos nessa língua. Deve-se, todavia, observar que a afirmação da *Vulgata* não foi nem imediata nem total e que na Idade Média circulavam códices dela contendo também seções segundo a *Vetus latina*. Com a chegada da imprensa, foram produzidos diversos exemplares, mas sem nenhuma edição crítica, como lamentou o Concílio de Trento. As revisões modernas quiserem remediar essa carência, ou seja, a que desejou Sisto V, com interpolações que falseavam diversas passagens, e, depois, a de melhor qualidade redigida sob Clemente VIII (daí o nome de *Sisto-clementina*) (vol. III, cap. 4, item 16.4). Em 1907, por sugestão da Pontifícia Comissão Bíblica, uma verdadeira edição crítica foi confiada por Pio X a uma equipe de estudiosos beneditinos.

O empreendimento da *Vulgata* está, contudo, ligado à memória de Jerônimo e à sua estima pela *hebraica veritas*, expressão tirada da introdução do seu *Comentário a Miqueias* (I,1,16), mas que pode interpretar mais amplamente a sua prática constante de confronto com as antigas versões, sejam elas reconstruídas por meio da *Héxapla* origeniana, seja mediante os ensinamentos de mestres a amigos judeus, como Baranina, seja por meio do recurso às bibliotecas sinagogais. A *Carta* 36 a Dâmaso, tenha ela sido enviada realmente em 384, enquanto ambos se encontravam em Roma, seja uma reconstrução póstuma de Jerônimo, permite uma abordagem interessante a essa modalidade de trabalho: "Apenas recebi a carta de vossa santidade, logo fiz chamar o escrivão, ordenando-lhe redigir a resposta. Eu, entretanto, enquanto ele se preparava para esse trabalho, refletia comigo mesmo sobre o que deveria expressar, ao ditar. Mas, justamente quando estávamos para movimentar eu a minha língua e ele, a pena, surgiu repentinamente um judeu que me trazia não poucos livros tirados da sinagoga sob pretexto de estudo. Disse-me ele, sem preâmbulos: 'Eis aqui o que tinhas pedido'. Eu hesitava e não sabia que decisão tomar; mas a pressa dele me assustou, a ponto de me fazer deixar de lado qualquer outra coisa para me entregar à transcrição deles. E ainda hoje a estou fazendo" (*Carta* 36,1).

Pouco mais adiante, todavia, para responder aos quesitos que lhe tinham sido propostos, detém-se sobre o significado de "Se alguém matar Caim, sete vezes sofrerá vingança" (Gn 4,15), afirmando que lhe parece mais certo "confrontar as traduções de todos os intérpretes com a original hebraica, para poder entender mais facilmente o sentido da Escritura: *vaiomer lo adonai lochen chol orec cain sobathaim ioccamo*" (*Carta* 36,2: a transliteração está inserida assim por Jerônimo na carta). Prossegue, de fato, comparando Áquila, Símaco, Setenta e Teodocião, ou seja, seguindo a ordem da *Héxapla*, de Orígenes, para referir depois também um ensinamento recebido de "um judeu" que referia dados provenientes de alguns "livros apócrifos" (*Carta* 36,5).

Nas suas traduções procura, portanto, dar ao texto uma forma latina literariamente elegante, mas tentando, em alguns casos, maior aproximação ao hebraico, embora os critérios adotados tenham obviamente um cunho pessoal e opinável. Um exemplo é o aparecimento em cena do nome de Eva, utilizado também por Tertuliano, mas difundido sobretudo por obra de Jerônimo. Em *Gênesis* 3,20, com efeito, o hebraico *hawwâ* é traduzido pela LXX por *zôê* e pela *Vetus latina* por *vita* (*Adam imposuit nomem uxori suae Vita quia mater est omnium vivorum*), ou seja, "Adão chamou sua mulher de Vida, porque é mãe de todos os viventes", mas Jerônimo, nesse caso, preferiu uma transliteração, mais do que uma tradução, e assim traduziu "chamou sua mulher de Hava/Eva", tornando, assim, de difícil compreensão o motivo que ligava o nome ao significado. Tinha utilizado, porém, outro critério, quando se tratou de traduzir "será chamada mulher, porque foi tirada do homem" (Gn 2,23: em hebraico *iś/iśśa*), procurando o substantivo raro e bem depreciativo de *virago*, porquanto próximo de *vir*. Também esses pormenores ajudam a compreender "as antigas versões bíblicas como interpretações" (Rizzi, 12).

Nota bibliográfica

Fontes

ABBAZIA DI BEURON (org.). *Vetus Latina. Die Reste der altlateinischen Bibel nach Petrus Sabatier*. Friburg: Herder, 1949.
COLA, S. (org.). *Gerolamo (san), Le lettere*. Roma: Città Nuova, ²1997.
COMMISSIONE PONTIFICIA PER LA REVISIONE ED EMENDAZIONE DELLA VULGATA (org.). *Bibbia Sacra iuxta latinam vulgatam versionem*. Roma: Tipografia Poliglotta Vaticana, 1926-1995.

Estudos

GRIBOMONT, J. Les plus anciennes traductions latines. In: FONTAINE, J.; PIETRI, CH. (ed.). *Le monde latin antique e la Bible*. Paris: Beauchesne, 1985, 43-65.
LEANZA, S. Gerolamo e la tradizione ebraica. In: MORESCHINI, C.; MENESTRINA, G. (orgs.). *Motivi letterari ed esegetici in Gerolamo*. Bréscia: Morcelliana, 1997, 17-28.
MORANO RODRIGUEZ, C. Approccio filologico alle traduzioni bibliche latine e alla relativa esegesi. In: BØRRESEN, K. E.; PRINZIVALLI, E. (orgs.). *Le donne nello sguardo degli antichi autori cristiani. L'uso dei testi biblici nella costruzione dei modelli femminili e la riflessione teologica dal I al VII secolo. La Bibbia e le donne*. Trapani: Il Pozzo di Giacobbe, 2013, v. 5.1, 175-189.
PRINZIVALLI, E. "Sicubi dubitas, Hebraeos interroga". Girolamo tra difesa dell'Hebraica veritas e polemica antigiudaica. *Annali di Storia dell'Esegesi*, 14, 1 (1997) 179-206.
RIZZI, G. *Le antiche versioni della Bibbia, Traduzioni, tradizioni e interpretazioni*. Cinisello Balsamo (MI): San Paolo, 2009.

29. O monaquismo: formas e modelos

1. O fenômeno monástico é realidade plural, cuja complexidade deriva da multiplicidade das formas, da variedade das motivações e também da equivocidade do termo, hoje imprescindível para oferecer dele um quadro geral, mas não tão difundido na Antiguidade e nem sempre valorizado. É, portanto, útil começar pelo **quadro terminológico**, seja pela precisão historiográfica, seja pela compreensão adequada do conceito. Sob o ponto de vista etimológico, "monge/monástico" remete evidentemente a *monos*, que significa "um só", "solitário": "ficarão *monachoi*", lê-se num *loghion* do *Evangelho de Tomé* (l. 16, cf. 49; 75). A mística neoplatônica propõe uma visão espiritual em que a vida do sábio se põe como *phygé monou pros monon* ("fuga de só para só" ou também "fugir sozinho em direção a ele só") (Plotino, *Enéadas*, VI,9,11,50), destinada a grande êxito, até a modernidade.

A questão não é, porém, evidente, nem pelo uso antigo, nem pelo significado. Quanto ao uso, pode-se observar que o termo é utilizado inicialmente com parcimônia nas fontes e só lentamente tende a prevalecer: se está presente de forma consistente no texto latino que entrega ao Ocidente a *Vida de Antão*, no corpo do texto propriamente dito a sua presença é menos insistente e está inserida dentro de um campo semântico mais complexo, que fala de "virgens", "anciãos", "anacoretas" e daqueles que "vigiam sobre si mesmos". O termo "monges" não está presente nos escritos ascéticos de Basílio de Cesareia, em que se fala de "irmãos" e "irmãs", nem nos testemunhos hierosolimitanos de Cirilo/Egéria que concordam mais sobre o termo *monazontes* para os homens e *parthenai* para a mulheres; Egéria, além disso, na sua viagem encontra pessoas que indica como ascetas, *apotattiti* (renunciantes) e também monges. Tampouco se pode esconder uma áurea de suspeita em relação a semelhantes experiências, que tende a envolver também o termo: "*monachi multa scelera faciunt*" ("os monges cometem muitos crimes") é o comentário do imperador Teodósio diante dos instigadores do caso de Calínico (Ambrósio, *Carta 1 extra coll.*: cap. 4, Inserção 2 – *A sinagoga de Calínico*). Antes, uma lei de Valente (CT XII,I,63, promulgada em Beirute) censurava aqueles que desertavam das obrigações da cidadania para se retirar ao deserto com o pretexto da religião, unindo-se aos grupos de *monazonton* ("sub especie religioni congregantur cum coetibus *monazonton*"), inserindo o termo grego dentro do texto latino. No século seguinte, o pagão Rutílio Namaziano fala dos solitários nas ilhotas do Tirreno: Capraia "tornou-se triste pela presença de homens que odeiam a luz e que se denominam com a palavra grega *monachi*" (*O retorno*, I,439).

A pluralidade terminológica acompanha a variedade das formas que outrora e ainda hoje se reúnem no termo: cada pessoa, homem e mulher, que na cidade ou em lugares solitários se retiram para uma vida de oração e ascese; comunidade de vida comum (= cenóbios) muito diferentes entre si, desde as inseridas na ordinária trama eclesial às que formam pequenas aldeias em lugares isolados; círculos ascéticos que, sem prever a coabitação, vivem uma comunidade de procura espiritual e de oração comum; casais que, no matrimônio ou numa união ascética (= *syneisactoi*), levam adiante um percurso espiritual e abstinente; irmandades de presbíteros celibatários e casas de diaconisas não casadas ou viúvas.

Essa espécie de salto entre o termo e a realidade indicada aparece também com relação à compreensão do seu significado, pois a solidão entendida como separação, seja a eremítica, seja simplesmente a forma virginal/celibatária, representa apenas uma das dimensões monásticas cristãs. Devem ser lembrados pelo menos outros dois elementos: a ideia de unificação e a de comunhão.

A primeira tem raízes que se afundam no horizonte judaico e são testemunhadas tanto nos salmos, como nos escritos cristãos mais antigos, nos quais a raiz hebraica *jhd* é traduzida por *haplotês, simplicitas*. Indica "não duplicidade", mas também o dispor-se segundo uma perspectiva unificadora (monotropa), e no cristianismo siríaco o termo a ela relativo e utilizado também para os solitários, *iḥidāyā*, tem forte enraizamento cristológico: unificados em relação com o Filho dileto/de maneira irrepetível (= *monogenês*). Também quando muda o horizonte cultural, esse significado continua presente, como mostra a linguagem agostiniana: "Dissipei-me nas coisas e nos tempos [...] agora não mais fragmentado, mas recolhido; antes, voltado para Ti" (*Conf.* XI,29,39). Na mesma direção, pode-se compreender uma das expressões centrais da *Regula ad servos Dei* (conhecida também como *Praeceptum*), que a tradição manuscrita atribui a Agostinho: "O Senhor vos conceda observar com amor essas normas, como enamorados da beleza espiritual [...], não como servos sob a lei, mas como filhos livres [= em latim, dada a concepção da *familia* que compreende servos, *liberi* significa 'filhos' e também 'homens sem vínculos de escravidão', N. do R. italiano] sob a graça" (*Praeceptum*, VIII,48).

O processo espiritual de unificação pessoal, todavia, não seria suficiente sozinho para traduzir o significado da vida monástica, que se caracteriza também por uma forte dimensão de comunhão. A esse propósito cita-se com frequência uma expressão de Evágrio: "Monge é quem está separado de tudo e a tudo/todos unido" (*A oração*, 124). Nos sintéticos ditos referidos a pais e mães do deserto (= Apoftegmas) esse aspecto é apresentado muitas vezes mediante a dimensão da orientação espiritual, uma vez que a solidão não é isolamento, mas prevê a comunicação da experiência espiritual e das suas dificuldades. Pode-se ainda recorrer a Agostinho, o qual em sucessivas interpretações de Atos 4,32 entende "*cor unum* como *cor simplex*", mas também como "*non solus in turba, sed unus cum multis*" ("não solitário entre a multidão, mas *um* com muitos"). Nesta última expressão pode-se entrever um distanciamento de Jerônimo, que de Calcide convidava Eliodoro a viver o significado do nome de *monachus*, que este último se atribuía: "*Quid facis in turba, si solus es?*" ("Por que estás no meio da multidão, se tu estás *só?*") (Jerônimo, *Carta* 14,6). Pode-se compreender, assim, a proximidade com a expressão de Plotino, mas também o distanciamento: "Sozinhos com o Único"; embora seja uma referência importante, é uma ressemantização e assume uma dimensão relacional característica, que se pode indicar precisamente como comunhão. Esse fio interpretativo dá crédito ao que parece uma inspiração profunda e uma instância dominante nas fontes, bem como, em certo sentido, na ininterrupta tradição monástica, sem, por isso, ignorar também o caráter problemático, sob o ponto de vista da concepção do humano e da sexualidade em especial, de muitos escritos (Inserção 3 – *Joviniano: defesa do matrimônio e eclesiologia*).

Na descrição que segue, utilizam-se os termos monges/monástico na acepção geral, embora levando em consideração as observações acima feitas. As principais experiências monásticas são apresentadas segundo uma grade já clássica, preferindo uma classificação por tipologias e genealogias (anacoretismo, vida cenobítica, reforma basiliana, monaquismo culto evagriano para o Oriente; e para o Ocidente as irmandades presbiterais, os círculos ascéticos e as comunidades familiares) a uma de tipo principalmente geográfico. As fontes literárias monásticas insistem sobretudo nos significados: exigem, todavia, na medida do possível, serem confrontadas com as fontes de outro tipo, como as epistolares e os escritos administrativo-econômicos, bem como os dados arqueológicos, para confrontar o plano ideal prescritivo com o histórico descritivo. Esse tipo de leitura cruzada das fontes, que somente a preço de indevidas simplificações poderia eliminar as propriamente monásticas, é, em todo caso, mais fácil para as épocas que se seguem ao século IV.

2. Experiências de vida monástica são testemunhadas desde as **origens cristãs**. Como simples exemplo, podem ser lembradas a figura profética de Melitão, no século II, "bispo eunuco que viveu totalmente no espírito" (Pólicrates de Éfeso a Vitor, em Eusébio, HE V,24,5) e o testemunho de Justino sobre homens e mulheres que mantiveram a virgindade por toda a vida (*Apologia* I,15,6). No século III devem ser lembradas as *virgens* de Cartago, mencionadas por Tertuliano e, depois, também por Cipriano, bem como toda a história ascética de Orígenes, mas também, especificamente, a sua permanência em Cesareia com a virgem Juliana, que o presenteou com um códice bíblico importante.

Deve ser também mencionado pelo menos o *Simpósio*, de Metódio de Olimpo, no qual o diálogo platônico é atualizado num banquete entre mulheres virgens e no qual o léxico da pureza, da castidade como virtude de moderação e como prática de continência, enfim da virgindade, é testemunha de uma reflexão sofisticada a respeito. No século IV, a experiência monástica assume, todavia, uma importância totalmente particular, conjugando essa múltipla herança com fatores concomitantes, como o aumento numérico das comunidades cristãs, um específico quadro socioeconômico, a nova situação de aliança com o Império.

A *Vida de Antão* permite examinar mais de perto muitas das questões implícitas. O escrito apresenta-se como uma carta de Atanásio de Alexandria às Igrejas do Ocidente, com o objetivo declarado de dar a conhecer, por meio de Antão, "um modelo de vida ascética". Embora o nascimento e o desenvolvimento de formas de vida ascética devam ser referidos a múltiplos contextos geográficos e culturais, a enorme e rápida difusão do escrito contribuiu para fazer do **monaquismo egípcio** o tipo de toda forma monástica. De modo não distante da concepção clássica do *bios*, em que a narração da vida do protagonista corresponde a grades pré-constituídas e tem finalidades encomiásticas e parenéticas, a *Vida de Antão* foi compreendida como "uma regra de vida monástica sob forma de relato" (Gregório de Nazianzo, *Or* 21,5).

Se posta em confronto com a coleção epistolar que nos chegou em recensão árabe, em nome do próprio Antão, e com as informações que sobre o *abba* do deserto oferece a *História lausíaca*, de Paládio, podem ser dela extraídos dados interessantes, seja sob o ponto de vista da literatura monástica, seja sob o ponto de vista histórico. Segundo a *Vida*, Antão, nascido numa família cristã na segunda metade do século III, teria sido iletrado e, depois de seu retiro progressivo, a partir da vida retirada passada nas proximidades da sua aldeia, em que é instruído por um "ancião", até a última estada na região mais interna do deserto, teria ido a Alexandria somente por duas vezes: uma, durante a perseguição de Diocleciano, à procura do martírio, e outra, durante a disputa ariana (c. 338), para defender o partido niceno e atanasiano. Segundo Paládio, porém, Antão teria ido mais vezes a Alexandria, para se encontrar com Dídimo, o exegeta cego que praticava a vida monástica na cidade. Do *corpus* epistolar, pois, conclui-se que era um homem não apenas capaz de escrever, mas também não estranho à tradição espiritual origeniana.

Essas gritantes divergências são suficientes para explicar a complexidade das fontes: é uma trama de vida ascética antecedente e concomitante à de Antão, que se especifica por uma modalidade de separação e distanciamento, que se torna possível prática e simbolicamente graças ao deserto, e pela presença de uma rede de apoio e de recíproca orientação espiritual. Esta última dimensão na *Vida* é dada a Antão pela terceira de suas etapas, quando recebe o dom do discernimento dos espíritos e pode, por sua vez, tornar-se "pai" (*abba*) de muitos discípulos, de modo que "o deserto se tornou uma cidade" (*Vida* 14,7). Alguns sumários (ou seja, seções sintéticas com o verbo no imperfeito, para indicar dimensões habituais) apresentam sob forma de descrição o que é um programa de vida: "Trabalhava com as próprias mãos, pois ouvira: que o preguiçoso não coma. Parte do seu ganho servia-lhe para conseguir o pão, parte o distribuía a quem tinha dele necessidade. Orava sem parar, sabendo que é preciso orar à parte, sem interrupção, e estava tão atento à leitura das Escrituras que não deixava se perder nada do que ali estava escrito, mas lembrava tudo e a memória estava para ele no lugar dos livros" (*Vida* 3,6-7).

O percurso espiritual esboçado por meio dos sumários e das etapas revelam uma elaboração muito cuidadosa: por isso, parece difícil que Atanásio, embora permanecendo no deserto, depois de seu terceiro exílio, tenha podido escrever uma obra do gênero sem a ajuda de quem tinha uma experiência monástica madura e esclarecida. Entre as possíveis contribuições surgiu o nome de Serapião, monge e depois bispo de Tmuis, o mesmo que é destinatário das cartas atanasianas sobre o Espírito Santo (item 26.2) e que é citado várias vezes na própria *Vida* (*Vida* 82,3; 91,9; cf. *Prólogo* 5). A intenção parenética de Atanásio revela o duplo objetivo de legitimar o próprio episcopado niceno, mostrando gozar do apoio monástico e, contemporaneamente, de convidar os monges a se manterem ligados às Igrejas episcopais, a fim de que a *fuga mundi* não se tornasse uma *fuga ecclesiae*.

Sob o ponto de vista das modalidades de habitação, deve-se concluir que as moradas dos "**solitários**" se encontravam em lugares isolados, mas não distantes umas das outras: essa forma, denominada monaquismo "anacorético", é depois testemunhada na Palestina na modalidade da *Laura*, constituída por pequenas habitações (celas) próximas, com um lugar central para os encontros comuns, de modo não dessemelhante do que no monaquismo ocidental medieval se realizou e ainda pode ser visto em Camaldoli (Arezzo).

As fontes relativas à contemporânea experiência de Pacômio são identificadas como especial início de **vida comum** (= cenobítica). A respeito dele são conservadas diversas *Vidas* — que se citam habitualmente no plural porque se dividem em gregas e coptas; estas últimas em língua saídica — e à paternidade dele e de seus sucessores, entre os quais emergem Orsiese e Teodoro, referem-se também regras de vida, difundidas também numa tradução latina por obra de

Jerônimo. Nascido numa família pagã, no sul do Egito, na última década do século III, Pacômio, segundo tais fontes, teve contato com cristãos em 312, quando foi recrutado à força para o exército de Maximino Daia em luta contra Licínio e levado para o norte, numa viagem extenuante ao longo do Nilo. Numa parada em "Shne (Licópolis), capital do antigo império", foi recebido por pessoas que, sem pedir nada em troca, ofereceram a ele e a seus companheiros água e pão, "forçando-os a comer porque tomados por grande dor" (*Vida copta*, 7). Tendo se informado, soube que "são cristãos e são misericordiosos com os estrangeiros e todos os homens [...], levam o nome de Cristo, o filho unigênito de Deus, e fazem bem a todos, porque esperam nele, que fez o céu e a terra e nós, homens" (*Vida grega primeira*, 4). Naquele momento, decidiu, ser também ele cristão: desse modo, a forma de caridade que o tinha evangelizado tornou-se também a forma da vida monástica por ele posta em prática, na qual o amor fraterno ocupa um lugar relevante.

A vida na comunhão pacomiana caracteriza-se justamente por esse Evangelho de serviço fraterno em relação ao "gênero humano". As comunidades eram divididas em masculinas e femininas e se apresentavam como verdadeiras aldeias. A comunidade maior surgiu em Tabenesi, mas devem ser lembradas também Phbow (hoje perto de Faw al-Qibli) e a vizinha Sheneset, nome copta de Khenoboskion (hoje, Qasr al-Sayyad): nessa região foram encontrados, em 1945, os códigos gnósticos chamados "de Nag Hammadi", de modo que foi proposta também a hipótese de uma relação entre essa coleção e as aldeias pacomianas ali presentes.

3. O Egito representa, desse modo, um lugar típico do desenvolvimento da vida monástica, tanto anacorética como cenobítica. Essa tipicidade, todavia, apresentada por textos muito difundidos e reconhecida com ênfase pelos contemporâneos, não deve ser assumida com ingenuidade, como se correspondesse, de fato, também a uma indubitável precedência cronológica. Nas regiões da Síria, Mesopotâmia e Armênia estiveram certamente presentes experiências semelhantes, em época difícil de ser determinada: quando, porém, nos anos sessenta do século IV, aparece em cena Basílio de Cesareia, ele tem a possibilidade de entrar em contato com experiências monásticas difundidas; em particular, emerge de seu epistolário o nome de Eustácio, por um período também bispo de Sebaste, na Armênia, ao passo que dos outros escritos do irmão Gregório é apontado o exemplo da comunidade com base familiar ampliada, guiada pela irmã Macrina. Com respeito a ambas as experiências, contudo, Basílio deu uma marca pessoal às comunidades de vida comum: o seu nome, com efeito, está ligado, não só à fase decisiva do confronto trinitário (item 26.2), mas também à que pode ser considerada uma reforma da vida monástica, graças à qual foi acentuada a dimensão eclesial e foram introduzidos elementos de equilíbrio na dimensão ascética do monaquismo. As fraternidades basilianas, no limiar da cidade de Cesareia, foram também lugares de acolhimento dos pobres e dos estrangeiros: o bairro que hospedava a *xenodoquia* recebeu depois o nome de Basilíade.

As chamadas **regras basilianas** (*Pequeno e Grande asceticon*) não são textos normativos em sentido estrito, mas coletâneas de perguntas e respostas que têm ainda o eco do vivo colóquio sobre a Escritura, a liturgia e a vida cristã. Junto com essas coletâneas, deveriam ser considerados, para avaliar a contribuição capadócia aos percursos espirituais, pelo menos também alguns escritos do irmão Gregório de Nissa, como a *Vida de Macrina*, as *Homilias sobre o Cântico* e a *Vida de Moisés*, que apresentam um impulso sem interrupção, graças à estabilidade do enraizamento em Cristo. É o que se consegue no tema chamado de *epéctasis*, em que a figura retórica do oximoro sustenta a inspiração própria da *Fil* 3,13: "Em mim há tanto lugar que quem corre interiormente não poderá jamais deixar de correr. Mas a corrida em outro sentido é imobilidade: segura-te no rochedo, lhe disse" (*Vida de Moisés*, II, 243).

Pelo menos outro nome oriental deve ser lembrado por sua própria história e pelo desenvolvimento do monaquismo egípcio do fim do século IV que permite reconstruir. Trata-se da personalidade controversa de Evágrio, originário de Ibora, no Ponto, onde nasceu por volta de 350. Tendo se formado com Basílio, foi na juventude consagrado por ele como leitor, deslocando-se para Constantinopla por ocasião da morte do capadócio (379). Episódios de sua vida pessoal convenceram-no a abandonar aquele percurso e se dirigir para contextos monásticos: depois de ter estado com Melânia, a Anciã, em Jerusalém, nos anos 380, foi depois para o Egito, primeiro para Nítria e, enfim, para Quélia (= as Celas), onde permaneceu até 399, ano da sua morte. Esses conjuntos monásticos, formados de celas situadas a grande distância umas das outras, representam junto com Scete os chamados "desertos", na parte ocidental do delta do Nilo; segundo Paládio (*História lausíaca* 7,2), por volta de 390, nas Celas, encontram-se cerca de seiscentos monges, dispersos num território muito amplo. Restaram muitos escritos de Evágrio, alguns em grego, outros somente em tradução por causa da questão origenista, iniciada depois de sua morte e drasticamente levada adiante (543) por Justiniano, com sanção tanto de um sínodo de Constantinopla, presidido pelo patriarca Memna, como do papa Vigílio, em Roma (vol. II, cap. 2, item 5.3). O quadro que daí resulta é o de um percurso intelectual e monástico original, que se desenvolve a partir de um enfoque origeniano, ou seja, no qual o progressivo vínculo com o divino se desdobra num percurso de abandono da superfície da realidade para atingir a sua forma espiritual. Para além da interpretação geral do seu empreendimento, que não tem o consenso de todos os estudiosos, interessa aqui ressaltar que, embora na sua originalidade, está inserido num mais amplo quadro de percursos monásticos egípcios e testemunha seu elevado teor filosófico e teológico.

4. O Ocidente não pode se gabar de documentação tão ampla em época precoce, mas, como já sugerido, não se devem assumir as afirmações dos escritos de propaganda, que atribuem a proeminência tipológica e a precedência cronológica à realidade egípcia, como prova documentária da ausência de formas de vida ascético-monástica. A situação ocidental, com efeito, embora com menor eficácia e difusão de escritos próprios e programáticos, apresenta-se interessante e variada, quando se consideram suas fontes específicas. De fato, nela emergem tanto modalidades difusas no território (desde a presença de solitários nas ilhas até redes espirituais sem convivência), quanto contextos de vida comum masculina em que a *diakonia* é vivida também em forma de ministério presbiteral, contribuindo, assim, para o fenômeno tipicamente ocidental da tendência à clericalização da vida monástica, a que corresponde uma progressiva monasticização da vida presbiteral.

O epistolário de Jerônimo é fonte preciosa para reconstruir diversas dessas formas. Por exemplo, escrevendo a Altino e a Aquileia, refere a existência de ascetas nas ilhas do Adriático, como Bonoso. Além disso, Jerônimo viveu junto com monges da Calcide, na Síria, frequentou o círculo do Aventino, em Roma, e, enfim, fez surgir uma forma de vida monástica com comunidades tanto masculinas, quanto femininas, em Belém.

Os nomes ligados à Igreja de Aquileia são Valeriano, Cromácio, Eliodoro e Rufino, junto com algumas mulheres lembradas não pelo nome, mas pelos laços de parentesco, porquanto irmã ou mãe de um ou de outro: é difícil, porém, estabelecer se a escolha pessoal continente dessas pessoas, algumas das quais membros do clero, possa se referir a uma espécie de cenóbio episcopal.

Segundo Ambrósio de Milão, deve-se reconhecer, sob esse aspecto, uma prioridade cronológica à experiência de Eusébio de Vercelli, defensor do grupo niceno e atanasiano e, por isso, em 355, também exilado. Dele, com efeito, afirma que "pela primeira vez, no Ocidente, reuniu em si duas modalidades distintas na igreja, vivendo a forma monástica na cidade e guiando a igreja em modalidade ascética" (*Carta* 63,66). O terceiro bispo depois de Eusébio, Honorato de Vercelli, presente à cabeceira de Ambrósio no momento da morte dele (397), fazia parte daquele *monasterium*. Um sermão pela memória de Eusébio, atribuído no século seguinte a Máximo de Turim, concorda em afirmar a singularidade dessa realidade, na qual os monges eram também clérigos.

Segundo a *Vida* que Sulpício Severo dedica a Martinho de Tours, o primado em ter vivido algumas das modalidades supracitadas por Eusébio caberia, antes, ao soldado de Panônia (em grande parte correspondente à atual Hungria), que se converteu à *militia Christi*. Depois da sua conversão, Martinho, segundo essa narrativa, foi a Poitiers, em 353, encontrar o bispo Hilário (cap. 4, item 18.3 e item 19.3), que foi exilado, porém, pouco depois do encontro deles. Interrompida a ligação com Hilário, Martinho transferiu-se para Milão, onde, todavia, residiu por um breve período, porquanto não bem aceito pelo ariano Auxêncio, bispo da cidade, na época. Retirou-se, então, para a ilha de Gallinara (mar da Ligúria, diante de Albenga) até o retorno de Hilário do exílio, em 360. Voltou, então, também ele para a Gália, colaborando com o bispo de Poitiers e fixando a própria residência perto da cidade, num lugar chamado Ligugé. Enfim, em 370, foi eleito, por sua vez, bispo de Tours, cargo que desempenhou dividindo-se entre a sé episcopal no centro urbano e a casa monástica em Marmoutier, a pouca distância de Tours, mas isolada no campo.

Analogamente ao que se pode dizer a respeito da experiência egípcia, não só, dado o estado das fontes, não é fácil estabelecer precedentes cronológicos precisos, mas essa tentativa é também de importância secundária, porque a presença de experiências semelhantes no mesmo contexto histórico esboça um quadro de traços convergentes. Nele as comunidades de um mesmo tipo e os escritos que as apresentam contribuem para a difusão ulterior de semelhantes formas de vida, que acabam, assim, caracterizando uma época e um contexto eclesial.

Não há dúvida de que a cidade de Roma tenha conhecido experiências múltiplas e diversificadas. Entre elas, pela peculiaridade, põe-se aqui em destaque a existência de redes ascético-espirituais que se costumam indicar como círculos: em particular o do Aventino, colina em que se encontrava a maioria das habitações, especialmente o grupo que se reunia habitualmente na casa dos Anici, *gens* que contava muitas mulheres devotas, como Faltônia Anícia Proba, Juliana, Demetríades. Nesta última casa ocorriam também as reflexões espirituais do asceta britânico Pelágio (cap. 6, item 31.4).

Sobre a experiência realizada no **Aventino**, a fonte principal é ainda o epistolário de Jerônimo, cujas cartas são enviadas a diversas pessoas do grupo: as palavras delas são encontradas agora somente como cópias das respostas do dálmata, que conservou, assim, a memória e a experiência delas de modo mais forte do que poderia acontecer em escritos hagiográficos. Com efeito, quando, de volta da experiência oriental, Jerônimo, em 382, se estabeleceu em Roma, entrou em contato não só com o papa Dâmaso, que foi, de certo modo, seu mentor e protetor (Inserção 2 – *Jerônimo e a "hebraica veritas"*), mas também com uma mulher de nome Marcela, viúva na época e havia muito animadora de reuniões de oração e de leitura da Escritura na própria casa. Jerônimo já tinha fama de exegeta e conhecedor da língua hebraica e começou a frequentar a realidade ascética de que faziam parte também Paula — viúva com sete filhos e filhas, entre os quais Bresila (Inserção 3 – *Joviniano: defesa do matrimônio e eclesiologia*), Paulina, Eustóquio — Asela, Princípia e Pamáquio, marido de Paulina e depois, após a morte da mulher, companheiro espiritual da inquieta Fabíola. A *Carta* 127, em particular, é um epitáfio em memória de Marcela endereçado à virgem Princípia, com quem a animadora de toda a realidade do Aventino tinha vivido nos últimos anos, até a morte que sobreveio devido à violência sofrida por parte dos soldados godos de Alarico, no saque de Roma, de 410 (cap. 4, item 23.2).

Dessa fonte deduz-se que essa rede de homens e de mulheres dedicados ao ascetismo existia antes de Jerônimo ter entrado em contato com ela, que o grupo rezava os salmos em hebraico, grego e latim e que vários presbíteros romanos se dirigiam a Marcela para terem explicações bíblicas, atribuídas por ela ao dálmata, mesmo quando eram suas. Esses dados, próximo de um relatório hagiográfico, são, porém, amparados pelas respostas às cartas de Marcela, com indicações sobre termos hebraicos e gregos e com ecos dos debates teológicos em andamento. Pouco depois, a tumultuada partida de Jerônimo de Roma, em 385, poucos meses depois da morte de Dâmaso, Paula foi até ele na Palestina com a jovem Eustóquio, dando vida a uma seção feminina do grupo monástico de Jerônimo, ao passo que Marcela ficou em sua própria casa, vivendo o "deserto" em Roma.

Formas de procura ascética, desta vez com períodos mais ou menos longos de **vida comum de solteiros e de casais**, têm mais testemunhos do que com frequência se diz; um exemplo significativo, mas não único, é o da comunidade de Cimitile, próximo de Nola, onde emerge o casal formado por Paulino, depois bispo da cidade, e sua mulher Terásia (cap. 6, Inserção 2 – *Epitalâmio de Paulino e Terásia e o emergir de um rito cristão do matrimônio*). Paulino nasceu em Burdigala (hoje Bordeaux), na Aquitânia. A sua habilidade literária formara-se na escola do poeta Ausônio, como aconteceu também para o amigo Sulpício Severo. Foi também funcionário romano (edil, pretor e senador) e durante seu cargo de governador, de 379 a 381, conheceu a Campânia e apreciou Cimitile, o lugar em que, mais tarde, se estabeleceu. Tendo ido para a Espanha, conheceu e esposou Terásia, a qual, então, já era cristã convicta. Paulino foi batizado na sua cidade natal e, depois, ordenado presbítero em Barcelona, mas Ambrósio parece que o considerava, provavelmente em sentido espiritual, parte do seu clero. Paulino e Terásia decidiram, progressivamente e depois da morte muito precoce do único filho, levar vida monástica. Em Cimitile de Nola — informa-nos o *carme* 21 de Paulino —, estabelecer-se-ão com eles Albina (viúva de Publícola, o filho de Melânia *senior*) com a filha Melânia, mulher de Piniano (os dois jovens haviam se casado quando tinham, respectivamente, 17 e 14 anos e tiveram dois filhos, mortos muito pequenos), Avita e Túrcio Aproniano, com seus filhos Eunômia e Astério, além de Emílio, bispo de Benevento.

É interessante ressaltar, a partir da coletânea epistolar de Paulino, a existência de outras realidades semelhantes, como a de Euquério (depois, bispo de Lião) e sua esposa Gala, com os filhos Salônio e Verão. Sua família estabeleceu-se na ilha de Lérins (diante de Cannes) ou, talvez, na vizinha Leros, onde viveu por certo período também o presbítero marselhês Salviano com a mulher Paládia e a filha Auspíciola. Sulpício Severo, o autor da vida de Martinho de Tours e amigo de Paulino desde os tempos da juventude, viúvo, viveu uma irmandade ascética com Bassula, sua sogra, e outros, em Primuliaco, possivelmente entre Toulouse e Narbona. Essa longa teoria de nomes próprios pode ser cansativa, mas esse cansaço é útil na medida em que permite ir além de uma historiografia baseada somente nos nomes mais conhecidos, acabando, assim, por cancelar a memória daqueles e daquelas que nem as fontes antigas tinham removido.

5. Entre a segunda metade do século IV e o seguinte, os testemunhos relativos ao monaquismo no Oriente e no Ocidente são, portanto, tais e tantos

que vão bem além de um reconhecimento sintético como este. Temos, todavia, de mencionar, para o Oriente, os mosteiros destinados a permanecer ativos por longo tempo: **Scete** e **Nítria**, já lembrados, com os grandes nomes, respectivamente, de Macário o Egípcio (chamado o Grande) e de Amun, bem como o **Mosteiro Branco** (Atripe) ligado à memória de Shenute. Além disso, é bom ter presente que, aos nomes dos grandes *abbas* e de algumas *ammas* (mães), são atribuídos e transmitidos ditos (*apoftegmas*), fruto de longa tradição oral, mas também obras literárias, como as *Conferências* (vinte e quatro, como os anciãos do *Apocalipse*), de Cassiano de Marselha (cap. 6, item 34.1), ou as obras que são protegidas por meio da precaução da pseudoepigrafia. Esta última parece ser o caso do *corpus* de escritos do (Pseudo)Macário no qual se deve, provavelmente, reconhecer a obra de Simeão da Mesopotâmia, mestre de vida ascética encontrado na condenação infligida aos messalianos (em grego, *euquitas*, ou seja, aqueles que oram). Essa questão tem, pelo estado das fontes, um estatuto incerto, mas precisamente por isso reveste-se de grande importância historiográfica: nesse caso, como em outros, não é fácil ou, talvez, não é possível fazer distinção, por meio das confutações e censuras, entre as instâncias de reforma evangélica e os elementos problemáticos, que para os messalianos são principalmente de inspiração encratita (ou seja, desprezo das realidades materiais e da sexualidade). Mas essa consideração, decerto, não se limita à Antiguidade.

Neste capítulo e no anterior, foram com frequência nomeadas também realidades monásticas de diversos modos envolvidas nos episódios expostos, como os monges da Nítria, aos quais é atribuída a principal responsabilidade pela morte da filósofa Hipátia de Alexandria (cap. 4, item 20.3), ou os que atearam fogo ao pequeno templo pagão e à sinagoga de Calínico (cap. 4, Inserção 2 – *A sinagoga de Calínico*), ou aqueles que defenderam João Crisóstomo, barricando-se numa igreja de Constantinopla, na qual, porém, foram mortos (cap. 4, item 20.3). Foi também lembrada a ação de acolhimento realizada por semelhantes ambientes e, portanto, a contribuição que deram à evolução do *éthos* e também da prática política (cap. 4, item 20.2). No capítulo seguinte, dedicado ao século V, serão lembrados outros ambientes monásticos; por exemplo, os que, quisessem ou não, causarão a convocação do sínodo de Quércia (403) que depôs Crisóstomo, ou os grupos de apoio à posição monofisista de Êutiques durante as controvérsias cristológicas. Apesar da abundância da documentação, todavia, a fluidez da situação, sobretudo no século IV, convida a não generalizar os dados colhidos e sugere nem estender a essa época os documentos econômicos e testamentários que se referem, por exemplo, aos mosteiros egípcios dos séculos VI-VIII, nem, muito menos, projetar neles a mais conhecida realidade medieval, com o respectivo imaginário.

> Inserção 3
> **Joviniano: defesa do matrimônio e eclesiologia**
>
> O desenvolvimento do monaquismo e a espiritualidade a ele relativa produziram muitos escritos importantes. Não se pode dizer o mesmo da reflexão sobre a vida matrimonial, que, compreensivelmente, não tinha instituições nem contextos igualmente estruturados. Dos ambientes ascéticos e monásticos nascem, todavia, também reflexões sobre o matrimônio, que, em alguns casos, são de tal modo gravemente suspeitas que podem ser classificadas como *encratitas* (ou seja, que desprezam a sexualidade, também vivida no matrimônio), mas, em outros casos, defendem o matrimônio. A esta última tipologia podem se referir a defesa da santidade do matrimônio feita pelo monge Pafnúncio, em Niceia (Inserção 1 – *Símbolos e cânones de Niceia e de Constantinopla*), o convite a considerar a vida monástica como "amor do deserto e não ódio dos homens", porquanto "amor de outra beleza" no qual tem origem uma Igreja que compreende todos os estados de vida, como propôs o bispo/monge Cirilo de Jerusalém nas *Catequeses pré-batismais* (Cat. III, 6; IV, 26), ou escritos sobre a virgindade que defendem a beleza do vínculo matrimonial, como os de Gregório de Nissa e de Gregório de Nazianzo. Com essa modalidade, os autores, defendendo o matrimônio, falam também do carisma monástico, cuja grandeza e liberdade, para se afirmar, não têm necessidade do desprezo dos outros estados de vida.
>
> Semelhante entrelaçamento de temas apresenta-se também em Roma, no último decênio do século IV, em torno da figura do monge Joviniano. As notícias que dele se têm pertencem inteiramente à polêmica que lhe diz respeito e arrasa sua memória, deixando, todavia, transparecer, ao lado de algumas notícias sobre os tempos e sobre os lugares da sua vida, também trechos significativos dos seus escritos e, portanto, das suas teses. A fonte mais importante é um escrito polêmico de Jerônimo, que se dedica a refutá-lo, justamente o *Contra Joviniano*; aos dois processos eclesiásticos que dele se ocuparam fazem referência o papa Sirício (*Carta 7, Optarem*) e Ambrósio de Milão (*Carta 42, Recognovimus*). Todo esse dossiê permite perceber, além dos temas específicos do debate, as razões eclesiológicas que o sustentam, bem como as modalidades com que se "constrói (*the making of*) uma heresia", segundo a feliz expressão que Peter Brown aplicou quer à Antiguidade Tardia, quer às figuras dos santos, e que a partir dos seus estudos se difundiu amplamente na historiografia do século XX.

O ano de 393 é o ano em que alguns cristãos romanos pensam em enviar os escritos de Joviniano a Jerônimo, que se encontrava em Belém, e, contemporaneamente, denunciá-lo junto ao papa Sirício: uma vez que se ignoram seus nomes, pode-se apenas conjecturar que tenham sido as mesmas pessoas a fazer quase que ao mesmo tempo as duas operações. Uns dez anos antes, na época do pontificado de Dâmaso, um tal Elvídio tinha escrito que se devia considerar como certa a concepção virginal de Cristo, mas que se devia julgar digna de discussão a hipótese de que os irmãos de Jesus fossem filhos de Maria e de José, pondo em dúvida, portanto, a virgindade *post partum* de Maria, até porque o assunto era utilizado numa propaganda ascética exasperada. Na época, Dâmaso não interviera, ao passo que Jerônimo tinha escrito um violento libelo *Contra Elvídio*. Joviniano, porém, não fala de Maria, mas afirma que as mulheres casadas e as virgens consagradas têm igual dignidade na Igreja: "Virgem, não a ofendo: escolheste a continência pela urgência do tempo presente. Foi de teu agrado ser santa no corpo e no espírito: mas não te ensoberbeças, és parte da mesma Igreja de que são membros também as mulheres casadas" (*Contra Joviniano* I,4). Do conjunto das fontes vê-se também que os textos são redigidos depois que tinha havido amplas discussões sobre o tema e que o monge se faz porta-voz de um grupo de pessoas, entre as quais — refere Jerônimo (*Carta* 49,2) — havia leigos casados e também membros do clero, quer casados, quer solteiros.

A áspera refutação de Jerônimo, que não hesita em utilizar escritos da fase montanista e rigorista de Tertuliano e em forçar muitas passagens bíblicas para afirmar as próprias teses, tem o enorme mérito de conservar amplos trechos dos libelos em questão e de nos restituir, assim, as quatro teses que tencionam demonstrar:

1) As virgens, as viúvas e as esposas que foram batizadas em Cristo, se não se diferenciam pelas outras obras, têm o mesmo mérito.

2) Aqueles que renasceram no batismo *plena fide* não podem estar no pecado.

3) Não há diferença entre abster-se do alimento e consumi-lo em ação de graças.

4) Todos aqueles que tiverem mantido o próprio batismo terão no Reino dos céus uma mesma recompensa.

Como se pode observar, a primeira e a quarta teses encerram o conjunto da questão e representam seu aspecto mais central. Trata-se, como observa também Duval (*L'affaire Jovinien*, 59. 77), de uma posição mais eclesiológica que antropológica e moral: pertence-se à Igreja pelo batismo, que é dom de Deus. Os estados de vida, para usar um termo anacrônico, não podem nem aumentar, nem diminuir a enormidade do dom. Toda a Igreja é, de fato, "virgem, esposa, irmã, mãe" e todos os cristãos são templo do Espírito e morada da Trindade. Entende-se também a referência ao jejum pelo estreito nexo que alimento-sexo têm nas posições encratitas, como indício de toda a dimensão material da vida.

A igual dignidade e o igual pertencimento eclesial são mostrados também a partir da experiência eucarística: "Diz o Senhor: 'Quem come a minha carne e bebe o meu sangue permanece em mim e eu, nele'. Assim, pois, como não há diferença de grau na presença de Cristo em nós, igualmente nós estamos em Cristo sem diferença de graus. 'Quem me ama observará o meu mandamento e o meu Pai o amará, viremos a ele e faremos morada nele'. Aquele que é justo, ama, e àquele que ama virão o Pai e o Filho e farão nele a sua morada. Se assim é aquele que faz morada, não creio que à morada falte alguma coisa. [...] 'Não sabeis que o vosso corpo é templo do Espírito Santo?'. Fala de templo, não de templos, para mostrar em todos a mesma habitação de Deus. 'Não oro somente por este, mas por aqueles que acreditarão em mim por suas palavras: como tu, Pai, em mim e eu em ti somos uma só coisa, assim eles todos sejam uma coisa só em nós. A glória que me deste, eu a dei a eles: eu os amei como me amaste'. E como nós, Pai, Filho e Espírito Santo, somos um só santo Deus, assim há neles um só povo, ou seja, eles mesmos como filhos caríssimos, como participantes da natureza divina. Esposa, irmã e mãe e qualquer outro nome que queira lhe dar, é a assembleia (*congregatio*) de uma única igreja, que jamais está sem esposo, irmão, filho. Tem uma só fé, que não é violada pela multiplicidade das crenças, nem é dilacerada pela variedade dos cismas. Permanece virgem e segue o Cordeiro onde quer que vá: somente ela conhece e canta o Cântico de Cristo" (*Contra Joviniano* II,19).

Essa ordem de considerações, porém, é particularmente significativa, porque a resposta de Jerônimo, utilizando a leitura tipológica que, diferentemente do Novo Testamento, repõe o ministério presbiteral na ótica sacerdotal e levítica, afirma exatamente o contrário: como, para oficiar na antiga economia era necessária a abstinência sexual para o turno prescrito, assim na nova economia, para receber o Corpo do Senhor é necessário não ter relações sexuais (Jerônimo, *C. Jov* I,7; *Carta* 49,15). Nos séculos seguintes, essa posição elaborada a preço de contínuos contorcionismos exegéticos sairá vencedora e será aplicada não somente para a disciplina ocidental do celibato eclesiástico, mas também para todos os fiéis, produzindo, assim, a quase total deserção dos leigos em relação à comunhão eucarística. Nos meses seguintes à difusão do escrito, a comunidade romana ficará ressentida com Jerônimo, tanto que ele, advertido pelo amigo Pamáquio, escreverá cartas (*Cartas* 48-50) em defesa própria, uma das quais é conhecida como *Apologia* (*Carta* 49).

Esses são os termos essenciais da questão reconstruída a partir do confronto escrito entre Jerônimo e Joviniano, mas a história completa não pode prescindir da dupla condenação, que contribuiu para deixá-lo na História com a marca de herético. Sirício, com efeito, tinha convocado somente o presbitério romano e dessa reunião Joviniano dirá que se desenvolveu de maneira injusta: *non ratio sed conspiratio*. Esse processo local e sumário contra ele e os seus companheiros "autores de uma nova e herética blasfêmia" tinha-os condenado ("*divina sententia et nostro* iudicio in perpetuum damnati, extra ecclesiam remanerent": *Carta* 7,6) e tinha enviado um dossiê também ao sínodo cisalpino reunido em Milão. Nessa muito importante assembleia milanesa, o discurso tomou um rumo particular e acabou tomando posição sobre a virgindade de Maria: Joviniano, embora afirmando a concepção virginal e até a virgindade "depois do parto", não aceitou deixar-se conduzir para a discussão do parto em si, porque via em semelhantes assuntos um ataque docetista à verdadeira humanidade de Cristo. Sobre tudo isso, de fato, pairou a sombra da acusação recíproca de maniqueísmo: esse movimento dualista (cap. 6, item 31.2) estava severamente condenado pela lei romana. Assim, afinal, Ambrósio podia garantir (*Carta* 42,13) a Sirício que Joviniano e companheiros, condenados, tiveram de deixar Milão e não seriam recebidos nem nas Igrejas vizinhas.

Agostinho, por volta de 400, escreve *A bondade do matrimônio*, sem nomear Joviniano, mas, comentando essa mesma obra, em 426, revela tê-la escrito para tomar moderada posição no debate, porque "a heresia de Joviniano, que punha no mesmo plano o mérito das virgens consagradas e a pudicícia conjugal, tinha tomado na cidade de Roma um grande desenvolvimento". E prossegue: "A essas monstruosidades a Igreja de Roma resistiu com fidelidade e energia extremas. Ninguém agora ousava defender as teses dele abertamente, mas elas continuavam a circular sob forma de cochichos nas conversas privadas. Mas era necessário enfrentar a heresia com todas as forças que o Senhor nos dava, mesmo se agora os seus venenos rastejassem ocultamente, sobretudo porque se pretendia que não se pudesse rebater Joviniano, louvando o matrimônio, mas somente denegrindo-o. Eis o motivo pelo qual publiquei esse livro" (*retr.* 2,22).

A esta altura, o estigma de heresia acompanhava tranquilamente o nome de Joviniano, e as teses por ele defendidas aparecem com dificuldade, embora se possam delas encontrar eco em Terásia e em Paulino de Nola (cap. 6, Inserção 2 – *Epitalâmio de Paulino e Terásia e o emergir de um rito cristão do matrimônio*) e também no debate entre Agostinho e Juliano de Eclano (cap. 6, item 32.1).

Nota bibliográfica

Fontes

AGOSTINHO. *Il bene del matrimonio; Ritrattazioni*. Disponível em: <http://www.augustinus.it/italiano/index.htm>.
BANTERLE, G. (org.). *Ambrosio. Lettere*. Opera Omnia. Ed. bilíngue. Roma: Città Nuova, 1987-1989, 19-21.
JERÔNIMO. *Adversus Jovinianum*. PL 23, 211-338.
SIRÍCIO. *Optarem*. CSEL 82,3, p. 297-298. PL 16, 1121-1122.

Estudos

BROWN, P. *Genesi della Tarda Antichità*. Turim: Einaudi, 2001.

_____. *Il corpo e la società. Uomini, donne e astinenza sessuale nel primo cristianesimo.* Turim: Einaudi, 2010.

BURRUS, V. *The making of a heretic. Gender, Authority and the Priscillianist controversy.* Berkeley-Los Angeles: University of California Press, 1995.

CLAUSI, B. La parola stravolta. Polemica e esegesi biblica nell'*Adversus Jovinianum* di Gerolamo. *Vetera Christianorum*, 32 (1995) 21-60.

DUVAL, Y.-M. *L'affaire Jovinien, D'une crise de la société romaine à une crise de la pensée Chrétienne à la fine du IV et au début du V siècle.* Roma: Institutum Patristicum Augustinianum, 2003.

HUNTER, D.-G. Resistance to the virginal ideal in late fourth century: The case of Jovinian. *Theological Studies*, 48 (1987) 45-64.

Bibliografia

Fontes

CJ = *Corpus Iuris Civilis*. Disponível em: <http://www.thelatinlibrary.com/justinian.html>.

COD = ALBERIGO, G. et al. (orgs.). *Conciliorum Oecumenicorum Decreta*. Bolonha: EDB, 1991.

CT = *Codice Teodosiano*. Disponível em: <http://ancientrome.ru/ius/library/codex/theod/tituli.htm>.

HE = MIGLIORE, F.; QUACQUARELLI, A. (orgs.). *Eusebio di Cesarea. Storia ecclesiastica*. Roma: Città Nuova, 2001, 2 vol.

AGOSTINHO (santo). *Opera Omnia*. Disponível em: <http://www.augustinus.it/italiano/index.htm>.

Ambrogio. *Opera omnia. Cronologia ambrosiana. Bibliografia ambrosiana.* Roma: Città Nuova, 2004.

BARTELINK, G. J. (org.). *Atanasio di Alessandria. Sant'Antonio abate. La sua vita.* Tr. it. de L. Bruzzese. Bolonha: ESD, 2013.

BELLINI, E. (org.). *Alessandro e Ario. Un esempio di conflitto fra fede e ideologia.* Milão: Jaca Book, 1974.

BETTIOLO, P. (org.). *Evagrio Pontico. Per conoscere lui (A una vergine. Ai monaci. Ragioni delle osservanze monastiche. Lettera a Anatolio. Pratico. Gnostico).* Magnano (BI): Qiqaion, 1996.

CREMASCHI, L. (org.). *Basilio di Cesarea. Le regole.* Magnano (BI), Qiqaion, 1993.

_____. *Pseudo Macario. Spirito e fuoco. Omelie spirituali* (collezione II). Magnano (BI): Qiqaion, 1995.

GRIBOMONT, J. (org.). *Vita copta di S. Pacomio.* Trad. de F. Moscatelli. Pádua: EMP, 1981.

HALKIN, F. (ed.). *Santi Pachomii. Vitae graecae*. Bruxelas: Societé des Bollandistes, 1932.
MESSANA, V. (org.). *Evagrio Pontico. La preghiera*. Roma: Città Nuova, 1999.
SAXER, V. (org.). *Cirillo di Gerusalemme — Giovanni di Gerusalemme. Omelie prebattesimali e mistagogiche*. Milão: Paoline, 1994.
SPINELLI, M. (org.). *Sulpicio Severo. Vita di Martino*. Milão: Paoline, 1995.

Estudos

Agostino e il Donatismo. Lectio Augustini, XIX. Roma: Institutum Patristicum Augustinianum, 2007.
BAUS, K; EWIG, E. L'epoca di concili. In: JEDIN, H. *Storia della Chiesa*. Milão: Jaca Book, 1977, v. 2.
CACITTI, R. *Furiosa turba. I fondamenti religiosi dell'eversione sociale, della dissidenza e della contestazione ecclesiale dei Circoncellioni d'Africa*. Milão: Biblioteca Francescana, 2007.
CANTALAMESSA, R. Dal Cristo del Nuovo Testamento al Cristo della Chiesa: tentativo di interpretazione della cristologia patristica. In: _____. *Dal kerygma al dogma. Studi sulla cristologia dei Padri*. Milão: Vita e Pensiero, 2006, 11-51.
GEMEINHARDT, P. *Antonio, il monaco che visse nel deserto*. Bolonha: il Mulino, 2015.
GIRARDI, L. (org.). *La mistagogia. Attualità di una antica risorsa*. Roma: Edizioni Liturgiche, 2014.
MARKUS, R.-A. Inconcussam servare provinciam: il dissenso. In: *Africa in Gregorio Magno e il suo mondo*. Milão: Vita e Pensiero, 2001, 217-234.
MAZZA, E. *La mistagogia: una teologia della liturgia in epoca patristica*. Roma: Edizioni Liturgiche, ²1996.
PRINZIVALLI, E.; SIMONETTI, M. *La teologia degli antichi cristiani (secoli I-V)*. Bréscia: Morcelliana, 2012.
SESBOÜÉ, B. *Gesù Cristo nella tradizione della Chiesa*. Cinisello Balsamo (MI): Paoline, 1987.
SIMONETTI, M. *La crisi ariana nel IV secolo*. Roma: Institutum patristicum Augustinianum, 1975.
TILLEY, M. A. Redefining Donatism: Moving Forward. *Augustinian Studies*, 42, 1 (2011) 21-32.
VITTURI, L. *La fraternità ecclesiale in Ottato di Milevi. La dote della sposa*. Pádua: EMP, 2015.
ZOCCA, E. L'identità cristiana nel dibattito fra cattolici e donatisti. *Annali di storia dell'esegesi*, 21 (2004) 109-130.

capítulo sexto
O século V: a Igreja na divergência entre Ocidente e Oriente

No século V, múltiplos fatores políticos e culturais marcam a diferença com respeito à época anterior, da qual, todavia, desenvolvem alguns aspectos. Com efeito, muda progressivamente a estrutura política: com a morte do imperador Teodósio (395) e a sucessão dos filhos Arcádio e Honório, no Oriente e no Ocidente, respectivamente, o Império não terá mais um governo único. Nesse quadro, as diferenças étnicas e linguísticas têm forte incidência também nas relações entre as Igrejas. A função de arbitragem reconhecida aos imperadores é, todavia, importante, como mostram as controvérsias do Ocidente, em particular a donatista e a pelagiana, e, com mais razão ainda, as do Oriente, que levam aos concílios convocados pelo imperador e aceitos como ecumênicos (Éfeso e Calcedônia). O ano de Calcedônia (451) é o mesmo em que o povo e a Igreja da Armênia vivem a dramática batalha de Avarair (cap. 4, item 21.1), contra o exército do Imperador sassânida, que, com a estabilidade do governo na Pérsia, tendia a se expandir em múltiplas direções. Calcedônia representa também um divisor de águas sob o ponto de vista da comunhão entre as Igrejas, porque no Egito, nos territórios ligados a Constantinopla e, com maior razão, na Síria e na Mesopotâmia, muitos não aceitaram suas decisões, dando vida a Igrejas "não calcedonenses". O divisor de águas dos anos cinquenta do século faz registrar também a passagem de Átila pela Itália (452) e a chegada de Genserico a Roma (455), proveniente do reino vandálico da África (vol. II, cap. 1, item 1.1). A ótica da divergência entre Ocidente e Oriente, ligada sobretudo à história das Igrejas presentes no Império romano é, por isso, uma importante chave de leitura, que, todavia, não deve ser considerada exclusiva.

30. Razões de um distanciamento: diferenças de espiritualidade, de estrutura eclesiástica, de interesse doutrinal

1. Quando Odoacro, rei dos hérulos, depôs Rômulo Augústulo, em 476, enviando a Constantinopla os símbolos imperiais, para significar que o governo passara para as suas mãos, deu-se uma etapa fundamental num percurso de reconfiguração étnica e política que tinha à suas costas o século inteiro. Em 402, Honório tinha transferido a capital ocidental de Milão para Ravena, também por causa da instabilidade das regiões do rio Pó. De fato, a pressão sobre as fronteiras setentrionais e orientais por parte dos novos povos, antecipada pelo longo período de trocas e de alianças militares e tornada evidente na batalha de Adrianópolis (378) (cap. 4, item 23.1), deu origem a uma progressiva e inexorável penetração desses povos na parte ocidental, chegando a violentas ocupações, como os "saques de Roma", de 410 (por parte dos visigodos de Alarico) e de 455 (por parte dos vândalos de Genserico, vindos do sul, uma vez que estavam firmemente instalados na África), à qual foi atribuída também forte valor simbólico. Na memória latina está também muito presente a epopeia de Átila, até seu encontro (452), sobre o Mincio, com o prefeito Trigézio, o cônsul Aviênio e o papa Leão. Tal encontro foi amplificado de forma hagiográfica por Próspero de Aquitânia, o qual indica também a causa da retirada de Átila, que não prosseguiu em direção a Roma. O quadro, todavia, é muito mais complexo, porque a grande coalizão guiada pelo rei huno tinha firmado antes diversos tratados de aliança, quer com a parte ocidental, quer com a oriental do Império, não sem praticar, ao mesmo tempo, numerosos massacres e pilhagens nos Balcãs, estendendo-se até as portas de Constantinopla e também para a Germânia, Gália e norte da Itália.

Nesse quadro de progressivo abrandamento da força política e cultural do Império ganham mais vigor as instâncias de diferenciação e as **peculiaridades linguísticas**: os contextos norte-africano, copta e siríaco são exemplo evidente disso, como mostra também a dimensão étnica e política que caracteriza as principais controvérsias teológicas do século. Essas razões conjunturais amplificam as diferenças eclesiásticas e teológicas entre Ocidente latino e Oriente bizantino, tornando-as motivos de distância, de difícil compreensão recíproca, e, em alguns casos, de tensão e de separações, embora temporárias, como a relativa ao "caso Crisóstomo" e o bem mais longo período de interrupção da comunhão entre Igreja ocidental e Constantinopla, conhecido como cisma acaciano (484-519) (item 35.2 e vol. II, cap. 2, item 4.2-3).

Embora com risco de algum esquematismo, pode-se deduzir da forma predominante da **arquitetura eclesiástica** também a diferente abordagem à liturgia e, portanto, à espiritualidade: observando Santa Sabina, em Roma, e *Haghia Sophia*, em Constantinopla (depois mesquita e hoje museu, que, todavia, não lhes modificou a estrutura), nota-se no Ocidente uma estrutura basilical em que predomina a horizontalidade. A pregação do papa Leão (c. 390-461), simples e didascálica, exemplifica bem essa sensibilidade, ao passo que a eucologia leonina — reunida no *Sacramentário veronense* — exibe estilo sóbrio e *concinnitas*, ou seja, a forma harmônica e sintética das frases, típica da tradição clássica romana. Em *Haghia Sophia* predomina o impulso vertical e a reflexão sobre a liturgia feita pelo Pseudo-Dionísio (século VI) oferece um exemplo de semelhante verticalidade, porquanto a assembleia terrena é considerada imagem "mística" da assembleia do céu.

2. Notavelmente diferente é, pois, a **estrutura eclesiástica**, que se especifica agora em torno dos que são progressivamente (técnica e continuamente desde o século IV) indicados como "**patriarcados**", ou seja, Igrejas maiores às quais se referem as outras, que lhes estão submetidas como jurisdição e a elas ligadas nos desdobramentos disciplinares e teológicos. Sedes antigas eram Roma, Antioquia e Alexandria, às quais, no século IV, tinha se juntado também Constantinopla, fundada em 330. A importância de Jerusalém, que teria tido motivos de precedência histórica e teológica, cresce progressivamente no século IV, embora sem chegar a desempenhar um papel análogo ao das outras sedes patriarcais. Também a Igreja da Selêucia-Ctesifonte (item 36.2) vê crescer o próprio papel de ponto de referência para as Igrejas sufragâneas, mas a sua colocação dentro do Império sassânida torna dificultosas as comunicações com as outras sedes. A motivação dessa estruturação tem bases muito concretas, mas foi predominantemente reduzida a motivações teológicas, ligadas à forma apostólica de que as Igrejas são, não individualmente, mas juntas, testemunhas. Tal forma apostólica é reivindicada como "fundação" por parte de alguns dos Doze: Pedro e Paulo para Roma (cap. 1, item 1). É emblemático o caso dos cânones 3 de Constantinopla I (381) e 28 de Calcedônia, que atribuíam a primazia a Constantinopla, a segunda, somente depois de Roma (item 34.5). O século V é pontilhado de conflitos entre os patriarcados, nos quais é central a luta pelo predomínio da sede de Constantinopla, como se deduz dos episódios ligados a João Crisóstomo (Inserção 1 – *O episcopado de*

João Crisóstomo) até atingir o ápice com o confronto entre Nestório e Cirilo (itens 33-34).

Como se pode observar, no território do Império romano, quatro sedes patriarcais estão no Oriente e somente uma no Ocidente. De fato, também outras Igrejas ocidentais tinham importância: Milão fora de 286 a 402 uma das residências imperiais e durante o episcopado de Ambrósio (374-397) a sua importância eclesiástica fora enorme. Também Cartago era importante; igreja primacial da África, apesar do enfraquecimento devido ao grave cisma donatista. Todavia, precisamente as regiões que poderiam ser definidas como de fronteira experimentaram o peso das chegadas de novos povos: do norte para a Itália setentrional, com grandes dificuldades tanto para Milão como para Aquileia, ao passo que a África conheceu desde os primeiros decênios do século uma grande chegada de vândalos vindos da península ibérica, a que se seguiu um longo período de governo vandálico, de confissão ariana, aliás. O resultado é que no Oriente há quatro patriarcados, numa estrutura multipolar que corresponde à ideia e até a uma prática de sinodalidade: apesar de grandes conflitos e tentativas de predomínio de uns sobre os outros, a estrutura cria a consciência de que as decisões deveriam ser tomadas em conjunto e de acordo também com o patriarcado do Ocidente, Roma (a chamada "Pentarquia"). No Ocidente, porém, a estrutura, afinal, é monopolar, dando, assim, vida à ideia de que se pode decidir sozinho e usando uma prática correspondente, que reforça mais essa concepção. Selêucia-Ctesifonte, como já se disse, terá um percurso próprio, ligado à sua colocação dentro do Império sassânida.

3. Diferenças de interesses culturais e de acentos teológicos não são uma novidade e suas raízes podem ser identificadas também nos autores dos séculos anteriores. Uma coisa, de fato, é o interesse moral e disciplinar mostrado por Tertuliano e por Cipriano, no Ocidente, outra o interesse "místico" e a chave platonizante de Clemente e de Orígenes, em Alexandria. Os diferentes acentos teológicos do século V são também, portanto, herdeiros de tradições consolidadas: no Ocidente emergem questões de tipo eclesiológico e sacramental, como o donatismo (item 31.3) e antropológico, como o tema da graça no confronto pelagiano (itens 31.4; 32). No Oriente, o debate é, sobretudo, cristológico e tem o enfoque no modo da união de humanidade e divindade em Jesus Cristo, dando origem a fortes tensões. Nesse contexto se desenvolvem os Concílios de Éfeso (431) e de Calcedônia (451), reconhecidos como terceiro e quarto concílio ecumênico (item 34). As dificuldades linguísticas experimentadas nessa ocasião permitem verificar quão grandes se tornaram as distâncias com relação não somente aos primeiros séculos cristãos, nos quais a língua grega era predominante nos escritos provenientes de Roma, mas também ao bilinguismo de Ambrósio de Milão. Como se verá a seguir, com efeito, quando a polêmica entre Nestório e Cirilo envolveu Celestino, de Roma, na antiga capital do Império não era mais fácil ler documentos teológicos não traduzidos para o latim. Como é compreensível, a passagem de categorias gregas para a língua siríaca, sobretudo para as Igrejas que estavam em território sassânida, foi ainda mais complexa.

Inserção 1
O episcopado de João Crisóstomo

João, nascido em Antioquia e depois bispo de Constantinopla, é mais conhecido como Crisóstomo, que significa boca de ouro, reconhecimento que o identifica a tal ponto que deixa na sombra e, às vezes, substitui o seu nome de batismo. Esse título, todavia, difundiu-se somente a partir do século VI: as vicissitudes históricas que o veem protagonista são bem diferentes e muito difíceis, a ponto de fazerem dele uma valiosa testemunha dos recursos e dos conflitos do incipiente século V, tanto no plano eclesial, como no sociopolítico.

Filho de Segundo — não é certo que o nome latino indique também uma origem ocidental — e de Antusa, nasceu por volta de 350 e ficou logo cedo órfão de pai, mas a mãe pôde lhe garantir uma elevada formação, de modo que, de 363 a 367, foi discípulo de Libânio, célebre orador pagão. Depois (367-372), foi para a escola de Diodoro de Tarso, recebendo nesse ínterim o batismo e o cargo de leitor. Tendo deixado o grupo de Diodoro, dedicou-se a uma austera vida monástica fora da cidade, de onde foi chamado, em 381, pelo bispo Melécio, que, pouco antes de se dirigir a Constantinopla para presidir o concílio, o ordenou como diácono. Depois, foi presbítero, em Antioquia, de 386 a 397, ano em que foi convocado não pelo bispo da cidade, mas pelo *comes Orientis* Astério, portador da mensagem imperial: fora designado como sucessor de Netário na sede episcopal de Constantinopla. Dada a importância que vinha assumindo o bispo da capital dentro da estrutura das Igrejas principais (Pentarquia dos patriarcados: cap. 6, item 30.2), tal eleição tinha repercussões em todo o Império e, sobretudo, nas outras duas importantes sedes episcopais do Oriente, Alexandria e a própria Antioquia, da qual provinha João. Teófilo de Alexandria teria desejado que fosse eleito em Constantinopla o seu presbítero Isidoro, mas o ministro Eutrópio impôs o nome de João e o patriarca alexandrino foi obrigado a ir até a capital para consagrar seu novo bispo. Essa situação, no quadro de um conflito evidente pelo predomínio eclesiástico na capital, estava destinada a reaparecer bem cedo: em 428, o alexandrino Cirilo teve de consagrar como seu bispo o antioqueno Nestório.

João apresentou-se em Constantinopla como um monge que exigia rigor e fervor e, ao mesmo tempo, encarnou uma ideia de patriarcado correspondente às novas prerrogativas da sede, ocupando-se com determinação das Igrejas que dela dependiam. O seu antecessor Netário, quando fora escolhido para aquela função durante o concílio de 381, não era ainda batizado; provinha da carreira política e se movimentara com grande prudência em relação quer às outras Igrejas, quer aos imperadores e à corte. Constantinopla tinha uma realidade eclesial e ministerial complexa; basta pensar que muitos bispos ali residiam de modo fixo, de maneira que na cidade havia uma espécie de conselho permanente, chamado *synodos endemousa*. Também o clero era, obviamente, numeroso, com forte presença de presbíteros, diáconos e diaconisas: entre estas últimas destaca-se Olímpia, que fora ordenada por Netário e era personagem muita conhecida na Igreja; tanto que Gregório de Nissa dedicou a ela as *Homilias sobre o Cântico dos Cânticos* e Gregório de Nazianzo compôs para as núpcias dela um epitalâmio. Em Constantinopla havia também muitos mosteiros e os monges representavam uma realidade importante, muitas vezes até em tensão com a sede episcopal (Gribomont).

Desde 395, o Imperador era Arcádio: as fontes concordam em pintá-lo como não à altura do próprio papel, diferentemente do ministro Eutrópio e da esposa Eudóxia. Eutrópio fora escravizado desde criança, fora castrado e abusado de muitos modos; liberto, elevara-se a uma posição muito alta na corte; tanto que se diz ter sido ele quem combinou, além da já lembrada consagração de João, também o matrimônio do jovem imperador com Eudóxia, a bela filha do general Bruto, de origem franca. A historiografia antiga não deixa de comparar o casal imperial aos piores exemplos bíblicos, sempre em desfavor da rainha, que ora é pintada como Jezabel (1Rs 21), ora como Herodíades (Mc 6,14-29). Também o conflito que logo toma corpo em torno da figura do bispo é descrito como o resultado do ressentimento de Eudóxia e de outras senhoras de alta posição social, como Marsa, Castrícia, Eugráfia (Paládio, *Diálogo* 4; Zósimo, *História nova* V,23) perante a pregação de João, que estigmatizava os costumes delas, o fausto da corte e a injustiça em relação aos pobres. Sem negar os temas sociais que atravessam a questão, é possível também lê-lo, com efeito, como um "conflito de autoridade" (Beretta, 158-186) entre o patriarca de costumes austeros e a mulher que tinha recebido o *paludamentum* e a *fibula*, símbolos do poder imperial, e fora proclamada Augusta, suscitando perplexidade do poder imperial até na parte ocidental do Império. Todos esses temas — a relação entre o patriarcado e o poder imperial, a condenação das riquezas e da defesa dos pobres, o pensamento eclesiástico sobre as mulheres — deveriam, todavia, ser considerados em conjunto e à luz de todo o andamento dos fatos, inclusive a colaboração de João com Eudóxia, por ocasião das tratativas com o general godo Gainas (cap. 4, item 22.3). No que diz respeito à atitude de Crisóstomo em relação às mulheres, deve-se considerar também a relação de amizade pessoal de João com a diaconisa Olímpia e a colaboração pastoral com ela e as outras diaconisas de Constantinopla.

São diversas, pois, as frentes de dissensão em torno de João: ao lado dos temas de tipo social, desenvolvem-se uma série de invejas e inimizades eclesiásticas, quer na própria capital (por exemplo, por parte do bispo Severiano de Gabala, que ali tinha residência permanente), quer fora, pelo modo como o patriarca exerce a própria jurisdição nas Igrejas vizinhas, encarnando o papel que o cânon 3 de Constantinopla havia atribuído ao bispo dessa cidade (cap. 5, Inserção 1 – *Símbolos e cânones de Niceia e de Constantinopla*): ocupa-se do bispo dos godos, trata com Maruta de Maiphercat, depõe Jerôncio de Calcedônia, muito amado pela população, mas, oportunamente, condenado em Milão por Ambrósio; vai também a Éfeso (400) para um processo contra o bispo daquela cidade, Antonino. O dossiê de acusações apresentado contra esse fulano é algo verdadeiramente incômodo, pois, entre outras coisas, teria feito fundir vasos sagrados para fazer doações a seu filho, teria utilizado placas de mármore de um batistério para ornar o local onde se banhava e aceitado dinheiro em troca de muitas nomeações episcopais. João interveio a contragosto; muitos personagens envolvidos estarão depois entre seus acusadores. O ápice do conflito, porém, foi atingido com Teófilo de Alexandria, que tivera de consagrá-lo contra a vontade. Entrementes, o patriarca de Alexandria tinha se voltado contra aquele Isidoro que, oportunamente, ele tinha proposto justamente para Constantinopla, porque este último lhe havia mantida oculta uma vultosa doação, com o temor de que a usasse para embelezar a própria moradia. Muitos anos antes, Teófilo tinha recebido cartas que acusavam Isidoro de ter relações homossexuais, mas as tinha ignorado. Teve boa oportunidade de exibi-las naquele momento e, dado que eram datadas, pagou um jovem para restaurá-las, o qual, depois, se arrependeu, mostrando o dinheiro com que Teófilo o tinha corrompido. A essa altura, o patriarca de Alexandria entregou-se a violências abertas contra o mosteiro que tinha, nesse ínterim, acolhido Isidoro e, mais ainda, condenou os monges pela opinião origenista deles, envolvendo nisso Epifânio de Salamina (Chipre). Os monges, chamados de "Irmãos compridos", porque alguns deles eram de alta estatura, refugiaram-se em Constantinopla, em 402.

A essa altura, o roteiro já estava escrito, embora seu desenvolvimento seja complexo e muito longo para ser exposto aqui com detalhes: João foi julgado em 403 por um sínodo reunido perto de Calcedônia, no palácio Rufinianes, chamado também de "Do carvalho" (daí o nome com que é conhecido o sínodo), com base em acusações fictícias, que iam de ter vendido bens eclesiásticos (nesse caso, para os dar aos pobres) até ter agido com arrogância em relação ao clero e aos monges e ter tido muita brandura na prática penitencial. Foi deposto e mandado para o exílio, apesar dos protestos do povo que o estimava. Depois de alguns meses, João Crisóstomo foi convidado a voltar à cidade, enquanto os monges a ele contrários, guiados pelo hegúmeno Isaac, se entrincheiravam na catedral, com pedras e bastões, de modo que o episódio terminou em sangue. A permanência de Crisóstomo durou cerca de um ano; depois, perdido novamente o apoio da corte, foi condenado por outro sínodo, porque, escreveu-se, novamente tomara posse, sem esperar o processo canônico. Entrementes, a vigília pascal de 404 fora fustigada pelas violências dos soldados enviados pelos bispos contrários a João, que tinham se enfurecido com violência contra os fiéis e os catecúmenos. João foi novamente enviado ao exílio com uma primeira sede em Cucuso, na Armênia, aonde chegou depois de longa viagem. Uma nova injunção o destinava a uma sede ainda mais distante de Constantinopla, mas morreu na viagem, no dia 14 de setembro de 407.

Antes do segundo exílio, João tinha enviado uma carta a Inocêncio, de Roma, e aos bispos das duas sedes importantes do Ocidente, Venério de Milão e Cromácio de Aquileia. Tendo tomado conhecimento da documentação, os ocidentais defenderam a causa de João e interromperam as relações com o Oriente, de 403 a 415, quando a memória de João foi reabilitada. Entretanto, porém, fora dado um passo não pequeno no distanciamento entre Igreja oriental e Igreja ocidental.

Nota bibliográfica

Fontes

DATTRINO, L. (org.). *Paladio. Dialogo sulla vita di Giovanni Crisostomo*. Roma: Città Nuova, 1995.
FORLIN PATRUCCO, M. (org.). *Giovanni Crisostomo. Lettere a Olimpiade*. Milão: Paoline, 1996.
ZAPPELLA, L. (org.). *Giovanni Crisostomo. Le catechesi battesimali*. Milão: Paoline, 1988.

Estudos

BERETTA, G. *Ipazia d'Alessandria*. Roma: Editori riuniti, 1993.
BRÄNDLE, R. *Giovanni Crisostomo. Vescovo, riformatore, martire*. Roma: Borla, 2007 [or. 1999].
GRIBOMONT, J. Saint Basile et le monachisme enthousiaste. *Irenikon*, 53 (1980) 123-144.
MARZOLLA, M.-C. *Monachesimo e diaconato femminile. Il caso della diaconessa Olimpia*. Veneza: Marcianum Press, 2016.
MAYER, W. Progress in the field of Chrysostom studies (1984-2004). In: *Giovanni Crisostomo. Oriente e occidente tra IV e V secolo*. Roma: Institutum Patristicum Augustinianum, 2005.
SCIMMI, M. *Le antiche diaconesse nella storiografia del XX secolo. Problemi di metodo*. Milão: Glossa, 2004.

31. Agostinho nos debates do seu tempo

Agostinho é, muitas vezes, lembrado como "**o pai do Ocidente**". Essa definição é, talvez, um tanto enfática e corre o risco de pôr na sombra outros nomes e outras vicissitudes da Antiguidade cristã tardia de língua latina. Mantém, todavia, profundas razões, porque da produção teológica de Agostinho depende, por consenso ou por dissenso, em larga parte da elaboração seguinte, até a Idade Média e a modernidade. Basta lembrar que Lutero não era apenas um monge da Ordem de Santo Agostinho, mas também leitor das obras dele, impressas pela Amerbach em onze tomos, de 1497 a 1507, e matéria de ensino na universidade de Wittenberg, que, em 1508, declarava Agostinho seu patrono e "nume tutelar". As perspectivas sobre a graça e a justificação, bem como as eclesiologias reformadas e católicas desenvolvem elementos agostinianos, embora com hermenêuticas e acentos diversificados: veja-se, a tal propósito, o papel fundamental desempenhado pela interpretação dos textos do hiponense para as origens do jansenismo, mediante o *Augustinus* escrito pelo próprio Jansênio (vol. III, cap. 5, item 22.1). Também a teologia trinitária, reunida numa obra específica, e a cristológica, dispersa, porém, em diferentes escritos, mas reelaborada depois por Próspero de Aquitânia e Leão Magno, deixaram um sinal importante nos debates seguintes. Além disso, o que é indicado como "interioridade" agostiniana, ou seja, a capacidade de procura introspectiva e a consciência do envolvimento do sujeito em qualquer perspectiva elaborada, tem traços afins à modernidade e até a seus resultados tardios e pós-modernos. Por todas essas razões, Agostinho escapa às classificações disciplinares rígidas e pode ser, com razão, encarado sob diversos pontos de vista: literários, filosóficos, teológicos. Consideramos aqui, de modo particular, a sua contribuição nos debates que marcaram de maneira importante a história da Igreja latina no século V: a questão maniqueia, a conclusão da controvérsia donatista (cap. 5, item 27) e os debates sobre a graça, conhecidos como "questão pelagiana".

1. Agostinho nasce de Mônica e Patrício, em Tagaste (hoje Souk Ahras), em 354, e morre em Hipona (atual Anaba), em 430, quando a cidade é assediada pelos vândalos. Ambos os lugares se encontram na província da Numídia e são hoje a Argélia. Se bem nos lembramos (cap. 3, item 14), a África foi, desde o fim do século II, o berço do cristianismo latino, Cartago foi uma sede muito importante também nos debates disciplinares e teológicos do século III e o seu bispo era, no século IV, primaz de toda a África. A presença de Agostinho em Milão durante o episcopado de Ambrósio, breve, mas determinante para a sua vida, e as suas vastas relações epistolares colocam o desenvolvimento do seu pensamento e do seu ministério num contexto bem mais amplo do que a região de proveniência, embora importante.

O percurso humano, filosófico e religioso de Agostinho está nas *Confissões*, obra que, embora tendo modelos, entre os quais o *A Donato*, de Cipriano, supera-os de longe pela capacidade introspectiva e pela profundidade filosófica. Isso é verdade também se se considera que, como declara explicitamente o autor, a obra foi pensada para ser divulgada e lida de forma pública e, portanto, representa também uma construção muito eficaz do "personagem". Esse escrito é, todavia, um bom acesso para a reconstrução biográfica de Agostinho, do nascimento ao período italiano, inclusive: os estudos e a profissão de *magister* de retórica, as relações mais significativas com a mãe, os amigos, a companheira que viveu com ele dezessete anos e com a qual teve o filho, Adeodato, as suas "conversões" da literatura à filosofia, da filosofia em geral à religiosa de estrutura neoplatônica, passando por um período maniqueu e um cético, para chegar (384) a Milão a fim de ouvir Ambrósio e ter a orientação espiritual por parte de Simpliciano, até o batismo recebido junto com o filho, Adeodato, na Páscoa de 387. A decisão de iniciar a última parte do catecumenato até o batismo foi precedida pela chegada da mãe, Mônica, portadora de um acordo pré-matrimonial com uma menina africana, ainda muito pequena para ser propriamente esposa e pela consequente rejeição da companheira, que retornou à África sem nunca ter se casado (*Confissões*, VI,15). Estreitamente ligada a esses dolorosos e não simples episódios, a plena adesão ao cristianismo coincidiu para Agostinho também com um propósito de vida monástica, nunca mais abandonado. A parte biográfica das *Confissões* termina com a narração da morte de Mônica em Óstia, o porto de Roma do qual estavam para zarpar juntos para a África: no seu retorno à pátria, Agostinho estabeleceu-se em Tagaste, dando vida, com Alípio e outros companheiros, a uma pequena comunidade monástica.

Depois de não muitos anos, em 391, o bispo Valério de Hipona o convidou para ser presbítero e, em seguida, indicou-o como seu sucessor naquela sede episcopal. Agostinho viveu, portanto, de 396 a 430 como bispo de Hipona, sem abandonar o cenóbio episcopal-monástico ao qual tinha dado vida, dividindo-se entre compromissos civis, como os longos debates das causas no contexto da *episcopalis audientia*, os múltiplos contatos epistolares, a elaboração de obras longas e complexas (como *Trindade, Cidade de Deus, Doutrina cristã*) e as intervenções nos debates e controvérsias teológicas; em 426, redigiu as *Retratações*, uma espécie de bibliografia comentada de tudo o que ele próprio havia escrito, que, juntamente com o *Catálogo* (*Indiculum*) redigido por Possídio de Calama, transmitem à nossa memória um número impressionante de escritos, analisados com base na biblioteca de Hipona e dispostos no primeiro caso conforme um critério cronológico e, no segundo, com um critério temático.

2. Como se disse, nos anos anteriores à sua adesão ao catolicismo, Agostinho tinha conhecido **os maniqueus** e estivera entre os "ouvintes" do grupo, de 373 a 382 ("Por nove anos inteiros vos ouvi com grande atenção e assiduidade": *Os costumes da Igreja católica e os costumes dos maniqueus* II, 19,68). No seu retorno à África, viu-se como simples cristão e, depois, como presbítero e bispo a enfrentar uma realidade que tinha conhecido por dentro. A produção agostiniana a respeito é ampla e se estende de 388 a 399, englobando também escritos maniqueus, o mais antigo dos quais é *A epístola de Mani chamada do fundamento*. Mas há também amplos trechos de um escrito de Fausto de Milevi (em *Contra Fausto, maniqueu*, em 33 livros) e outras respostas a personagens individuais, entre os quais, além das respostas a Secundino, Adimanto, Félix, conserva-se também a transcrição de um público debate ocorrido em 392 nas termas de Sousse (na proximidade de Hipona) entre ele e o "presbítero maniqueu Fortunato".

Essa produção é coerente com o enfoque dos principais autores gregos antimaniqueus (Serapião de Tmuis, Alexandre de Licópolis, as *Acta Archelai*) e se mantém, portanto, dentro de uma perspectiva heresiológica: do movimento a que Mani (217-277) tinha dado início na Pérsia no século anterior destaca-se, sobretudo, a retomada de instâncias já presentes no gnosticismo do século II, ou seja, o dualismo radical que contrapunha o espírito à matéria, com prejuízo da segunda, num quadro de organização centralizada como a eclesial. A versão maniqueia do mito teogônico e cosmogônico gnóstico via a realidade como a cena de uma batalha cósmica entre espírito e matéria, mas também entre luz e trevas, entre bem e mal, apresentados como "dois princípios" ontológicos, que em "três tempos" — da separação primordial à mistura atual para chegar a uma distinção definitiva — levaria à salvação das almas, consubstanciais ao divino. A "Santa igreja maniqueia", organizada com bispos e presbíteros, previa o grupo escolhido, que continha "eleitos", e o dos "ouvintes", menos envolvidos nas exigências éticas do movimento. O recurso às Escrituras era frequente de ambas as partes e as diferentes hermenêuticas envolviam também a concepção da relação entre a fé e a compreensão da doutrina.

A esse debate remontam algumas afirmações de Agostinho destinadas a grande sucesso, como as ligadas ao problema da origem do mal e da circularidade entre crer e compreender, bem como as reiteradas leituras dos textos da criação (*De genesi ad litteram adversus manicheios, Genesis ad litteram opus imperfectum, Sermo* 1). Quanto à questão da origem do mal, Agostinho retoma a elaboração platônica, afirmando que não há comparação possível entre bem e mal, porquanto somente o bem tem dignidade ontológica, ao passo que o mal, sendo privação do bem, não tem substância: "A corrupção, porém, não existe em si mesma, mas em alguma substância que se corrompe, pois a corrupção em si mesma não é substância. O que está sujeito a corrupção está, com efeito, privado da sua integridade e da sua perfeição" (*Costumes da Igreja católica*, I,5,7; cf. *Contra Félix* 2,18). Quanto ao segundo aspecto, deve-se, pelo menos, lembrar que é de matriz agostiniana o conceito "credo ut intelligam, intelligo ut credam" (*Discurso* 43,9), destinado a grande sucesso na época medieval, mediante a retomada que dele fez Santo Anselmo. Essa posição põe em primeiro lugar a fé, que é uma confiança, mas não é irracional, porque avalia pelo menos a confiabilidade da testemunha ("em quem se deva crer": *A verdadeira religião* 34,45) e porque quer compreender sempre melhor. Com efeito, "também crer não é senão pensar, consentindo. Nem todo aquele que pensa crê, dado que muitos pensam justamente para não crer; mas todo aquele que crê pensa, pensa com o crer e crê com o pensar [...] *fides nisi cogiterur nulla est*" ("a fé, se não é pensada, tampouco é fé": *Predestinação dos santos* 2,5).

Esses elementos representam, portanto, em princípio, o que da realidade maniqueia é percebido na Igreja católica e na estrutura doutrinal que provém desse confronto. Até o início do século XX, as fontes que permitiam o acesso à Igreja maniqueia eram, sobretudo, desse tipo e, contudo, polêmicas, mas, desde o início do século passado, uma série de achados mudou o estado dos estudos, revelando um movimento de imponente difusão, tanto geográfica, como cronológica: "Do Mediterrâneo ao Mar da China ou ao Atlântico, do século II à idade moderna — tais são os limites espaciais e temporais do maniqueísmo" (Gnoli, vol. 1, XI). Os primeiros achados importantes foram no Turquemenistão chinês e, depois, seguiram-se outros em língua aramaica, persa, copta e árabe, bem como em sogdiano, pártico e turco uigur. Esses simples dados fazem compreender a versatilidade do sistema maniqueu, que era percebido muitas vezes em cada um desses contextos como herético em relação às doutrinas principais; isso, todavia, podia ocorrer porque a forma eclética do maniqueísmo assumia elementos da religião com que estava em contato, embora fornecendo sua vertente particular. "Ele teve efetivamente de se apresentar aos cristãos como uma heresia cristã; aos masdeus como uma heresia da 'boa religião' revelada a Zoroastro; aos muçulmanos do Califado Abássida como um aborrecido dualismo pregado por 'livres pensadores'. Também aos budistas da Ásia central [...] ele deve ter aparecido como uma falsificação do ensinamento de Buda" (Gnoli, XI).

Encontrou grande êxito na precoce difusão no Egito e de lá se difundiu até as províncias africanas, defrontando-se também com sanções imperiais, a primeira das quais pode remontar a uma medida de Diocleciano, de 297, que lhe associava a acusação de *maleficium*. Na progressiva aliança do Império com o cristianismo, os editos antimaniqueus sucederam-se sem interrupção, como atesta a legislação presente no *Códice teodosiano* e nas coleções justinianas. Por esse motivo, as acusações recíprocas de maniqueísmo nas disputas eclesiásticas, como no caso de Jerônimo e de Joviniano, ou as endereçadas ao próprio Agostinho (item 31.3), não são insultos genéricos, mas assumem o contorno de autênticas denúncias que, em casos extremos, podiam levar à condenação ou até a morte, como, de fato, aconteceu com Prisciliano e Eucrócia, mortos em Treviri, em 385. Pode-se, assim, compreender que se tornou habitual tachar de maniqueísmo qualquer sistema em que se pudessem destacar elementos dualistas, com presença de instâncias ascéticas e encratitas; são, por isso, reduzidas ao maniqueísmo também realidades cronologicamente distantes, como os movimentos bogomilos, patarinos e cátaros medievais (vol. II, cap. 7, item 30.2-3), sem que seja possível nem excluir totalmente nem provar de maneira convincente uma efetiva proveniência maniqueia.

3. De 395 a 411, a atenção de Agostinho concentrou-se de maneira predominante na questão donatista, cujos elementos essenciais já foram apresentados (cap. 5, item 27), mas com respeito à qual se deve, pelo menos, lembrar que, no fim do século IV, o cisma envolvia mais da metade das Igrejas norte-africanas, com amplo predomínio donatista na Numídia e com uma presença significativa também na Proconsular. Mediante os escritos de Agostinho, podem ser reconstruídos, aliás, também nomes e, em parte, escritos de donatistas, entre os quais, em especial, além de Parmeniano, com quem se correspondera Optato nos decênios anteriores, os bispos Petiliano, Primiano, Emerito e Gaudêncio, bem como os leigos Crescônio e, sobretudo, Ticônio, original e independente autor das *Regras hermenêuticas* e de um *Comentário ao Apocalipse* destinados a grande ressonância. De resto, a *Vida de Agostinho* escrita por Possídio lembra que ele "endereçou também cartas pessoais a bispos daquela confissão errônea e a alguns leigos eminentes" (VAg 9,3) e, de fato, pode-se ler ainda hoje uma ampla correspondência, quer com eclesiásticos donatistas (*Cartas* 23; 33; 49; 51; 66; 87; 1-6 e 108), quer com leigos da mesma confissão (*Cartas* 34-35; 43-44; 52; 56-57; 76; 105). O debate reunia os temas do século anterior sobre a conduta na perseguição, sobre a modalidade de pertencer à Igreja e, consequentemente, sobre a validade dos sacramentos administrados por aqueles que não eram fiéis; esse debate complicara-se notavelmente, porque tinham sido torturados e mortos muitos donatistas, de modo que os mártires não eram mais apenas os perseguidos pelo Império pagão, mas também os mortos pelo exército imperial por estímulo da Igreja que tinha apoiado Ceciliano. O repetido grito "o que tem a ver a massa dos traidores com a igreja dos mártires" tinha, de fato, se ampliado desmedidamente até mesmo por esse motivo.

Em 405, um edito emanado pelo imperador Honório renovava as sanções contra os donatistas e impunha também o confisco de suas basílicas, utilizando um léxico de matriz católica afim ao agostiniano; no ano seguinte, o edito foi revogado, mas essas medidas estão na base da convocação, em 411, de um confronto público entre as partes, conhecido como "conferência (*collatio*) de Cartago". Nas relativas *Atas* (cf. *Atas* 1,4,4), o substancial apoio imperial (constituído pelo léxico utilizado e pelas medidas administrativas e legislativas) é, por várias vezes, indicado como *catholica lex*.

Em tudo isso a contribuição de Agostinho, de quem já foram lembrados os temas principais (cap. 5, item 27.3), é, decerto, grande, mas, como observa Elena Zocca, ao lermos sem obstáculos os referidos documentos, "não é a vida de um homem o que lentamente se esboça sob nossos olhos, mas o perene entrelaçamento de relações dentro de um grupo, contemporaneamente homogêneo e diferenciado. O que daí resulta convida-nos e até nos obriga a rever posições tomadas, a abandonar categorias mentais cômodas das quais, talvez, tínhamos perdido consciência" (*Introdução*, em Possídio, VAg 34).

Essa trama plural aparece de maneira evidente na "conferência de Cartago", de 411, convocada e presidida pelo tribuno Marcelino, sob instância da parte "católica", para discutir as acusações de irregularidades para as ordenações não válidas, com tudo que isso comportava. Na realidade, o debate teve de estabelecer também quem dos contendores podia se orgulhar com a denominação católica, de modo que seria mais correto falar de "donatistas" e de "cecilianistas", mas o edito imperial de convocação utilizava para estes últimos o nome de "católicos"; seguiremos essa modalidade. Dessa sessão restam as *Atas* integrais, além de algumas sínteses, e isso permite seguir o *iter* do encontro, que se realizou, de fato, em três dias de debate, com intervalos de tempo necessários para redigir e referendar as atas, de modo que o evento, realizado dentro das termas de Gargílio, estendeu-se de 1º a 26 de junho. Um rescrito imperial convocava as partes e um edito lido por Marcelino "obrigava os bispos das duas partes a se reunirem em Cartago até o dia das calendas de junho, para iniciar a conferência. Esse edito restituía as basílicas aos donatistas, desde que se comprometessem a intervir; desse modo, os convidava à reunião até com vantajosas ofertas. No mesmo edito lhes era oferecida também a possibilidade de estabelecer, à escolha deles, um segundo juiz que o ajudasse, e se comprometia com juramento a dirimir a causa com pleno respeito da verdade" (Agostinho, *Sumário* 1,2). O edito dispunha, além disso, que se reunissem no lugar da conferência somente os bispos designados pelos próprios colegas para tratar a causa, trinta e seis ao todo, ou seja, dezoito por parte, assim distribuídos: sete para cada uma das duas partes com a tarefa de manter o debate, e outros tantos que seriam convocados em assembleia, se necessário e, enfim, quatro de uma parte e quatro de outra, com a tarefa de presidir a conservação e a transcrição das atas (*Sumário* 1,4). Agostinho era um dos sete "católicos" com direito à palavra, mas as suas intervenções foram precedidas pelas dos colegas, enquanto o grupo era notavelmente guiado por Aurélio de Cartago, primaz de toda a África. Na cidade, todavia, tinham se reunido muitos bispos de ambas as confissões, realizando uma espécie de censo das partes: foram autenticadas as assinaturas de pouco menos de 600 prelados, com ligeiro predomínio donatista.

A discussão na assembleia, como se disse, concentrou-se nas acusações de irregularidade e tratou também do nome de "católicos", a que estava ligada a possibilidade de ter acesso às vantagens concedidas pela lei, como as isenções fiscais, os benefícios econômicos e o uso das basílicas. É interessante, todavia, ressaltar também a diferente interpretação do termo fornecida pelos dois grupos, ligada, para uns, à universalidade e à comunhão com as Igrejas transmarinas e, para os outros, à correção da organização sacramental: "Durante essa discussão, houve uma troca de opiniões e de objeções entre as duas partes para saber a quem cabia realmente a qualificação de *católico*, mas foi decidido reservar a questão à discussão do assunto principal. [...] As acusações que os donatistas costumavam lançar contra a comunhão deles [de Ceciliano] deviam ser provadas e revogadas definitivamente, a fim de que a separação dos donatistas pudesse ser justificada ou eliminada. [Os bispos de Aurélio sustentaram que] eram eles, não os donatistas, que viviam em comunhão com a Igreja difundida em todo o mundo: por isso, de pleno direito, eram católicos de nome e de fato. Os donatistas responderam que o nome de *católicos* fora escolhido não tanto em consideração à universalidade dos povos, quanto à plenitude dos sacramentos" (Agostinho, *Sumário* 3,3). Nas *Atas*, essa posição é defendida pelo donatista Gaudêncio (*Atas* 3,102,1) e esclarecida por Petiliano nestes termos: "A *catholica* é a que sofre perseguição, não a que persegue" (*Atas* 3,22,3).

A causa, como era previsível, dada a organização geral, foi vencida pelo grupo de Aurélio e de Agostinho, que manteve, portanto, o título de Igreja católica. Na abertura da conferência eles tinham proposto uma modalidade interessante para resolver a presença de um duplo episcopado em muitas sedes: "Foi lida a resposta, enviada ao juiz pelos católicos em conformidade com as disposições do edito: eles faziam saber que aceitavam em bloco o conteúdo do edito. Na mesma carta, comprometiam-se solenemente, se lhes fosse demonstrado que a verdadeira Igreja se encontrava no partido de Donato, a não reclamar mais para si a dignidade episcopal, mas a seguir as decisões deles para o bem comum da cristandade; se, ao contrário, fosse demonstrado que a verdadeira Igreja residia mais na comunhão deles, não haveriam de recusar aos outros a dignidade episcopal deles. Com esse gesto, pretendiam perseguir o bem da paz, a fim de que os destinatários desse dom compreendessem que os católicos não renegavam neles a consagração, operada por Cristo, mas detestavam o erro humano. E, se os fiéis não pudessem tolerar dois bispos numa única Igreja, ambos deveriam se retirar; depois deveria ser nomeado cada bispo e serem consagrados por aqueles dois bispos e os novos eleitos ficariam sozinhos na chefia das respectivas comunidades" (*Sumário* 1,5).

Essa modalidade de conciliação pacífica das partes não foi, todavia, aplicada em toda parte, porque os católicos, fortalecidos pela decisão da conferência a favor deles, diante da negação donatista (cf. Agostinho, *Aos donatistas depois da conferência*), exigiram a intervenção coercitiva do Império, sobretudo mediante penas pecuniárias impostas a quem fosse demonstrado ser herético.

Agostinho expõe detalhadamente essa escolha numa carta (*Carta* 185) enviada ao conde Bonifácio, mais conhecida como *A correção dos donatistas*, na qual se refere quer aos bispos que não queriam entrar na comunhão católica, quer às ações dos chamados circunceliões, com respeito aos quais a repressão foi muito dura (cap. 5, item 27.2).

4. O saque de Roma por parte dos godos de Alarico, em 410, teve como consequência também a fuga de famílias abastadas para a rica costa norte-africana, território extremamente fértil na época. Entre esses fugitivos da elite havia um bom número de famílias cristãs, que se deslocaram junto com intelectuais e pregadores havia muito a elas ligados, como Celéstio e, sobretudo, Pelágio, que emprestou o próprio nome à questão homônima, tão longa e complexa que ultrapassou o tempo de vida do Hiponense (item 32). Nela, estendida num "infinito e cada vez mais capcioso interrogar-se sobre a graça" (Zocca, VAg 71), confrontavam-se não só cada personagem, mas também diversas abordagens, destinadas a não se encontrarem nem a se compreenderem: clássica e ligada à consideração formal da natureza humana e do seu livre-arbítrio, a chamada pelagiana; existencial e dramática, ligada ao desenvolvimento histórico da pessoa, a de Agostinho. Tudo envolveu, desde o início, também questões como o "pecado original" (expressão que assume um significado todo particular na elaboração agostiniana) e a sua ligação com a sexualidade e a concupiscência, que não seria correto definir somente como "corolários" do debate.

Pelágio nascera na Britânia, mas tinha vivido por muito tempo em Roma, onde levava vida ascética e estava em contato com círculos de homens e de mulheres cristãos, predominantemente de elevada classe social: entre eles também a jovem Demetríades, para a qual compôs um escrito de louvor pela escolha virginal, no qual, aliás, citava negativamente Joviniano, o qual tinha uma visão altamente positiva da vida matrimonial (cap. 5, Inserção 3 – *Joviniano: defesa do matrimônio e eclesiologia*). Gozava fama de homem santo e se aplicava com a pregação a difundir um ideal de vida cristã baseada no empenho pessoal. Na tardia maturidade, Agostinho teve ocasião de referir a reação escandalizada de Pelágio à menção de uma passagem das *Confissões*: "Além disso, qual dos meus escritos pôde conhecer maior difusão e celebridade do que os livros das minhas *Confissões*? Também eles foram publicados bem antes que tivesse início a heresia pelagiana e neles eu disse claramente a Deus, como frequentemente faço: 'Dá-me a força de fazer o que ordenas e ordena-me o que queres' (*da quod iubes et iube quod vis*). E, quando, em Roma, Pelágio ouviu um colega de episcopado lembrar, na sua presença, essas minhas palavras, não pôde suportá-las e começou a contestar com grande animosidade, a ponto de quase brigar com quem as tinha lembrado" (Agostinho, *O dom da perseverança* 20,53). A expressão contestada representava para ele, no ápice da crise e do percurso de conversão, a possibilidade de confiar a Deus a própria vida com os relativos limites, mas extrapolada por aquele percurso existencial, fazia pensar numa desvalorização da boa vontade.

Como se disse, as duas perspectivas chegaram a um confronto direto, por ocasião da transferência para a África do grupo romano, que, na viagem, fizera uma parada prolongada também na Sicília, lugar no qual Celéstio e Pelágio mantiveram sempre notáveis amizades e de onde, a seguir, foram enviados para a África alguns de seus escritos. O primeiro passo da polêmica teve como protagonista o diácono milanês Paulino, que se encontrava na África para a administração das posses que a sua Igreja tinha naquela região. Paulino denunciou Celéstio perante Aurélio de Cartago, por algumas afirmações dele que foram discutidas num sínodo de 411. Agostinho, atento aos resultados do debate donatista, depois da conferência do mês de junho anterior, não participou da causa, que, aliás, tinha caráter local; depois, todavia, teve acesso às *Atas*, que transmitiu num escrito seguinte. O debate fora aberto sobre a condição de Adão como criatura e sobre a transmissibilidade da culpa (questão conhecida como *tradux peccati*), questões a respeito das quais Celéstio indicava a ausência de posições definidas, reivindicando seu estatuto ainda aberto: "O bispo Aurélio ordenou: 'Leia-se a continuação'. E foi lido que o pecado de Adão prejudicou somente a ele e não ao gênero humano. E, depois que foi lido, Celéstio declarou: 'Eu disse que me sinto em dúvida sobre a transmissão do pecado. Estou disposto, porém, a crer em quem tenha recebido de Deus o dom da ciência. Sinto-me em dúvida, porque ouvi pareceres diferentes daqueles que, todavia, foram constituídos presbíteros da Igreja católica'. O diácono Paulino perguntou: 'Diz-nos os nomes deles'. Celéstio respondeu: 'O santo presbítero Rufino, que, em Roma, vivia com o santo Pamáquio. Eu o ouvi dizer que não existe a transmissão do pecado'. O diácono Paulino perguntou: 'Há algum outro?'. Celéstio respondeu: 'Ouvi a muitos. [...] Quanto à transmissão do pecado já disse que entre os membros da Católica ouvi que muitos a negam e outros a admitem; embora isso seja um problema aberto à discussão e não uma heresia. Com respeito às crianças, eu sempre disse que têm necessidade do batismo e devem ser batizadas: que mais quer Paulino?'" (Agostinho, *A graça e o pecado original*, II,3.3).

A disputa, porém, assumiu logo dimensões mais amplas e suscitou um enorme alvoroço; assim, Marcelino julgou oportuno interpelar Agostinho sobre os temas em discussão. O bispo de Hipona respondeu com duas obras seguidas, escritas com toda probabilidade em 412, antes, porém, da sentença de condenação do amigo à morte (413), levado pela acusação (a seguir declarada infundada pelo imperador Honório) de ter defendido o rebelde Heracliano. *A concupiscência e o perdão dos pecados* e *O Espírito e a letra* contêm, por isso, o mapa de toda a questão e deveriam ser lidas em sequência. Além do que já discutido com Celéstio a respeito do pecado de Adão, da sua transmissibilidade e do batismo das crianças, tratam da relação entre a graça e a liberdade humana, estendendo-se ao confronto entre Adão e Cristo. Agostinho, além disso, depois de ter lido um escrito exegético de Pelágio, introduz a exegese de importantes passagens paulinas, entre as quais Rm 5,12, e se prolonga por muito tempo, sobretudo no segundo escrito, mostrando que a graça imerecida coincide com o dom do Espírito Santo; o horizonte que permite compreender tudo isso é a exclusão de toda vanglória, porque podemos "nos gloriar" somente em Deus (cf. 1Cor 1,31; 4,7). Esses temas, aos quais se deve acrescentar pelo menos a *impeccantia* (tema muito ambíguo, porque interpretável de muitos modos) e a predestinação estão constantemente presentes em todo o desenvolvimento da controvérsia, embora o predomínio seja de um ou de outro, segundo as circunstâncias.

Nessas primeiras ocasiões, Agostinho teve a possibilidade de ler alguns escritos de Celéstio e pouca coisa de Pelágio, a quem, todavia, se referiu como a "homem santo e cristão de não pouca perfeição" (*Concupiscência e perdão dos pecados*, III,1,1). Bem cedo, todavia, os tons tornaram-se ásperos, inclusive por causa de comunicações dirigidas a Agostinho por fiéis sicilianos (Agostinho, *Carta* 157), bem como de repetidas denúncias de outros ocidentais, como o presbítero espanhol Orósio, que acusou Celéstio e Pelágio, em Jerusalém, onde este último tinha se refugiado, e os bispos Eros de Arles e Lázaro de Aix, exilados da Gália (cf. *Carta* 175,1), que os acusaram por meio de cartas enviadas ao metropolita da Palestina. Desta última denúncia originou-se o sínodo de Dióspolis (Lida), cujas conclusões, porém, foram a favor de Pelágio, que, aliás, naquela ocasião se defendeu, separando a própria causa da de Celéstio. Nesse momento, dois sínodos africanos, em Milevi e Cartago (416), realizados por conselho de Orósio, pronunciaram-se de maneira oposta; o epistolário agostiniano conserva as cartas sinodais (*Cartas* 175 e 176) que, com o reforço de uma carta coletiva de Aurélio, Agostinho, Alípio, Evódio e Possídio, foram enviadas ao papa Inocêncio para afirmar que os orientais tinham absolvido Pelágio porque ele teria atenuado e camuflado a própria posição. Inocêncio respondeu, por sua vez (*Cartas* 181-183 entre as agostinianas), apoiando os sínodos africanos e excomungando Celéstio e Pelágio, até que se arrependessem. É a estes últimos escritos, ou seja, as cartas sinodais africanas e as respostas de Inocêncio, que Agostinho se referirá com frequência ao longo de toda a controvérsia.

Pelágio e Celéstio, todavia, não se reconheceram nas acusações recebidas e, em 417, apelaram a Inocêncio, o qual, porém, faleceu logo depois; foi o seu sucessor Zósimo quem recebeu o apelo e reabriu a causa, censurando Eros e Lázaro, convidando os africanos a procurar a paz em vez de suscitar contendas e reabilitando Celéstio e Pelágio. Foi a essa altura que, analogamente ao que se verificara na causa donatista, entrou em cena um posicionamento imperial; com efeito, a partir de Ravena, onde, aliás, se encontravam os legados africanos para a visita anual, um rescrito do imperador Honório condenou o movimento pelagiano como *superstitio*. Estimulado, talvez, pela decisão imperial agora expressa e destinada a ser reiterada por várias vezes, também Zósimo escreveu, em 418, uma carta de condenação, que todos os bispos a ele submetidos deveriam assinar: essa carta circular, não conservada senão em poucos fragmentos, é conhecida como *Tractoria* e, segundo Mário Mercator (um campano interessado sobretudo no caso dos bispos pelagianos), foi enviada também a Constantinopla, Tessalônica, Jerusalém e Egito. Começa, então, a feroz oposição de diversos ambientes eclesiais, entre os quais tem particular destaque a frente guiada pelo bispo Juliano de Eclano (Inserção 2 – *Epitalâmio de Paulino e Terásia e o emergir de um rito cristão do matrimônio*).

32. Reações críticas ao agostinismo na Itália, na África, na Gália

A reflexão de Agostinho, embora inserida na mais ampla trama de outras figuras, pareceu profunda e poliédrica, constantemente envolvida na pluralidade de significados e de níveis, à qual a ferocidade da polêmica impõe outros desenvolvimentos. Essas características fazem com que os planos interpretativos não sejam unívocos hoje, assim como não o foram na sua época e nas imediatamente seguintes. O título dado a este item insere-se nessa hermenêutica plural: com efeito, utilizando também para o século V o termo "agostinismo", que seria mais correto reservar à retomada medieval de temas agostinianos, o que se quer é afirmar que as formas doutrinais que suscitaram tantas reações não são a única leitura possível desse autor. Nesse sentido, as opiniões que ligam a transmissão do pecado original ao exercício da sexualidade ou estendem a graça imerecida até a predestinação, cuja presença no Hiponense é inegável, não exaurem, todavia, a doutrina agostiniana da graça, nem podem eliminar seu traço libertador, usado no plano da relação pessoal e gratuita e não no de cansativas classificações de mérito. Ao mesmo tempo, não pode ser esquecida a perplexidade que as acompanha desde a Antiguidade, sobretudo pela sombra que lançaram sobre a sexualidade, de modo que Juliano de Eclano pôde responder, afirmando querer mais defender as núpcias, louvando-as junto com a bondade do criador e da criação e a existência do livre-arbítrio (cf. fr. *A Rufo*, em Agostinho, *Contra duas cartas dos pelagianos* 4,2,2). Parece, todavia, poder-se afirmar que as vicissitudes seguintes tenham de fato decretado a derrota de ambas as frentes: todos se verão a dar formalmente razão a Agostinho e a condenar Juliano, transmitindo, todavia, de fato, uma moral "pelagiana", com prejuízo da perspectiva da gratuidade da graça, mas confirmando, ao mesmo tempo, o pessimismo a respeito da sexualidade, mais que assumir sua defesa.

O debate no território italiano, iniciado depois da emissão da *Tractoria*, era ainda áspero em 430, quando Agostinho morreu sem ter terminado uma ulterior resposta, conhecida precisamente como *Opus imperfectum* (ou seja, não acabada) contra Juliano. Entrementes (426), tinha-se aberto outra frente de debate, com base predominantemente monástica, em dois contextos geográficos diferentes: na África, a partir do mosteiro de Hadrumetum (hoje Sousse, na Tunísia), e na Provença, sobretudo em Marselha e na ilha de Lérins. Nesse caso, a discussão articulou-se, sobretudo, em torno do significado do empenho pessoal diante da ação da graça: em Hadrumetum, como perplexidade em torno da utilidade da ascese e, na Provença, como debate sobre a relação entre a graça e a liberdade, afirmando-se, enfim, na rejeição da predestinação.

1. A primeira e mais radical reação à perspectiva agostiniana deve ser atribuída à ação de uma frente italiana, guiada por **Juliano de Eclano**, filho do bispo Memore de Cápua e marido de Tícia, jovem ligada ao ambiente ascético nolano. Para o casamento deles Paulino de Nola e a mulher Terásia tinham redigido um epitalâmio, ou seja, uma poesia nupcial (Inserção 2 – *Epitalâmio de Paulino e Terásia e o emergir de um rito cristão do matrimônio*). O *iter* complexo e contraditório que levara Zósimo a escrever a *Tractoria* como condenação de Pelágio e Celéstio e a exigir aos bispos que a assinassem não agradou, provavelmente, a muitos, visto que nenhum conservara esse importante documento na sua totalidade, mas foi Juliano quem se fez porta-voz da dissensão. Com efeito, ele protestou quer com a autoridade imperial, em Ravena, quer com o papa Zósimo, em Roma: "A assinatura fora extorquida dos bispos contatados um a um nas próprias sedes, sem uma convocação sinodal" (Juliano, *Epístola a Rufo*, fr. 28; Id., *A Turbâncio*, fr. 9). Ele se recusou, portanto, a assinar a *Tractoria*, junto com alguns outros bispos, dezoito, segundo a informação que Agostinho infere da epístola enviada pelo grupo a Rufo de Tessalônica. Somente de alguns deles é que se conhecem os nomes: entre todos eles emerge o de Floro, cuja colaboração com Juliano é testemunhada pela sua resposta a *Sobre as núpcias e a concupiscência II*, conhecida precisamente como *A Floro*, da qual se conclui também que foi ele quem sugeriu ao deposto bispo de Eclano instituir um confronto entre as temáticas agostinianas e um texto maniqueu encontrado em Constantinopla, a *Carta a Menoc*. Outro nome conhecido é o de Turbâncio, a quem fora dedicada a resposta a *As núpcias e a concupiscência I*, mas que, depois, retirou a própria adesão ao grupo e "foi aceito na paz católica pelo papa Celestino" (Agostinho, *Carta* 10*,1).

Circulou também um texto, conhecido como *Libellus fidei*, que pedia a certo "Agostinho, irmão e pai", a convocação do sínodo para tratar da "novidade", praticamente sinônimo, na época, de heresia, constituída pela posição de Agostinho. Depois de uma detalhada profissão de fé e do habitual repúdio das heresias, o texto apoia-se numa homilia de João Crisóstomo: "Consideramos necessário repetir o que foi afirmado pelo bem-aventurado bispo João, que na missiva da tua santidade aprovaste, reta e oportunamente, como aquele que não destruiu, mas confirmou, as Igrejas. Com efeito, referimos precisamente com as palavras por ele utilizadas num escrito aos neófitos o que ele pensava a respeito do batismo das crianças: 'Bendito seja Deus, diz, que somente realizou maravilhas, que fez tudo o que existe, e tudo o que existe se encaminha para melhor. Os que até havia pouco tempo eram escravizados do pecado gozam da alegria da liberdade, e são cidadãos da Igreja aqueles que estavam no erro que os tornava vagueantes, encontram-se na condição de justiça aqueles que estavam no caos do pecado. De fato, não somente estão livres, mas até são santos; não somente santos, mas também justos; não somente justos, mas também filhos; não só filhos, mas também herdeiros e até irmãos de Cristo; não somente irmãos de Cristo, mas também co-herdeiros de Cristo; não só co-herdeiros, mas também membros dele; não somente membros, mas também templo; não somente templo, mas também instrumentos do Espírito. Bendito seja Deus, que só realizou maravilhas. Vê quais são os amplos dons do batismo. E ninguém julgue que o dom do batismo consiste somente na remissão dos pecados: vê que contamos bem dez efeitos. Por esse motivo, batizamos também as crianças, que não são tocadas pelos pecados: para que lhes seja dada a santidade, a justiça, a adoção, a herança, a fraternidade de Cristo, para que se tornem membros dele e moradas do Espírito'" (*Libellus fidei* 18).

Essa homilia batismal de Crisóstomo, citada também por Juliano em *A Turbâncio* (referida em Agostinho, *Contra Juliano*, 1,6,22), pode ser lida também nas coletâneas gregas da obra de Crisóstomo. A tradução e divulgação no âmbito latino de parte significativa desse *corpus* de escritos é obra de Aniano de Celada (localidade de identificação incerta), que estava presente também no sínodo de Dióspolis, de 415, e era conhecido por Jerônimo como defensor da resistência pelagiana (Jerônimo a Agostinho e Alípio, *Carta* 202 no epistolário de Agostinho, de 419). Uma vez que, na época, o bispo metropolitano de Aquileia se chamava Agostinho, Plinval supôs que a carta proviesse das Igrejas sufragâneas de Aquileia, cuja proximidade aos ambientes antioquenos é amplamente testemunhada, seja antes justamente pela defesa de João Crisóstomo (Inserção 1 – *O episcopado de João Crisóstomo*), seja depois na reação contra a condenação dos *Três Capítulos*, ou seja, dos escritos de três autores da mesma área (Diodoro de Tarso, Teodoro de Mopsuéstia, Ibas de Edessa) (itens 33; 35 e vol. II, cap. 2, item 5.3). De fato, os argumentos de defesa dessa colocação aquilense, bem como os apresentados em favor de uma proveniência de ambientes sicilianos ou aqueles segundo os quais o destinatário teria sido, na realidade, Zósimo não são capazes de se impor: em todo caso, porém, a existência desse escrito coletivo, venha de onde vier, contribui para transmitir memória de uma reação antiagostiniana bem mais ampla do que aquela que muitas vezes se divulgou. Também as distinções geográficas poderiam ser, aliás, repensadas, uma vez que as reações dos presbíteros Teodoro e Camilo, provavelmente genoveses, que são tomadas em consideração junto com os autores provençais, não estão geograficamente distantes e até em Marselha era bem conhecido o dossiê relativo a Juliano.

Forçado, pois, ao exílio, Juliano residiu por muito tempo na Sicília, dirigindo-se, com frequência, ao Oriente, onde tinha intensos relacionamentos, sobretudo com teólogos de formação antioquena. Uma carta endereçada a Celéstio de Roma por Nestório, nos primeiros tempos de sua orientação da Igreja de Constantinopla (item 33.1), portanto em 428/429, fala da presença na cidade, junto com Juliano de Eclano e Floro, também de "Fábio e Orôncio, os quais afirmavam serem bispos do Ocidente". Orôncio poderia ser o mesmo que tinha exigido de Aniano de Celada que traduzisse para o latim o *Comentário a Mateus* de Crisóstomo, como se deduz da dedicação contida no prefácio dessa obra. Da carta de Nestório ficamos também sabendo sobre o fato de que o grupo estabelecido, na época, em Constantinopla fazia pressão sobre o imperador Teodósio II para que reconsiderasse a posição deles, e este último, por sua vez, pedia informações ao patriarca, que ignorava os extremos da causa e pedia luzes ao colega do Ocidente. As dificuldades de comunicação entre as duas sedes, até linguísticas, estavam destinadas a aumentar a causa da incipiente crise cristológica e essa nova frente polêmica acabou por tragar numa nova condenação também Juliano e os seus colegas.

2. Entre os ambientes que manifestaram as próprias dúvidas e, em parte, também a própria dissensão sobre a proposta agostiniana no seu conjunto deve-se lembrar, antes de tudo, o que se conclui de uma densa troca epistolar com os **monges africanos** de Hadrumetum, a hodierna Sousse, na Tunísia. Por volta de 426, Agostinho é informado sobre as perplexidades suscitadas pelas suas afirmações sobre a graça: alguns irmãos tinham lido a carta que, logo depois do envio da *Tractoria*, Agostinho tinha feito entregar a Sisto, em Roma, então presbítero e futuro pontífice, a respeito de quem não eram secretas as simpatias por Pelágio (Agostinho, *Carta* 194). Os monges pensavam que o enfoque de Agostinho levasse a afirmar a inutilidade do empenho ascético, ao passo que consideravam que a perspectiva "pelagiana", enfatizando a livre escolha e o mérito a ela conexo, pudesse interpretar melhor o trabalho deles. Agostinho respondeu-lhes com algumas cartas (*Cartas* 214-216) e, depois, com um escrito inteiramente dedicado ao assunto, *A graça e o livre-arbítrio*.

A tese fundamental do Hiponense, por ele sustentada, aliás, também antes, é que não se trata de negar o livre-arbítrio, afirmado pela Escritura e confirmado pela tradição eclesial, mas de compreender que a graça representa a possibilidade mesma de exercer tal liberdade. Se a liberdade humana não se "apoia" na graça divina, como a esposa do Cântico, diferentemente do que pensam os "pelagianos", não se "ergue", mas fica prostrada (cf. *A graça e o livre-arbítrio* 6,13). Essa graça é em si mesma *dilectio*, ou seja, é o amor difundido nos corações pelo Espírito Santo (Rm 5,5), "que intercede por nós". Semelhantes afirmações encontram-se várias vezes, quer na carta a Sisto (*Carta* 194,4,16), quer no texto endereçado aos monges africanos, mas estavam presentes desde o início do debate, uma vez que representavam também a trama de *O Espírito e a letra*, enviado em 412 ao tribuno Marcelino. Toda a teologia de Agostinho está fortemente ligada à inspiração e também ao vocabulário da epístola paulina aos Romanos, da qual retira o léxico da graça e as expressões relativas a Adão, mas da qual assume também os temas problemáticos do capítulo 9, que estão por baixo da última seção do escrito para Hadrumetum: "Deus tem misericórdia de quem quer e deixa insensível quem quer" (Rm 9,18, em *A graça e o livre-arbítrio* 20,41). Ao lado dessas passagens paulinas aparecem outros textos bíblicos "difíceis", já antigamente parte do debate contra o determinismo: bastaria lembrar o livro III de *Os príncipes*, em que Orígenes defendia o livre-arbítrio, discutindo os textos que pareciam negá-lo, e que Jerônimo indicava a Paulino de Nola como o que de melhor se podia encontrar sobre o tema (Jerônimo, *Carta* 86,3).

Desse enredo provêm muitas das expressões agostinianas sobre a "predestinação", tiradas do epistolário paulino, mas conexas entre si mediante uma particular intertextualidade e levadas às extremas consequências, dando vida a afirmações verdadeiramente paradoxais: "Por meio desses testemunhos das palavras divinas e outras desse gênero, que seria muito longo lembrar por completo, revela-se suficientemente, conforme acredito, que o Senhor age no coração dos homens para inclinar a vontade deles para onde quer que queira. Ora os volta para o bem, pois ele é misericordioso, ora para o mal, porque eles o merecem, certamente com base em algum juízo seu, às vezes claro, às vezes obscuro, mas sempre justo" (*A graça e o livre-arbítrio* 21,43,88-89).

Os monges de Hadrumetum destinatários do escrito manifestaram outras perplexidades, porque essa modalidade de estabelecer a questão parecia tornar inútil tanto a correção fraterna, como as indicações do abade, enfim, toda a prática ascética. Tais objeções poderiam ser o espelho de uma comunidade um tanto mesquinha, atenta a calcular fadigas e méritos, mas poderiam também representar a redução ao absurdo das teses agostinianas, com o objetivo de as discutir, prática que, nessa fase da polêmica, parece muito difundida. Em todo caso, diante dessa ampliação da problemática, Agostinho escreve *A correção e a graça*, em que, além de responder à contestação recebida, analisa o tema da perseverança final, possível somente como dom de Deus e não como confiança nas próprias forças e nos próprios méritos. Também nesse caso, a gratuidade da graça que não suporta contabilidade de méritos está apoiada em testemunhos bíblicos, lembrados por frases do autor: "Portanto, quando ouvimos dizer: 'Quem, de fato, te distingue? O que possuis que não tenhas recebido? E, se o recebeste, por que te glorias, como se não a tivesses recebido?' (1Cor 4,7) temos de compreender que ninguém pode ser diferente da massa de perdição que foi provocada pelo primeiro Adão, exceto aquele que possui esse dom; e esse dom, quem quer que o tenha, recebeu-o por graça do Salvador" (Agostinho, *A correção e a graça*, 7,12). Semelhantes afirmações não deixam de desconcertar, pela hermenêutica particular da epístola paulina: "Eles são justamente os predestinados e deles nenhum perece. Por isso, nenhum deles encontra o fim desta vida depois de uma mudança do bem para o mal, porque ele foi ordenado assim e dado a Cristo para isso, para que não pereça, mas obtenha a vida eterna" (Agostinho, *A correção e a graça*, 9,22).

3. É, então, que tem início a reação dos **ambientes monásticos de Marselha** aos quais, impropriamente, nos tempos modernos, se deu o nome de "semipelagianismo", definição tão inadequada quanto difícil de extirpar, inclusive nos estudos atuais. Também nesse caso, é importante o papel desempenhado pelas comunicações pessoais dos que se fazem de intermediários, nem sempre pacíficos, entre os diversos contextos geográficos e eclesiais: dois admiradores de Agostinho, Hilário e Próspero de Aquitânia, apressaram-se a informá-lo de que nos mosteiros provençais as perplexidades já suscitadas pela leitura dos escritos contra Juliano tinham se agigantado pela leitura do segundo escrito dirigido aos africanos, o único na época em mãos dos provençais. Em particular, na leitura escrita por Próspero (Próspero, *Carta* 225 entre as agostinianas) as objeções referidas parecem semelhantes às já encontradas: as afirmações de Agostinho radicalizam a questão de maneira excessiva, com o risco prático de fazer diminuir o empenho dos cristãos e com a consequência teórica de induzir a uma espécie de fatalismo e uma concepção de suspeita sobre a natureza humana, até o dualismo, ou seja, o que seria típico — embora não se aventurem a pronunciar seu nome — de uma forma maniqueia.

É interessante observar que essas objeções estão apoiadas no argumento da tradição: "Entre os servos de Cristo residentes na cidade de Marselha, muitos julgam contrárias ao pensamento dos Padres e ao sentimento da Igreja todas as ideias que, nos escritos da tua Santidade contra a heresia de Pelágio, expuseste a respeito da vocação dos eleitos fundada no decreto de Deus" (Próspero, no epistolário de Agostinho, *Carta* 225,2). A tradição é invocada como correto enfoque hermenêutico das Escrituras: "Quando nós aduzimos contra eles os livros da tua Beatitude enriquecidos por validíssimas e inumeráveis citações das Sagradas Escrituras e nós mesmos acrescentamos outras provas, seguindo o modelo dos teus ensinamentos, para deixá-los em grande dificuldade, procuram justificar a obstinação deles, recorrendo à tradição e afirmam que por nenhum eclesiástico jamais foram explicados, no sentido em que são entendidas atualmente, as passagens da epístola do apóstolo Paulo aos Romanos, com as quais se procura demonstrar a existência da graça de Deus que antecede os méritos dos eleitos" (Próspero no epistolário de Agostinho, *Carta* 225,3). Também Hilário fala do incômodo que sentem os crentes diante de uma vertente da fé de certo modo "nova" e "inútil" (Hilário, *Carta* 226,2, entre as agostinianas).

Como resposta às objeções, Agostinho dedica a Próspero e a Hilário uma obra única em dois livros, que a tradição conserva, todavia, com dois títulos, *A predestinação dos santos* e *O dom da perseverança*, não analisadas nas *Retratações* e, portanto, posteriores a 427. Como para as outras obras às quais se refere, também aqui o juízo é muito diferente se se consideram as argumentações fundamentais sobre as quais se baseiam, embora com dificuldade, as conclusões, muitas vezes paradoxais, ou se, em vez disso, se parte de cada uma das afirmações, pondo-as todas no mesmo plano.

A questão, de fato, não termina com a morte de Agostinho: entre 431/432 e 433, Próspero responde a uma série de "objeções" provenientes de ambientes não unicamente monásticos: "objeções às calúnias dos Gauleses", "objeções de Vicente" e as "objeções" dos dois presbíteros de Gênova, Camilo e Teodoro, já lembrados. Além disso, em 433, Próspero escreve também *Contra o conferencista*, obra polêmica destinada a refutar a XIII *Conferência* de Cassiano, considerada o manifesto da compreensão marselhesa das relações entre graça e livre-arbítrio. O texto de Cassiano, anterior, aliás, e entendido mais para a edificação espiritual do que para a especulação teológica, apresenta-se equilibrado e, embora insistindo na necessidade da livre escolha e da boa vontade, não tem acentos voluntaristas.

Também as obras de Vicente de Lérins podem se situar nesse clima: os *Extratos* citam, com efeito, lá na conclusão, passagens da *Predestinação dos santos* e do *Dom da perseverança*, utilizando algumas suas passagens cristológicas, corrigidas pelos trechos susceptíveis de interpretação predestinacionista, que em ambos os livros confirmam a graça da predestinação, evitando com decisão qualquer afirmação que vá além da gratuidade da encarnação. Também o seu *Comonitório*, que, em 434, propõe um método baseado na tradição e um consenso nas interpretações das passagens controversas da Escritura, não é estranho a essa ampla frente de debate eclesial e, embora não citando explicitamente nem o tema da predestinação, nem cada um dos protagonistas da questão, poderia ser incluído na resposta proveniente do sul da Gália à *Predestinação dos santos*; em particular, isso poderia valer com referência à exaltação das posições agostinistas defendidas por Próspero, nas obras já mencionadas e também nos *Capitula Coelestini*, que na tradição manuscrita se encontram junto com a *Carta* 21 do papa Celestino endereçada aos gauleses, mas que podem ser referidas ao Aquitano. O conteúdo das proposições contestadas parece aludir à polêmica com Juliano de Eclano e o escrito poderia ter sido, na realidade, endereçado ao papa Sisto, por ocasião de uma das tentativas de Juliano de ser reintegrado ao papel eclesiástico anterior.

As polêmicas, todavia, estavam destinadas a se apresentarem mais vezes; assim, Fausto, abade em Lérins, de 433 a 460/462, tendo se tornado bispo de Riez, acabou tendo em mãos o caso de Lúcido, um presbítero que defendia posições a favor da predestinação. Para discutir a questão, houve dois sínodos nos anos 473/474, depois dos quais Fausto redigiu um escrito "sobre a graça", no qual se opunha aos resultados extremos do pensamento de Agostinho e formulava uma proposta própria. Segundo Fausto, ainda que depois do "pecado original" os dons de Deus pareçam enfraquecidos, não são, todavia, aniquilados e, sobretudo, a positiva — embora frágil — disposição para o bem, provindo da criação, é comum a todos os homens. Não se pode falar de predestinação, porque Deus quer que todos os homens se salvem.

Inserção 2
Epitalâmio de Paulino e Terásia e o emergir de um rito cristão do matrimônio

Quase até o fim do século IV não há testemunhos de um rito cristão do matrimônio, ausente também nas coletâneas canônico-litúrgicas, como a *Tradição apostólica* (entendida também como o conjunto dos documentos que constituem seu esboço), a *Didascália siríaca* e as *Constituições apostólicas*, que, além das celebrações litúrgicas principais, referem também ritos e orações para ocasiões secundárias. Excetuam-se, sem prejudicar a coerência do quadro, alguns acenos de Tertuliano (século III) à aprovação do novo casal por parte das *ordines* cartaginenses (presbíteros e viúvas) e as bênçãos sobre os esposos por parte do apóstolo Judas Tomás nos homônimos *Atos* apócrifos, de teor encratista, aliás (ou seja, contrários às núpcias). Assumem, por isso, particular importância para a história das instituições cristãs as referências a uma ritualidade matrimonial específica que aparecem no Ocidente, entre os séculos IV e V: em Ambrósio encontram-se referências à *velatio* da esposa (*Carta* 19 a Vigílio), para a qual existe também uma eucologia específica no *Sacramentário veronense*, que reúne orações litúrgicas romanas, as quais remontam, em parte, à época de Leão Magno. A mais antiga coleção litúrgica bizantina é o *Eucológio Barberini gr. 336*, um códice do século VIII de provável autoria ítalo-calabresa, que contém dois diferentes modelos de rito e bênçãos matrimoniais. Nesse quadro, compreende-se a importância da composição poética redigida no início do século V, por ocasião de um matrimônio "excelente" ao qual se faz referência aqui: o escrito, que segue o gênero clássico das poesias oferecidas pelas núpcias (epitalâmios), descreve também alguns momentos do rito e contém um significativo dossiê bíblico.

Os epitalâmios da poesia grega e romana compõem-se de alguns elementos fixos, ou seja, um proêmio, com o convite à concórdia, e a menção dos deuses e das deusas prônubas (que propiciam as núpcias), a que se seguem o louvor das núpcias e o elogio dos dois esposos, para concluir com o convite propriamente dito ao matrimônio, com os votos de fertilidade, muitas vezes acompanhados pelos fesceninos, cantos eróticos festivos. O carme XXV da coletânea de Paulino de Nola não é a única composição cristã desse tipo: Claudiano escreveu um deles para as núpcias do imperador Honório com Maria, filha de Serena e Estilicão, e depois compuseram poesias de núpcias também Sidônio Apolinário († 486) e Venâncio Fortunato (530-607). A poesia que forma o objeto desse aprofundamento é dedicada por Paulino e pela mulher Terásia a um casal de esposos, que a maioria dos manuscritos indica, à margem dos versos, como sendo Juliano e Tícia: "Começa o epitalâmio proclamado por São Paulino para Juliano, filho do bispo Memore, e sua esposa Tícia, mulher de nobres origens".

Pode-se, antes de tudo, observar que tanto os autores/oferentes, como os esposos não são pessoas desconhecidas na história do cristianismo. Paulino nasceu em Bordeaux, na Aquitânia, e exerceu a própria habilidade literária na escola do poeta Ausônio, com quem permaneceu sempre em contato, apesar de os episódios biográficos e religiosos os diferenciarem notavelmente. Foi também funcionário romano (edil, pretor e senador) e durante o cargo de governador, desempenhado de 379 a 381, conheceu a Campânia e ficou fascinado pelo lugarejo de Cimitile, perto de Nola. Tendo passado depois para a Espanha, conheceu Terásia, que já era então uma cristã convicta, e com ela se casou. Paulino foi batizado depois do matrimônio na sua cidade natal e, mais tarde, foi ordenado presbítero em Barcelona, embora pareça que Ambrósio o considerasse, talvez em sentido espiritual, parte do seu clero (Paulino *Carta* 3,4: Ambrósio *Carta* 27,1-2). Em Cimitile, o casal, cujo único filho morrera ainda bem pequenino, deu vida a uma experiência de monaquismo familiar (cap. 5, item 29.4). Juliano, que na época do matrimônio era leitor, foi depois bispo de Eclano e é conhecido como feroz opositor de Agostinho (item 32.1); entre os seus temas tem notável destaque também o louvor e a defesa das núpcias. A mulher Tícia, no carme, é indicada como filha do bispo Emílio de Benevento, embora, talvez, essa ligação deva ser considerada espiritual, diferentemente da de Juliano com o pai Memore, bispo de Cápua.

O carme apresenta os mesmos elementos dos epitalâmios clássicos, reinterpretando-os em sentido cristão: convite a esse matrimônio que se baseia na Escritura, o próprio Cristo, que preside as núpcias no lugar das deusas prônubas, a festiva procissão canta hinos de modo composto, a beleza e riqueza dos esposos, que é agora espiritual, e, em vez dos fesceninos, um convite à castidade conjugal. A sequência final menciona alguns elementos rituais, que se apresentam como uma descrição propriamente dita e não somente como uma cristianização de temas clássicos: o bispo Memore, pai do esposo, conduz o casal diante do altar e ora, enquanto Emílio, pai da esposa, estende um véu sobre a cabeça de ambos e pronuncia uma bênção. O aceno ao véu estendido sobre o casal diferencia esse testemunho em relação à *velatio* lembrada no *Sacramentário veronense*, no qual são mencionadas orações referentes à esposa e parece se referir, portanto, somente a ela, como nas núpcias tradicionais romanas em que o véu alaranjado, o *flammeum* de significado apotropaico e bem augural, cobria somente a mulher. No judaísmo talmúdico, porém, as núpcias são chamadas de *nissu'in*, mas também de *huppa*, termo que indica a tenda à qual é levada a esposa e que pode ser simbolizada por um toldo estendido sobre a cabeça de ambos.

O valor do carme está também no que diz do matrimônio e da relação do casal: Adão vê Eva "gêmea", outro "si mesmo" tirado do seu lado, e pode "falar de si com voz nova". Não há vestígio de referências particulares à culpa de Eva; antes, o epitalâmio afirma que "cessou a sujeição de Eva, e Sara, agora livre, é igual a seu santo esposo, nas núpcias está presente Cristo, que transforma a água em vinho dulcíssimo". Como Maria, como a Igreja, Tícia será "companheira sob um mesmo jugo" (con-juge), o de Cristo e, portanto, será "esposa e irmã, não súdita". Ainda, "diz, com efeito, a Escritura que não há mais macho nem fêmea, mas há somente corpo e uma só fé e nós todos somos um só corpo do qual a única cabeça é Cristo". Por isso, renascidos agora no batismo, ambos os sexos se revestem de Cristo, "humano (*homo*) perfeito, e ele, cabeça de todos e tudo em todas as coisas conduza os seus membros ao Reino do Pai". O canto nupcial conclui: "Ide como irmãos ao encontro de Cristo, esposo, para ser uma só carne eternamente. Unavos o amor com que a Igreja abraça Cristo e com o qual reciprocamente Cristo cerca a Igreja de amor". Além da beleza literária do hino, pode-se ressaltar a originalidade com que é apresentada a relação entre homem e mulher com respeito aos outros escritos coevos. O dossiê bíblico que vem assim a se constituir merece ser levado em consideração, portanto, pelo que diz do matrimônio, mas poderia também ter um interesse com relação à sequência ritual: com efeito, estão presentes também trechos não habituais na produção literária de Paulino. Justamente esses textos podem ter sido englobados na composição, porque ligados ao contexto celebrativo, talvez presentes nas próprias bênçãos, que na poesia são lembradas, mas não referidas. Em todo caso, esse epitalâmio permite reconhecer também para o Ocidente uma base bíblica ampla para o contexto matrimonial, muito mais rica do que a simples referência ao *Gênesis* e às "mulheres santas" que aparece no *Sacramentário veronense*.

Nota bibliográfica

Fontes

MOHLBERG, L. C. (ed.). *Sacramentarium Veronense*. Rerum Ecclesiasticarum Documenta. Fontes. 1. Roma: Herder, 1960, 239-240.
PARENTI, S.; VELKOVSKA, E. (org.). *Eucologio Barberini gr. 336*. Roma: CLV, ²2000.
RUGGIERO, A. (org.). *Paolino di Nola. I carmi*. Nápoles-Roma: LER, 1996, 2 vol.
SANTANIELLO, G. (org.). *Paolino di Nola. Le lettere*. Nápoles-Roma: LER, 1992.

Estudos

CARPINO, M. T. P. L'amore coniugale nella poesia cristiana. L'epitalamio di Paolino di Nola. In: NAZZARO, V.; SCOGNAMIGLIO, R. (orgs.). *Carminis incentor Christus*. Bari: Ecumenica Ed., 2012, 51-85.
CONSOLINO, F.-E. Cristianizzare l'epitalamio: il carme 25 di Paolino di Nola. *Cassiodorus*, 3 (1997) 199-213.
FERNANDELLI, M. Cultura e significati della *praefatio* all'*Epitalamio per le nozze di Onorio e Maria* di Claudiano. *Il calamo della memoria*, 5 (2012) 75-125.
NALDINI, M. (org.). *Matrimonio e famiglia. Testimozianze dei primi secoli*. Bolonha: EDB, 1996.
SFAMENI GASPARRO, G.; MAGAZZÙ, C.; SPADA, C. A. (orgs.). *La coppia nei Padri*. Paolino di Nola. Milão: Paoline, 1991, 342-361.

33. O problema cristológico entre Alexandria e Antioquia

1. No decurso do século IV, o debate trinitário tinha necessariamente se cruzado também com a reflexão mais propriamente cristológica. Com efeito, os aspectos humanos e, portanto, frágeis de Jesus — o nascimento, a fome e a sede, o sofrimento, a ignorância e a tentação — tinham sido argumento ariano para concluir pela inferioridade do Filho em relação ao Pai e, portanto, motivo de reflexão para todos. Particular importância teve nesse sentido a teologia de Apolinário de Laodiceia — que, entre outras coisas, propunha que em Jesus o *Logos* tinha o lugar da parte diretiva da alma — e também a sua confutação (cap. 5, item 26.1) por parte de autores quer orientais, quer ocidentais. Uma pergunta que, obviamente, tinha acompanhado todo o percurso cristão, ou seja, o que significa dizer que o Filho de Deus se fez verdadeiramente homem, vinha, pois, a se situar no quadro interpretativo e no léxico oferecidos pelo debate ariano.

A reflexão em torno desse tema foi feita por muitos autores e em diversos contextos, mas conheceu aprofundamento e resultados significativos particularmente no confronto entre duas escolas orientais, a de Alexandria, com a sua tradição plurissecular, e a de Antioquia, organizada no século IV em torno do ensinamento de Diodoro de Tarso. Serão essas duas diferentes perspectivas que estarão em confronto e, depois, ver-se-ão implicadas num conflito, em especial a partir de 428, ano em que o antioqueno Nestório foi consagrado bispo de Antioquia. A questão tornou-se polêmica aberta e levou à convocação do Concílio de Éfeso de 431. Um breve reconhecimento dos dois contextos eclesiais e teológicos, com os específicos enfoques cristológicos pode permitir compreender melhor o alcance do debate e das suas conclusões dogmáticas. Com efeito, poder-se-á constatar que os dois enfoques são especulares na elaboração, mas nos aspectos mais problemáticos, que serão depois censurados como as respectivas "heresias", exibem paradoxalmente uma preocupação semelhante: manter de algum modo a divindade ao abrigo da fragilidade humana.

A visão antioquena está, de fato, caracterizada pela atenção à plena humanidade de Jesus e observa de maneira estática o "resultado" da encarnação, distinguindo analiticamente o aspecto humano e o divino de Jesus Cristo. Desse modo, garante que a humanidade completa do homem Jesus não seja absorvida pela divindade do *Logos*, mas tem dificuldade em explicar a unidade da pessoa do Filho humano. A alexandrina, porém, tem um enfoque dinâmico, atento ao processo da encarnação do Verbo: desse modo, a unidade pessoal de Jesus Cristo fica garantida, mas é mais difícil afirmar sua completa humanidade.

2. A Igreja de Antioquia está entre aquelas cuja existência é documentada desde as origens cristãs, citada muitas vezes até nos *Atos dos Apóstolos* lucanos (cap. 1, item 3.1). Cidade opulenta sobre o rio Orontes, na reorganização do Império realizada por Diocleciano, foi sede, junto com Nicomédia, da corte imperial no Oriente. Pode-se falar, todavia, de uma escola teológica em sentido próprio a partir da ação de **Diodoro**, guia de uma escola monástica em Antioquia que pôde se gloriar de alunos como João Crisóstomo e Teodoro, depois bispo de Mopsuéstia, na Cilícia. Diodoro foi exilado para a Armênia na época de Valente, mas pouco depois do seu retorno à pátria, em 378, foi eleito bispo de Tarso e, como tal, participou de maneira ativa do Concílio de Constantinopla, de 381 (cap. 5, item 26.3). Morreu em 394, alguns anos antes, portanto, da eleição de João (397) a bispo de Constantinopla. A aversão alexandrina a respeito dele e o fato de que a sua obra fora, a seguir, considerada matriz da posição nestoriana foram prejudiciais à conservação de uma imponente produção exegética e doutrinal, da qual sobrou parte decididamente exígua, se comparada à quantidade de títulos a ele atribuídos. Vale a pena destacar dois deles, porquanto exemplificativos dos seus interesses e das suas preocupações: *Sobre a diferença entre teoria e alegoria* e *Contra os sinusiastas*. A escola de Diodoro não aceitava, com efeito, o alegorismo, estimava o texto veterotestamentário no seu teor literal e admitia uma leitura tipológica (ou seja, na qual um elemento judaico é lido como prefiguração de um cristão) somente quando fosse testemunhada no Novo Testamento, utilizando para esse propósito preferencialmente o campo semântico da *theoria*. O segundo título referia-se aos que "confundem as substâncias (= *ousias*)" e manifestava uma profunda preocupação antiapolinarista, justamente em defesa militante da humanidade de Cristo.

Sob o ponto de vista da antropologia, além disso, o ambiente antioqueno, no seu conjunto, caracterizava-se por uma visão unitária da pessoa humana, referida à tradição bíblica lida à luz da filosofia estoica e aristotélica (veja-se, por exemplo, Nemésio de Emesa), distanciando-se, assim, deliberadamente, do dominante paradigma platonizante dos alexandrinos. De fato, esse enfoque reflete-se também na organização cristológica, como se pode verificar nos escritos de Teodoro, personagem muitas vezes nomeado no conflito, embora tenha morrido em 428. Assim se exprimia, por exemplo, nas catequeses batismais:

"Atendo-se ao início e ao fim, os nossos bem-aventurados pais transmitiram-nos na brevidade do símbolo tudo o que se desenrolou no meio, para instrução dos que desejam aprender a verdade. É óbvio, com efeito, que eles não acreditavam que fosse a natureza divina que nascia da mulher, como se dali tivesse tido início, porque não teve início em Maria aquele que eles afirmavam ter sido gerado pelo seu Pai antes de todos os séculos [...]. As Sagradas Escrituras ensinam a perfeita conjunção que se deu, de modo que não parecessem dividir a perfeita comunhão daquele que assumiu com aquele que foi assumido. [...] (Paulo) confessava como 'Cristo segundo a carne' a forma do homem que ele assumiu e chamava de 'Deus acima de tudo' aquele que assumiu essa forma. [...] Ele, com efeito, faz ver claramente de onde recebe honra aquele que foi assumido, ou seja, de nenhum outro senão da natureza divina daquele que a assumiu e nela permanece" (Teodoro, *Hom.Cat.* 6,3.6).

Nos trechos apenas citados aparecem expressões típicas antioquenas, como a ideia de "conjunção" ou de "assumir/endossar o homem". Todavia, faz também questão de esclarecer, talvez como resposta a algumas críticas já recebidas a respeito, que não quer afirmar "dois sujeitos": "Temos de lembrar também que a união é indissolúvel: jamais, em nenhum momento, a 'forma de servo' pode ser separada da natureza divina que a assumiu. A distinção das naturezas não compromete a estreita união, assim como a estreita união não anula a distinção das naturezas. [...] Não somos obrigados a dizer 'dois Senhores' e 'dois Filhos' somente porque afirmamos 'duas naturezas'" (Teodoro, *Hom.Cat.* 8,13-14).

Nestório, ao contrário, não era um escritor de destaque, mas um monge, o qual, como anteriormente João chamado "Crisóstomo", foi escolhido como bispo de Constantinopla. Tinha fama de hábil pregador, mas dele foram conservados apenas os escritos de depois da eleição episcopal e, sobretudo, cartas: particularmente significativas, como se pode imaginar, as relativas à polêmica com Cirilo. O *Livro de Heráclides*, encontrado durante o século passado na cidade curda de Kochane, fala dos anos seguintes à sua deposição e também dos ulteriores desdobramentos das Igrejas siríacas não efesinas, embora não seja fácil distinguir os diversos estádios da forma atual do escrito.

3. A teologia alexandrina, do início do século V, pode ser considerada, de certo modo, herdeira da prestigiosa escola que começara dois séculos antes, desde que essa herança não seja entendida como identidade e não seja ampliada de modo indevido. Somente nesse sentido é que Cirilo (bispo de 412 a 444) pode ser considerado "o último grande representante da tradição alexandrina" (Simonetti), tendo aceito e desenvolvido sua estrutura exegética, embora moderada, o enfoque doutrinal e também a forma autoritária do governo eclesiástico. Com efeito, convém lembrar que, durante o episcopado de Teófilo, seu predecessor, mas também seu tio, houvera o processo contra Crisóstomo e tinham sido realizadas muitas ações contra os judeus e os pagãos de Alexandria. Esse clima conflitante prosseguiu com Cirilo e durante seu episcopado foi morta a filósofa Hipátia (cap. 4, item 20.3).

Escritor prolífico, tinha redigido, já antes da polêmica com Nestório, duas amplas obras de assunto trinitário, fazendo própria a terminologia capadócia, e diversos escritos exegéticos, entre os quais se destaca o *Comentário a João*. A cristologia de Cirilo desenvolve-se com algumas oscilações terminológicas, mas com uma substancial coerência de organização e em direta polêmica com a produção antioquena. Em Cristo, segundo Cirilo, predomina a dimensão divina sobre a humana, o fazer-se carne do *Logos* na ótica proposta por Jo 1,14. Mais de uma vez, como se verá em breve, utiliza a esse propósito uma expressão que ele atribuía a Atanásio, mas que era, na realidade, de Apolinário: "uma só natureza encarnada do Verbo de Deus". Nas Igrejas em que, havia tempo, "natureza" era utilizada, em paralelo com substância, para indicar as dimensões humana e divina, uma proposição desse gênero era inaceitável, embora a acepção ciriliana não pretendesse excluir a humanidade de Jesus, mas, antes, afirmar que o que ele havia realizado e experimentado era sempre referente ao *Logos*.

Segundo um costume já consolidado, o bispo de Alexandria enviava, todos os anos, uma *Carta festiva*, na qual comunicava às Igrejas a ele vinculadas a data da Páscoa, enriquecendo a informação com reflexões de vários gêneros. Na *Carta festiva* de 420, Cirilo já polemizava com o enfoque antioqueno, como o podia conhecer pelos escritos sobretudo de Teodoro de Mopsuéstia, julgando que a distinção estrutural entre duas naturezas subsistentes, expressa mediante o léxico do "templo" no qual residia o Filho de Deus e a ideia do "homem assumido pela divindade", não podia senão levar à profissão de dois Filhos.

4. Estender o olhar para a coeva **terminologia cristológica latina e siríaca** pode ajudar a compreender o debate que se esboçava em torno da sede de Constantinopla: nesse debate, as alianças entre sedes prevaleceram sobre usos teológicos, e as dificuldades linguísticas se juntaram para complicar mais a comunicação.

Também nas Igrejas de língua latina tinha havido, de fato, uma precoce oposição a Apolinário, quer por parte de Dâmaso, que fora interpolado por Epifânio de Salamina e pelo apolinarista Vital, quer por parte de Ambrósio de Milão. Em seus escritos, como na tradição anterior testemunhada, por exemplo, por Tertuliano e por Hilário de Poitiers, as fórmulas "qua deus/qua homo", "in forma Dei/in forma servi" e "filius dei/filius hominis" serviam para afirmar a plena divindade e a plena humanidade de Cristo, com um léxico não distante do antioqueno. É notável também nesse caso a contribuição de Agostinho, que, por sua vez, conhecia e utilizava tanto as expressões do "revestir o homem", quanto a distinção "em forma de servo/em forma de Deus". Algumas cartas, que são autênticos tratados, como a 137 a Volusiano e a 187 a Dardano, tratam de maneira específica de temas cristológicos, que estão, aliás, difundidos por todas as suas obras. Reveste-se de um particular significado o dossiê referente a um monge da Gália, Lepório, que tinha levantado perguntas muito semelhantes às que foram, depois, típicas de Nestório, porquanto achava inconveniente e indigno da divindade afirmar "um Deus nascido de mulher, um Deus crucificado, que, além disso, tinha passado por outros sofrimentos da natureza" (Agostinho, *Carta* 219,3). Excomungado pelo bispo de Marselha, o monge tinha se refugiado na África, onde Agostinho levou a sério as dúvidas dele e o ajudou a enfocar de outro modo a questão, distinguindo o que se referia à pessoa, ou seja, o Verbo, que é o sujeito da encarnação e de toda a relativa economia, e a natureza. Desse modo, segundo Agostinho, pode-se afirmar que se encarnou a pessoa do *Logos* e não a natureza divina, que é comum também ao Pai e ao Espírito. Em Jesus Cristo, Filho de Deus encarnado, a natureza divina é plena, mas distinta da natureza humana. Os resultados desse esclarecimento estão reunidos num *Libellus emendationis*, que Lepório leu e assinou, em Cartago, na presença de alguns bispos. Agostinho tomou o cuidado então de informar sobre isso os bispos Cilínio e Próculo de Marselha, numa carta enviada também em nome de Aurélio de Cartago, Fiorenço de Hipona Zurrita e Secundino da Numídia.

Entrementes, as Igrejas de língua siríaca que se encontram no Império sassânida, cujas fronteiras a ocidente se ampliaram progressivamente depois da derrota do imperador Juliano, em 361 (cap. 4, item 18.4; item 21.3), tinham desenvolvido uma terminologia própria, com uma estrutura muito distante da do grego: basta pensar que um autor como Efrém, que, tendo fugido de Nísibis, deu vida, em Edessa, à chamada "escola dos sírios", utilizava um mesmo termo, *kjana*, para traduzir substância, natureza e hipóstase. Em quadros desse gênero, as possibilidades de se compreenderem estão, em sua maior parte, no clima de acordo e de confiança recíproca. Caído o acordo e com a divisão do quadro linguístico e político, as diferenças tornaram-se incompreensões e distâncias, como se tornou claro no debate que não só acompanhou, mas também seguiu os concílios do século V.

5. A sede episcopal de Constantinopla, como se viu (Inserção 1 – *O episcopado de João Crisóstomo*), não era, decerto, uma das mais fáceis, não só — como alhures — pelo complexo equilíbrio que devia manter com diversos enfoques ideológicos e facções pessoais, mas também pela relação com as outras sedes eclesiásticas, com o mundo monástico e, não por último, com o imperador, que era Teodósio II, desde 402, em associação com a irmã Pulquéria. Depois de dois episcopados (Ático e Sisínio), equilibrados e moderados, para evitar os candidatos apoiados por facções opostas, foi eleito Nestório, abade do mosteiro de Euprépio, em Antioquia, reproduzindo, de algum modo, a análoga eleição de João Crisóstomo e suscitando notável descontentamento, quer em Constantinopla, quer em Alexandria. Como João, também o novo bispo pareceu dotado de zelo de reforma, seja no aspecto da sobriedade evangélica — não propriamente estimada nos ambientes eclesiásticos próximos da corte imperial e, no fundo, tampouco entre a população que se via privada dos habituais jogos públicos —, seja no aspecto da luta contra as heresias. Conforme a reconstrução do historiador Sócrates, que escreveu por volta de 493, ou seja, numa época em que o nome de Nestório estava, havia muito, anatematizado, o bispo, apenas empossado, teria pronunciado um discurso programático do seguinte teor: "Tu, imperador, livra-me a terra dos heréticos e eu, em troca, te darei o céu: ajuda-me a eliminar os heréticos e eu te ajudarei a desbaratar os persas" (Sócrates, HE VII,29). A lista de heresias escrita naquela oração por Nestório é impressionante, embora estereotipada, obviamente, e Sócrates não deixa de descrever os conflitos até sangrentos que se seguiram a tal iniciativa.

A **pregação de Nestório** anterior ao surgimento da controvérsia, só parcialmente recuperada, dada a condenação da pessoa e dos escritos, contém repetidos convites a fazer próprias as atitudes de Cristo, verdadeiro e definitivo Adão, segundo uma humanidade filial perfeitamente realizada. Ao lado disso, como desdobramento da intenção anti-herética apenas evidenciada, nota-se a preocupação de responder ao enfoque ariano, que se detinha sobre a condição de paixão e, portanto, de inferioridade do *Logos* e estava muito presente no exército de origem gótica, que, se cristão, o era segundo aquela confissão. Eram muito temidas também as posições apolinaristas, que, embora em modalidades diversificadas e diferentemente diminuídas, colocavam-se numa vertente oposta e apresentavam uma humanidade reduzida a invólucro do imutável *Logos*. A estrutura de enfoque antioqueno levada adiante por Nestório, preparada para a pastoral, mais que para a especulação, e desenvolvida com intenções anti-heréticas, encontrou um ponto específico de articulação em torno do título de **Theotokos**, mãe de Deus, referido a Maria. Nessa expressão, já presente às vezes em Orígenes e em Eusébio, mas não muito difundida fora das tradições alexandrinas e constantinopolitanas, Nestório temia que pudesse estar oculta a confusão sobre a geração eterna do Filho, como se o *Logos* tivesse origem em Maria. À margem da discussão não se pode tampouco esquecer que em toda a bacia do Mediterrâneo estava muito presente e era honrada com esse mesmo título a "Mãe dos deuses", venerada de maneira multiforme em Ísis, Deméter, Astarte. Nestório temia, no outro extremo, também os que falavam de "Mãe do homem", porque essa expressão podia veicular ideias adocionistas, como as já professadas por Fotino. Por esses motivos e para se manter aderente ao léxico oferecido pela Escritura, começou a propor, como alternativa, o título "Mãe de Cristo" (*Christotokos*).

Esse debate em torno do título a ser atribuído a Maria foi a ocasião de uma polêmica cada vez mais áspera, que tinha, porém, muitas outras razões, de bem diferente nível. Numa celebração em honra da Virgem, Nestório foi publicamente contestado por Proclo, um tal que fora consagrado bispo de Cízico, mas que fora rejeitado pela população e, por isso, tinha parado em Constantinopla e tinha aspirado em vão suceder Sisínio nessa sede, aspiração destinada, depois, a ser repetidamente frustrada, até 434. Evidentemente, essa circunstância não o aproximava de Nestório. Além disso, no ambiente monástico da cidade estavam presentes tendências que, à luz do léxico seguinte, podemos indicar como monofisitas, representadas por Dalmácio e por aquele Êutiques que será protagonista da fase do conflito seguinte a 444. Alguns monges que tinham se oposto clamorosamente ao patriarca, que se preparava para presidir uma celebração litúrgica, foram presos e fustigados, e mesmo esses episódios não melhoraram as relações entre a sede episcopal e os mosteiros da capital. A tudo isso se deve acrescentar que a Nestório e ao sínodo permanente (*synodos endemusa*), que o ajudava, fora entregue uma causa proposta contra Cirilo de Alexandria por alguns clérigos que se consideravam injustamente perseguidos por ele; tinham apelado ao imperador, o qual, todavia, habitualmente passava as causas eclesiásticas ao bispo. Na corte, Cirilo não era bem visto, até devido ao conflito que nos anos anteriores tinha-o colocado em áspera oposição ao prefeito cristão de Alexandria, o constantinopolitano Orestes (cap. 4, item 20.3).

Cirilo, *papa* do Egito, segundo a terminologia que unia a sede alexandrina e a romana, estava, assim, a essa altura, na condição de imputado, seja perante o imperador, seja perante o bispo da capital, a quem um cânon de 381 (cap. 5, Inserção 1 – *Símbolos e cânones de Niceia e de Constantinopla*) atribuía o primado entre as sedes do Oriente. A continuação dos eventos viu, de fato, Cirilo passar de acusado a acusador, numa questão que não seria mais posta no plano disciplinar, mas no doutrinal. Cirilo, com efeito, identificava na posição do patriarca de Constantinopla a fraqueza que já havia estigmatizado nos outros autores antioquenos e conduziu o debate em torno de tais perspectivas.

Nesse ínterim, trechos da pregação de Nestório tinham chegado aos monges do Egito, e Cirilo não deixou de dedicar a *Carta Festiva*, de 429, a confutar essas afirmações, assim como se apressou a escrever aos monges para lhes dar garantias sobre a defesa da ortodoxia, que não seria omisso em conduzir (*Carta aos monges*). Escreveu também a alguns de seus clérigos que se encontravam em Constantinopla, anunciando que jamais ficaria submisso ao juízo disciplinar de Nestório e que ele, sim, é que deveria explicar as próprias posições. Enfim, interpelou diretamente o bispo de Constantinopla, o qual respondeu espantado e contrariado por essas acusações, que julgava infundadas. A essa altura, a controvérsia tinha começado e as trocas epistolares que se seguiram, primeiro entre Alexandria e Constantinopla e, depois, entre ambas as sedes e Roma, representavam a premissa da convocação daquele sínodo que foi em seguida reconhecido como terceiro concílio ecumênico, realizado em Éfeso, em 431.

34. Os Concílios de Éfeso e de Calcedônia

1. O concílio que é reconhecido como terceiro concílio ecumênico realizou-se em Éfeso em 431, sob a convocação do imperador Teodósio II, num clima de grande tensão e com graves irregularidades. O conflito entre Cirilo e

Nestório, iniciado, como se viu, em 428, já havia alarmado e envolvido também Roma e Antioquia, a primeira porque diretamente interpelada, a segunda, porquanto perturbada pelo ataque sem tréguas conduzido por Alexandria. Cirilo, com efeito, em 429, tinha enviado uma breve carta a Nestório, na qual fala do "escândalo ecumênico" provocado pela sua pregação; na mesma missiva afirmava que "homens piedosos e dignos de fé", vindos da capital, pintavam-no em grande agitação, porque alguns, provenientes de Alexandria, faziam circular em Constantinopla "a carta escrita aos santos monges e ela se tornou causa de ódio e de azedume" (Cirilo, *Carta* 1 a Nestório). Acrescentava ter sido interpelado pelo "reverendíssimo e religiosíssimo bispo de Roma, Celestino", que tinha recebido documentos de Nestório e pedia sua explicação à sede que considerava mais próxima, Alexandria. Os contatos entre Alexandria e Roma eram garantidos pelo diácono Posidônio, que residia na Itália com esse preciso encargo e se beneficiavam sempre das traduções latinas dos textos, o que, ao contrário, não acontecia com os escritos de Nestório, que não demonstrou tal habilidade.

Nestório, de fato, tinha escrito várias vezes a Celestino, mas sempre com pouco resultado, talvez não somente pela língua: em particular, tinha feito o bispo de Roma saber que a ele, Nestório, mal tomara posse, tinham se dirigido aqueles ocidentais que, junto com Juliano de Eclano (item 32.1), tinham sido afastados das próprias sedes por terem se recusado a assinar a *Tractoria* e pediam que a causa deles fosse novamente levada em consideração. Apesar da proximidade entre Juliano e os ambientes antioquenos, Nestório não se sentia capaz de tomar uma decisão, ou não quis fazê-lo, sobre uma questão tipicamente ocidental e pediu repetidamente esclarecimento ao papa Celestino. Nas mesmas missivas confidenciava também com ele sobre os outros problemas doutrinais presentes em Constantinopla e, além disso, ficava a explicar com calma a própria rejeição ao título *Theotokos* e a própria solução orientada mais para a expressão "mãe de Cristo" (*Christotokos*). Roma não respondeu logo, provavelmente pela vontade de não reabrir o caso dos bispos depostos como pelagianos e porque, como teve ocasião de escrever, a seguir, o próprio Celestino, tinha recebido, sim, as suas cartas, mas havia uma dificuldade, uma vez que "erat enim in latinum sermo vertendus", ou seja, o dossiê não tinha sido traduzido: confessava, assim, um *modus operandi* que se colocava entre a ignorância e a deliberada omissão. Leão, seu diácono e futuro e enérgico bispo de Roma, tinha encarregado da leitura, provavelmente já encaminhando-a a uma confutação, o monge cítico João Cassiano, residente em Marselha e bilíngue, mas a escrita de Cassiano, além de prolixa, revelou-se inadequada e mistificante, contribuindo, portanto, somente para reforçar as incompreensões entre Roma e Nestório.

A essa altura, as trocas entre Alexandria e Constantinopla assumiram tons cada vez mais ásperos. A segunda carta de Cirilo a Nestório, depois de ter mencionado os clérigos que o acusavam junto ao sínodo permanente de Constantinopla, abordava também os temas propriamente cristológicos, apresentando com linearidade a doutrina alexandrina: "Embora as duas naturezas que foram unidas numa verdadeira unidade sejam diferentes, de duas resultou um só Cristo e Filho. Não, porém, como se tivesse desaparecido, por causa da união, a diferença das naturezas, mas, antes, realizou-se para nós o único Senhor, Cristo e Filho, graças ao indizível e arcano concurso (*syndromê*) na unidade da divindade e da humanidade" (*Carta* 2,3). Contemporaneamente, todavia, refutava sem meias-medidas o enfoque e léxico antioquenos, atribuindo a qualquer um que não falasse de "união segundo a hipóstase" a conclusão da existência de "dois Filhos". Nestório, na sua resposta compreensivelmente ressentida, expunha novamente as próprias ideias, ampliando, todavia, as considerações sobre a distinção entre o Filho *Logos* eterno e imutável e o que sofre a humanidade de Cristo; essas considerações contribuíram, todavia, para evidenciar a fraqueza do seu enfoque, como mostra a seguinte passagem de uma carta de Nestório ao próprio Cirilo: "Implicar com o nome de apropriação também as propriedades da carne unida, digo, nascimento, paixão, morte, isso, irmão, é próprio de uma mente levada ao erro, [...] e nem falo da circuncisão, do sacrifício, do suor, da fome" (Nestório, *Carta a Cirilo*, 7).

A terceira carta de Cirilo que foi entregue a Nestório no dia 30 de novembro de 430 pedia plena retratação, que deveria ser redigida de forma escrita, dentro de dez dias a partir da acusação de recebimento. O escrito foi redigido, de próprio punho, por Cirilo, mas se apresentava como um documento sinodal e ecumênico nos termos e na forma, que incluía o símbolo de Niceia, para que o destinatário, ao aceitá-lo, mostrasse a própria ortodoxia, e um apêndice com doze anatematismos, que radicalizavam a doutrina alexandrina com termos como "união natural" (*henosis physiké*). Alguns trechos podem fazer compreender melhor o teor do escrito: "Cirilo e o sínodo convocado em Alexandria do Egito ao religiosíssimo e piedosíssimo colega no ministério, Nestório [...]; nós, pois, junto com o santo sínodo reunido na grande Roma, sob a presidência do santíssimo e reverendíssimo irmão e colega no ministério, o bispo Celestino, te avisamos e te intimamos, com esta terceira carta, que te afastes de doutrinas tão estultas e perversas. [...]. Fica sabendo que o santo sínodo de Roma e nós todos concordamos com as cartas enviadas à tua piedade pela Igreja de Alexandria, porquanto as consideramos ortodoxas e isentas de erros. Além disso, juntamos a esta nossa carta o que é necessário que tu penses e ensines e aquilo de que deves te dissociar" (Cirilo, *Terceira carta a Nestório*). Essa modalidade suscitou o escândalo das Igrejas de tradição antioquena e o desconcerto de Nestório, que, contra todo o costume, via o próprio acusador elevado não somente a juiz, mas também a executor da sentença. Todavia, no dia 6 de dezembro de 430, pronunciou um discurso, referido em latim por Mário Mercator (interessado, como já lembrado, em seguir a desdobramento dos episódios pelagianos), no qual pretendia professar a reta fé e se dizia disposto a aceitar também *Theotokos*, desde que não de forma monofisita: "Duas naturezas, mas um só Filho". A essa altura, o imperador, mantido informado por insistentes missivas alexandrinas endereçadas a ele, bem como às "augustas" — a mulher Eudócia e as irmãs Pulquéria, Arcádia e Marina — já tinha convocado o concílio.

2. Teodósio II, portanto, em 19 de novembro de 430, convocou um concílio em **Éfeso** para o Pentecostes do ano seguinte (7 de junho de 431), dando a indicação de iniciar a viagem logo depois das celebrações pascais e indicando no *comes* Candidiano aquele que deveria pensar na boa ordem, quer da assembleia, quer da cidade. Nestório, que não estava muito distante, foi o primeiro a se apresentar em Éfeso, com 16 prelados metropolitanos e alguns bispos de sedes menores, mas foi recebido muito mal pelo bispo Mêmnon, que lhe proibiu a entrada em todas as basílicas, e pela população alertada em relação àquele que tinha ofendido a Mãe de Deus. Chegou também antes de Pentecostes Cirilo, acompanhado de uns cinquenta bispos e de outros religiosos, bem como dos *parabolanos*, um corpo paramilitar encarregado da segurança dos patriarcas alexandrinos. Bem cedo chegou também Juvenal de Jerusalém, outro decidido antagonista de Nestório. Faltavam os legados de Roma (Arcádio, Proieto e Filipe), que, de fato, chegariam somente no dia 9 de julho: a distância a ser coberta não era pequena, mas para esse atraso pode ter influído também uma atitude de Celestino, não muito favorável à reabertura do debate, que considerava concluído com o sínodo romano do ano anterior. Das cartas levadas pelos ocidentais (para Cirilo, para o imperador Teodósio e para os padres conciliares) compreende-se que Celestino convidava para uma composição pacífica da controvérsia, mas ignorava a forma da *Terceira carta* a Nestório e, sobretudo, estava às escuras em relação à existência dos doze anatematismos.

Tardavam também "os orientais", ou seja, João de Antioquia com os bispos da Síria, Arábia e Pérsia: a delegação tinha de viajar unida, em razão de oportunidade e também de segurança; e os tempos se prolongaram. João, todavia, teve o cuidado de enviar uma mensagem a Éfeso para se desculpar pelo atraso e avisar que em poucas etapas haveriam de chegar: a missiva foi entregue a Cirilo no dia 20 de junho. A essa altura, Cirilo, tendo recebido a carta, decidiu não esperar mais e convocou a assembleia parcial e, portanto, irregular, que desde o dia 22 de junho reuniu cento e cinquenta bispos na basílica dedicada a Maria. Isso aconteceu, apesar dos protestos de um grupo de cerca de sessenta outros bispos, além de Nestório com os seus bispos e também do *comes* Candidiano. Cirilo conseguiu, todavia, dar início aos trabalhos, que terminaram naquele mesmo dia, com a condenação de Nestório, que se recusara a se apresentar numa sessão parcial e já orientada em seu desfavor. Quando "os orientais" chegaram, viram-se diante de uma situação paradoxal e, portanto, se reuniram nos pavilhões em que estavam hospedados e declararam depostos Cirilo e Mêmnon por graves irregularidades. Eles responderam, excomungando, por sua vez, os orientais.

Nessa situação, é fácil compreender que falar de *Atas* de Éfeso é muito audacioso: como relatar a dupla assembleia sinodal? A documentação que, a seguir, foi recolhida é relativa, na maior parte, à assembleia dirigida por Cirilo, mas em documentos posteriores podem ser encontrados diversos trechos da redação da ata dos orientais e do relatório feito pelo *comes* Irineu, que se encontrava em Éfeso a título pessoal; também uma obra atribuída às mãos de Nestório, redigida até 450 e conservada em siríaco (*Livro de Heráclides*), contém ecos da versão de quem tenta se opor a Cirilo. Também Mário Mercator, já mencionado várias vezes, estava em Constantinopla e entre as fontes úteis para reconstruir o intrincado desenvolvimento da dupla sessão podem ser incluídos também os seus escritos.

Retomando o fio dos acontecimentos, quando, no dia 9 de julho, chegaram os legados romanos, uniram-se ao concílio de Cirilo e, depois de terem querido ler o que estava registrado na ata, ratificaram a condenação de Nestório, mas não as recíprocas excomunhões ocorridas entre as duas assembleias. O imperador Teodósio II, por carta e por meio dos seus funcionários, procurou por várias vezes pôr fim à lastimável situação, impedindo que os bispos regressassem às respectivas sedes enquanto não tivessem chegado a um acordo partilhado, mas, afinal, em setembro, e depois de várias pressões e subterfúgios, todos deixaram Éfeso. Somente Nestório, todavia, tinha pedido para deixar a sede de Constantinopla e poder voltar a seu velho mosteiro de Euprépio, perto de Antioquia.

3. Em tal situação, o **resultado dogmático de Éfeso**, se nos é permitido separá-lo do procedimento incorreto, reside na sintética conclusão de 22 de junho, que aprovava o título de *Theotokos* e rejeitava qualquer cristologia que mantivesse um hiato entre a pessoa do Filho e a sua humanidade — posição anatematizada que, com ou sem razão, era atribuída a Nestório. Toda a questão, todavia, estava dolorosamente contaminada pelas modalidades praticadas e muito difíceis de serem aceitas por todos, dada a série impressionante de recíprocas excomunhões, dificilmente comparáveis com qualquer ideia de consenso eclesial. Em Roma, nesse ínterim, a Celestino seguiu-se Sisto III, menos propenso às opiniões de Cirilo, mas interessado em procurar um acordo mais duradouro e sensato; também Teodósio II não cessava de convidar a todos os contendores a encontrar uma composição do conflito. Houve, então, convergência em torno do nome e da ação de Acácio, bispo de Bereia (Alepo), que deu início a uma longa conversação entre João de Antioquia, com o respectivo episcopado, e Cirilo, que, por sua vez, não teria querido tirar os anatematismos. Em Constantinopla, fora eleito, depois de Nestório, o bispo Maximiano, pessoa de mediação, o qual propôs que, junto com o sínodo permanente da cidade, cada qual renunciasse a alguma coisa: João teria aceitado a condenação de Nestório, e Cirilo deveria retirar todos os seus escritos dogmáticos (a *Segunda* e *Terceira cartas* acompanhadas dos anatematismos) que ele considerava parte do concílio efesino, convergindo, enfim, ambos numa nova fórmula de fé. Depois de longas e não fáceis negociações, a solução adotada foi ainda mais conciliatória: João aceitava a "deposição" (não a excomunhão) de Nestório e reconhecia como plenamente válida a consagração de Maximiano em Constantinopla, ninguém fazia menção, nem num sentido nem em outro, dos escritos dogmáticos de Cirilo, que, por sua vez, aceitava assinar uma fórmula de fé que reproduzia bem de perto um texto já proposto pelos "orientais", ou seja, os bispos próximos a João de Antioquia, em Éfeso, e reproposto numa segunda e fracassada tentativa de conciliação exigida pelo imperador. Para selar o acordo firmado, João e Cirilo, em abril de 433, trocaram cartas que continham o

texto, agora conhecido como *Fórmula de união*, e comunicavam, com missivas dirigidas também a outras Igrejas, a ocorrência da paz. A carta com que Cirilo anunciava a paz, conservada também em latim, é conhecida pelas palavras iniciais, *Laetentur coeli*.

A fórmula de fé laboriosamente assinada utiliza quer expressões antioquenas, quer expressões da tradição alexandrina, com a atenção em rejeitar tanto a confusão das hipóstases, um receio para os orientais, como a divisão de Jesus Cristo em dois sujeitos, temida pelos alexandrinos. Esse texto será também uma das matrizes da sucessiva fórmula do Concílio de Calcedônia (451) e, portanto, não se pode deixar de lado sua leitura, pelo menos na sua parte central: "Confessamos, portanto, o senhor nosso Jesus Cristo, Filho unigênito de Deus, perfeito Deus e perfeito homem [composto] de alma racional e de corpo, gerado pelo Pai, antes dos séculos, segundo a divindade, que por nós e pela nossa salvação, no fim dos tempos, nasceu da virgem Maria segundo a humanidade, consubstancial ao Pai segundo a divindade e consubstancial a nós segundo a humanidade. Ocorreu, com efeito, a união das duas naturezas e, por isso, nós confessamos um só Cristo, um só Filho, um só Senhor. Segundo esse conceito de união não confusa, nós confessamos a virgem santa Mãe de Deus, tendo o Verbo de Deus se encarnado e se feito homem e tendo unido a si, desde a própria concepção, o templo por ela assumido" (*Fórmula de união*: COD, 69).

A essa importante passagem dividida na afirmação da dupla consubstancialidade e na duplicidade das naturezas unidas (não somente "juntadas") de maneira não confusa no único Filho seguia uma opinião atribuída "aos teólogos" que interpretavam as afirmações "evangélicas e apostólicas" referidas ao Senhor, de maneira distinta, considerando algumas delas "comuns a uma única pessoa"; outras "distintas, como referidas às duas naturezas; as dignas de Deus à divindade do Cristo, as mais humildes, à sua humanidade". É evidente que a passagem se opunha aos anatematismos de Cirilo e tendia a reavaliar uma opinião difundida dos ambientes "difisistas". Embora a fórmula tenha sido aceita e assinada desse modo, tal *theologumenon* (indica-se assim uma opinião muito enraizada, mas não proposta "a crer", como elemento partilhado pelas Igrejas) corria o risco de repropor uma analiticidade na história de Jesus Cristo não por todos partilhada. Esse modo de ler as narrações evangélicas, indicado também como "princípio pós-niceno de distinção" (Studer), era muito difundido também na área latina, embora, como já se observou, manifestasse a dificuldade de compreender todos os episódios humanos de Jesus como verdadeiramente próprios do Filho.

4. Quanto em Cirilo, sobretudo nesta última fase, mas, no fundo, em todas essas vicissitudes, tenha sido fruto de convicção e quanto tenha sido ditado pela oportunidade, escapam, evidentemente, às possibilidades de uma leitura histórica. Todavia é documentável o fato de que, ao lado do alívio de terem saído de uma situação problemática, registraram-se também muitas reações de contrariedade, quer por parte de quem não teria desejado a condenação de Nestório, quer por parte de quem não teria desejado conceder tanto ao enfoque antioqueno. Entre estes últimos, devem ser contados os defensores de Cirilo, tanto em Alexandria, como na Ásia e, em especial em Constantinopla. Escrevendo a alguns deles, depois do acordo de 433, Cirilo reafirmava o enfoque anterior na forma mais radical, falando de "uma só natureza do Verbo de Deus encarnado" (Cirilo, *Epístola a Eulógio*; Cirilo, *Epístola a Sucenso*, 1,7), desculpando-se, no fundo, por ter aceitado o compromisso com os antioquenos. É verdade que, lendo inteiramente tais escritos, não se pode concluir deles que o patriarca alexandrino pretendesse absorver no *Logos* a humanidade de Jesus; todavia, tampouco se pode ignorar que as expressões utilizadas provinham justamente de Apolinário e eram, em todo caso, extremamente ambíguas, bem como diferentes do que fora assinado com João de Antioquia. No escrito dirigido a Sucenso, bispo de Diocesareia, na Isáuria, além disso, criticava-se asperamente Diodoro de Tarso, apontando-o como o iniciador do erro censurado em Nestório. Depois da morte de Maximiano (434), em Constantinopla, fora eleito bispo Proclo e a ele se dirigiam insistentemente vários ambientes que professavam "a única natureza", entre as quais os bispos armênios reunidos em sínodo: a eles respondeu (435) com um texto dogmático, conhecido como *Tomus ad Armenios*, moderado e capaz de integrar a profissão das duas naturezas com a única hipóstase.

Depois da morte de Cirilo (444) e a eleição para substituí-lo, em Alexandria, do sobrinho Dióscoro, as coisas se precipitaram novamente. Pouco antes, morrera também João e, em Antioquia, sucedera-o Domno, enquanto, em Constantinopla, com a morte de Proclo (446), foi eleito Flaviano; em Roma era bispo, dede 440, o papa Leão, que passou para a história com a denominação de Leão Magno. Na capital do Oriente havia muitos, sobretudo monges, que queriam se manter fiéis à memória de Cirilo: entre eles distinguia-se

Êutiques, que tinha se destacado nesse sentido também em 428-431, e era agora arquimandrita estimado e muito influente na corte, também por intermédio do eunuco Crisáfio, muito caro ao imperador. Êutiques não só professava as fórmulas apolinaristas presentes também em Cirilo (uma só natureza do Verbo encarnado; união natural), mas, segundo as acusações dos adversários, as interpretava em sentido decididamente contrário ao difisismo, afirmando que a natureza humana é absorvida na divindade como uma gota no oceano.

Esse tipo de pregação alarmava os "difisistas" e foi sobretudo Teodoreto de Cirro, já presente e atuante na primeira fase da controvérsia, quem refutou as posições como as de Êutiques num escrito intitulado *Eranistes*, termo que o autor entendia no sentido de que quem professava a única natureza apaixonava-se por todas as heresias e delas mendigava elementos díspares. Depois de repetidas recomendações, o patriarca de Constantinopla, Flaviano, com seu sínodo reclamou perante o arquimandrita, mas Êutiques, fortalecido pelo apoio da corte, da aliança com Alexandria e do apoio de muitos que professavam "uma só natureza", não aceitou se retratar. Entretanto, o imperador tinha convocado um concílio que, ao se realizar em Éfeso, deveria idealmente referir-se ao ciriliano de 431. Nesse caso, todavia, o papa Leão, alarmado com a continuação das divergências e mais bem preparado do que era, em sua época, Celestino, enviou, por meio de seus legados (Júlio de Pozzuoli, o presbítero Renato e o diácono Hilário, futuro papa) um escrito a Flaviano, o qual acolhia a tradição cristológica ocidental, conhecido como *Tomus Leonis ad Flavianum*. O escrito, uma síntese de temas e de expressões atribuíveis a Tertuliano, Ambrósio, Hilário e Agostinho, foi redigido, segundo Genádio de Marselha, com a ajuda de Próspero de Aquitânia, que, na época, colabora com a secretaria de Leão.

O sínodo reunido em Éfeso, em agosto de 449, foi dominado por Dióscoro de Alexandria, que quis repropor o roteiro de 431: Êutiques foi reabilitado, Flaviano foi deposto, bem como Domno de Antioquia, Teodoreto de Cirro e Ibas de Edessa, enquanto aos romanos foi impedido de fazer a leitura do texto de Leão. Quando estes últimos proclamaram seu *contradicitur*, os *parabolanos*, as temidas guardas patriarcais alexandrinas, impuseram um fim brusco à assembleia. Flaviano morreu poucos dias depois, devido às pancadas. Quando esse resultado foi comunicado a Leão, ele respondeu com vigor, denunciando que aquele concílio não podia se chamar de "concilium, sed latrocinium" (Leão, *Carta* 95,2 a Pulquéria). Por esse motivo, sobretudo no Ocidente, esse sínodo é conhecido como "**latrocínio efesino**". Teodósio II, porém, continuava a reconhecer sua validade, mas faleceu inesperadamente no dia 28 de julho de 450, devido a uma queda de cavalo, e sua irmã Pulquéria assumiu o governo, associando a si o marido Marciano, espanhol e fiel a Leão. O *latrocínio* foi anulado e foi convocado um novo concílio, que seria realizado no outono de 451, na Calcedônia (hoje Kadiköy), não distante de Constantinopla.

5. O papa Leão, que tinha manifestado também o desejo de que o concílio se realizasse em Roma, não participou, mas enviou a **Calcedônia** uma delegação guiada pelo bispo Abôndio de Como, exímio conhecedor da língua e da teologia grega. Esse concílio representou para o Ocidente um pronunciamento satisfatório sobre a cristologia, coerente com as afirmações trinitárias do século anterior. Também hoje, falar de "Calcedônia" para os autores ocidentais equivale e levar em consideração o percurso conciliar antigo no seu todo (Inserção 3 – *Calcedônia: início ou fim?*); para muitas sedes do Oriente, porém, o concílio de 451 esteve bem longe de ser convincente e, portanto, não foi sequer resolutivo (item 35).

O concílio, que se realizou em cinco sessões, tinha a tarefa de resolver também o problema das pessoas e das sedes, evidentemente intrincado e conflitante, e não apenas de debater as doutrinas e a terminologia teológica. Os trabalhos começaram no dia 8 de outubro e a quinta sessão foi concluída no dia 25 do mesmo mês, com a votação e proclamação de uma *Fórmula de fé*. Nas primeiras duas reuniões, as questões se apresentaram em toda a sua gravidade, em primeiro lugar, a respeito das pessoas: quando Dióscoro de Alexandria, convocado inutilmente por três vezes, foi declarado deposto, treze bispos do Egito, quiseram, antes de assinar a condenação, ter certeza de que o patriarca não poderia mais se vingar deles, na pátria. Deposto Dióscoro, condenado Êutiques e reabilitados Ibas, Teodoreto e o finado Flaviano, foi abordado o problema doutrinal. A dificuldade encontrada por muitos bispos era a de harmonizar a cristologia de Cirilo de Alexandria ("única natureza do Verbo de Deus encarnado") com a terminologia da *Fórmula de união*, dos antioquenos e do papa Leão, que falava explicitamente de "duas naturezas numa única pessoa".

Essa não fácil tarefa foi confiada a uma comissão presidida por Anatólio de Constantinopla, mas os seus resultados não foram aprovados, porque muito dependentes do enfoque alexandrino. A comissão retomou, então, os trabalhos sob a orientação de Abôndio de Como, o qual, porém, teve êxito na mediação e pôde propor na quinta sessão um texto muito articulado. A "**Fórmula de**

Calcedônia" (COD, 83-87) apresenta-se como um ato de tradição (seguindo os Santos Padres = consenso e Concílio de Niceia), voltado a guardar a "fé correta" posta em questão por Êutiques. São bem conhecidas suas fontes: a cristologia de Cirilo, que professa o único e mesmo Filho, afirmação que recorre por bem três vezes no texto; a cristologia antioquena, que dá destaque de forma simétrica às duas naturezas de Jesus Cristo, "perfeito na sua humanidade" e "perfeito na sua divindade"; a *Fórmula de união*, de 433, com a dupla consubstancialidade ("ao Pai" e "a nós"); enfim, o *Tomus Leonis*, que afirmava as "duas naturezas numa única pessoa".

O documento não é propriamente um símbolo de fé, porquanto se refere aos símbolos niceno e niceno-constantinopolitano, desenvolvendo somente seu aspecto cristológico que fora posto em discussão nos decênios anteriores. O texto grego indica-o como *horos*, "confim", que pode ser traduzido também como "definição", desde que se preste atenção aos perspicazes esclarecimentos da segunda parte da fórmula, que se apressa em excluir, por meio de quatro advérbios, dois modos de união não corretos, sem pretender dizer qual adequado, indicando, precisamente, um perímetro dentro do qual fazer uma correta profissão de fé: as duas naturezas estão unidas "sem confusão nem mudança" (evita o risco monofisista), "sem separação nem divisão" (evita o risco "nestoriano").

O concílio promulgou também alguns cânones disciplinares, voltados sobretudo à confirmação da disciplina eclesiástica de maneira não muito diferente dos atribuídos a Niceia (cap. 5, Inserção 1 – *Símbolos e cânones de Niceia e de Constantinopla*). Digno de nota, todavia, é o caso representado pelo cânon 28 (COD, 99-100), que foi proposto e aprovado depois da partida dos legados romanos; esse cânon, referindo-se explicitamente ao cânon 3 de Constantinopla, de 381, afirma que "com razão os padres concederam privilégios à sede da antiga Roma, porque essa cidade era a cidade imperial. Pelo mesmo motivo, os 150 veneráveis bispos concederam iguais privilégios à santíssima sede da nova Roma [...], a segunda depois de Roma". Consequentemente, estabelecia que o bispo de Constantinopla consagrasse os "metropolitas do Ponto, da Ásia e da Trácia" e os "bispos das dioceses postas em território bárbaro". Quando os cânones foram transmitidos a Roma, o papa Leão rejeitou precisamente o vigésimo oitavo, porque julgou indevida a passagem do nível político para o eclesiástico. Essa norma não foi bem aceita, porém, nem em Alexandria nem em Antioquia, evidentemente.

Inserção 3
Calcedônia: início ou fim?

Cerca de mil e quinhentos anos depois do Concílio de Calcedônia, Karl Rahner escreveu um artigo que marcou meio século de história da cristologia ocidental, por seu conteúdo, mas também por seu título, que punha a pergunta fatídica: Calcedônia deve ser considerada a conclusão do discurso cristológico ou não será, antes, necessário pensar nos seus esclarecimentos como um início dinâmico, no qual buscar constantemente inspiração? Rahner, com efeito, depois de ter examinado algumas passagens da tradição ocidental e de ter constatado que por trás de uma adesão formal à cristologia dos concílios resistia um monofisismo substancial, que fazia de Jesus Cristo "um Deus em roupagem humana", afirmava: "[A fórmula de Calcedônia], temos não só o direito, mas também o dever de considerá-la como término e início. Nós nos afastaremos dela não por abandoná-la, mas para entendê-la com espírito e coração, para nos aproximarmos por seu meio ao Inefável e Inatingível, ao Deus nem nome, que quis se fazer cercar e encontrar por nós em Jesus, o Cristo. Voltaremos sempre, de novo, a essa fórmula de Calcedônia, porque deveremos sempre recorrer à sua clareza, modesta e sóbria, se quisermos exprimir em poucas palavras o que reconstruímos no inefável conhecimento que é fundamento da nossa salvação. Sem repeti-la, voltaremos a ela verdadeiramente se for para nós ponto não só de chegada, mas também de partida" (Rahner, 6).

Essa síntese é ainda hoje significativa e indica uma notável diferença com respeito à teologia "dos manuais", que até a vigília do Vaticano II tinham subdividido a teologia em vários tratados, de modo que aquilo que hoje é indicado como cristologia era dividido em um *De Verbo incarnato*, desenvolvido como comentário das asserções calcedonenses, diferente do *De Christo redemptore*, ao passo que um *De Deo trino* comentava a doutrina niceno-constantinopolitana. Mais ainda do que no concílio do século V, era, pois, o seu comentário por parte da teologia dos manuais o que era invasivo e, portanto, problemático. A leitura que naquela ocasião fazia Rahner falava, sim, de ponto de partida, mas entendendo-o como um fundamento dinâmico, como uma atenção necessária para garantir a fé no Filho de Deus realmente encarnado. Nesse sentido, a fidelidade a Calcedônia não residia na mera repetição de uma sequência de termos, mas no paradigma que a concentração deles podia guardar. Todavia, deve-se observar que a fórmula calcedonense, no seu teor literal, omite toda referência à história de Jesus, inclusive a Páscoa de morte e ressurreição. É como dizer que a própria formalidade e abstração que a tornam válida, da concepção à ressurreição, se tomadas como conteúdo absoluto, ou seja, separado do contexto que o produziu, correm o risco de fazer parecer aqueles episódios históricos como acessórios, se não até mesmo inúteis. Essa tendência foi indicada como desistorização (irrelevância da história) e desescatologização (ou despascoalização, no sentido de que a ressurreição não é mais considerada como o evento determinante) diante de um concomitante processo de ontologização (atenção à união hipostática, expressa com a linguagem do ser, típico das filosofias helenísticas) que põe no centro a encarnação, mesmo sob o ponto de vista soteriológico, segundo o difundido axioma "o que não é assumido [pelo Filho de Deus] não é salvo" (Cantalamessa).

Por esse motivo, muitos teólogos do século passado elaboraram a própria reflexão cristológica, mantendo-se distantes desse método, que em seus estudos está reunido em torno de "Calcedônia", resumindo aí o inteiro percurso dogmático dos concílios antigos; pode-se falar, portanto, nesse sentido, de crítica difusa, de "processo a Calcedônia" (Pecorara Maggi). Sob o ponto de vista da historiografia e da história dos dogmas, embora reconhecendo sua substancial veracidade, podem ser feitas duas objeções a essa análise, em diferentes níveis: a primeira, em parte já lembrada, é que, mais que Calcedônia em si, o que mais deslocou o eixo de sua reflexão cristológica teria sido sua utilização, que se tornou estática e tirada do contexto histórico que a tinha gerado. A segunda objeção é de tipo historiográfico: falar daquele concílio como da conclusão do debate cristológico antigo revela uma leitura histórica parcial e um ponto de vista unicamente ocidental; como se pode ver (item 35), o concílio não conseguiu de modo algum compor as fraturas existentes e não foi considerado conclusivo nem pelos calcedonenses melquitas, que sentiram a necessidade de esclarecer sua interpretação e alcance, sobretudo com o Concílio de Constantinopla II, de 553, nem pelas Igrejas pré-calcedonenses nem mesmo pelas de tradição pré-efesina, as quais não aceitaram a condenação de Nestório. Desse ponto de vista, Calcedônia foi mais a confirmação, se não precisamente o início, de uma penosa divisão dos cristãos justamente em nome da fidelidade a Jesus Cristo!

O clima renovado de diálogo do qual recebeu vida o movimento ecumênico, iniciado no fim do século XIX e formalizado a partir da conferência de Edimburgo (1910), envolveu de maneira não idêntica as Igrejas e permitiu colóquios e entendimentos com as pré-calcedonenses e pré-efesinas, cujos resultados são também uma hermenêutica de Calcedônia, porque interpretam seu conteúdo, utilizando sem rigidez os termos técnicos em torno dos quais houvera divisões. Não se tratou de uma espécie de "concílio universal", mas de acordos bilaterais, a que se seguiram, muitas vezes, declarações conjuntas que afirmam que entre as Igrejas que as subscrevem não há motivos de divisão por causa da fé em Jesus Cristo. Realizaram-se muitos, entre ortodoxos orientais (= "monofisitas") e ortodoxos e protestantes, em formas diversas até em razão das diferentes concepções eclesiológicas; dentro das Igrejas de tradição siríaca (assíria do Oriente, caldeia, siro-malabar, siro-ortodoxa, siro-ortodoxa malancar, siro-católica, maronita, católica malancar) realizaram-se dois colóquios (Viena 1944 e 1996) muito importantes, especialmente pelo método teológico utilizado.

No que diz respeito à Igreja católica, o diálogo "se desenvolveu de modo particularmente organizado e complexo" praticando "uma intensa rede de colóquios, em muitos níveis e com diferentes modalidades de desenvolvimento" (Olmi, 274). Entre os diversos acordos conseguidos (entre os quais os feitos com a Igreja apostólica armênia, 1970 e 1996, com a Igreja siro-ortodoxa, 1971-1984, e com a Igreja ortodoxa siro-malancar, 1989) destacam-se pela importância a *Declaração conjunta* de Paulo VI e Shenouda III, da Igreja copta, de 1973, e a *Common Christological Declaration*, de 1994, assinada por João Paulo II e Mar Dinkha IV, da Igreja assíria do Oriente. Não é supérfluo enfatizar que o texto oficial de tais documentos está em inglês.

Os séculos que separam esses acordos desde o início da controvérsia carregam outros elementos de distinção e até de divisão, sobretudo de tipo eclesiológico; assim, essas declarações não levam automaticamente ao restabelecimento da plena comunhão: são, todavia, importantes passos para ela e permitem também pensar na fé em Cristo numa modalidade profunda e não unilateral. Sob o ponto de vista da história das controvérsias do século V, além disso, esses documentos permitem uma abordagem de maneira menos preconcebida tanto da *Fórmula de união*, de 433, como do *Henotikon*, de 482, embora a Igreja ocidental na época tenha aceitado substancialmente a primeira e julgado severamente o segundo. Além disso, permitem interpretar de maneira não rígida a fidelidade não só a Calcedônia, mas também ao conjunto dos "dogmas" para "entendê-los com espírito e coração" (Rahner), sem nos limitarmos somente a repetir suas palavras.

Nota bibliográfica

Fontes

Common Christologica Declaration 1994. *AAS*, 87 (1995) 685-687. Disponível em: <http://www.vatican.va/>.

Common Declaration 1973. *AAS*, 65 (1973) 299-301. Disponível em: <http://www.vatican.va/>.

Estudos

CANTALAMESSA, R. Dal Cristo del Nuovo Testamento al Cristo della Chiesa: tentativo di interpretazione della cristologia patristica. In: *Dal kerygma al dogma. Studi sulla cristologia dei Padri.* SPM 26. Milão: Vita e Pensiero, 2006 [or. 1973], 11-51.

COLOMBO, G. La teologia manualistica. In: FACOLTÀ TEOLOGICA DELL'ITALIA SETTENTRIONALE (org.). *La teologia italiana oggi.* Bréscia: La Scuola-Morcelliana, 1979, 25-56.

MAGGI, M.-R. P. *Il processo a Calcedonia. Storia e interpretazione.* Milão: Glossa, 2006.

OLMI, A. *Il consenso cristologico tra le chiese calcedonesi e non calcedonesi (1964-1996).* Roma: PUG, 2003.

RAHNER, K. Problemi della cristologia oggi. In: *Saggi di cristologia e mariologia.* Roma: Paoline, 1965 [or. 1954], 3-91.

35. A múltipla herança de Calcedônia: as Igrejas não calcedonenses, as tensões com o Ocidente

1. Seguir o fio do debate cristológico em seus pródromos e no percurso delineado pelos Concílios de Éfeso e de Calcedônia permitiu evidenciar a complexidade da questão e a multiplicidade dos interesses em jogo. As consequências dos acordos efesinos e calcedonenses, todavia, foram muito diferentes entre Ocidente e Oriente e não levaram à unidade que se poderia supor seguindo somente a sucessão dos pronunciamentos conciliares, talvez estendendo depois a "história dos dogmas" para compreender também os concílios ecumênicos quinto (553) e sexto (681), ambos realizados em Constantinopla (vol. II, cap. 2, item 5.3 e item 6.3).

O Ocidente manteve-se, de fato, substancialmente compacto e, se, decerto, interessado na retidão da fé, muito propenso a considerar que o mundo de língua grega tivesse exigências exageradas com respeito a formulações dogmáticas e tendesse mais a complicá-las. Uma menção à parte nesse quadro merece Vigílio, bispo de Tapso (Ras Dimas), na Numídia, que escreveu, por volta de 470, um bem informado *Contra Êutiques*, no qual, agindo com destreza entre as diversas doutrinas, propunha a hipótese de que as posições não eram assim tão distantes, mais disfarçadas do que declaradas pelas terminologias que agora tinham se tornado quase que bandeiras. Deve-se novamente lembrar também que os séculos V, VI e VII levaram o Ocidente a enormes mudanças no quadro político e cultural, depois da chegada maciça de novos povos e de novas formas de governo e exigiam virtudes e competências extremamente práticas (vol. II, cap. 1, itens 1-2 e cap. 3, itens 9-10). As novas sínteses de que aqueles séculos de contaminações culturais foram crisol estavam, de fato, na época, ainda muito distantes.

No denso confronto entre os enfoques cristológicos de cunho alexandrino e antioqueno, como se viu, estavam envolvidas questões ideais e linguísticas, mas também étnicas e "geoeclesiológicas" (Camplani, 327), bem como aprovações ou, respectivamente, censuras de cada uma das pessoas, representantes de um ou de outro contexto eclesial. Cada passagem desses episódios, por isso, encontrou pessoas e ambientes não dispostos a ceder à condenação das figuras censuradas ou postas em discussão. Pode-se observar, além disso, nesse e em muitos outros casos, que, quando os *Padres* em discussão morrem, a confiança e a devoção tornam-se memória identitária, dificilmente arranhável e não afrontável no plano racional da simples discussão dos temas e dos termos.

Vários orientais, por exemplo, não aceitaram nunca que, para chegar à *Fórmula de união* de 433, se devesse, de fato, admitir a excomunhão de Nestório, censura reiterada em 451, em Calcedônia, e, portanto, não aceitaram este último concílio nem, muito menos, o de Éfeso. Essa posição era chamada, outrora, justamente por esse motivo, de "nestoriana", ao passo que, hoje, se prefere que seja denominada "não efesina". Durante o debate, além disso, como se disse, foram examinados e discutidos, para esclarecer as respectivas posições, os escritos de autores já mortos, que em vida tinham gozado da veneração e da estima da Igreja: esse é o caso de Diodoro de Tarso e, sobretudo, de Teodoro de Mopsuéstia, cuja fama nas Igrejas siríacas era tão grande que era denominado simplesmente de "o Intérprete" (em siríaco *mallpānā*), para dizer que era o exegeta mais perspicaz e espiritual, o maior, enfim.

Da parte daqueles que apoiavam "uma só natureza" as condenações tinham sido dirigidas a Êutiques e Dióscoro e não a Cirilo de Alexandria, a cujo nome, porém, aqueles se referiam. Também esses ambientes tinham ficado perplexos com relação à assinatura da *Fórmula*, de 433, considerada uma capitulação à qual Cirilo teria sido obrigado e uma humilhação da sua posição e da sede alexandrina. Com maior razão, nessa ótica, o Concílio de Calcedônia e o próprio *Tomus* de Leão, com a nítida afirmação das duas naturezas, embora na única *prosopon* e *hypostasis* ("persona et subsistentia", no texto latino), pareceram a nova proposição do posicionamento nestoriano e não foram aceitas. Essas Igrejas, uma vez facilmente denominadas "monofisistas", são hoje indicadas como "não calcedonenses"; eram geograficamente mais difundidas do que as efesinas, porque se encontravam não só no Egito e na Etiópia, mas também na Síria e na Ásia Menor.

Como observa com perspicácia Olmi, ao discutir os acordos cristológicos do século XX, as vicissitudes "dessa dupla recusa da unidade eclesial não se consumaram nos seus atos culminantes: para compreendê-la inteiramente em seu alcance, é preciso encontrar as suas consequências na história, ou seja, repercorrer a história das suas consequências" (Olmi, 172).

A partir das Igrejas não efesinas (outrora chamadas "nestorianas") teve início a Igreja assíria do Oriente, com sede patriarcal em Selêucia-Ctesifonte, que manteve o mesmo título mesmo quando foi materialmente deslocada para Bagdá. A língua em uso era o siríaco, depois acompanhado pelo árabe. Distante, tanto por motivos culturais e linguísticos, como políticos, das Igrejas gregas e latinas, conheceu personalidades de destaque e um forte impulso missionário para leste (item 36.2), de modo que a tal patriarcado estiveram ligadas as Igrejas indianas, chinesas e mongólicas. No século XVI, alguns bispos delas pediram a comunhão com Roma; denominam-se hoje caldeias e constituem um dos ritos (em sentido canônico e disciplinar e não somente litúrgico) da Igreja católica, na qual o latino é o mais difundido, mas não, decerto, o único.

As Igrejas não calcedonenses (outrora chamadas de "monofisistas") difundiram-se no Egito, assumindo a denominação de Igrejas coptas, que compreenderam a Igreja copta da Etiópia e, muito mais recentemente, da Eritreia. Algumas Igrejas dessas denominações pediram a comunhão com Roma e constituem o rito copta e o etíope da Igreja católica. Desde a Antiguidade os não calcedonenses estiveram presentes também na Síria, onde foram a seguir conhecidos também como "jacobitas", no nome de Jacó Baradeo de Edessa († 578), mas que se autodenominam sírios ortodoxos. Os nomes mais significativos entre os não calcedonenses foram os de Timóteo Ailouros († 477) e Pedro Mongo (sobrenome derivado do modo dificultoso de falar, patriarca de 477 a 490) em Alexandria e Pedro Fulone de Antioquia († 488), embora com diferente radicalidade de doutrina e diferentes modos de reagir às tentativas de conciliação.

Também a Igreja apostólica armênia, que, no mesmo ano de Calcedônia, viveu com o seu povo a sangrenta batalha de Avarair (cap. 4, item 21.1), depois da qual obteve dos imperadores sassânidas o reconhecimento da liberdade religiosa, pode ser considerada parte desse grupo, embora tenha formalizado a própria rejeição de Calcedônia somente no sínodo de Dvin, de 554. Também uma parte dessa Igreja pediu, no século XVIII, a comunhão católica, dando vida ao rito armênio católico.

Aqueles, de outro lado, que faziam parte das Igrejas calcedonenses, ou seja aquelas que aceitavam Calcedônia como quarto concílio ecumênico — portanto, entre elas os ocidentais e bispos nas principais sedes, entre as quais Constantinopla — foram bem cedo denominados pelos outros, não sem desprezo, melquitas, ou seja, "cristãos do rei" (do siríaco *malkā*, rei), para indicar a dependência deles do imperador, ou seja, da autoridade política. Se, no Ocidente, pois, era difícil ter a percepção desse fracionamento que tendia a se multiplicar mais que a se reduzir, a situação em Constantinopla era bem diferente e vivida penosamente, quer no âmbito eclesiástico, quer no âmbito da corte imperial; por isso, foram feitas diversas tentativas de reconciliar os monofisistas, ou não calcedonenses, e chegar a acordos mais partilhados.

2. O episódio mais importante (vol. II, cap. 2, item 4.2-3) nesse sentido é o que se deu em Constantinopla por obra do imperador Zenão, o Isáurico (474-491), em colaboração com o patriarca Acácio. A reação anticalcedonense era violenta e bem organizada, ligada por alguns anos também ao apoio de Basilisco, que tinha tentado obter o comando do Império, empreendimento que, afinal fracassara e lhe angariou o título de usurpador. Acácio, de comunhão calcedonense, tinha pedido, nos anos de Basilisco, apoio a Simplício de Roma (468-483), que respondera apoiando-o e reafirmando o Concílio de Calcedônia e a doutrina de Leão. Zenão, restabelecido no comando, encontrou uma situação muito complexa e iniciou uma série de negociações com o fim de restabelecer um acordo o mais amplo possível. Com esse objetivo, foi redigida, em harmonia com o patriarca Acácio, uma nova fórmula de união, que é conhecida com o título grego **Henotikon** (482). Nesse escrito se afirmava uma doutrina moderada que evitava os termos técnicos que eram fonte de discussão (não contém nem *physis*, nem *hypostasis* ou *prosopon*), mas aceitava a dupla consubstancialidade e afirmava que o Filho é "um só e não dois", mas também que a encarnação é real e não uma aparência; condena, por isso, as posições tanto de Nestório, como de Êutiques, aceitando Niceia, Constantinopla I e Éfeso, de 431, inclusive com os doze anatematismos. Desse modo, porém, rejeitava-se Calcedônia, quer pela omissão da sua fórmula entre as que foram aceitas, quer com uma menção explícita, embora voluntariamente ambígua: "Seja quem for que tenha professado ou professe algo diferente ou agora ou seja quando for, ou em Calcedônia, ou em qualquer outro concílio, nós o condenamos" (*Henotikon*, em *O Cristo* II, 469).

É compreensível o desconcerto ocidental que levou à excomunhão de Acácio por parte do sucessor de Simplício, o papa Félix III, que considerou o bispo de Constantinopla responsável pela fórmula promovida pelo imperador Zenão e, portanto, aliado dos anticalcedonense de Alexandria e de Antioquia. Essa interrupção da comunhão, conhecida no Ocidente como "**cisma acaciano**", continuou também com os sucessores de Félix e se recompôs somente depois de quarenta anos, em 519, durante o pontificado de Hormisda, enquanto no Ocidente reinava o ostrogodo Teodorico e, em Bizâncio, era imperador Justino I. No primeiro período do cisma, o papa **Gelásio** (492-496) distinguiu-se por uma rica produção epistolar, na qual não só apresentava uma atenta cristologia, devedora de Vigílio de Tapso (Gelásio de Roma, *Carta sobre as duas naturezas*), mas entrava também no mérito das relações entre a autoridade eclesiástica romana, cujo primado sobre as outras sedes reivindicava, e a imperial, segundo a tese dos "dois princípios" destinada a grande notoriedade no Ocidente: *auctoritas sacrata pontificum et regalis potestas* (Gelásio I, *Carta* 12 — 494) (vol. II, cap. 2, item 4.2).

3. Com o papa Gelásio chegamos ao limite do século V e com a recomposição do cisma acaciano nós o superamos. Todavia, não se pode deixar completamente de lado um reconhecimento sintético dos desdobramentos seguintes do debate cristológico, porquanto diretamente ligados ao que foi exposto até aqui (ver também vol. II, cap. 2, item 5.3). O Oriente bizantino estava, com efeito, bem distante de ter encontrado uma unidade de confissão, mesmo para além da atividade e dos escritos dos monges citas (chamados "teopasquitas") que, com a fórmula *Unus de Trinitate passus est in carne*, tendiam a interpretar o difisismo calcedonense de modo a colocá-lo ao abrigo de interpretações "nestorianas". Na tentativa de procurar um ponto de conciliação com os monofisistas, em 545, o imperador Justiniano pronunciou a condenação "dos *Três Capítulos*", ou seja, de uma coletânea de textos de Teodoro de Mopsuéstia, de Teodoreto de Cirro e de Ibas de Edessa, reunidos de modo proposital a fim de evidenciar somente as afirmações mais divisórias. O bispo de Roma, papa Vigílio, mostrou-se contrário a essa condenação, seja pela fidelidade a Calcedônia e ao documento de Leão, que assim parecia posta em discussão, seja pela incorreção de condenar pessoas mortas em plena comunhão com a Igreja. Justiniano fez aprisionar Vigílio e o manteve por sete anos em Constantinopla, entre pressões cada vez mais fortes, até que o pontífice assinasse a condenação. Essa assinatura pareceu inaceitável a muitas Igrejas do Ocidente, entre as quais as de Milão, Aquileia e Cartago: elas retiraram a comunhão com Constantinopla e com Roma, dando vida ao que é chamado "**cisma dos *Três Capítulos***". Milão começou a dar passos de reconciliação com Roma na época longobarda, nos anos setenta do século VI, ao passo que Aquileia, a que tinha preferido se ligar Como (talvez também pela memória de Abôndio, o bispo que fora tão importante em Calcedônia) somente mais de um século depois é que aceitou voltar à comunhão, reafirmando, porém, o espírito de Calcedônia, no sínodo de Pavia, em 698.

Em 553, Justiniano tinha também convocado um concílio, do qual Vigílio não participou, mas que, depois, com o mesmo método utilizado para a condenação "dos *Três Capítulos*", afinal, assinou. Esse concílio, aprovado por

Vigílio e, a seguir, com o término do cisma, também pelas outras Igrejas, à medida que retomavam as relações com Roma e Constantinopla, é reconhecido como quinto ecumênico. Produziu quatorze cânones dogmáticos acompanhados de anatematismos, com os quais afirma que a distinção das naturezas não deve ser pensada como soma aritmética de partes, mas como guarda da diferença entre as duas naturezas, que não devem ser equiparadas nem simplesmente justapostas. O equilíbrio entre unidade e dualidade em Jesus Cristo foi retomado também no século seguinte, dando lugar, antes, a um novo conflito entre Constantinopla e o Ocidente — nesse caso, o papa Martinho e o monge Máximo, o Confessor —, para chegar, vários decênios depois da morte deste último, a outro concílio, o Constantinopolitano III, que estende a fórmula de Calcedônia até a afirmação da unidade da pessoa e da dualidade das naturezas como operações e vontades (681) (vol. II, cap. 2, item 6.2-3).

Inserção 4
Os sínodos. Uma perspectiva sintética

"Igreja e sínodo são sinônimos": essa expressão que João Crisóstomo utiliza no comentário ao Salmo 149 é referida pelo papa Francisco no discurso de 17 de outubro de 2015, pela comemoração do cinquentenário instituição do sínodo dos bispos. Nessa mesma intervenção, o pontífice descreve a comunhão eclesial como um processo de reviravolta "da pirâmide" e se refere à experiência antiga mediante um axioma referível "ao primeiro milênio": "*Quod omnes tangit ab omnibus tractari debet*". A expressão presente no códice de Justiniano (CJ 5, 59, 5), em referência a questões de direito civil e retomada com leve modificação no código de direito canônico atualmente em uso (cân. 119, 3) com respeito à unanimidade necessária nas questões relevantes para as pessoas jurídicas (ou seja, associações públicas de fiéis, como as Congregações religiosas), tem aqui, no fundo, a contribuição publicada em 1958 por Yves Congar, com título quase idêntico. Desse modo, a prática sinodal, reconhecida como própria da Igreja antiga, é indicada como momento alto da vida eclesial, habitado por instâncias evangélicas jamais totalmente realizadas, mas desenvolvido segundo modalidades reguladas e sociologicamente analisáveis.

Neste nosso livro, os termos sínodo e sinodal recorrem com tal frequência que não teria sentido remeter a páginas específicas; formas sinodais foram apresentadas para os dois primeiros séculos, foram descritas com abundância no terceiro século, foram examinadas na forma dos "sínodos imperiais" da reviravolta constantiniana em diante. Em particular, foram lembradas as reuniões convocadas para dirimir questões disciplinares e teológicas e sua função de regulamentação da vida eclesial mediante os cânones. Compreender seu alcance significa inserir a prática sinodal num conjunto mais amplo, ou seja, o de outros instrumentos de comunhão: troca de cartas, hospitalidade concedida a pessoas de outras Igrejas, partilha da mesma eucaristia, aceitação das mesmas Escrituras canônicas e, pelo menos a partir do século IV, o costume dos capítulos monásticos.

Tudo isso está, em todo caso, ligado, para nós, à sua documentação e, portanto, à redação das atas, à conservação dos materiais e à compilação de coletâneas canônicas, especialmente as concretamente consultáveis na época moderna e contemporânea. Mediante essa documentação, feita de textos canônicos, mas também de narrações historiográficas e de literatura espiritual e edificante (documentos que devem ser lidos, obviamente segundo os diversos gêneros literários), chegamos ao conhecimento também dos limites ligados a essa prática, desde a recusa de convocações sinodais que tinham sido solicitadas até a manipulação do consenso ou a suas formas particulares, como a que se descreverá, falando do chamado cânon lerinense. Nos séculos VI-VIII, no Ocidente, a prática sinodal assumirá, depois, modalidades peculiares.

O reconhecimento da prática sinodal não pode se limitar aos conteúdos dos debates, mas deve indagar também as formas culturais e políticas nas quais eles se inspiram e discutir sujeitos que deles participam, que não são "toda a *ekklesía*" mas deveriam representá-la, num quadro de colegialidade e de comunhão. Os procedimentos adotados desde os primeiros séculos deixam supor que sua inspiração vem do modelo fornecido por organismos sociais comprovados, como as assembleias da *polis* grega, que reuniam, segundo o censo e a classe social, os homens livres; para os sínodos antimontanistas asiáticos, fala-se de uma estrutura religiosa e política conhecida como *koinon* da Ásia, ao passo que nos sínodos presididos por Cipriano não é difícil entrever os protocolos do senado romano. A adaptação da prática sinodal sobre o modelo das estruturas imperiais é bem atestada pelos cânones 4-6 de Niceia e é evidente no desenvolvimento de eventos como a conferência de Cartago, de 411, convocada e conduzida pelo tribuno Marcelino. Essa matriz cultural, jurídica e política é evidente também na prática e no vocabulário eclesiológico e ministerial, que reproduz a distinção entre uma *ordo* de líderes e a *plebs* dos fiéis, embora tal modalidade permaneça em tensão com o ideal de uma *communio* que reúna todos e todas: sob esse ponto de vista, a referência imprescindível é a referência à assembleia eucarística, que em princípio se desdobra em formas ordenadas, mas não excludentes.

A atividade sinodal conheceu seja um ritmo regular com encontros fixos, especialmente nos séculos III e IV e em algumas regiões, seja convocações para problemas específicos, doutrinais e disciplinares. A documentação que se pode consultar hoje depende também de um conjunto de variáveis, como a frequência de convocações sinodais, a maior ou menor organização dos *notarii* e dos arquivos eclesiásticos e a importância atribuída aos temas abordados. Nesse quadro, pode-se compreender tanto por que atas e disposições canônicas se encontram em coletâneas regionais (entre as quais emergem as africanas, da Gália e, sucessivamente, as coletâneas de decretais romanas), quanto por que esse material, fonte para sucessivas compilações, tenha sido frequentemente interpolado. Na mesma ordem de considerações deve-se ter presente que a redação das atas pode corresponder muito parcialmente aos efetivos debates. Com efeito, se as *Acta* da conferência de Cartago, de 411, parecem muito cuidadas, porque registram também as objeções, as relativas ao sínodo cartaginense, de 256, referem somente sentenças favoráveis a Cipriano que o presidia, e alguns sínodos referidos ao pontificado de Símaco durante o conflito com o outro candidato Lourenço realizam-se por aclamação: "Todos os bispos e os presbíteros disseram: 'Assim seja, oremos (10 vezes). Sejam eliminados os escândalos, oremos (9 vezes). Que cesse a intriga, oremos (12 vezes); Cristo, ouvi-nos! Viva Símaco (6 vezes). A ele a sede e muitos anos (15 vezes) como para o presente (10 vezes)'" (Roma, 1º de março de 499).

Uma atenção particular pode ser reservada a uma forma peculiar testemunhada, aliás, em outro escrito do século V, o *Comonitório*, de Vicente de Lérins, destinado a sucessivas retomadas na época moderna e contemporânea: "Uma vez que, evidentemente, nem todos aceitam a Sagrada Escritura em todo o seu alcance e não com o mesmo e idêntico significado [...], na Igreja católica temos de nos ater com todo o cuidado ao que foi crido por toda parte, sempre e por todos (*quod ubique, quod semper, quod ab omnibus creditum est*); isso, com efeito, é autenticamente católico: até a força e a lógica contidas no próprio nome proclamam que isso compreende praticamente tudo de modo universal. Mas isso, enfim, se realizará se seguirmos exclusivamente a universalidade, a Antiguidade e o consenso (*universitatem antiquitatem consensionem*)" (*Comunitório*, 2). Essa instância, conhecida também como "cânon lerinense", manifesta a exigência de um consenso diacrônico e sincrônico e, portanto, manifesta, em certo sentido, a exigência do sínodo, mas, uma vez que encontra resposta em coleções de sentenças tiradas das obras dos "padres", pode também esvaziar e tornar supérflua a verdadeira prática sinodal. A sua rarefação nos séculos seguintes, todavia, dependeu também de outros fatores e não foi uniforme; antes, justamente na Gália prosseguiu em termos significativos.

Nos séculos VI e VII, no Ocidente, "a atividade conciliar assume um caráter nitidamente regional" (Gaudemet, 103) e é fonte valiosa, também na sua dimensão normativa, para reconstruir as exigências, as necessidades, os valores de épocas em que as outras fontes são escassas ou deixam muito espaço ao miracolismo, como ocorre nos escritos hagiográficos. No reino vandálico da África, por exemplo, a atividade sinodal conheceu uma rarefação, embora Hunerico tenha convocado um sínodo em 484 (item 36.1). Na Itália, a situação parece igualmente fragmentada, dada a condição de crise política e de guerra latente e, sob o ponto de vista eclesial, a sombra do cisma tricapitolino (item 35.3): a documentação que temos (não se deve esquecer, com efeito, que disso depende o nosso conhecimento e que falta um trabalho de edições críticas sintéticas igual ao que foi desenvolvido para a Gália) faz referências aos sínodos romanos durante a crise já lembrada do pontificado de Símaco (499-503). Lembram-se, além disso, os sínodos convocados por Bonifácio II (532) e Gregório Magno (595 e 601), que convocou o episcopado italiano. De grande importância foi o sínodo em Latrão, de 649, guiado pelo papa Martinho e com a presença de Máximo, o Confessor, que discutiu a questão monotelita e cujas conclusões foram depois retomadas no Concílio de Constantinopla III, de 681 (vol. II, cap. 2, item 6.3). Um importante sínodo realizou-se, além disso, em Milão, em 679, e relativamente numerosas são as fontes que se referem a Aquileia.

É abundante, porém, a documentação referente à Gália merovíngia dos séculos VI e VII e à Espanha visigoda do século VII. Para a Gália estão hoje à disposição importantes coletâneas (De Clercq) que apresentam as Atas de uns cinquenta sínodos, que aparecem regularmente subdivididos em provinciais e regionais, também com alguns sínodos diocesanos e algumas convocações gerais, ou seja, para todo o reino. Os diocesanos são convocados pelo bispo, os provinciais, pelo metropolita. Seguindo a prática imperial anterior, os príncipes merovíngios convocaram com frequência concílios gerais: por exemplo, Orléans I, em 511, Orléans II, em 533, e depois muitos outros, até o de Bordeaux, de 675. Nesse contexto, deve ser lembrado o sínodo de Orange II (529), que, sob a orientação de Cesário de Arles, procurou concluir a chamada controvérsia semipelagiana. Aos cânones dele se reportou o Concílio de Trento em referência à doutrina da graça e do pecado original. No que diz respeito à Espanha visigoda, depois de um longo período de ajuste político e eclesiástico, teve-se uma retomada dos sínodos provinciais, nos anos 516-546, e teve notável incremento depois da conversão ao catolicismo do rei Recaredo, com uma série de concílios em Toledo, a capital do reino, cuja convocação devia ocorrer não segundo uma escansão prefixada, mas "segundo a necessidade" (Gaudemet, 113). As coleções canônicas chamadas *Hispana* (redigidas várias vezes: *Hispana Isidoriana, Hispana Juliana, Hispana Vulgata*) colocam a atividade legislativa em atividades sinodais das províncias, também fora da capital. Os concílios gerais são convocados pelo rei, ao passo que os provinciais, pelos metropolitas. Ao lado dos bispos, aparecem entre os signatários, também abades dos mosteiros e notáveis leigos. A Espanha visigoda conservou também um *ordo concilii* aperfeiçoado entre os concílios de Toledo III e XI (589; 675): segundo esse documento, "os três primeiros dias do concílio eram consagrados ao exame das questões teológicas. Nessa ocasião, presbíteros, diáconos e *viri religiosi* podiam ser chamados a participar dos trabalhos da assembleia, em razão da competência deles. Deviam abandoná-la no quarto dia, deixando aos membros do concílio o debate sobre questões políticas, financeiras e disciplinares. As atas do concílio eram ajustadas nos últimos dias da assembleia. Depois fazia-se sua leitura diante de um público mais amplo. O amém de todos os presentes era testemunho do consenso. Os bispos, depois, assinavam as atas, para torná-las obrigatórias para todos" (Gaudemet, 116).

Portanto, se "igreja e sínodo são sinônimos", eles o são segundo práticas reguladas e historicamente determinadas e, por isso, não só muitas vezes modificadas, mas também com períodos de depreciação ou apreciação dessa prática — para o segundo caso, pensemos na atividade sinodal promovida, no âmbito de dioceses e províncias eclesiásticas, desde o Tridentino, e realizada nos decênios seguintes (vol. III, cap. 4, item 15.4 e itens 17-18 passim) — até a (re)instituição do sínodo dos bispos por parte de Paulo VI (*Apostolica sollicitudo*, de 15 de setembro de 1965) e do atual sínodo diocesano, que "é a assembleia de sacerdotes e de outros fiéis de uma igreja particular, escolhidos para prestar ajuda ao Bispo diocesano, em ordem ao bem de toda a comunidade diocesana" (*Código de Direito Canônico*, cân. 460). Pelo significado que a prática assume no quadro da comunhão eclesial e a seu serviço, convém lembrar o que afirmou João XXIII no primeiro documento do seu pontificado: "Temos de ter sempre presente a bela e bem conhecida sentença atribuída de diversas formas a diversos autores: nas coisas necessárias é preciso que haja a unidade, nas duvidosas, a liberdade, em todas, a caridade" (*Ad Petri cathedram*, de 29 de junho de 1959).

Nota bibliográfica

Fontes

DE CLERCQ, C. (org.). *Concilia Galliae (511-695)*. Tournout: CCSL 148/A, 1969.
DI BERARDINO, A. (org.). *I Canoni dei Concili della Chiesa Antica*. Roma: Institutum Patristicum Augustinianum, 2008, v. 2: I Concili Latini.
FEDALTO, G.; BERTO, L. A. (orgs.). *Concili e cronache*. Scrittori della Chiesa di Aquileia. Roma: Città Nuova, 2003.
GAUDEMET, J.; BAQDESVANT, B. (ed.). *Les canons des conciles mérovingiens (VIe-VIIe siècle)*. Paris: Du Cerf, 1989.
SIMONELLI, C. (org.). *Vincenzo di Lérins. Commonitorio. Estratti*. Milão: Paoline, 2008.
VIVES, J. (org.). *Concilios visigótos y hispano-romanos*. Barcelona-Madri: C.S.I.C., Instituto Enrique Flórez, 1963.

Estudos

BATTOCCHIO, R.; NOCETI, S. (orgs.). *Chiesa e sinodalità*. Milão: Glossa, 2007.
BERNARDINI, P. *Un solo battesimo, una sola chiesa. Il concilio di Cartagine del settembre 256*. Bolonha: il Mulino, 2009.
CAMPANILE, M. D. *I sacerdoti del Koinon d'Asia (I sec. a.C.–III sec. d.C.). Contributo allo studio della romanizzazione delle élites provinciali nell'Oriente greco*. Pisa-Roma: Giardini, 1994.

CANOBBIO, G. Sulla sinodalità. *Teologia*, 2 (2016) 249-273.
CARMASSI, P. *Libri liturgici e istituzioni ecclesiastiche a Milano in età medievale. Studio della formazione del lezionario ambrosiano*. Münster: Aschendorf, 2001.
CONGAR, Y. Quod omnes tangit ab omnibus tractari et approbari debet. *Revue Historique de droit française et étrangere*, 36 (1958) 210-259.
DOVERE, E. Diritto romano e prassi conciliare ecclesiastica (secc. III-IV). In: *I Concili della cristianità occidentale secoli III-V*. SEA 78. Roma: Institutum Patristicum Augustinianum, 2002, 7-24.
GAUDEMET, J. *Les sources du droit de l'Église en Occident du II au VII siècle*. Paris: Du Cerf, 1985.
MEUNIER, B. *Les premiers conciles de l'Église. Un ministère d'unité*. Lião: Profac, 2003.
TILLARD, J.-M. *L'Église locale. Ecclésiologie de communion et catholicité*. Paris: Du Cerf, 1995.

36. Fronteiras cronológicas e geográficas: traçá-las e ultrapassá-las

A periodização que reúne os eventos em arcos cronológicos e a subdivisão das terras em contextos geográficos e políticos correspondem à exigência de ordenar a realidade, para poder narrá-la e, desse modo, compreender, inclusive no ato mesmo de contar, subdividindo. Isso ocorre em diversas modalidades, mas presentes em todas as culturas e é certamente típico da historiografia. Com maior razão, não escapa a essa modalidade a construção de uma narrativa sintética e unitária, como tende a ser a de um manual. Todavia, os limites cronológicos e geográficos são muito relativos às chaves de interpretação adotadas, de modo que todo mapeamento, seja o das questões, como o das terras e do tempo, revela-se convencional e provisório. Não há nada de novo nessas afirmações e até neste e nos outros volumes são apresentados muitas vezes modos diferentes de organizar os percursos, porque é o fio mesmo dos eventos que se impõem, dobrando grades já padronizadas. Nas seções de transição, todavia, essa modalidade de indicar limites e, ao mesmo tempo, de os abrir novamente aparece em toda a sua obrigatoriedade, com maior razão se a grade prevista se organiza não sobre eventos-chave, mas sobre uma subdivisão em séculos, muito útil, mas também muito artificial. Por esse motivo, o volume II "deve" retomar o fio de algumas questões desde os séculos precedentes e essa apresentação do século V "não pode deixar" de se estender na consideração de alguns desdobramentos que vão além de seus limites, mas que estão ligados aos eventos e às problemáticas que o caracterizaram. Essa exigência já marcou o estudo da questão cristológica do item anterior, que foi além de Calcedônia (451) e do *Henotikon* (482); e é sempre essa exigência que motiva o estudo sintético, oferecido neste último item, de alguns desdobramentos históricos que se espraiam para além da segunda parte do século V.

1. Isso vale, no entanto, para os **reinos romano-germânicos do Ocidente**, cujas raízes vêm de longe (cap. 4, item 23) e cuja formação conhece um momento significativo no século V, embora indo além dele. A ação de Odoacro, em 476, tem, com efeito, um significado todo particular, justamente porque, diferentemente dos generais que o tinham precedido em território italiano, não se contentou em indicar como imperador um patrício romano que exercesse seu papel quase como testa de ferro, mas enviou as insígnias a Constantinopla para ser reconhecido de fato e de direito como titular da sede imperial do Ocidente. Todavia, a situação é muito mais variada e não seria correto se limitar aos eventos e às presenças em solo italiano (utilizamos por brevidade uma nomenclatura um pouco anacrônica), sem pelo menos nomear os desdobramentos nos outros contextos, em especial os da Gália (percorrida, aliás, por protestos sociais, como os dos bagaudos), da Espanha visigoda e da **África vandálica**. Sobre esta última nos deteremos de maneira específica.

Na genealogia dos chefes vândalos (wandili) emerge, sem dúvida, o nome de Genserico (Gensericus nas fontes latinas africanas, transliteração provavelmente bastante fiel de Geisarix) e não só porque faz parte também da história de Roma devido ao longo saque a que submeteu a cidade em 455, mas porque foi no seu longo governo que tomou forma e se estabeleceu solidamente um reino vandálico na África, que permaneceu até a segunda metade do século VI "uma grande potência do Mediterrâneo ocidental, temida tanto pela Itália ostrogoda, como pelo Império bizantino" (Modéran, 249). Populações "vândalas" eram conhecidas havia muito tempo, tanto que também Tácito (*Germânia*, II — 98 d.C.) e Dião Cássio (*História romana* LXXXII,12 — século III) mostram conhecer sua denominação; de origem vândala eram também o general Estilicão († 408), que foi cônsul e *magister militum*, dirigindo muitas batalhas contra os visigodos e ostrogodos e cujas filhas Maria e Termância foram esposas, uma depois da outra, do imperador Honório. Entre os séculos IV e V, em meio aos grupos que se movimentavam nos trajetos leste/oeste e norte/sul, havia também os vândalos, subdivididos em subgrupos clânicos, os mais conhecidos dos quais eram os asdingos e os silingos. Os vândalos asdingos, guiados, junto com alguns alanos, por Genserico, depois de terem atravessado a Gália e conquistado, no território espanhol, Cartagena, Sevilha e as Baleares, passaram, em 429, o estreito de Gibraltar, transferindo para o solo africano guerreiros e famílias inteiras, num total de 80 mil pessoas. A presença deles na Numídia já foi lembrada, ao falarmos de Agostinho (item 31.1), que morreu em 430, precisamente durante o longo assédio à cidade de Hipona.

Aquelas regiões, férteis e economicamente flóridas, viviam um momento de notável instabilidade não somente por causa das incursões das populações berberes pelo sul, mas também pela tentativa de revolta do general romano Bonifácio, que permanecia, com altos e baixos, desde 427. Genserico assinou, em 435, um tratado com o Império do Ocidente, que lhe reconhecia somente a Numídia e outras terras limítrofes, excluída a Proconsular, mas, apesar desse acordo, no dia 19 de outubro de 439, entrava triunfalmente em Cartago, anexando bem cedo também a Bizacena e a Tripolitânia. Um novo tratado, de 442, reconhecia, portanto, o reino vandálico, que Ravena considerava tributário do imperador Valentiniano III, mas que, de fato, era soberano do solo africano, do qual promovia mais campanhas de conquista, agora para o norte (Sicília, Sardenha, Itália).

O reino vandálico organizou-se, mantendo as estruturas administrativas romanas, como a maior parte das realidades que indicamos como romano-germânicas, embora, como observa Azzara, "toda essa história deveria ser estudada na sua especificidade" (Azzara, 56), porque a duração, os mecanismos de continuidade e de separação, a integração no plano político e jurídico não foram idênticos. Nesse caso, um traço que caracterizou os vândalos foi a determinação em tornar a própria confissão ariana um destacado elemento de diferenciação, tanto que, também o confisco de bens e de terras, evento, decerto, comum em toda ocupação militar e política, foi logo percebido como "perseguição". *A história da perseguição vandálica na África*, de Victor Vitense, é uma relação circunscrita da situação africana, enviada a um discípulo de Diádoco de Fótica (talvez Eugênio, depois bispo de Cartago), com o objetivo de manter informado o imperador Zenão do que ocorrera e estava acontecendo naquelas regiões. Da parte mais recente e até para compreender as medidas praticadas por Hunerico (477-484), Vitor é testemunha direta e refere detalhadamente, embora segundo os módulos hagiográficos da literatura martirial, as expropriações, as deportações, as violências que caracterizaram por várias vezes a atitude dos vândalos em relação aos "homeusianos", ou seja, dos não arianos.

Não se tratou de um século de perseguição ininterrupta em todos os territórios ocupados, porque na Proconsular, na qual tinham se estabelecido as famílias vândalas, foi muito mais crua e insistente do que nos outros territórios, onde era menor a presença do novo povo. O projeto, iniciado por Genserico e radicalizado por Hunerico, previa, com efeito, uma homogeneização da região também sob o ponto de vista religioso, aplicando um método semelhante ao que tinha tornado a fé nicena a única autorizada no Império. Genserico alternou momentos de tolerância e pausa nas medidas anticatólicas com outros de recrudescimento, ao passo que o decênio de reinado de seu filho Hunerico marcou o auge do processo. Mal tomara posse, o rei tinha permitido que fosse consagrado um bispo católico para Cartago e que ali houvesse o culto, mas, ao mesmo tempo, pedira igual liberdade para os arianos no Império bizantino: "Os nossos bispos [em Constantinopla e em todo o Oriente] tenham em suas igrejas a faculdade de pregar livremente ao povo e na língua que quiserem" (Victor, *História*, II,4). Um sinal da procura de uniformidade que se estava buscando pode ser encontrado também na proibição de entrada nas igrejas católicas por parte dos que usavam "hábito bárbaro", com o objetivo evidente de manter também desse modo a separação etnicorreligiosa.

Depois, "no dia 20 de maio do sétimo ano de Hunerico, o rei dos vândalos e dos alanos", um edito, enviado também ao legado do imperador Zenão, convidava todos os bispos nicenos a se reunirem em Cartago, para discutir a fé com os bispos arianos. A conferência realizou-se no dia 1º de fevereiro de 484 e a descrição que fornece Vitor é extremamente viva: Cirilo, denominado patriarca, apesar dos protestos por parte dos católicos por esse título, sentava-se numa alta cadeira e se recusava a falar em latim; os católicos tinham redigido uma longa e bem articulada profissão de fé, e o debate devia se desenvolver entre aqueles que eram para isso delegados, como tinha sido estabelecido para a conferência de 411 (item 31.3). Talvez também nessa ocasião o resultado já estivesse pré-estabelecido; em todo caso, ao final, foi emanado um edito no qual o "rei dos vândalos e alanos", visto o fracasso dos esforços empreendidos para a unidade, estabelecia aplicar leis análogas às promulgadas pelos imperadores antiarianos: confiscar ou fechar os lugares de culto não arianos, negando aos católicos a possibilidade de receber legados e doações, infligindo penas pecuniárias e fazendo queimar os livros deles (cf. Victor, *História*, III,3-14).

Essa situação, com certeza não fácil, envolveu também a Igreja maniqueia e a Igreja donatista, sobre cuja permanência estamos, desse modo, bem informados, as quais não tiveram melhor sorte. Apesar da crise em andamento, e até impulsionada, talvez, por ela, a Igreja africana revelou personalidades de destaque: além do já mencionado Vitor, deve-se lembrar Quodvultdeus, bispo de Cartago, morto no exílio em Nápoles († 454), o Vigílio de Tapso, autor de um notável *Contra Êutiques*, redigido por volta de 470, de quem também já se falou (item 35.2) e, na fase seguinte, Fulgêncio de Ruspe († 527) e Facundo de Hermiana, na Bizacena, conhecido pela sua *Defesa dos Três Capítulos*, escrita entre 545 e 548.

Reunindo alguns elementos que atravessam toda essa história, podem-se observar dinâmicas recorrentes, já encontradas, embora postas em prática por outros sujeitos: a uniformidade de profissão religiosa exigida pelos vândalos arianos, bem como o desenvolvimento de conferências guiadas por tal enfoque e reguladas pela autoridade política devem ser considerados como os análogos praticados contra os arianos, por toda parte do Império, ou contra os donatistas, na África. Do mesmo modo como devem ser submetidos a análise comparada os **componentes étnicos** e **sociais** presentes no reino vândalo e as pressões sociais dos circunceliões na África e dos bagaudos na Gália, bem como a repressão realizada em relação a eles. Além disso, não deixará de ser observado que na documentação disponível os editos são datados segundo os anos de governo dos reis vândalos, o que é óbvio, porque os métodos de datação são relativos ao sistema que os adota (veja-se a datação romana *ab urbe condita*). Todavia não é óbvio perante os leitores contemporâneos, acostumados ao **método de datação** ocidental mais difundido, ou seja, o que conta os anos a partir da encarnação de Jesus Cristo, colocada 753 anos desde a fundação de Roma. Também esse método é, obviamente, relativo e foi inventado, como se sabe, por Dionísio, chamado "o pequeno", que o acertou em 525, para melhor realizar o cômputo da data pascal que lhe fora solicitado pelo papa João I. Esse sistema, comumente utilizado, marcou o nosso estudo, com algumas exceções; todavia, é importante manter a consciência da sua relatividade, da qual faz parte também a consideração de que não existia ainda, nos primeiros séculos cristãos, período de que se ocupou este volume.

2. Seria decididamente incompleta uma apresentação do século V que deixasse de lado um — ainda que sintético — reconhecimento dos eventos, das instituições e das dinâmicas que caracterizaram as Igrejas situadas dentro do Império persa sassânida, entre as quais, com o passar do tempo, se distinguiu a sede de **Selêucia-Ctesifonte**, cujo bispo assumiu progressivamente os títulos de *katholicos*, arcebispo do Oriente e patriarca. Essas Igrejas, herdeiras de pelo menos duas grandes e diferentes tradições culturais e linguísticas, ou seja, a siríaca e a persa, expressaram também um importante dinamismo de expansão, até serem ponto de referência, nos séculos seguintes, das Igrejas do Turquimenistão (Merw), da Índia, da Sogdiana (Samarcanda), da China e da Mongólia. Temos de nos lembrar também que naquela terra havia, desde muitos séculos, uma importante presença judaica, e no século V foi levado a termo o colossal empreendimento da redação do *Talmud*, na recensão conhecida precisamente como "babilônica".

Já se mencionou (cap. 1, item 1 e cap. 4, item 21.3) a presença de Igrejas nessas regiões e também a situação de dificuldade e de perseguição por que tiveram de passar por parte do Império persa, à medida que o romano, seu inimigo tradicional, se tornava cada vez mais filocristão. A ligação entre o Império e a religião era tão forte que sugeriu a equiparação, naquelas terras, entre romanos e cristãos. A passagem para o século V traz, todavia, outras mudanças: em 399, uma delegação guiada pelo bispo Maruta de Maipherqat (Inserção 1 – *O episcopado de João Crisóstomo*) fora enviada também em nome de Arcádio ao novo imperador sassânida Yazdegerd I. Poucos anos depois (410), foi possível convocar um sínodo em Selêucia-Ctesifonte, no qual foram aprovados os *Cânones de Niceia* que Maruta tinha levado consigo. Desse modo, além do símbolo niceno, foi acolhida também uma estruturação hierárquica que subordinava os outros bispos ao *katholicos* de Selêucia-Ctesifonte, segundo uma ordem preestabelecida e decrescente entre as sedes de Kashkar, Beth Lapat, Nísibis, Karka de Maisan, Arbela, Beth Selot, cada qual com os respectivos sufragâneos. Com esse sínodo, a Igreja persa do Oriente reconhecia a autoridade e a arbitragem do imperador persa, como ocorrera no Ocidente no século anterior, mas numa condição diferente, porquanto neste caso a autoridade política era e permanecia não cristã e também, em alguns momentos, decididamente hostil a tal religião.

Também por esses motivos, a Igreja, apesar de um tratado de paz que previa, aliás, a liberdade de adesão religiosa, estipulado em 422, entre Teodósio II e Baram V, viu-se obrigada a afirmar de maneira formal a própria separação do Ocidente e, em particular, de Antioquia, no sínodo de Marktaba, de 424. Como se pode observar das datas apenas lembradas, esses fatos ocorreram alguns anos antes do conflito cristológico que envolveu Nestório e as Igrejas siríacas; na época do Concílio de Éfeso (431), as Igrejas das quais estamos falando tinham, dificilmente, contato com as envolvidas no debate. A herança siríaca, na língua, na cultura, na teologia, estava, todavia, bem presente e, quando Zenão expulsou de Edessa a "escola dos persas" (nome que tinha assumido, depois de ter sido chamada por muito tempo de "dos sírios"), esse lugar de estudo se transferiu novamente para Nísibis, substituindo a memória predominante de Efrém pela de Teodoro de Mopsuéstia. Como já foi lembrado, na apresentação das Igrejas não calcedonenses (item 35), a mensagem que chegou no Oriente foi sobretudo a de que, inexplicavelmente, "no Ocidente" tinham condenado os santos padres siríacos dos quais se fazia devota memória. Os resultados da interrupção da comunhão e da criação de múltiplas realidades eclesiais já foram indicados: basta lembrar aqui que, junto da Igreja não efesina (= nestoriana) das quais mencionamos sínodos e metropolitas, houve diversos não calcedonenses "monofisistas", conhecidos também como "jacobitas".

A essas grandes divisões devem ser acrescentadas as difíceis relações entre bispos e a formal, mas não por todos aceita, primazia de Selêucia-Ctesifonte, bem como a persistente diferença entre as tradições de cultura e de língua siríaca, portanto semítica, e as persas, de cultura iraniana, cuja língua pertence à família indo-europeia. Na cidade de Merw, hoje no Turquemenistão, perto da atual Mary, cuja sede episcopal, presente já em 420, foi bem cedo inserida na classe da metrópole "do Oriente" (= nestorianas), encontrava-se uma escola teológica e um *scriptorium* que traduzia textos gregos e siríacos nas línguas da Ásia central e oriental, a primeira das quais o sogdiano; esta última era a língua chave-mestra dos oásis situados em importantes vias de comunicação, já percorridas por Alexandre Magno e, depois, conhecidas como "via da seda".

Portanto, não se pode afirmar de maneira apressada que essas importantes Igrejas, que viviam uma separação do Ocidente, tenham experimentado uma grande unidade entre si. Essa constatação — não tão diferente do que se pôde concluir da apresentação dos percursos eclesiais nos outros contextos geográficos e políticos — não pode, todavia, apoucar o enorme patrimônio literário, teológico e espiritual dessas Igrejas. Ao lado de nomes de som exótico, talvez pouco conhecidos entre nós, como Dadisho Qatraia e João de Dalyatha, houve autores hoje muito frequentados e traduzidos para o italiano, como Abraão de Kahskar e Isaque de Nínive, originário de Bet Qatraye, hoje Qatar. Com razão, podemos fazer nossa também em sentido cultural e geográfico a expressão teológica da *Estela "nestoriana" de X'ian*: "Vasta é a via" (*A via da luz. Textos cristãos chineses antigos*, 43). Palavras que podem assumir um significado geral, no termo do nosso itinerário histórico, porque, de fato, muitas e amplas são as dimensões da Igreja dos primeiros séculos, como pudemos reconhecer neste volume.

Bibliografia

Fontes

Atas = Rossi, A. (org.). *La Conferenza di Cartagine 411*. Milão: Paoline, 2016.

COD = Alberigo, G. et al. (orgs.). *Conciliorum Oecumenicorum Decreta*. Bolonha: EDB, 1991.

VAg = Zocca, E. (org.). *Possidio. Vita di Agostino. Catalogo di tutti i libri, sermoni e lettere del vescovo Sant'Agostino*. Milão: Paoline, 2009.

Agostinho (Santo). *Opera omnia*. Disponível em: <http://www.augustinus.it/italiano/index.htm>.

Gnoli, G. (org.). *Il manicheismo*. Milão: Fondazione Valla-Arnoldo Mondadori, 2003-2008, 3 vol.

Jordanes. *Storia dei Goti*. Roma: Città Nuova, 2016.

Juliano D'Eclano. *A Turbanzio*. Fr. 9, CCL 88, 342.

_____. *Epistola a Rufo*. Fr. 28, CCL 88, 340.

Lo Castro, G. (org.). *Cirillo di Alessandria. Epistole cristologiche*. Roma: Città Nuova, 1999.

Nicolini-Zani, M. (introd., trad. e notas). *La via della Luce. Stele di Xi'an. Inno di lode e di invocazione alle tre Maestà della religione della Luce*. Mosteiro de Bose: Qiqaion, 2001.

Petri, S. (org.). *Vigilio di Tapso. Contro Eutiche*. Bréscia: Morcelliana, 2003.

Ronzani, R. (org.). *Gelasio di Roma. Lettera sulle due nature*. Bolonha: EDB, 2011.

Simonelli, C. (org.). *Vincenzo di Lérins. Commonitorio. Estratti*. Milão: Paoline, 2008.

Simonetti, M. (org.). *Il Cristo. Testi teologici e spirituali in lingua greca dal IV al VII secolo*. Milão: Fondazione Valla-Mondadori, ³1990.

Victor Vitense. *Storia della persecuzione vandalica in Africa*. Roma: Città Nuova, 1981.

Zappella, L. (org.). *Giovanni Crisostomo. Le catechesi battesimali*. Milão: Paoline, 1998.

Estudos

Azzara, C. *Le invasioni barbariche*. Bolonha: il Mulino, 1999.

Brändle, R. *Giovanni Crisostomo. Vescovo, riformatore, martire*. Roma: Borla, 2007.

CAMPLANI, A. I Concili di Efeso e Calcedonia: la crisi religiosa in Oriente e la formazione di chiese nazionali. In: PRINZIVALLI, E. (org.). *Storia del cristianesimo*. Roma: Carocci, 2015, v. 1: L'età antica, 309-328.

DI BERARDINO, A. La condanna di Giuliano. In: ACCOMANDO, S.; RONZANI, R. *Giuliano d'Eclano e l'Hirpinia christiana. Il Convegno internazionale Mirabella Eclano 23-25 settembre 2010*. Manocalzati (AV): Stampa editoriale Todisco, 2012, 237-276.

D'INCÀ, A. *Martiri e briganti. La "Baugadia cristiana" e gli sviluppi della riflessione sul martirio nella Gallia Tardoantica e altomedievale*. Trapani: Il Pozzo di Giacobbe, 2016.

GARZOÏAN, N. La Persia: la Chiesa d'Oriente. In: MAYEUR, J.-M. et al. (dir.). *Storia del cristianesimo*. Roma: Borla-Città Nuova, 2002, v. 3: Le chiese d'Oriente e d'Occidente (432-610), 1013-1035.

GRILLMEIER, A. *Gesù il Cristo nella fede della Chiesa*. Bréscia: Paideia, 1982-2001, v. I/1.2, II/1.2.3.4.

MODÉRAN, Y. L'Africa e la persecuzione vandalica. In: MAYEUR, J.-M. et al. (dir.). *Storia del cristianesimo*. Roma: Borla-Città Nuova, 2002, v. 3: Le chiese d'Oriente e d'Occidente (432-610), 246-273.

NAZZARO, A. (org.). *Giuliano d'Eclano e l'Hirpinia christiana*. Nápoles: Arte Tipografica Editrice, 2004.

OLMI, A. *Il consenso cristologico tra le chiese calcedonesi e non calcedonesi (1964-1996)*. Roma: PUG, 2003.

PANI, G. *Paolo, Agostino, Lutero: alle origini del mondo moderno*. Soveria Mannelli (CZ): Rubbettino, 2005.

PIETRI, Ch. e L. (org.). La nascita della cristianità. In: MAYEUR, J.-M. et al. (dir.). *Storia del cristianesimo*. Roma: Borla-Città Nuova, 2003, v. 2.

PRINZIVALLI, E. (org.). *Storia del cristianesimo*. Roma: Carocci, 2015, v. 1: L'età antica.

RINALDI, G. *Cristianesimi nell'Antichità. Sviluppi storici e contesti geografici*. Roma: GBU, 2008.

ROSEN, K. *Agostino genio e santo. Una biografia storica*. Bréscia: Queriniana, 2016.

ROSSI, A. *Muscae morituræ donastitae circumvolant: la costruzione di identità "plurali" nel cristianesimo dell'Africa romana*. Milão: Ledizioni, 2013.

SINISCALCO, P. (org.). *Le antiche chiese orientali. Storia e letteratura*. Roma: Città Nuova, 2005.

SCIPIONI, L. *Nestorio e il concilio di Efeso*. Milão: Vita e Pensiero, 1974.

SESBOÜÉ, B. *Gesù Cristo nella tradizione della Chiesa*. Cinisello Balsamo: Paoline, 1987.

SIMONETTI, M.; PRINZIVALLI, E. *La teologia degli antichi cristiani (secoli I-V)*. Bréscia: Morcelliana, 2012, 183-206.

Studer, B. *Dio salvatore nei Padri della Chiesa*. Roma: Borla, 1986.

Valerio, A. *Donne e Chiesa. Una storia di genere*. Roma: Carocci, 2016.

Villegas Marín, R. Aversi texerunt eum. La crítica a Augustín y a los augustinianos sudgálicos en el Commonitorium de Vicente de Lérins. *Augustinianum*, 46 (2006) 481-528.

Zocca, E. Introduzione. In: VAg, 11-124.

_____. L'identità cristiana nell'omiletica donatista. In: Alici, L. (org.). *I conflitti religiosi nella scena pubblica*. Roma: Città Nuova, 2015, v. 1: Agostino a confronto con manichei e donatisti, 275-296.

Zorzin, M. *Aquileia. Le origini cristiane. Il patriarcato e lo scisma dei Tre Capitoli*. Udine: Gaspari, 2016.

Índice de nomes antigos

Abba Salama *ver* Frumêncio
Abércio 60, 65, 67, 257
Abgar 258
Abippas 261
Acácio de Bereia 378
Acácio, patriarca 390
Adai *ver* Tadeu
Adeodato 344
Adimanto 345
Adriano 104, 108, 163
Aécio 280
Afraates 256
Ágape 130, 158
Agatângelo 252
Agostinho de Aquileia 357
Agostinho de Hipona 54, 69, 70, 156, 157, 160, 170, 178, 180, 219, 249, 250, 272, 297, 301, 303, 305, 306, 308-310, 313, 317, 331, 332, 343-364, 370, 381, 399, 404
Agripino 169
Alarico 271, 272, 325, 336, 351
Alas 261
Alateu 270
Albina 326
Alexandre, bispo de Alexandria 222, 224, 278-281
Alexandre de Bizâncio (ou Tessalônica) 280
Alexandre de Jerusalém 153
Alexandre de Licópolis 345
Alexandre Magno 212, 256
Alexandre, mártir de Cesareia da Palestina 154
Alexandre Polistor 273
Alexandre Severo 147, 150, 152
Alípio 344, 354, 357
Ambrosiaster 74
Ambrósio de Milão 109, 223, 218, 227-234, 238-241, 244, 259, 262, 263, 287, 289, 291, 292, 309, 311, 316, 324, 326, 328, 331, 338-341, 344, 363, 364, 370, 381
Amiano Marcelino 201, 212, 213, 257-260, 266-270
Amika 261
Amun 327
Ana, mártir goda 261
Anatólio de Alexandria 148
Anatólio de Constantinopla 382
Andrônico (com Júnia) 88
Anemais 262
Anfilóquio de Icônio 247
Aniano de Celada 357, 358
Aniceto 136, 137

Anselmo de Aosta (ou de Cantuária) 346
Antão 316, 319, 320
Antimo de Nicomédia 158
Antonino de Éfeso 341
Antonino Pio 102, 104, 105, 150
Antusa 339
Anulino, procurador 219, 220
Ápia 130
Apiário de Sica 297
Apolinário de Laodiceia 288, 289, 293, 363, 366, 369, 370, 380
Apolônio de Tiana 150
Apolônio, escritor antimontanista 122
Apolônio, mártir 105, 106
Áquila, marido de Prisca 84
Áquila, tradutor 312, 314
Arbogaste 231, 271
Arcádia 376
Arcádio 201, 233, 239, 264, 265, 335, 340, 402
Arcádio, legado romano em Éfeso 376
Ardasher (Ardashir) 258
Aretas de Cesareia 108
Ário 176, 222-224, 277-283, 289
Aristakes 253
Aristides 69, 90, 100, 102, 108
Arnóbio 59
Arquelau (*Acta* de) 345
Asclépio de Gaza 283
Asela 325
Ashi, Rav 232
Asilo, deus 239
Astério, *comes Orientis* 339
Astério, filho de Avita e Túrcio 326
Astério, o Sofista 280
Atanarico 260, 261, 267
Atanásio 93, 188, 222, 224-226, 254, 255, 278-290, 294, 303, 319, 320, 369
Atenágoras 108, 132
Ático de Constantinopla 371
Átila 335, 336
Augusto 105, 205, 219, 220, 223, 228
Aureliano 155, 191, 235

Aurélio, bispo de Cartago 349, 352, 354
Aurélio, confessor de Cartago 370
Ausônio 326, 363
Auspíciola 326
Auxêncio de Durostorum *ver* Mercurino
Auxêncio de Milão 324
Aviênio, cônsul 336
Avita 326

Bábilas 153
Baranina 314
Bardesanes 60, 100
Baren 261
Barnabé (Pseudo) 82-89
Bartolomeu, apóstolo 253
Basílides de Lião (*Legio*) Astorga 167
Basílio de Ancira 287
Basílio de Cesareia 184, 241, 253, 286, 289, 290, 316, 321
Bassula 326
Bathouses 261
Bento 266
Blandina 124, 130
Bonifácio II 395
Bonifácio, conde 351
Bonifácio, general 399
Bonoso 323
Bresila 325
Britão 292
Bruto, general 340
Buda 347
Buterique 230

Calisto 166, 183, 184, 245, 246
Camilo, presbítero genovês 357, 361
Candace 255
Candidiano, *comes* 376, 377
Caracala 150, 152, 261
Cássia 130
Cassiano, João 327, 361, 374, 375
Cassiodoro 269, 273
Castrícia 340

Ceciliano de Cartago 218-221, 302-304, 348, 350
Celerino 153
Celestino de Roma 297, 339, 356, 362, 374-378, 381
Celéstio 351-358
Celso 59-65, 99-104, 129, 143-145, 148, 156, 179
Cerinto 75, 78
Cesário de Arles 244, 395
Cícero, Marco Túlio 105, 250
Cilínio 370
Cipriano 65, 122, 130, 148, 152-154, 160, 166-170, 174, 179-184, 194-197, 301-306, 318, 338, 344, 393, 394
Cirilo de Alexandria 215, 298, 373, 382, 388
Cirilo de Jerusalém 285, 290, 307, 328
Cláudio, imperador 245
Cledônio 289
Clemente Alexandrino 72, 86, 101, 119, 138-140, 149, 151, 160, 171-175, 179
Clemente Romano 67, 82, 88, 90
Clemente VIII 313
Colias 268
Constância, filha de Constantino e Fausta 254
Constâncio (denominado também II) 201, 209, 213, 228, 255
Constâncio Cloro 155, 158, 202, 203
Constante 201, 209, 210, 285
Constantino, filho de Constantino, o Grande 158
Constantino, imperador 59, 62, 149, 151, 156, 158, 163, 164, 185, 190, 199-225, 232, 237, 238, 240, 245, 249-256, 266, 279, 281, 283, 288, 302, 303
Coracion 188-190
Cornélio 84, 153, 166, 167, 182, 183, 303
Cosrov 252
Crescônio *grammaticus* 305, 306, 348
Cresto de Siracusa 220
Crisáfio 381

Crisófora 127
Crisóstomo, João 130, 239-241, 244, 263-265, 308, 327, 336-342, 356-358, 367-371, 392, 402
Crispina (Hrip'sime) 252
Crispo (filho de Constantino) 209
Crispo de Corinto 84
Cristiana *ver* Nino, Santa
Cromácio 272, 323, 342
Culciano 161

Dalmácio 372
Dâmaso 213, 217, 287, 290-292, 313, 314, 325, 329, 370
Dardano 370
Décio 62, 147, 151, 152, 154, 157, 163, 164, 185, 186, 189, 192, 210
Demetríades 325, 351
Demetriano de Antioquia 191
Dião Cássio 75, 270, 398
Dídimo 289, 291, 319
Diocleciano 62, 130, 147, 149, 150, 155, 158, 163, 164, 166, 168, 185, 192, 200-203, 218, 252, 300, 301, 319, 347, 367
Diodoro de Tarso 339, 357, 366, 380, 388
Diodoro Sículo 273
Dionísio Areopagita 126
Dionísio consular 225
Dionísio de Alexandria 152, 154, 160, 166-169, 173, 176-178, 183-192, 253, 281
Dionísio de Corinto (século II) 75, 101, 125-127
Dionísio de Roma 187, 188
Dionísio, o Pequeno 298, 401
Dióscoro 380-382, 388
Domiciano 75, 104, 163
Domno de Antioquia 155, 191, 380, 381
Donato de Cartago 219, 221, 302, 303, 344, 350

Edésio de Tiro 254
Efrém, o Sírio (Nísibis/Edessa) 215, 251, 258, 308, 311, 370, 403

Egathrax 261
Egéria 128, 130, 258, 307, 316
Élio Aristides 69, 100, 102
Eliodoro 317, 323
Eliseu Armênio (Ełisē de Amadunia) 251-253
Ella Amida 254
Elvídio 329
Emerito 348
Emílio de Benevento 326, 364
Epifânio 78, 89, 116, 122, 123, 139, 141, 222, 224, 341, 370
Epiteto, bispo 226
Epiteto, estoico 164
Epítropo (e sua esposa) 84
Eros de Arles 353, 354
Eskoes 261
Espiridião, bispo e confessor 222
Estêvão de Roma 167, 169, 170, 304, 305
Estêvão, mártir 72, 77
Estilicão 265, 271, 363, 398
Eucrócia 214, 229, 347
Euctêmon 159
Eudócia 376
Eudóxia 239-341
Eugênio 231, 271
Eugênio, bispo de Cartago 399
Eugráfia 340
Eulógio 380
Eunápio 201, 211, 212, 215, 266, 267
Eunômia 326
Eunômio de Cízico 280, 289-291, 294
Euquério de Lião 326
Eusébio de Cesareia 39, 60, 63, 64, 72, 75, 89, 93, 100, 101, 105, 108, 112, 119, 121-127, 130, 136-140, 148, 151, 159, 163-166, 169, 181, 183, 185-188, 191, 192, 200, 209, 214, 215, 219-226, 235, 253, 254, 256-258, 272, 273, 279-283, 318, 324, 372
Eusébio de Emesa 285
Eusébio de Nicomédia 259, 278, 279, 283
Eusébio de Vercelli 226, 286, 324

Eusébio, eunuco 226
Eustácio de Antioquia 283
Eustácio de Sebaste 289, 321
Eustóquio 250, 313, 325
Êutica 130
Êutiques 327, 372, 381-383, 387, 388, 390, 401
Eutrópio, historiador 201, 215, 266
Eutrópio, ministro 239, 240, 339, 340
Evágrio Pôntico 317, 322
Evódio 354
'Êzânâ de Axum 254, 255

Fabiano 153
Fábio de Antioquia 166, 183
Fábio, bispo ocidental (companheiro de Juliano) 358
Fabíola 242, 248, 325
Faltônia Anícia Proba 325
Fausta, esposa de Constantino 202, 209, 254
Fausta, senhora do título homônimo 220
Fausto de Milevi 345
Fausto, bispo de Riez e abade de Lérins 362
Febádio de Agen 286
Febe 88
Felicidade 101, 106, 130, 161
Felicíssimo, diácono de Cartago 166
Félix de Aptunge 219, 302
Félix III 390
Félix maniqueu 346
Filea de Tmuis 158, 160-162
Filêmon 84
Filipa 130
Filipe, bispo de Gortina 126
Filipe de Heracleia 158
Filipe, diácono 130
Filipe, legado romano em Éfeso 376
Filipe, o Árabe 152
Filipe, o Macedônio 256
Fílon 68, 74, 111, 119
Filostórgio 222, 224, 261, 274

Fiorenço de Hipona Zurrita 370
Firmiliano de Cesareia de Capadócia 122, 152, 169, 170, 183
Flácio Ilírico 34
Flaviano de Constantinopla 380-382
Flávio Josefo 64, 65, 67, 72, 140, 273
Floro 356, 358
Fócio 261, 273, 274, 297
Fortunato, presbítero de Cartago 166
Fortunato, presbítero maniqueu 345
Fotino de Sírmio 285, 372
Fravita 271
Fretela 264, 265
Fritigerno 260, 261, 267-270
Frontão 104
Frumêncio 254, 255
Frutuoso de Tarragona 154

Gaia (Gayanê) 252
Gainas 263, 264, 271, 341
Gala 326
Galeno 65
Galério 155, 158, 164, 199, 202-204, 251
Galiano 154, 190, 192, 200
Gamaliel II 77
Gamaliel VI 233
Gargílio (termas de) 349
Gaudêncio, bispo donatista 348, 350
Gelásio de Cízico 297
Gelásio I, papa 390, 391
Genserico (Gensericus/Geisarix) 335, 336, 398-400
Graciano 201, 213, 225, 227-229, 244, 262
Gregório Armênio de Nápoles, o Iluminador, São 252
Gregório de Elvira 286
Gregório de Nazianzo 212, 215, 227, 242, 286, 289, 291, 292, 295, 319, 328, 340
Gregório de Nissa 130, 241, 250, 286, 290, 294, 308, 322, 328, 340
Gregório Magno 218, 266, 395
Gregório, correspondente de Orígenes 113

Hagias 261
Hegésipo 72, 273
Helena 202, 254, 283
Heliogábalo 150
Heracleão 101, 119
Heracliano 353
Hermas 82, 89, 90, 93, 123, 166
Hierace 188
Hiérocles 156
Hilário de Gália, correspondente de Agostinho 360, 361
Hilário de Poitiers 210, 226, 286, 324, 370, 381
Hilário de Roma 381
Hipátia 242, 243, 327, 369
Hipólito (autor do *Elenchos*) 65, 112, 116, 122-124, 129, 166, 246
Hipólito, mártir 152
Hipólito, oriental 129, 167, 176
Honorato de Vercelli 324
Honório 201, 233, 238, 270, 335, 336, 348, 353, 354, 363, 398

Ibas de Edessa 357, 381, 391
Inácio de Antioquia 67, 75-77, 82-84, 89, 140
Indícia 244
Irene, mártir 130, 158
Irineu de Lião 63, 78, 118, 126, 138, 291
Irineu de Sirmio, mártir 158
Irineu, *comes* (século V) 377
Isaac, hegúmeno de Constantinopla 342
Isaque de Nínive 403
Isidoro 339, 341

Jâmblico 211
Jerôncio de Calcedônia 341
Jerôncio, prefeito 212, 341
João Batista 75
João de Antioquia 377-380
João de Dalyatha 403
João de Jerusalém 307

João Escolástico de Constantinopla (século VI) 298
João, apóstolo 71, 72, 75, 76
Jordanes 269, 404
Jorge de Alexandria 255
Joviano 201, 212, 257
Joviniano 246, 318, 325, 328-331, 347, 351
Júlia Domna 150
Júlia Mameia 150
Júlia Soémia 150
Juliana (*gens* Anícia) 325
Juliana de Cesareia 318
Juliano de Eclano 331, 354, 355, 358, 362, 364, 374
Juliano, o Apóstata 201, 211
Júlio Africano 150, 273
Júlio César 269
Júlio de Pozzuoli 381
Júlio, bispo de Roma 225, 226
Júnia (com Andrônico) 88, 130
Justina 213, 227-229
Justiniano 130, 245-247, 323, 391, 392
Justino I, imperador 390
Justino, apologista e mártir 77, 80, 83, 84, 87, 90, 93, 101, 105-108, 111-116, 130, 141, 175, 183, 318, 390
Juvenal de Jerusalém 376

Lactâncio 154, 163, 201, 203, 204, 206, 214
Latroniano, governador da Sicília 221
Lázaro de Aix 353, 354
Leão III 292
Leão Magno 343, 363, 380
Leão, general 221
Leônidas 105, 151
Lepório 370
Libânio 215, 339
Libério 226, 227, 286
Licínio 158, 202-209, 251, 321
Lídia de Filipos, Santa 84
Lourenço, antagonista do papa Símaco 394
Lourenço, arquidiácono de Roma 154

Lourenço, o Magnífico 216
Lucas, evangelista 63, 67, 73, 82, 83, 92, 93, 133, 161
Luciano de Antioquia 173, 222, 264, 278
Luciano de Samósata 278
Luciano, confessor 59
Lúcido 362
Lucila 302
Lúcio, mártir 153
Lupicínio, general 267, 268

Macário, *comes* 303
Macário, o Grande (o Egípcio) 327
Macário, Pseudo 327
Macedônio 256, 289
Macriano 154
Macrina 130, 131, 322
Magnêncio 209, 285
Magno Máximo 213, 228
Maiorino 302
Malco, mártir de Cesareia da Palestina 154
Malquião 192
Mani 256, 345
Mapálico, confessor de Cartago 153
Marcela do Aventino 130, 313, 325
Marcelina 229, 233, 244
Marcelino, tribuno 201, 212, 213, 257, 260, 266, 268, 274, 348, 349, 353, 359, 393
Marcelo de Ancira 280, 283, 285
Marcial de Mérida 167
Marcião 89, 93, 100, 101, 115-119, 125, 126, 133, 148, 312
Marco Aurélio 60, 65, 100, 102, 104, 163, 164, 270
Maria (Corinto) 88
Maria de Magdala 128, 131
Maria, esposa de Honório 363
Marina, irmã de Teodósio II 376
Marina, mãe de Graciano 213
Marino, bispo de Arles 220
Mário Mercator 354, 376, 377
Mário Vitorino 286

Marsa 340
Martinho de Roma 392, 395
Martinho de Tours 227, 324
Maruta 258, 341, 402
Materno de Treviri 220
Maxêncio 202-204, 209, 301
Maximiano 155, 158, 164, 202
Maximiano de Constantinopla 378, 380
Maximiano donatista 305
Maximila 121, 122
Maximiliano de Tébessa, mártir 157
Maximino Daia 157, 158, 164, 184, 202-204, 253, 321
Maximino Trácio 152
Máximo de Constantinopla 293, 300
Máximo de Turim 324
Máximo, general (Adrianópolis) 267
Máximo, o Confessor 392, 395
Mecenas 105
Melânia, a Anciã 322
Melânia *senior* 326
Melécio de Antioquia 168, 288, 339
Melécio de Licópolis 223, 224
Melitão de Sardes 65, 112, 173
Memna 323
Mêmnon de Éfeso 376, 377
Memore de Cápua 355, 363, 364
Menelik 255
Mensúrio de Cartago 301, 302
Mercurino de Durostorum 229, 259
Meruzane 253
Mesrobes Mastósio 251
Messala, prefeito 270
Metódio de Olimpo 156, 174, 318
Milcíades, bispo de Roma 219
Milcíades, escritor antimontanista 122, 302
Minúcio Félix 104, 108, 133
Mirtino (balneário de) 138
Modesto, vigário de Valente 212, 227
Moiko 261
Mônica 343, 344
Montano 121-123
Musônio Rufo 248

Narciso, bispo de Jerusalém 100
Nemésio de Emesa 250, 367
Nepote de Arsínoe (de Fayoun) 186, 188
Nero 74, 80, 104, 163, 165, 210
Nersete 251, 253
Nerva 201
Nestório 338-340, 358, 366, 368-380, 385, 388, 390, 402
Netário 231, 339, 340
Nicetas de Remesiana 262
Nicolau III, papa 216
Ninfa de Laodiceia 84, 130
Nino, Santa 254
Noeto 176
Novaciano 166, 167, 174, 176, 187, 281, 286, 303
Novato, presbítero de Cartago 166, 167
Numídico 153

Oceano 242
Odoacro 336, 398
Onésimo 84
Optato de Milevi 219, 220, 237, 301, 302, 305, 348
Orestes, prefeito de Alexandria 243, 373
Orígenes 60-65, 102, 105, 113, 119-121, 129, 147, 153, 159, 168, 173-182, 186, 188, 191, 312-314, 318, 338, 359, 372
Orôncio 358
Orósio 269, 353
Orsiese 320
Ósio de Córdoba 209, 215, 222, 281, 283

Pacato 105
Pacômio 227, 239, 320, 321
Pafnúncio 222, 298, 328
Paládia, esposa de Salviano 326
Paládio 130, 319, 322, 340
Paládio de Raciária 229, 259
Pamáquio 242, 325, 330, 352
Pânfilo 159
Pápias de Hierápolis 63, 82, 92, 130
Parmeniano 219, 301, 305, 348

Patrício 342
Paula 325
Paulina 325
Paulino de Antioquia 288
Paulino de Nola 326, 362, 331, 354-356, 359, 362-365
Paulino, diácono de Milão 352, 353
Paulo de Neocesareia 222
Paulo de Samósata 155, 173, 176, 177, 184-186, 190-192, 278, 281, 282, 299
Paulo de Tarso 67, 71-79, 82-88, 92, 93, 101, 109, 111, 118, 126, 127, 130, 133, 337, 361, 368
Paulo, jurista 105
Pedro Fulone 389
Pedro Mongo 389
Pedro, apóstolo (Simão, Cefas) 72, 75-77, 82-84, 90, 93, 100, 101, 127, 130, 133, 174, 213, 255, 337
Pedro, bispo de Alexandria 213, 287
Pedro, leitor 244
Pelágio 325, 351-358, 361
Perpétua 101, 106, 124, 128, 130, 249
Pérside 88, 263
Petiliano de Cirta 305
Philgas 261
Piniano 326
Pinito de Cnossos 126
Piônio 130, 159-161
Plínio 65, 67, 80, 81, 100, 104, 151
Plotino 148, 243, 315, 317
Plutarco 239, 248, 274
Políbio 272, 273
Policarpo de Esmirna 67, 82-84, 88, 90, 101, 105-107, 115, 136, 137, 160, 161
Polícrates de Éfeso 76-78, 101, 137, 318
Polícrates de Samos 171
Ponciano 152
Pôncio Pilatos 32, 80, 81, 296
Porfírio 59, 65, 148, 156, 157
Posidônio, diácono alexandrino residente em Roma 374
Possídio de Calama 345, 348, 354

Práxeas 176
Primiano 348
Princípia 325
Prisca, *Priscila*, discípula de Montano 121, 122
Prisca, *Priscila*, esposa de Áquila 84
Prisciliano 214, 229, 347
Prisco, mártir de Cesareia da Palestina 154
Proclo de Cízico, residente em Constantinopla 372
Proclo, bispo de Constantinopla 380
Próculo de Marselha 370
Proieto, legado romano em Éfeso 376
Próspero de Aquitânia 336, 343, 360-363, 380
Prudêncio 216
Pseudo-Dionísio 337
Ptolomeu, discípulo de Valentino 119
Publícola 326
Públio, bispo de Atenas 125
Pulquéria 371, 376, 381, 382

Quadrato, bispo de Atenas 125
Quione 130

Recaredo 395
Renato, presbítero, legado em Éfeso 26, 381
Reptício, bispo de Autum 219
Rogato 305
Rômulo Augústulo 336
Rufino de Concórdia 272
Rufino, o Sírio, presbítero, presente em Roma 130, 224, 227, 254, 266, 297, 299, 323, 352
Rufo de Tessalônica 248, 355, 356, 404
Ruias 261
Rutílio Namaziano 316

Saba 260
Sabélio 176, 186
Sabina de Esmirna 130, 337
Safrax 270
Sagáris de Laodiceia 105, 137

Sahak, o Grande 253
Salônio 326
Salviano de Marselha 249, 326
Sapor I 154
Sapor II 256
Sapor III 254
Saturnino, confessor de Cartago 153
Secundino da Numídia 370
Secundino maniqueu 345
Segundo de Tígise 302
Segundo, pai de Crisóstomo 339
Seleuco (citado por Clemente) 172
Septímio Severo 102, 151, 163
Serapião de Antioquia 100, 122
Serapião de Tmuis 289, 320, 345
Serena, esposa de Estilicão 265, 271, 363
Severiano de Gabala 341
Severo (César) 102, 147, 151, 152, 163, 164, 185, 197, 202, 218, 227, 239, 262, 275, 324, 326, 333
Severos (dinastia) 148, 150, 152
Sforza Pallavicino, Pietro 35
Shenute 327
Siágrio 244
Sidônio Apolinário 363
Sigetzas 261
Silas 261
Silvestre de Roma 226, 302
Símaco, Quinto Aurélio 212, 228, 392-395
Símaco, tradutor 312, 314
Simeão Bar Sabas 256
Simeão da Mesopotâmia *ver* Macário, Pseudo
Simpliciano 238, 286, 344
Sinésio de Cirene 242, 243
Sirício 328-331
Sisínio de Constantinopla 371, 372
Sisto II de Roma (século III) 154
Sisto III de Roma (século V) 378
Sisto V (Felix de Peretto, século XVI) 313
Sócrates 108, 222
Sócrates escolástico 160, 224, 227, 243, 244, 259, 260, 273, 281, 285, 298, 371

Sorano de Éfeso, médico 250
Sotero de Roma 125-127
Sozomeno 224, 227, 230, 256, 259, 273, 282, 298
Sucenso 380
Suda 89
Suerido 268
Suetônio 65, 74, 75, 80, 81
Sulpício Severo 163, 164, 185, 218, 227, 239, 324, 326
Sunnia 264, 265
Swemblas 261
Swerilas 261

Taciano 101, 108, 112, 114, 129, 133, 135, 139, 251
Tácito Públio Cornélio 65, 67, 74, 80, 81, 201, 269, 398
Tadeu 253
Tavia 84
Tecla 130, 133
Teodocião 312, 314
Teodoreto de Cirro 223-227, 230, 254, 256, 263, 264, 273, 278, 281, 293, 297, 381, 382, 391
Teodoro de Mopsuéstia 307, 357, 367-369, 388, 391, 403
Teodoro pacomiano 320
Teodoro, presbítero genovês 357, 361
Teodósio 199-201, 211, 213-218, 225, 227, 229-233, 239, 244, 259, 263, 265, 271, 286, 287, 316, 335, 376
Teodósio II 156, 207, 231, 233, 234, 258, 358, 373, 376-378, 381, 402
Teódoto, o banqueiro 176
Teódoto, o coureiro 176
Teófilo de Alexandria 339, 341
Teófilo de Antioquia 173
Terásia 326, 331, 354-356, 362-364
Tertuliano 59, 65, 81, 89-91, 99-101, 107, 108, 112-122, 129, 133, 141, 148-151, 163, 166-169, 174-183, 194, 240, 250, 253, 284, 286, 310, 314, 318, 329, 338, 363, 370, 381

Theon 243
Thergas 261
Tiago, irmão de Jesus 72, 77
Tiago, irmão de João 72
Tibério 80, 81
Ticiana, *Tícia*, esposa de Juliano 326
Ticônio 305, 348
Timiotimo 84
Tiranos 75, 84
Tirídates III 251, 252
Tomás de Aquino 295
Tomé, apóstolo 258, 315
Trajano 81, 100, 104-107, 151, 163
Tráseas de Eumênia 137
Trebônio Galo 153
Trifão (Tarfon) 80, 90, 111, 138-141
Trifena 88
Trifosa 88
Trigézio, prefeito 336
Turbâncio 356, 357
Túrcio Aproniano 326

Ulpiano 246
Ursácio, general 221
Ursino de Roma 291

Vabolato 191
Valente 201, 211-213, 225, 227, 260-262, 266-268, 316, 367
Valentiniano 201, 213, 229, 260-262
Valentiniano II 109, 213, 228-231
Valentiniano III 156, 399
Valentino 101, 119

Valeriano 62, 147, 154-157, 163, 164, 184-186, 189, 192, 259, 304
Valeriano de Aquileia 323
Valério de Hipona 344
Vardan Mamicoian 253, 274
Varrão 69, 70, 250
Venâncio Fortunato 363
Venério de Milão 342
Verão 326
Vetúrio 157
Vicente de Lérins 361, 394, 406
Victor Vitense 399, 404
Vigílio de Roma 391
Vigílio de Tapso 387, 390-392
Vigílio de Trento 401
Vital, apolinarista 370
Vitor de Roma 76, 137
Vitorino de Petóvio 158
Volusiano 370

Weko 261
Werkas 261
Winkurich 260, 262
Wulfila 258-262, 265, 269, 271, 280

Yohanan bem Zakkai, Rabi 77

Zenão de Verona 86, 212, 308
Zenão, o Isáurico 390
Zenóbia 191
Zenophilum 302
Zoroastro 255, 347
Zósimo de Panápolis, escritor 59, 201, 212, 214, 215, 228, 265, 340
Zósimo, papa 297, 354, 356, 357

Índice de nomes modernos

Aguirre, Rafael 92, 95
Alberigo, Giuseppe 29, 300, 332, 404
Alexandre, Monique 131
Alighieri, Dante 216
Amerbach, Johannes 343
Amerise, Marilena 216
Aragione, Gabriella 94, 143, 197
Armogathe, Jean-Robert 70, 95
Artus, Oliver 94
Azzara, Claudio 270, 275, 399, 404

Bagatti, Bellarmino 76
Banterle, Giuseppe 331
Barbero, Alessandro 216
Barclay, John M. G. 74, 95
Bartolomei, M. Cristina 114
Baslez, Marie-Françoise 95, 144, 162, 165, 197
Battocchio, Riccardo 396
Bauer, Walter 141, 142
Beatrice, Pier Franco 114
Bellini, Enzo 95, 143, 196, 280, 332
Benoit, André 143, 196
Beretta, Gemma 275, 340, 342
Bernardini, Paolo 170, 396
Berto, Luigi Andrea 396
Bidez, Joseph 216

Bihlmeyer, Karl 26-28
Blanchard, Yves-Marie 94
Bloch, Marc 29
Blondel, Maurice 37, 38, 46
Boccaccini, Gabriele 68, 78, 95
Bolland, Jean 37, 333
Børresen, Kari 131, 315
Boucheron, Patrick 234
Boyarin, Daniel 74, 95
Brändle, Rudolf 342, 404
Brown, Peter 328, 331
Brown, Raymond E. 96
Burckhardt, Jacob 215
Burnet, Régis 94
Burrus, Virginia 332

Calderone, Salvatore 66, 215, 216
Cambiano, Giuseppe 66
Campanile, Maria Domitilla 396
Canfora, Luciano 66
Canobbio, Giacomo 27, 29, 47, 397
Cantalamessa, Raniero 111, 114, 143, 294, 333, 385, 386
Cappelletti, Giuseppe 251, 275
Cardini, Franco 162, 197
Carfora, Anna 144, 161, 165
Carmassi, Patrizia 397

Carotenuto, Erica 66, 274
Carr, Edward 29, 95
Cereti, Giovanni 299, 300
Clausi, Benedetto 332
Coda, Piero 29, 47
Cola, Silvano 315
Colombo, Giuseppe 37, 38, 46, 386
Congar, Yves 392, 397
Consolino, Franca Ela 365
Conzemius, Victor 41-43, 46
Crouzel, Henri 299, 300

Daniélou, Jean 76, 96, 114, 172
Dattrino, Lorenzo 342
De Clercq, Caroli 395, 396
Delehaye, Hippolyte 261
Dell'Orto, Umberto 26, 29
Denzey Lewis, Nicola 144
Destro, Adriana 96, 132
Di Berardino, Angelo 197, 396, 405
Doré, Joseph 114, 145
Douglas, Mary 269, 275
Dovere, Elio 397
Duby, George 131
Duval, Yves M. 66, 329, 332

Elm, Susanne 143
Erasmo de Roterdã 33, 196
Esbroeck, Michel van 252
Estévez López, Elisa 132

Faivre, Alexandre 144, 197
Falchi, Gianluigi 234
Febvre, Lucien 41
Fedalto, Giorgio 396
Fernandelli, Marco 365
Filoramo, Giovanni 78, 96, 145, 148, 162, 197, 234, 275
Fontaine, Jacques 216, 315
Forlin Patrucco, Marcella 342
Forte, Bruno 300
Francisco (Jorge Bergoglio), papa 392
Fredouille, Jean-Claude 108, 144

Galasso, Giuseppe 29
Gaudemet, Jean 234, 300, 394-397
Geoltrain, Pierre 143
Gianotto, Claudio 78, 96, 234
Gibert, Pierre 94
Gioanni, Stéphane 234
Giudice, Alberto 66
Grafton, Anthony 274
Green, Elizabeth 309, 434
Gregoire, Henri 215
Gryson, Roger 259
Guidetti, Massimo 261-263, 275

Hamman, Adalbert 114
Harnack, Adolf von 37, 111, 121, 156, 193-195
Heim, Manfred 29, 41, 47
Henne, Philippe 94
Hunter, David G. 332

Jäger, Werner 113
Jansênio (Cornelius Otto Jansen) 343
Jedin, Hubert 29, 39-43, 47, 95, 333
Jensen, Anne 129, 131
João Paulo II (Karol Wojtyla), papa 386
João XXIII (Angelo Roncalli), papa 396
Junod, Eric 94, 96

Kaestli, Jean-Daniel 79

Lanza, Diego 66
Leanza, Sandro 315
Loisy, Alfred 37, 38, 47
Lortz, Joseph 40, 41, 47
Lossky, Vladimir 300
Lutero, Martinho 45, 343, 405

Mabillon, Jean 37
Maffeis, Angelo 17, 21, 26, 46, 47
Magris, Aldo 114
Mar Dinkha IV 386
Marcone, Arnaldo 216
Marguerat, Daniel 79, 96

Markschies, Christoph 96
Marrou, Henri-Irénée 29, 96
Marzolla, M. Chiara 342
Mayer, Wendy 342
Mayeur, Jean-Marie 47, 96, 198, 276, 405
Mazzarino, Santo 215
Mazzucco, Clementina 129, 132
Menestrina, Giovanni 315
Menozzi, Daniele 96, 197, 275
Metzger, Bruce M. 94
Meunier, Bernard 198, 397
Mimouni, Simon Claude 79, 96
Mohlberg, Leo Cunibert 365
Montaubin, Pascal 70, 95
Morano Rodriguez, Ciriaca 315
Moreschini, Claudio 144, 196, 315
Morlet, Sébastien 66, 96
Mosheim, Johann Lorenz von 35, 36
Muscolino, Giuseppe 156, 196

Naldini, Mario 365
Nautin, Pierre 144
Nazzaro, Antonio Vincenzo 365, 405
Noceti, Serena 396
Norelli, Enrico 94, 96, 123, 141, 143, 144, 197

Orbe, Antonio 145, 172

Pane, Riccardo 274, 275
Parenti, Stefano 365
Pasini, Cesare 14, 234
Paulo VI (Giovanni Battista Montini), papa 386, 396
Pecorara Maggi, Maria Rosa 385
Pelizzari, Gabriele 185
Penna, Romano 96
Perrin, Michel-Yves 70, 95
Perrone, Lorenzo 66, 96, 145, 198, 273, 274
Perroni, Marinella 128, 131
Perrot, Arnaud 114
Perrot, Michelle 131
Pesce, Mauro 96, 132

Pietri, Charles 198, 315, 405
Pietri, Luce 96
Piganiol, André 215
Pio X (Giuseppe Melchiorre Sarto), papa 313
Piscitelli Carpino, M. Teresa 365
Pitta, Antonio 79
Pouderon, Bernard 66, 94, 96, 114, 143, 145
Prato, Carlo 216
Prinzivalli, Emanuela 96, 114, 131, 172, 198, 276, 315, 333, 405

Ramelli, Ilaria 248
Rinaldi, Giancarlo 66, 97, 143, 145, 197, 198, 276, 405
Rizzi, Giovanni 314, 315
Rizzi, Marco 115
Ruggiero, Andrea 365

Saggioro, Alessandro 276
Santaniello, Giovanni 365
Schoeps, Hans-Joachim 76
Scimmi, Moira 299, 300, 342
Scognamiglio, Rosario 365
Sesboüé, Bernard 294, 333, 405
Shenouda III 386
Simon, Marcel 76-79
Simonelli, Cristina 26, 55, 57, 128, 131, 396, 404
Simonetti, Manlio 64, 66, 97, 115, 145, 172, 198, 274, 276, 333, 369, 404, 405
Siniscalco, Paolo 97, 234, 276, 405
Söding, Thomas 94
Soraci, Cristina 248
Stefani, Piero 78, 79, 95, 97, 234
Stein, Edith 259
Studer, Basil 379, 406

Tantillo, Ignazio 216
Testa, Emmanuele 76
Theissen, Gerd 94, 97
Theobald, Christoph 94
Tillard, Jean-Marie 397

Timpe, Dieter 66
Tüchle, Hermann 26-28
Turner, Hugh E. W. 142

Valerio, Adriana 132, 276, 406
Valvo, Alfredo 113, 115
Velkovska, Elena 365
Venard, Marc 41
Villani, Andrea 274
Visonà, Giuseppe 95, 123, 145

Williams, Megan 274

Xeres, Saverio 26, 29, 47

Zappella, Luigi 342, 404
Zecchini, Giuseppe 115
Zekiyan, Boghos Levon 252, 275
Zocca, Elena 150, 179, 198, 333, 348, 351, 404, 406

Plano analítico da obra

VOLUME I
A Antiguidade cristã: **das origens da Igreja à divergência entre Oriente e Ocidente (séculos I-V)**
Textos de G. Laiti e C. Simonelli, com U. Dell'Orto, S. Xeres e A. Maffeis

Prefácio de C. Pasini
Introdução geral de U. Dell'Orto e S. Xeres
Teologia e história da Igreja de A. Maffeis
Cap. 1 – As origens cristãs
Cap. 2 – As Igrejas no espaço público: o período da apologia
Cap. 3 – A "grande Igreja": a Igreja no século III
Cap. 4 – O século IV: a Igreja no império cristão e além das fronteiras
Cap. 5 – A vida interna das Igrejas no século IV
Cap. 6 – O século V: a Igreja na divergência entre Ocidente e Oriente

VOLUME II
A Idade Média: **da presença dos bárbaros no Ocidente (séculos IV-V) ao papado avinhonense (1309-1377)**
Textos de E. Apeciti, S. Ceccon, R. Mambretti

Cap. 1 – A contribuição dos novos povos para o desenvolvimento da Igreja
Cap. 2 – A Igreja no Oriente entre os séculos V e VII e a difusão do Islã
Cap. 3 – A Igreja no Ocidente nos séculos VI-VII
Cap. 4 – O Ocidente nos séculos VIII-X
Cap. 5 – A Igreja imperial, da época dos Otões à Reforma do século XI
Cap. 6 – Reformas básicas e reformas de cúpula entre os séculos XII e XIII
Cap. 7 – Mudanças estruturais, religiosidade, cultura, heresia e ortodoxia entre os séculos XI e XIV

Cap. 8 – Da crise da metade do século XIII ao fim do período avinhonense (1309-1377)
Cap. 9 – Além dos confins: cruzadas e missões

VOLUME III
A época moderna: **do Cisma do Ocidente (1378-1417) às vésperas da Revolução Francesa (1780-1790)**
Textos de F. Besostri, U. Dell'Orto, C. Silva

Cap. 1 – Do Cisma do Ocidente aos Concílios do século XV
Cap. 2 – A Igreja durante o Renascimento
Cap. 3 – O século da Reforma (*Reformation*)
Cap. 4 – O Concílio de Trento e sua aplicação
Cap. 5 – A Igreja na época do Absolutismo
Cap. 6 – A Igreja no século XVIII
Cap. 7 – Aberturas a Igrejas orientais, missões, teologia, arte e religiosidade

VOLUME IV
A época contemporânea: **da Revolução Francesa ao Vaticano II e à sua aceitação (1789-2005)**
Textos de M. Guasco, A. Manfredi, S. Xeres

Cap. 1 – Igreja e Revolução Francesa (1789-1814)
Cap. 2 – Abertura ao século XIX mediante as missões
Cap. 3 – A Igreja católica entre Restauração e liberalismo
Cap. 4 – O catolicismo na Europa na segunda metade do século XIX
Cap. 5 – Fermentos de renovação eclesial entre os séculos XIX e XX
Cap. 6 – A ideologia e os movimentos políticos nacionalistas e totalitários na primeira parte do século XX
Cap. 7 – Pio XII e a Igreja do seu tempo
Cap. 8 – O Concílio Vaticano II e a sua aceitação
Cap. 9 – As dimensões mundiais da Igreja no século XX

Edições Loyola

editoração impressão acabamento

Rua 1822 nº 341 – Ipiranga
04216-000 São Paulo, SP
T 55 11 3385 8500/8501, 2063 4275
www.loyola.com.br